21世纪经济学管理学系列教材

国际贸易学

第二版

INTERNATIONAL TRADE

■ 张相文 曹亮 主编

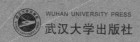

WUHAN UNIVERSITY PRESS
武汉大学出版社

21世纪经济学管理学系列教材

编委会

顾问

谭崇台　郭吴新　李崇淮　许俊千　刘光杰

主任

周茂荣

副主任

谭力文　简新华　黄　宪

委员 （按姓氏笔画为序）

王元璋　王永海　甘碧群　张秀生　严清华

何　耀　周茂荣　赵锡斌　郭熙保　徐绪松

黄　宪　简新华　谭力文　熊元斌　廖　洪

颜鹏飞　魏华林

总　序

　　一个学科的发展，物质条件保障固不可少，但更重要的是软件设施。软件设施体现在三个方面：一是科学合理的学科专业结构，二是能洞悉学科前沿的优秀的师资队伍，三是作为知识载体和传播媒介的优秀教材。一本好的教材，能反映该学科领域的学术水平和科研成就，能引导学生沿着正确的学术方向步入所向往的科学殿堂，作为一名教师，除了要做好教学工作外，另一个重要的职能就是，总结自己钻研专业的心得和教学中积累的经验，以不断了解学科发展动向，提高自己的科研和教学能力。

　　正是从上述思路出发，武汉大学出版社准备组织一批教师在两三年内编写出一套《21世纪经济学管理学系列教材》，同时出版一批高质量的学术专著，并已和武汉大学商学院达成共识，签订了第一批出版合作协议，这是一件振奋人心的大事。

　　我相信，这一计划一定会圆满地实现。第一，合院以前的武汉大学经济学院和管理学院已分别出版了不少优秀教材和专著，其中一些已由教育部通过专家评估确定为全国高校通用教材，并多次获得国家级和省部级奖励，在国内外学术界产生了重大影响，对如何编写教材和专著的工作取得了丰富的经验。第二，近些年来，一批优秀中青年教师已脱颖而出，他们不断提高教学质量，勤奋刻苦地从事科研工作，已在全国重要出版社，包括武汉大学出版社，出版了一大批质量较高的专著。第三，这套教材必将受到读者的欢迎。时下，不少国外教材陆续被翻译出版，在传播新知识方面发挥了一定的作用，但在如何联系中国实际，建立清晰体系，贴近我们习惯的思维逻辑，发扬传统的文风等方面，中国学者有自己的优势。

　　《21世纪经济学管理学系列教材》将分期分批问世，武汉大学商学院教师将积极地参与这一具有重大意义的学术事业，精益求精地不断提高写作质量。系列丛书的出版，说明武汉大学出版社的同志们具有远大的目光，认识到，系列教材和专著的问世带来的不只是不小的经济效益，更重要的是巨大的社会效益。作为武汉大学出版社的一位多年的合作者，对这种精神，我感到十分钦佩。

2001年秋于珞珈山

第二版前言

本书自 2004 年出版以来,已经 5 次印刷,累计销量达到近 3 万册。对广大读者和同行专家对本书的厚爱和肯定,我们表示衷心的感谢!

回顾 2004 年我们当初编写本书时,想法比较简单:一是想对起始于 20 世纪 50 年代中期的我校国际贸易学的教学进行系统回顾与总结,和同行专家们交换意见,丰富我国的国际贸易学教学内容;二是有感于国外大学教育中的"高峰体验",在教材的编写上强调内容的系统性和前沿性的统一,以方便有兴趣的读者和学生进一步学习与研究;三是想编写一本适合中国学生和读者阅读的书籍,既照顾中国读者的思维方式和阅读习惯,又不违背知识的系统性和科学性,做到全球化和本土化的统一。今天,我们很庆幸当初想法的正确。

本书的特点主要有:

体系新颖。本教材主要由两部分组成,即国际贸易理论与贸易政策。我们遵循理论联系实际的原则,从国际贸易理论演绎开始,把理论和实际、现实与应用相结合,并始终坚持这一理念,注重阐明国际经济与贸易理论和政策基本原理的同时,结合发展中国家、特别是我国改革开放的实践。在每个章节的具体安排上,我们都首先提出本章的学习目的、重点难点,然后是正文,最后是复习思考题和相关网络链接,以方便学生进一步学习和思考。

结构合理。本书以国际经济与贸易专业本科学生为主,兼顾经济、管理类本科学生的学习需要。因此,本书在照顾知识系统性的前提下,注重满足不同专业学生和实际工作者的需要,在系统、准确地介绍国际贸易基本原理和基础知识的同时,注重涉及国际经济贸易领域具有重要实践意义的前沿课题,如对国际贸易新趋势、新特点的分析,对有关 WTO 新议题的评介,对要素流动与跨国公司和国际贸易关系的介绍等。

表述规范。尽量使用经济学的规范语言和特有方法来准确地表述国际贸易的基本概念和原理,达到知识的系统性和表述的流畅性的统一,实现文笔的优美性和内容可读性的和谐统一,是本书的追求目标和特色之一。我们在编写讲义和讲授国际贸易课程时,始终强调有思想、有文采、有感情、有根据,内容深入浅出,说理透彻。在强调文笔优美性的同时,适当使用数学语言,这使得本书在彰显时代气息的同时,对国际贸易原理的表述更深入、更规范、更准确。

　　理论联系实际，全球化与本土化相结合。本书注重用马克思主义的立场、观点和方法分析国际贸易理论和政策，注重结合中国改革开放的实践阐述国际贸易的基本原理，在教材的国际化和本土化的结合上进行了有益的尝试和探索。

　　网络支持。在网络时代，没有网络资源支撑的教材是不完整的。我们利用中南财经政法大学和湖北省教育厅对于精品课程的支持，建立了"国际贸易学精品课程"网站。在每一章节后面，我们都提供了相关网络链接，学生可以到合适的网站收集数据和其他相关信息，提高学习国际贸易学的兴趣，拓展学生的思维和视野。

　　当然，国际贸易的发展非常迅速，我们对国际贸易学的教学和研究也处在探索之中，本书的缺点和错误也在所难免。恳请广大读者和学界前辈、同行专家继续关心支持，以便我们进一步完善！

张相文

2010 年 3 月于武昌南湖

第一版前言

随着中国开放型市场经济体制的日趋完善，中国经济与世界经济日益融为一体，对外经济贸易活动在中国经济增长中的作用日显重要。如何适应中国经济的发展变化和经济全球化的客观要求，如何提高中国对外经济贸易活动的质量，如何协调对外经济贸易活动和双边、多边经济贸易关系，不仅是广大经贸实际工作者面临的重大课题，也是贸易理论教学研究人员的使命和责任。正是在这种使命感和责任心的驱动下，我们编写了这本《国际贸易学》。期望借助这项基础性的工作，让高等院校的学生和经贸人员了解并掌握国际贸易的基本理论与政策，提高其专业素质和水平，更好地拓展国际市场。

在构思和编写过程中，我们力图做到：第一，在阐明国际贸易理论与政策基本原理的同时，注重联系发展中国家、特别是中国改革开放的实践；第二，在集中论述国际贸易理论与政策的基础上，也对国际贸易领域中的某些重要问题进行必要的介绍和分析；第三，在照顾知识系统性的前提下，尽可能满足不同专业学生和实际经贸工作者的需要，如对国际贸易领域的某些前沿问题予以简要介绍。

本书是在反复讨论的基础上集体完成的。参加本书编写的有中南财经政法大学的张相文教授、曹亮博士和龚家友、周芳文、江爱情、孙磊、李晓璐、滕玉华、陈凡、丛连、吴越以及湖北经济学院的肖武岭老师和西南政法大学的陈勇兵老师。李新老师为本书的出版提供了有益的帮助。

在编写过程中，我们参阅了大量国内外有关国际贸易和国际经济学方面的经典著作及文献资料，在此表示由衷的感谢。对于书中的疏漏和失当之处，恳请广大读者批评指正，以便我们在本书再版时予以修订和完善。

张相文

2004 年 3 月

目　录

导　论

摘要：随着经济全球化的发展，不同国家之间的经济联系越来越紧密，国际贸易学的研究也越来越重要。要做好国际贸易学的研究，首先必须要清楚地理解国际贸易学的基本概念。国际贸易学的研究对象主要是国际贸易的产生、发展和贸易利益及其分配问题。辩证唯物主义和历史唯物主义的各项原理完全适用于这门学科的研究，同时，我们还要借鉴一些国外的研究方法，学习国际上最新的研究成果，把国际贸易学理论应用到实践中去。

重点与难点：

1. 总贸易与专门贸易
2. 货物贸易与服务贸易
3. 直接贸易、间接贸易、转口贸易
4. 国际贸易学的研究对象与方法

第一节　国际贸易学的基本概念

一、国际贸易与对外贸易

国际贸易（International Trade）是指世界各国或地区之间在商品和服务方面的交换活动，是各国之间分工的表现形式，反映了世界各国在经济上的相互依靠。

如果从单个国家或地区的角度出发，一个特定的国家或地区同其他国家或地区之间所进行的商品和服务的交换活动，就称为对外贸易（Foreign Trade）。但是，从第三方的视角来看，则称之为国际贸易。一些海岛国家或地区以及某些对外贸易活动主要依靠海运的国家或地区，如英国、日本、中国台湾省等，也把这种交换称为海外贸易（Overseas Trade）。

可见，国际贸易与对外贸易是一般与个别的关系。研究国际贸易离不开对各国对外贸易的研究，但有些国际范围内的综合性问题，如国际分工、商品的国际价值等问题，则不可能从单个国家的角度得到有效的说明。

现代意义上的国际贸易主要是在产业革命完成、资本主义生产方式确立以后发展起来的。1830 年以前，西欧和北美的工业化还在进行，世界上大多数民族和国家的经济都处在十分落后的状态，绝大多数的生活和生产资料都是本地本国生产的，相互之间的经济联系十分薄弱，人员的往来亦十分稀少。然而，19 世纪中期以来，这一切被迅速地改变了。在 1850 年到 1913 年的 63 年间，世界贸易的数量增长了 10 倍，在 1913 年到 1981 年的 68 年间，国际贸易又增长了 16 倍。进入 20世纪 90 年代，国际贸易更是以前所未有的速度和规模迅速发展，世界年均出口增长率达到 5%，高于世界生产的增长速度（3% 左右）。2000 年，由于当时美国经济的持续增长所带来的旺盛的国际需求，当年世界贸易额的增长速度高达 12%。根据世界贸易组织 2009 年国际贸易统计报告，2008 年度全球货物贸易出口额为160 700 亿美元，服务贸易出口额为 37 800 亿美元。国际贸易的发展突破了国家之间的经济界限、地理界限和种族界限，使不同国家和地区的生产、生活越来越多地纳入国际化、全球化的轨道。

国际贸易在规模不断扩展的同时，其本身的内涵也在不断变化。在相当长的历史时期内，传统的狭义的国际贸易概念与目前所使用的广义的国际贸易概念相比，主要的区别就在于客体的不同，即前者主要是指各国或地区间的商品的交换，而后者还包括了服务的交换。概念本身的发展也在一定程度上反映了国际贸易的发展。第二次世界大战结束的时候，服务贸易只占商品贸易的 1/10 左右，可是到了 2003年，服务贸易占商品贸易的比重已上升为 1/4 左右了。

二、出口与进口

出口与进口是一个国家对外贸易的两个方面。当一个国家从其他国家购进商品和服务用于国内生产或消费时，由此而产生的全部贸易活动称为进口（Import）。反之，一个国家向其他国家输出本国商品和服务的活动则称为出口（Export）。

一国在同类产品上可能既有出口又有进口。在一定时期内（通常为 1 年），将某种商品的出口额和进口额加以比较，如果出口额大于进口额，则称为净出口（Net Export）；如果出口额小于进口额，则称为净进口（Net Import）。在产业内贸易快速发展的当代，这两个概念的使用是用来反映一国某种商品在国际贸易中以及该国该产业在国际分工中所处的地位的。

为了分析进出口贸易对一国经济的影响，可以将国民经济分为出口和进口竞争两大部门。出口部门是指一国能够将产品销往国际市场的各类产业的总和，进口竞争部门是指一国与进口产品在本国市场上进行竞争的各类产业的总和。如果一国出口产业国际竞争力比较强，政府就应该采取相对自由的贸易政策，例如中国以往的轻纺业等劳动密集型产业以及目前的机电等熟练劳动和资本密集产业就属于这类产业；如果进口竞争产业国际竞争力比较弱，政府就应该适当采取符合国际惯例和WTO 规则的保护政策措施，以促进其竞争力的提高，例如中国的精密机械、汽车等资本、技术密集型产业就属于这类产业。

三、国际（对外）贸易值与国际（对外）贸易量

反映一国的对外贸易规模，既可以用具体的计量单位也可以用货币单位，但是计量单位不能很好地表现出贸易对象的质量，因此各国使用货币单位来反映本国的对外贸易的规模。对外贸易值（Value of Foreign Trade）又叫对外贸易额，是用货币来表示的一定时期内一国的对外贸易总值。一般都用本国货币表示，也有用国际上通用的货币表示的。联合国编制和发表的世界各国对外贸易额的资料，是以美元表示的。

对于一个国家而言，出口值加上进口值之和就是该国的对外贸易总值。例如，中国 2008 年的出口值是 14 285.5 亿美元，进口值是 11 330.9 亿美元，全年的对外贸易总值是 25 616.4 亿美元。当我们计算国际贸易总值时，则不能简单地采用应用于一国的办法。这是因为一国的出口就是另一国的进口，两者相加无疑是重复计算。为此，在统计国际贸易总值时，采用的办法是把世界上的所有国家的进口总值或出口总值按同一种货币单位换算后加在一起。但是，在实际中，人们采用的是把世界各国的出口值汇总起来。为什么不能把各国进口值之和算做国际贸易值呢？这是因为各国的进口值一般都是按 CIF 价计算的。在商品的进口值中，通常还包括运输和保险等服务费用，而按 FOB 价来统计的出口总值则比较合理。因此，国际贸易值是一定时期内各国出口值之和。

因为进出口商品价格是经常变动的，所以对外贸易值往往不能准确地反映对外贸易的实际规模及其变化趋势。如果以对外贸易的商品实物数量来表示，则能避免上述矛盾。可是，参加对外贸易的商品种类繁多，计量标准各异，如小汽车要按辆计算，彩电要按台计算，棉花要按吨计算，无法把它们直接相加。所以，只能选定某一时点上的不变价格为标准，来计算各个时期的对外贸易量（Quantum of Foreign Trade），以反映对外贸易实际规模的变动。具体来讲，往往要用以固定年份为基期计算的进口或出口价格指数去调整当年的进口值或出口值，得到相当于按不变价格计算的进口值或出口值。这样修正后的对外贸易金额就可以剔除价格因素的影响，比较准确地反映不同时期对外贸易规模的实际变动幅度，这一指标便于不同时期对外贸易值的比较。

四、贸易差额

一个国家通常既有进口也有出口。在一定时期内（通常为 1 年），一个国家的出口总值与进口总值之间的差额，称为贸易差额（Balance of Trade）。如果出口值大于进口值，就称为贸易顺差（A Favorable Balance of Trade），或者出超（Excess of Export over Import）；反之，若是进口值大于出口值，则称为贸易逆差（An Unfavorable Balance of Trade），或者入超（Excess of Import over Export）。通常贸易顺差以正数表示，贸易逆差以负数表示。如出口值与进口值相等，则称为贸易平衡。比如，中国 2008 年的出口值是 14 285.5 亿美元，进口值是 11 330.9 亿美元，对外贸易出现了 2 954.6 亿美元的顺差。

贸易差额是衡量一国对外贸易状况的重要指标，从理论和实践上来讲，贸易平衡总是最好的，但是各国的对外贸易是由无数的独立经营的企业共同实现的，因此一国很难达到所谓的贸易平衡，这就要求一国在贸易顺差和贸易逆差中选择一个。通常各国都追求贸易顺差，这是因为，一般说来，贸易顺差表明一国在对外贸易收支上处于有利地位，贸易逆差则表明一国在对外贸易收支上处于不利境地。各国追求贸易顺差以增强本国的对外支付能力，稳定本国货币对外币的比值，并将其视为经济成功的标志之一。单纯从国际收支的角度来看，当然是顺差比逆差好。但是，长期保持顺差也不一定是件好事。第一，长时间存在顺差，意味着大量的资源通过出口而输出到了外国，得到的只是退出正常经济循环的积压资金。第二，巨额顺差往往会使本国货币升值，不利于扩大出口，并且会造成同贸易伙伴的贸易关系紧张。

在一个国家的经济发展中，对外贸易是顺差好还是逆差好，要根据具体情况而定。一般说来，西方发达国家面临的主要矛盾是总需求不足，生产能力过剩。因为对外贸易顺差能缓和需求不足的矛盾，有利于扩大国内的生产规模，增加就业机会，所以，西方经济学家们非常重视对外贸易的乘数效应，鼓吹政府干预对外贸易，以保持贸易顺差来促进国内经济的发展。

但是，对发展中国家来说，在经济高速增长时期出现一段时期的贸易收支逆差，通常是难免的，甚至在某种程度上是有益的。同发达国家相比，发展中国家科技发展水平、劳动生产率水平还存在着相当大的差距，并且短期内难以大幅度地缩小这种差距。即使发展中国家出口部门的增长速度高于国民经济的增长速度，在一定时期内也不足以消除贸易逆差的倾向。此外，发展中国家大量引进外资也会在一定时期内强化贸易逆差倾向，因为外资的流入特别是外商直接投资（FDI）的增加通常会以进口的方式带进一部分投资品，使引进外资的发展中国家的进口规模扩大，而且投资引起的进口需求往往不是一次性的，而是连续性的。尽管这种进口从短期看不需要支付外汇，但从长远看则要靠出口收汇来支付，还是会成为产生贸易逆差的一个因素。同时，一些三资企业开办初期需要大量进口关键设备、原材料等，会直接影响到短期的贸易收支平衡。

从市场经济运行的角度来看，发展中国家经济生活中的主要矛盾是供给不足，保持一定的贸易逆差，实际上就是利用外部资源在国内搞建设。当然，若出现严重的国际收支不平衡，则会对国民经济的运行产生巨大冲击，妨碍经济的持续发展。发展中国家情况各异，经济发展也不会必然导致贸易逆差，贸易逆差也不是总是有益的，应视具体情况而定。要密切注意并分析产生贸易逆差的原因。如果是因为进口过多的高档消费品等而导致的贸易逆差，对国民经济增长就有弊而无利。

五、总贸易与专门贸易

总贸易体系与专门贸易体系是指贸易国进行对外货物贸易统计时所采用的统计制度。

现在世界上通行的统计体制有两种：一种是以国境作为统计对外贸易的标准。凡是进入该国国境的商品一律列为进口，称为总进口（General Import）；凡是离开该国国境的商品均列为出口，称为总出口（General Export）。总进口值加上总出口值就是一国的总贸易值（General Trade）。美国、英国、加拿大、澳大利亚、日本等 90 多个国家和地区采用这个统计标准。

另一种是以关境作为统计对外贸易的标准。关境是一个国家海关法规全部生效的领域。根据这个标准，外国商品进入关境之后才列为进口，称为专门进口（Special Import）。如果外国商品虽已进入国境，但仍暂时存放于海关的保税仓库之内，或只是在免税的自由经济区流通，则不被统计为进口。另一方面，凡是离开关境的商品都要列为出口，称为专门出口（Special Export）。从关境外国境内输往他国的商品，则不被统计为出口。专门出口值加上专门进口值，即是一个国家的专门贸易值（Special Trade）。德国、意大利、瑞士等 80 多个国家和地区采用这种统计办法。联合国在公布各国对外贸易统计数字时，一般都注明该国是总贸易体制还是专门贸易体制。我国采用的是总贸易体制。

总贸易与专门贸易统计出来的贸易数额是不相同的。这是因为：第一，关境和国境往往不一致，既有国境大于关境的情况，比如印度和埃及在本国境内都设有许多的自由贸易区；也有国境小于关境的，比如欧盟各国就是很好的例子。第二，对某些特殊形式的贸易，两者的处理不同，例如，过境贸易会计入总贸易值但不会列入专门贸易值。

总贸易和专门贸易反映的问题也不相同。前者包括所有进出入该国的商品，反映一国在国际商品流通中所处的地位；后者只包括那些进口是用于该国生产和消费的商品，出口是由该国生产和制造的商品，反映一国作为生产者和消费者在国际贸易中所起的作用。

六、货物贸易与服务贸易

国际贸易按照商品形态的不同，可以分为货物贸易（Commodity Trade）和服务贸易（Service Trade）。

货物贸易是指物质商品的进出口。因为物质商品是看得见、摸得着的，因此货物贸易又常常被称做有形贸易（Visible Trade）。世界市场上的物质商品种类很多，为了统计和其他业务的方便，联合国曾于 1950 年编制了《国际贸易商品标准分类》（SITC），并于 1960 年和 1972 年先后修订两次，它一度为绝大多数国家所采用。根据这个标准，国际贸易中的商品共分为 10 大类、63 章、233 组、786 个分组和1 924 个基本项目。10 个大类的商品分别是：食品及主要供食用的活动物（0）；饮料及烟类（1）；燃料以外的非食用粗原料（2）；矿物燃料，润滑油及有关原料（3）；动植物油脂及油脂（4）；化学品及有关产品（5）；主要按原料分类的制成品（6）；机械及运输设备（7）；杂项制品（8）；没有分类的其他商品（9）。其中 0 ~ 4 类商品又称为初级产品，5 ~ 8 类商品称为工业制成品。按此标准，在国际贸易统计中，每一种商品的目录编号都采用 5 位数。1 位数表示类，2 位数表示章，3 位数表示组，4 位数表示分组，5 位数表示项目。

上述标准分类法几乎把国际贸易的所有商品都包括进来了，但是它主要用于贸易统计。现在使用得最为广泛的是海关合作理事会于 1983 年编制的《商品名称及编码协调制度》，简称《协调制度》（HS），它是一种新型的、系统的、多用途的国际贸易商品分类体系。我国也采用了这一分类标准。

国际服务贸易是指国家之间出售或购买服务的交易。按照《服务贸易总协定》（GATs）的定义，国际服务贸易是指服务贸易提供者从一国境内，通过商业现场或自然人的商业现场向服务消费者提供服务，并获取外汇收入的过程。

根据 GATs 的定义，服务贸易有四种方式。（1）过境交付，即服务提供者和消费者都不跨越国境。比如，通过网络进行的国际远程教育、国际医疗、在线游戏等方面的服务。（2）境外消费，即服务消费者到服务提供者国内接受服务，即在国外实现服务的进口，如中国公民出国到美国旅游、留学等。对于美国的服务提供者而言，是在国内从事服务的出口。（3）商业存在，即服务企业到国外开办服务场所，提供服务。例如，美国的会计师事务所到中国开办分支机构提供相应的服务等。（4）自然人移动，即一国的自然人到服务消费者所在国或第三国提供服务，例如中国的公民到美国讲学、行医等。

国际服务贸易可以分为要素服务贸易（Factor Service Trade）和非要素服务贸易（Non-Factor Service Trade）。要素服务贸易是一国向他国提供劳动、资本、技术及土地等生产要素的服务，而从国外得到报酬的活动。它包括对外直接投资和间接投资的收益、侨民汇款及技术贸易的收入；非要素服务贸易是狭义的服务贸易，它指提供严格符合"服务"定义的服务而获取外汇收入的交易，如国际运输、旅游、教育、工程咨询、会计等。

与有形贸易相对应，包括上述两类服务的服务贸易也常被称做无形贸易（Invisible Trade）。在实际活动中，按照 WTO 的分类，国际服务贸易可以分为商业、通讯、建筑及工程、销售、教育、环境、金融、健康与社会、旅游、文化与体育、运输业及其他等 12 大类 155 个项目。

货物贸易和服务贸易是密切联系在一起的，正是货物贸易带动了服务贸易，而服务贸易又促进了货物贸易的发展。

但是，货物贸易与服务贸易之间存在一个重要区别，就是货物的进出口要通过海关手续，从而表现在海关的贸易统计上，同时它也是国际收支的主要构成部分；而服务贸易不经过海关手续，通常不显示在海关的贸易统计上，可是它也是国际收支的一部分。

发展服务贸易已成为不少国家平衡外汇收支、降低能源消耗和减少污染的重要对外经济政策。世界服务贸易从行业上看，占最大比重的是旅游、金融与保险、交通运输、通信、信息和劳务等。

七、直接贸易、间接贸易、转口贸易

这是按商品的交换形式，或者说是按贸易关系来划分的国际贸易的种类。在国际贸易中，货物消费国和生产国直接买卖货物的交易称为直接贸易（Direct Trade）。此时出口国即是生产国，进口国就是消费国。

由于政治、地理、经济等方面的原因，有时商品的生产国和消费国未能直接进行交易，而只能通过第三国商人转手来进行买卖。这种形式的国际贸易称为间接贸易（Indirect Trade）。

从商品的生产国进口商品，不是为了本国生产或消费，而是再向第三国出口，这种形式的贸易称为转口贸易（Entrepot Trade）。如上述间接贸易中的第三国商人所从事的就是转口贸易。

从事转口贸易的大多是运输便利的国家或地区的港口城市。如伦敦、鹿特丹、新加坡、我国香港等，由于它们独特的地理位置优越，便于货物集散，因而转口贸易相当发达。

在转口贸易中有一种特殊的贸易形式，即所谓"三国间贸易"。它是指一国企业到国外开办分支机构，从事国际贸易活动。如甲国企业到乙国注册成立一个公司，然后依靠其信息、人才的优势在丙国和丁国间从事贸易活动。这种贸易形式有其独到的好处：除了注册公司时需要本国（甲国）资金外，公司成立后可在当地或国际上融资，不再占用本国资金；利用的纯粹是国际市场、国际资源，是真正的国际化经营；有利于培养国际化经营人才，为国内企业日后进入国际市场建立国际营销渠道作准备；另外，其贸易额计算在外国的贸易收支账户上，本国可通过国外分支机构利润的汇回获得贸易的收益，而不会引起因为贸易差额而产生的本国与贸易伙伴贸易关系的紧张。

八、过境贸易、直接运输贸易

按照货物从生产国交付到消费国的过程中是否经过第三方的领土，可以把国际贸易分为过境贸易和直接运输贸易。

　　过境贸易（Transit Trade）指别国的出口货物通过本国国境，未经加工改制，在基本保持原状的条件下运往另一国的贸易活动。它产生的原因主要是：第一，生产国或消费国中至少有一方是内陆国，且两国又不接壤；第二，生产国和消费国之间没有直达的航线。

　　过境贸易又可分为两种：一种是间接的过境贸易，即外国商品进入国境之后，先暂时存放在海关仓库内，然后再提出运走；另一种是直接的过境贸易，即运输外国商品的运载工具，在进入本国境界后并不卸货，而是在海关等部门的监管之下继续输往国外。

　　一些国家把开展过境贸易作为吸引国外人流、物流、信息流，以促进地区经济发展的重要手段。如俄罗斯利用西伯利亚大铁路、中国利用陇海线分别吸引日本、韩国输往中亚、西欧的货物过境，以加快铁路沿线的经济发展。

　　直接运输贸易（Direct Transport Trade）指生产国和消费国间的商品交付没有经过第三方的领土的贸易活动。

　　过境贸易与转口贸易的主要区别在于：第一，过境贸易中第三国不参与商品的交易过程，转口贸易则须由转口商人介入来完成交易。第二，过境贸易通常只收取少量的手续费如印花税等，而转口贸易则以营利为目的，会获取正常的贸易利润。

九、易货贸易与自由结汇贸易

　　这是按国际收支中清偿工具不同划分的国际贸易的种类。在国际贸易中，以货币作为清偿手段的，称为自由结汇方式贸易，或叫做现汇结算（Cash Settlement）贸易。在此作为支付手段的货币必须能在国际金融市场上自由兑换。目前能作为清偿货币的主要是西方发达国家的货币，如美元、欧元、日元等。另一种是将货物经过计价作为清偿工具，称为易货贸易（Barter Trade）。这种方式亦称为换货贸易、对销贸易，它起因于贸易参与国双方的货币不能自由兑换，而且各国的自由外汇短缺，于是双方把进口和出口直接联系起来，互通有无，以做到进出口大体平衡。

　　易货贸易的特点是：它只涉及贸易的双方，如政府对政府、政府对企业或企业对企业；易货商品按照各自的需要，可采用一对一、一对多或多对多的交换；贸易合同往往是短期的；在清偿时，既可以是逐笔支付平衡，也可以是定期综合平衡。

　　同自由结汇贸易相比较，易货贸易虽然可以缓解进口支付能力不足的矛盾，然而它也存在一些明显的局限性。首先，易货贸易取决于双方对对方商品的直接需求，这样可供交换的商品种类就很有限。其次，双方的进口和出口要直接保持平衡，贸易规模受到限制。最后，货物计价通常是通过谈判确定的，而不是由市场竞争来决定的，贸易条件（即交换比例）对于某一方来讲往往不是很合理。

　　在当前全球范围的市场经济体制占主导地位的条件下，自由结汇贸易是最常用的贸易形式，易货贸易只在一些外汇比较短缺的发展中国家间采用。

十、国际贸易（对外贸易）商品结构

国际贸易商品结构（International Trade by Commodities）系指各类商品在国际贸易中所处的地位，通常以它们在世界出口总额中的比重来表示。

1953 年，国际贸易中的制成品比重第一次超过初级产品。随着世界生产力的发展和科学技术的进步，国际贸易商品结构不断发生变动。其基本趋势是初级产品的比重大大下降，工业制成品的比重不断上升，特别是工程产品、化学产品等资本货物以及技术密集型产品的比重显著增加。

对某一个国家来说，对外贸易的商品结构是指一定时期内进出口贸易中各类商品的构成情况，通常以各种商品在进口总额或出口总额中所占的比重来表示。

对外贸易或国际贸易商品结构可以反映出一国的或世界的经济发展水平、产业结构状况和自然资源的禀赋等。一般来讲，发达国家的出口中机器设备等制成品占最大比重，而发展中国家的出口则以初级产品和劳动密集型制成品为主。

十一、国际贸易（对外贸易）地理方向

国际贸易地理方向又称为国际贸易地区分布（International Trade by Regions），它用来表明世界各个地区或各个国家在国际贸易中所占的地位，通常是用它们的出口贸易额或进口贸易额占世界出口贸易总额或进口贸易总额的比重来表示。2004年国际贸易地区分布的有关数据见表 0-1。由于国际政治经济形势在不断变化，各国的经济实力对比经常变动，国际贸易的地理方向也不断发生变更。

表 0-1　　　　　　　**2008 年世界进出口前 10 位国家（地区）**　　　　单位：亿美元

出口	排名	出口额	增长（%）	占世界出口总额比重（%）
世界总计		16 070.0	15	100
其中：				
德　国	1	1 461.9	11	9.1
中　国	2	1 428.3	17	8.9
美　国	3	1 287.4	12	8.0
日　本	4	782.0	9	4.9
荷　兰	5	633.0	15	3.9
法　国	6	605.4	10	3.8
意大利	7	538.0	8	3.3
比利时	8	475.6	10	3.0
俄罗斯	9	471.6	33	2.9
英　国	10	458.6	4	2.9

进口	排名	进口额	增长（%）	占世界进口总额比重（%）
世界总计		16 422.0	15	100
其中：				
美　国	1	2 169.5	7	13.2
德　国	2	1 203.8	14	7.3
中　国	3	1 132.5	18	6.9
日　本	4	762.6	23	4.6
法　国	5	705.6	14	4.3
英　国	6	632.0	1	3.8
荷　兰	7	573.2	16	3.5
意大利	8	554.9	8	3.4
比利时	9	469.5	14	2.9
韩　国	10	435.3	22	2.7

资料来源：www. wto. org.

对外贸易地理方向（Direction of Foreign Trade）又称为对外贸易地区分布或国别构成，指一定时期内各个国家或国家集团在一国对外贸易中所占有的地位，通常以它们在该国进口总额或出口总额或进出口总额中的比重来表示。对外贸易地理方向指明一国出口的货物和服务的去向和进口的货物和服务的来源，可以反映一国与其他国家或国家集团之间经济贸易联系的程度。一国的对外贸易地理方向通常受到经济互补性、国际分工的形式与贸易政策等因素的影响。中国大陆地区 2008 年的对外贸易地理方向的有关数据见表 0-2。

表 0-2　　　　　　　2008 年中国大陆地区对外贸易前 10 位贸易伙伴

排名	国家或地区	贸易额（亿美元）	占比（%）	同比（%）
1	欧盟	4 255.8	16.6	19.5
2	美国	3 337.4	13.0	10.5
3	日本	2 667.9	10.4	13.0
4	东盟	2 311.2	9.0	13.9
5	中国香港	2 036.7	8.0	3.3
6	韩国	1 861.1	7.3	16.2
7	中国台湾	1 292.2	5.0	3.8
8	澳大利亚	596.6	2.3	36.1
9	俄罗斯	568.3	2.2	18.0
10	印度	517.8	2.0	34.0

资料来源：www. ec. com. cn.

十二、对外贸易依存度

对外贸易依存度（Degree of Dependence upon Foreign Trade）又称对外贸易系数。它以一国对外贸易额同该国 GNP 或 GDP 的比率来表示，用以反映一国经济发展对对外贸易的依赖程度。

一般来讲，一国对外贸易依存度直接受本国经济发展水平及自然资源拥有状况、对外经济政策和国内市场容量等因素的影响。

第二节　国际贸易学的研究对象

国际贸易学主要研究国际贸易的产生、发展和贸易利益及其分配问题，以揭示其中的特点与运动规律。具体的研究内容，主要包括以下四个方面：

一、各个历史发展阶段，特别是资本主义阶段国际商品流通的一般规律性

国际贸易是个历史范畴，它是在一定历史条件下产生和发展起来的。国际贸易得以产生的两个前提条件是有可供交换的剩余产品和存在各自为政的社会实体，而这些分别需要社会生产力的发展和社会分工来实现。

1. 在原始社会早期，社会生产力水平极为低下，人类处于自然分工的状态。原始公社内部人们依靠共同的劳动来获取十分有限的生存资料，并且按照平均主义的方式在公社成员之间实行分配。当时没有剩余产品和各自为政的社会实体，也就没有阶级和国家，因而也不可能有对外贸易。

原始社会后期，随着三次社会大分工的出现，人类社会发生了很大的变化。第一次人类社会的大分工，是畜牧业和农业之间的分工，它促进了社会生产力的发展，使产品有了剩余。在氏族公社的部落之间开始有了剩余产品的相互交换，但这只是偶然的以物换物的简单交换活动。

第二次人类社会的大分工，是手工业从农业中分离出来，由此出现了以交换为直接目的的生产即商品生产。它不仅进一步推动了社会生产力的发展，而且使社会相互交换的范围不断扩大，最终导致了货币的产生，产品之间的相互交换渐渐演变为以货币为媒介的商品流通。这些直接促使了第三次社会大分工的产生，即出现了商业和专门从事贸易的商人。在生产力不断发展的基础上形成了财产私有制，原始社会的末期出现了阶级和国家。于是商品经济得到进一步发展，商品交易最终超出国家的界限，形成了最早的对外贸易。

2. 奴隶社会的国际贸易。奴隶社会制度最早出现在古代东方各国，如中国（殷、商时期已进入奴隶社会）、埃及、巴比伦，但是以欧洲的希腊、罗马的古代奴隶制最为典型。奴隶社会的基本特征是奴隶主占有生产资料和奴隶本身，同时存

在维护奴隶主阶级专政的完整的国家机器。在奴隶社会，生产力水平前进了一大步，社会文化也有了很大的发展，国际贸易初露端倪。

早在公元前 2000 多年前，因为水上交通便利，地中海沿岸的各奴隶社会国家之间就已开展了对外贸易，出现了腓尼基、迦太基、亚历山大、希腊、罗马等贸易中心和贸易民族。但是从总体上来说，奴隶社会是自然经济占统治地位，生产的直接目的主要还是为了消费。商品生产在整个社会的经济生活中还是微不足道的，进入流通的商品很少。并且由于生产技术落后，交通工具简陋，各个国家对外贸易的范围受到很大限制。上面提到的那些商业发达的民族或国家，在当时仍只是一种局部现象。

从贸易的商品构成来看，奴隶是当时欧洲国家对外交换的一种主要商品。希腊的雅典就是当时奴隶贩卖的一个中心。此外，奴隶主阶级需要的奢侈消费品，如香料、宝石、各种织物和装饰品等，在对外贸易中占有很重要的地位。奴隶社会的对外贸易虽然影响有限，但对手工业发展的促进作用较大，在一定程度上推动了社会生产力的进步。

3. 封建社会的对外贸易。封建社会取代奴隶社会之后，国际贸易又进一步地发展。特别是从封建社会的中期开始，地租的形式从实物地租转变为货币地租，使得商品经济的范围逐步扩大，对外贸易也随之增长。到封建社会的晚期，在城市手工业进一步发展的同时，资本主义因素已经开始孕育和生长，商品经济和对外贸易都比奴隶社会有明显的发展。

国际贸易中心在封建社会时期开始出现。早期的国际贸易中心位于地中海东部，公元 11 世纪以后，国际贸易的范围逐步扩大到地中海、北海、波罗的海和黑海沿岸。城市手工业的发展是推动当时国际贸易拓展的一个重要因素。国际贸易的发展又促进了社会经济的发展，并加速了资本主义因素的形成和发展。

从国际贸易的商品来看，封建时代里仍主要是奢侈消费品，例如东方国家的丝绸、珠宝、香料，西方国家的呢绒、酒等。手工业品的比重有着明显的上升。另一方面，交通运输工具，主要是船只有较大进步，国际贸易的范围扩大了。不过从总体上来说，自然经济仍占统治地位，国际贸易在经济生活中的作用还相当小。

奴隶社会和封建社会由于社会生产力水平低下，社会分工不发达，自然经济占据统治地位。因此，对外贸易发展缓慢，国际商品交换只是个别的、局部的现象，还不存在真正的世界市场，更不存在实际意义的国际贸易。

4. 资本主义社会的国际贸易。国际贸易虽然源远流长，但其真正具有世界性质还是在资本主义生产方式确立起来之后。在资本主义生产方式下，国际贸易的规模急剧扩大，国际贸易活动遍及全球，贸易商品种类日益繁多，国际贸易越来越成为影响世界经济发展的一个重要因素。在资本主义发展的各个不同历史时期，国际贸易的发展又各具特点。

（1）资本主义生产方式准备时期的国际贸易。16 世纪到 18 世纪中叶是西欧各国资本主义生产方式的准备时期。这一时期工场手工业的发展使社会劳动生产率得到提高，商品生产和商品交换进一步发展，这为国际贸易的扩大提供了必要的物质基础。这一时期的地理大发现，更是加速了资本主义的资本原始积累，使得世界市场初步形成，从而大大扩展了世界贸易的规模。

（2）资本主义自由竞争时期的国际贸易。18 世纪后期至 19 世纪中叶是资本主义的自由竞争时期。这一时期，欧洲国家先后发生了产业革命和资产阶级革命，资本主义机器大工业生产方式得以建立并广泛发展，社会生产力水平大大提高，可供交换的产品空前增多，真正的国际分工开始形成。另一方面，大工业使交通运输和通信联络发生了变革，极大地便利和推动了国际贸易的快速发展。

（3）垄断资本主义时期的国际贸易。19 世纪末 20 世纪初，各主要资本主义国家从自由竞争阶段逐步过渡到垄断资本主义阶段。国际贸易也出现了一些新的变化。

第一，国际贸易的规模仍在扩大，但增长速度下降。截止到第一次世界大战前，国际贸易仍呈现出明显的增长趋势，但同自由竞争时期相比，增长速度下降了。比如，在 1870 年到 1913 年的 43 年间，世界贸易量只增加了 3 倍，而在自由竞争期间的 1840 年到 1870 年的 30 年间，国际贸易却增长了 3.4 倍之多。

第二，垄断开始对国际贸易产生严重影响。由于生产和资本的高度集中，垄断组织在经济生活中越来越起着决定性的作用。它们在控制国内贸易的基础上，在世界市场上也占据了垄断地位，通过垄断价格使国际贸易成为垄断组织追求最大利润的手段。当然，垄断并不能排除竞争，反而使世界市场上的竞争更加激烈。

第三，一些主要资本主义国家的垄断组织开始输出资本。为了确保原料的供应和对市场的控制，少数资本主义国家开始向殖民地输出资本。在第一次世界大战前，英国和法国是两个主要的资本输出国。通过资本输出，不仅带动了本国商品的出口，而且还能以低廉的价格获得原材料，同时资本输出也是在国外市场上排挤其他竞争者的一种有力手段。

（4）当代国际贸易的新发展。第二次世界大战以后，特别是 20 世纪 80 年代以来，世界经济发生了迅猛的变化，科技进步的速度不断加快。国际分工、国际贸易和世界市场也都发生了巨大的变化。概括地说，当代国际贸易发展有以下一些新特征。

第一，国际贸易发展迅速，世界贸易的增长速度大大超过世界生产的增长速度，服务贸易的增长速度又大大超过商品贸易的增长速度。

战后世界贸易的增长速度超过世界生产的增长速度。国际贸易的快速发展不仅限于少数国家，多数国家的对外贸易也都有不同程度的增长。世界贸易在世界生产总值（GWP）中所占的比重，各种类型国家的对外贸易在它们各自的国内生产总值（GDP）中所占的比重都增加了。特别是 20 世纪 80 年代以来，国际贸易的年均增长速度达到 5%～6%，大大高于同期世界产值 2%～3% 的年均增速，并且稳定增长中不断出现增长的高峰。比如 20 世纪 80 年代有两个高峰：1984 年、1988 年世界贸易额分别比 1983 年、1987 年增长 8.1%、7.9%；20 世纪 90 年代又有两个高峰：1994 年、1997 年都分别比 1993 年、1996 年增长 9.5%。2000—2008 年世界贸易更是以年均 12% 的增速在飞速发展。

与此同时，20 世纪 80 年代以来，世界服务贸易发展也非常迅速，且增长速度大大超过货物贸易。1970 年，世界服务贸易额仅为 640 亿美元，2001 年达到了 1.4 万亿美元，31 年间增长 17.6 倍，年均增长 11%，远高于同期世界出口 5% 的增速。根据世界贸易组织 2009 年的报告，2008 年世界服务贸易占世界货物贸易的 23.5%。一些经济学家预计，21 世纪中期服务贸易额将超过货物贸易额。

第二，国际贸易的商品结构发生了显著变化，新商品不断大量涌现。制造品，特别是机器和运输设备以及它们的零部件的贸易增长迅速，世界制造品的比重由 1980 年的 53.9% 上升为 2008 年的 66.5%。石油贸易增长迅猛，而原料和食品贸易发展缓慢，石油以外的初级产品在国际贸易中所占的比重下降。在制成品贸易中，各种制成品的相对重要性有了变化。非耐用品，如纺织品和一些轻工业产品的比重下降，而资本货物所占的比重上升。技术贸易等无形贸易及军火贸易迅速增长。

第三，发达国家继续在国际贸易中占据主导地位，但发展中国家在国际贸易中的地位有所加强，国际贸易已从过去发达国家的一统天下，变为不同类型国家相互合作和相互竞争的场所。在第二次世界大战后的世界贸易中，增长最迅速的是发达经济体之间的贸易，在世界贸易地区分布中，发达资本主义国家所占比重 1950 年为 60.8%，1985 年为 65.5%，1999 年为 72.5%。但是，发展中国家与发达国家及发展中国家间的相互贸易的总规模仍是不断扩大的。特别是一些新兴工业化国家和地区的贸易、分工地位在不断提高。

第四，各种类型国家间的区域贸易组织层出不穷，经济贸易集团内部各成员经济体间的贸易发展也十分迅速。截止到 2008 年 12 月底，向 GATT 和/或 WTO 通报的区域贸易协定（RTAs）已有 421 个，其中又有 230 个生效，这当中既有发达经济体间的如欧盟（EU），也有发达经济体和发展中经济体间的如北美自由贸易协定（NAFTA），还有发展中经济体间的如东盟（ASEAN）。2008 年，EU 的区域内部的出口占其当年总出口的比重是 73.1%，NAFTA 的比重是 49.8%，ASEAN 的比重是 25.5%。

第五，从贸易政策和贸易体制来看，从战后 20 世纪 50 年代到 60 年代，贸易政策和体制总的特点是自由贸易，20 世纪 70 年代以来，贸易政策有逐渐向贸易保护主义转化的倾向，国际贸易体制从自由贸易走向管理贸易，国际贸易的垄断化进一步发展。1995 年 1 月 1 日，随着世界贸易组织的建立，国际贸易又进入一个相对自由的时代。当然，这并不排除一些国家出于政治利益的需要而采取贸易限制措施。

资本主义社会前的国际贸易和资本主义社会的国际贸易的主要区别在以下三个方面。第一，贸易的主体是不同的。前者的贸易主体是少数的特权阶层或其代理人，而后者属于一般的资产阶级即可。第二，贸易的客体是不同的。前者的贸易客体主要是供特权阶层使用的奢侈品，而后者主要是供普通大众消费的大宗商品。第三，贸易的目的是不同的。前者的贸易目的主要是为了商品的使用价值，而后者主要是为了商品价值的增值。

二、国际贸易理论与学说

西方经济学家和马克思主义经典作家都非常注重研究和探讨国际贸易中的各种问题与规律，比如国际贸易产生的原因、国际贸易的利益来源、国际贸易的所得分配、国际贸易的发展战略、内部重要因素与国际贸易的关系等。

1. 资本主义原始积累时期的重商主义（Mercantilism）主要研究对外贸易如何带来财富。在他们看来：第一，金银货币才是真正的社会财富（财富即为金银，金银才是财富），其多寡是衡量一国富裕程度的唯一标准，人们从事和国家参与经济活动的目的都是为了获取更多的金银。第二，除了能够开采金银矿产之外（而在一定的历史阶段各国通过开采金银矿产增加金银的能力是很有限的），各国的对外贸易是获取财富和走向富裕的唯一源泉，它对本国的经济发展至关重要（这样的观点就导致了重商主义的零和博弈的实际做法）。第三，为了确保不断地从国外获取金银，国家应当积极干预经济生活，采取各种政策措施严格管制对外贸易。不难看出，流通交换问题是重商主义者关注和研究的中心问题。

重商主义的发展可以分为早期和晚期两个阶段。早期重商主义的代表人物是威廉·斯塔福，晚期重商主义的代表人物托马斯·孟则在《英国得自对外贸易的财富》（1664）一书中系统地阐述了他的思想。总的来看，"贸易差额论"是其国际贸易思想的核心内容。按照这种观点，在国际贸易活动中，一国可以多买（进口）原材料，但关键在于要多卖（出口）本国产品，从而导致金银货币最终流进本国，实现国家增进财富的目的。于是，当时不少欧洲国家都实施了一系列旨在追求贸易顺差的政策措施，力图垄断对外贸易，积极推行奖出限入政策，甚至管制海上运输。这种在国家干预主义支配下的国际贸易思想曾一再对后人产生重要的影响。

2. 资本主义自由竞争时期的古典学派代表亚当·斯密和大卫·李嘉图探讨了国际分工形成的原因和分工的依据，论证了国际分工和国际贸易的利益。

最早的国际贸易理论当推亚当·斯密的绝对优势（Absolute Advantage）说。作为经济科学的真正奠基者，他撰写了具有划时代意义的巨著《国民财富的性质和原因的研究》（1776）（简称《国富论》），从生产领域而不是流通领域对经济问题进行深入研究，第一次阐述了自由贸易学说。他强调，利己心是人类社会经济活动的根本动力，由于"看不见的手"在起作用，追逐私人利益的结果不仅推动着社会经济的稳定发展，同样还不自觉地促进了社会公共利益。因此，政府尽量采取少干预私人经济活动的政策是对国家发展和进步最为有利的政策。这种自由贸易政策正是斯密国际贸易理论的基石。

　　斯密是从一国国内的社会分工理论出发来逐步阐述国际贸易问题的。在他看来，国际贸易同样应该遵循各国进行分工的原则，这可以使得贸易国都从中获得更大的好处（他的观点中暗含了各国之间的贸易是个正和博弈的思想）。国际分工的基础则是各自占有优势的自然禀赋或后天获得的有利条件。这样，各国分别生产和出口具有优势的商品，从而使得自己的资源、劳动力、资本都得到最有效的利用。必须指出，他所讲的优势实际上仅仅是指绝对优势，意在表明一国为了更多地增加国民财富，应该凭借本国生产效率高的商品来开展国际贸易活动。但是，他的绝对成本说毕竟只是指明了具有绝对优势的国家参与国际贸易的可能性和必要性，却解释不了许多没有什么绝对优势的经济后进国家依然在进行国际贸易的普遍现象。

　　通常的看法认为，大卫·李嘉图的比较优势（Comparative Advantage）说的出现，才是国际贸易理论正式诞生的奠基石。19 世纪以来，围绕是否向外国谷物开放国内市场的问题，英国当时新兴的资产阶级与土地贵族阶级之间展开了激烈的斗争，这就需要有新的理论出现，它能证明即使是一国在两种商品的生产上都具有优势或都具有劣势，该国仍能够参与国际分工和国际贸易。时势造英雄，这个英雄就是大卫·李嘉图。大卫·李嘉图出于进一步论证自由贸易的必要性和合理性的这个目的，在其主要著作《政治经济学及赋税原理》（1817）中，论证了以"比较成本说"为中心的国际贸易理论。这个重大理论的提出，奠定了国际贸易理论演进与发展的根本基础，并有力地推动着国际贸易的具体实践。其影响是相当深远而广泛的。可以这样说，在其后的一个半世纪里，学术界的有关研究很大程度上都是对它的补充、发展和修正。

　　简单的讲，大卫·李嘉图创造并始终应用着"比较优势"的分析思路或工具，从而比较有说服力地解释了国际贸易的产生原因和利益来源。他论述的比较优势理论的最重要的思想内核就是"两优取重，两劣取轻"，这既是指国际贸易活动中更大的绝对优势，也是指其中更小的绝对劣势。这意味着，任何国家都可以在某些产品上具有贸易优势，因为即便一国产品均处于绝对劣势，这种劣势也一定有程度上的差别。于是，各国都生产和出口具有比较优势的产品，进口具有比较劣势的产品，就能实现互惠互利。在这里，大卫·李嘉图实际上阐述了一个极具启迪意义的核心思想，即一国在自由贸易活动中，应该努力扬长避短，发挥自己的相对优势。可以说，李嘉图的这个学说具有巨大的理论意义和实际意义。但是大卫·李嘉图的理论不能解释如果两国的两种商品的比较优势或劣势具有相同的比例则应如何开展分工和交换的问题。同亚当·斯密的理论一样，他的理论也只能说明两国在一定的条件下可以实行相互有利的国际分工然后进行交换，交换的比例区间是能够计算出来的，可是具体的交换比例究竟是多少仍然不能算出来。

其后，约翰·穆勒的相互需求（Reciprocal Demand）说，阿·马歇尔的提供曲线（Offer Curve）分析以及美国学者弗兰克·陶西格的有关观点和理论都对大卫·李嘉图的比较成本理论进行了相应地发展和修正。

当然，在这个时期，相对弱小的美国和德国是不能完全赞同斯密和大卫·李嘉图的观点的，它们必须找到适合本国经济发展的道路和理论。这个方面以德国经济学家李斯特保护幼稚工业（Infant Industry for Protection）理论最具代表性。李斯特最早对保护贸易理论开展了系统而深刻的阐发，被人们看做国际贸易保护理论的奠基人。19世纪20~30年代，德国还是一个落后的农业国，虽然它的工业已获得比较迅速的发展，却依然同英、法等国的经济实力相差甚远，面临着廉价外国商品的猛烈冲击。避免外国竞争的严重威胁，保护本国新兴工业的顺利发展，已经成为德国当时经济发展的当务之急。李斯特国际贸易理论的出现正是顺应了这样的历史要求。

李斯特的国际贸易学说是以其生产力理论和经济发展阶段论为基础的。按照他的观点，生产力是一切创造财富的能力，包括了一国的社会状况、民族精神、制度、组织和管理水平等精神力量和知识水平，而它的发展则是一国财富增长的根本源泉。李斯特又从历史演进的角度出发，把人类社会的经济发展划分为五个阶段（原始未开化阶段、畜牧阶段、农业阶段、农工业阶段、农工商阶段）。在他看来，经济发展的不同阶段应该采取不同的国际贸易政策。具体地说，在大多数经济发展阶段，一国可以而且应当实行自由贸易，但当它处于经济发展的第四个历史阶段时，为了支持国内新兴工业的发展以避免国外竞争的猛烈冲击，就必须推行坚决的保护贸易制度。一旦经济强盛到进入了更高的发展阶段，即它的新兴工业已具备国际竞争力时，则又需开展自由贸易。由此可见，李斯特的保护贸易理论并不排斥自由贸易的有关精神。

就李斯特学说的具体内容而言，他的保护幼稚工业论有着广泛而深远的影响。他明确主张，一国实行保护贸易政策并不是保护国内的所有产业，而只是对那些目前无法与国外产品相抗衡的新兴产业，同时保护期限也不宜过长。应该说，其关于保护幼稚工业的论述有着比较充足的说服力，而且从某种意义上讲美国和德国都是成功应用的典范，因此，长期以来一直是广大发展中国家制定和实施对外贸易政策的重要指导思想，甚至还为推崇自由贸易精神的 GATT 和 WTO 所接受，并直接体现在它们的规则体系之中。

3. 垄断资本主义时期的国际贸易理论和学说。1929 年到 1933 年发生的世界性资本主义经济危机，彻底宣告了西方传统经济学的失败，并导致了一场经济学说史上的革命。约翰·梅纳德·凯恩斯提出了一套以有效需求学说为核心的新理论，公开承认资本主义可能会产生严重失业和经济危机，极力主张用"国家干预"代替"自由竞争"来救治资本主义。在这个理论体系的框架之内，他也阐述了国际贸易理论，特别强调了被有些人称为的"新重商主义"的政策思想，从而形成了又一种重要的保护贸易学说。

按照凯恩斯的理论逻辑，在一个开放的经济体系里，对外贸易与消费、投资和政府开支都是有效需求的决定性变量。具体的说，出口等于在增加本国的总需求，而在其他情况不变时，进口外国商品则在减少本国的有效需求。因此，贸易顺差对扩大有效需求十分重要，它将为本国带来黄金和外汇，可以增强本国的国际支付能力，降低利率，刺激投资，由此增加的就业量同国内投资所起的作用一样，存在着一个放大的效应。这意味着，国家干预对外贸易是扩大有效需求的重要一环，而具体的政策目标则是始终实现和保持本国的贸易顺差。为此，在政策主张方面就极力推崇重新实行已被各国普遍抛弃了200余年的重商主义措施，以有效地推进保护贸易政策。毫无疑问，把贸易顺差作为扩大有效需求的一个途径来展开经济分析，是比较符合当今世界经贸活动的现状和趋势的。但是，这种以邻为壑（Beggar-thy-neighbor）的政策只能是破坏而不是促进各国间的贸易关系。

与此同时，像瑞典这样的经济比较发达，但又严重依赖国际市场的小国是不能赞同凯恩斯的这套论点的。20世纪30年代，贝·戈·俄林在其《区间贸易与国际贸易》（1933）一书里，在继承比较成本说的基础上，进一步用生产要素禀赋（Factor Endowment）理论深入探讨了国际贸易的产生原因和利益来源。这被普遍视为现代国际贸易理论的又一块基石。由于俄林的学说是受到其老师赫克歇尔有关思想的影响而形成的，故它又被称做"赫-俄（H-O）学说"。

在亚当·斯密和大卫·李嘉图的理论中，他们认为各国之间的绝对优势或者比较优势的来源是各国现实中存在的技术差异。这样的假设是与他们当时的社会实际生活相符合的，但是到了20世纪30年代随着各国间的技术的扩散和交流，这样的假设显然是与现实不符的。此外在实际的生产中，决定商品成本的不仅仅是亚当·斯密和大卫·李嘉图所认为的劳动力这个唯一的要素，而是多种要素。

俄林明确指出，商品价格在不同国家之间的绝对差异是产生国际贸易的直接原因，而其相对价格的差异又是重要的前提条件。他进一步强调，商品的这种价格差异来自于各自生产成本的不同，进一步分析显示，主要在于生产要素的价格不同。至于生产要素价格存在差别，则是由于各国有着不同的生产要素禀赋，即不同的生产要素供给状况。具体的讲，一国某种生产要素供给相对丰裕，该要素在这个国家的价格就相对便宜；某种要素相对稀缺，该要素在该国的价格就相对昂贵。因此，一国的比较优势就表现在生产密集使用本国廉价生产要素的产品上。最后，俄林得出了明确的结论：一国应生产和出口密集使用本国丰裕要素的商品。

显然，生产要素禀赋说坚持从供给角度出发，进一步阐明了比较成本为什么能够以及如何决定一国的相对优势，解决了大卫·李嘉图未曾深入研究的问题。它着重用经济结构说明国际贸易的原因、流向和格局，并立足于要素配置合理化的思想来强调自由贸易的必要性和重要性，亦有着相当重要的借鉴意义。在理论模型上，它由古典经济学的两个国家、两种商品和一种要素（即 2×2×1 模型）发展为两个国家、两种商品和两种要素（即 2×2×2 模型），这对其后的理论模型的构建同样具有重要的意义。不过，忽视需求对国际贸易的作用，也使该学说存在明显的理论缺陷。

　　进一步分析国际贸易的影响和后果，是 H-O 学说的又一个重要内容。有些学者就把它称做广义的生产要素禀赋说。俄林着重研究的是国际贸易对于价格的影响。他大致是按照如下的思路展开分析的：人们为了寻找生产要素最廉价的市场，总是尽量把生产地点设在所需要素密集分布的地区。这样，出口劳动密集型产品的国家对劳动要素的需求不断增加，对其他本来稀缺的要素（如土地）的需求反而会减少；而出口土地密集型产品的国家则反之。其结果是，前者的劳动丰裕程度下降，劳动力价格上升，而后者的土地丰裕程度下降，土地价格上升；反之，它们原先各自稀缺的要素因国内需求减少，其价格反而下降了。因此，商品的流动实际上可以代替生产要素的流动，最终导致各国的生产要素价格趋于均衡。不过，俄林明确指出，由于存在种种障碍，要素价格只具有均等化的趋势，实际上并不会完全一致。

　　这种所谓的"生产要素价格均等说"后来又得到了著名经济学家保罗·萨缪尔森的深入探讨。在他看来，在特定的限制条件下，生产要素价格均等化不仅是一种趋势，而且有其必然性。人们通常认为萨缪尔森完善了俄林的这个学说，所以又把生产要素价格均等说叫做 H-O-S 学说或定理。

　　4. 第二次世界大战以后国际贸易理论的发展。20 世纪 50 年代初的里昂惕夫之谜（Leontief Paradox）是国际贸易理论发展的一个重要分水岭。在国际经济学界，人们常以第二次世界大战来划分国际贸易理论。把其之前的理论称为传统贸易理论，其后的称为新贸易理论。这二者本身也的确存在着很明显的差异，尤其在理论的假设前提方面更是如此。传统贸易理论的假设是：第一，市场是完全竞争的；第二，规模报酬不变。而新贸易理论的假设是：第一，市场是不完全竞争的；第二，存在着规模经济。

　　里昂惕夫先后两次运用其著名的投入—产出法对美国的进出口资料进行验证，产生的结果却在国际贸易界掀起了一场狂飙。按他的本意，通过美国资料来验证生产要素禀赋说的正确无误，可以进一步肯定其创制的投入—产出方法所具有的科学性。不料，两次的验证结果均表明，生产要素禀赋说不符合美国进出口的实际情况。按照人们对第二次世界大战后美国经济的理解，认为美国应该出口的是资本密集型产品，进口的是劳动密集型产品。而他的实证分析的结果恰恰表明，美国出口的是劳动密集型产品，进口的反而是资本密集型产品。这就出现了一个传统贸易理论无法自圆其说的悖论，史称"里昂惕夫之谜"。它对传统贸易理论产生的严重冲击，则是不言而喻的。

为了对里昂惕夫之谜进行有效的解释，许多经济学家从发展和修正 H-O 模型（比如劳动熟练说、人力资本说、技术差距说和产品生命周期说等），从新视角来研究国际贸易（比如需求偏好相似说就是从需求的角度研究）以及从重新构建国际贸易理论（比如产业内贸易理论）等几个方面开展了有效的工作，并取得了相应的成绩。

进入 20 世纪 70 年代，整个世界经济增长趋缓、布雷顿森林体系的土崩瓦解以及两次石油危机，使得国际贸易的形势发生很大的变化，各国转而对本国的相关产业进行保护。与此相适应，国际贸易理论的研究更多的关注保护问题。20 世纪 80 年代，以克鲁格曼为代表的经济学家提出了战略性贸易政策理论。该理论明确对自由贸易政策的最优性表示质疑，并论证了政府对经济进行必要干预的合理性，提出了适当运用关税、补贴等战略性贸易政策措施，将有助于提高本国贸易福利的主张。就其实质而言，这是又一种为贸易保护行为提供理论依据的学说。

需要指出的是，近 20 余年来西方主流经济学界开始掀起了一股重视社会性因素分析的理论热潮。不少诺贝尔经济学奖获得者，如布坎南、科斯、诺思等都是积极的身体力行者。显然，经济学基础理论研究的重大变革，自然会在国际贸易学这门应用经济学的分支学科里得到较充分的展现。于是，新制度经济学、产权经济学等都被积极地引入进来，特别突出的是，一种围绕保护贸易进行的"政治经济学分析"（Political Economy Analyze）更是有了长足进展，它明显包含了公共选择学派的理论色彩。对贸易的政治经济学的研究开始于 1976 年，当时主要研究贸易保护主义的政治经济因素。

20 世纪 90 年代中期开始的研究表明企业间的差异对理解世界贸易非常重要：部门内企业间的差异可能比不同部门间的平均差异更大。因此，从 21 世纪初开始，国际经济学界对贸易模式和贸易流量的解释，日渐进入到企业层次的微观研究，主要体现为异质性企业贸易模型（Trade Models with Heterogeneous Firms）和企业内生边界模型（Endogenous Boundary Model of the Firm）在国际贸易中的广泛使用，这些研究将原来的 CES 偏好假设放松为异质企业的假设，并且运用企业层面数据展开经验检验。Baldwin（2005）、Larry Qiu（2006）等学者将关于异质性企业贸易模型和企业内生边界模型的理论称为"新新贸易理论"（New-New Trade Theory）。新新贸易理论进一步考虑了企业的异质性问题，它有两个重要的分支：Melitz 的异质性企业研究和 Antràs 的企业内生边界研究。Melitz 为代表的这个分支主要将研究重点放在异质性企业上，考虑企业层面异质性来解释更多新的企业层面的贸易现象和投资现象。模型主要解释为什么有的企业会从事出口贸易而有的企业则不从事出口贸易。Antràs 为代表的企业内生边界模型这个分支主要解释是什么因素决定了企业会选择公司内贸易、市场交易还是外包形式进行资源配置。二者同时都研究了什么决定了企业会选择以出口方式还是 FDI 方式进入到海外市场。

不难看出，理论发展的推动力主要来自两个方面：一方面是，贸易实践的发展提出了新的已有的贸易理论无法解释的现实问题；另一方面就是，已有的理论本身存在缺陷。

三、对外贸易政策

国际贸易直接涉及各国的经济发展和财富的积累。因此，各国都制定有利于本国对外贸易发展的政策和措施。对外贸易随着时代的发展而不断变化。

从对外贸易产生和发展以来，贸易政策类型主要有两种，即自由贸易政策和保护贸易政策。简单的讲，自由贸易政策是指一国对本国的进出口贸易不加任何限制，放任自流。保护贸易政策是指一国对本国的进出口贸易加以限制，一般是奖出限入。

资本主义生产方式准备时期，为了促进资本的原始积累，西欧各国广泛推崇重商主义，在贸易政策上实施强制性的贸易保护主义，通过限制货币（贵重金属）的出口和扩大贸易顺差的办法扩大货币的积累，其中以英国最为彻底。

资本主义自由竞争时期，资本主义生产方式占据统治地位，世界经济进入商品资本国际化阶段。由于欧美各国经济发展水平的不同，出现了两种类型的贸易政策。在资本主义较发达的国家（如英国），主要推行自由贸易政策。在资本主义比较落后的国家（如德国），则执行以保护幼稚工业为目标的保护贸易政策。

19 世纪末到第二次世界大战前，由于垄断的出现与加强，资本输出占据统治地位。1929 年到 1933 年的经济大萧条，使市场矛盾日益激化，主要资本主义国家开始推行带有垄断性质的超保护贸易政策。

第二次世界大战以后，先是由于美国对外扩张的需要，继而因为资本国际化和生产国际化、国际分工在广度和深度的迅猛发展，出现了世界范围内的贸易自由化。

20 世纪 70 年代中期后，由于两次经济危机的爆发，经济发展减缓，结构性失业的出现，市场问题趋于尖锐，以美国为首的发达国家采取了新的贸易保护主义。

通过对国际贸易发展史的研究不难发现，尽管从理论和实践上来讲，自由贸易对参加国都是有利的，而历史上只有两个国家在不同的历史阶段实行过比较接近理论上的自由贸易政策，一个是自由竞争时期的英国，另一个是第二次世界大战结束后的美国，但这两个国家在执行自由贸易政策后都无一例外地走向相对的衰败，究其原因可以用博弈论的静态模型加以解释。各国都执行自由贸易政策是"双赢"解（Win-Win Solution），但它不是稳定解；各国都执行保护贸易政策尽管是"囚徒困境"解（Prisoner's Dilemma Solution），但它恰恰是稳定解。

20世纪80年代中后期以来，由于世界经济政治关系的深刻变化，各国经济相互依靠的加强，各国普遍意识到如果单纯地追求本国利益的最大化，最终的结果是各国的经济交往都将陷入"囚徒困境"解，而如果各国想达到"双赢"解，各国就应该加强相互合作。因此，在世界范围，特别是发达国家开始推行协调管理贸易政策。它们对内制定各种对外贸易法规和条例，加强对本国进出口的管理，对外通过协商、签订各种对外经济贸易协定，以协调和发展与他国之间的经济贸易关系。

四、当代各主要资本主义国家、发展中国家和转型经济国家的对外贸易发展的主要特点以及有关的全球和区域性的贸易组织机构

在世界贸易中，发达国家是世界贸易的主体，是各国的主要市场，在各种国际贸易机构中它们同样占据主要地位。它们的跨国公司垄断着国际贸易的大部分。它们对外贸易的政策影响着世界经济和贸易的发展。第二次世界大战后，发展中国家以独立国家身份出现在世界贸易舞台上，它们正在通过对外贸易的发展带动本国经济的发展，为了改善它们在国际贸易中的地位，积极开展南北对话与南南合作。

第二次世界大战结束后建立的GATT对于战后国际贸易的恢复和发展的贡献是有目共睹的，但是它的一些先天性的不足和运行中的某些缺陷都限制了它的作用更好的发挥。1995年1月1日成立的WTO在继承GATT的优点的同时也进行了有益的发展性的尝试。

有资料表明，在国际贸易中创造的每一美元中，发达国家就可以拿到八十几美分，发展中国家仅能分到剩下的十几美分。所以一方面要承认随着全球经济的发展，各国经济的绝对量在优化，但是另一方面也要认识到广大发展中国家的相对量的恶化，这或许就是经济学中常说的经济的扩散效应和回波效应吧。当前广大的发展中国家越来越感到已有的国际经济旧秩序的弊端，但是如果想建立起崭新的国际经济新秩序不可能是一蹴而就的。这个世界从来就没有什么救世主，只能靠广大的发展中国家的共同努力才有可能建立比较合理的国际经济新秩序。

第三节 国际贸易学的研究方法

辩证唯物主义和历史唯物主义是研究一切社会科学的方法。辩证唯物主义和历史唯物主义的各项原理也完全适用于国际贸易学科的研究。

一、国际贸易学研究中应遵循的基本原则

在辩证唯物主义和历史唯物主义方法论的指导下，研究国际贸易时应该遵循以下几个基本原则。

1. 历史与逻辑统一的原则

在学习国际贸易学的时候一定要能动地综合国际贸易历史与国际贸易理论，也就是采用历史与逻辑统一的原则。马克思指出，在分析经济现象时，既不能用显微镜，也不能用化学试剂，而必须用抽象的方法来代替二者。历史和逻辑的辩证统一，是研究国际贸易的历史、现状和未来的方法论的基础。因此，在研究国际贸易问题时，既要注重理论的研究，也要强调历史的和现实材料的分析研究，把二者有机地、辩证地结合起来。

资本主义自由竞争时期，正是因为英国率先开始并完成了第一次工业革命的进程，英国成为所谓的"世界的工厂"，此时英国的理论界和实践界才结合本国的现实国情提出自由贸易的主张。与此同时，美国和德国的工业技术水平与英国还有很大的差距，故这两个国家是不可能接受和施行英国所提倡的自由贸易的。相应地，就不难理解为何进入资本主义的垄断时期后英国就转而鼓吹保护贸易的思想了，那正是因为此时的英国再也不是原来的那个竞争实力强大的英国了，它更加需要的是如何有效保护它的垄断产业的垄断地位的理论和实践主张。

2. 实践是检验真理的唯一标准的原则

在研究中，应从国际贸易的实际出发，实事求是地对国际贸易的历史、现状做出具体分析。要认真分析国际商品交换中的利益与矛盾及其表现形式，研究它们的运动和变化，防止僵化和片面性。国际贸易学科应不断继承和吸收各个时代、各个国家国际贸易理论与学说及有关学科（如经济学理论）中的一切有价值的、科学的成分，努力大量占有资料，进行深入、细致、客观的研究，力求从理论和实践上说明国际贸易的变化规律。

H-O 模型的确有不少可取之处，它在解释具有不同要素禀赋的国家之间开展的不同商品间的贸易——产业间贸易（Inter-Industry Trade）时，是相当有说服力的。但是，随着国际经济的不断发展，在第二次世界大战后，国际贸易的表现形式更多的是产业内贸易（Intra-Industry Trade），而不是产业间贸易，H-O 模型此时就显得不能很好的自圆其说了。这就要求人们从实际出发，认真研究产生这些现象的背后的深刻原因。

再如，尤其是 20 世纪 90 年代以来，国际投资的增长速度要远快于国际贸易的增长速度，对于这一现象的有力解释恐怕需要借助以科斯为代表的新制度学派的一些观点。科斯认为企业和市场之间存在着替代的关系，而张五常指出可以进一步地认为要素市场和产品市场之间存在着替代的关系。国际投资和国际贸易的关系在某种意义上就可以认为是要素市场（企业）和产品市场（市场）之间的关系，而二者的均衡就取决于分别利用这两种"市场"的边际成本（边际组织管理成本和边际交易费用）的对比。在现实中，各国为了促进本国经济的发展，不论是最大的发达国家——美国，还是最大的发展中国家——中国，都在努力地提供各种优惠的措施来吸引国际投资。而与此同时，各国为了更好地保护本国的相关产业的生存或发展，都在不同程度的推行各种贸易壁垒措施。这就使得进行国际投资的边际成本（边际组织管理成本）相对于进行国际贸易的边际成本（边际交易费用）以更快的速度下降，最终导致国际投资的增长速度快于国际贸易的增长速度。

3. 坚持生产和交换辩证关系的观点

一方面，我们应当坚持生产决定交换的原理。生产是国际贸易的基础，经典作家一再指出，经济科学只是在以生产为出发点，而不是以流通为出发点的时候才成为科学。但是不能由此得出结论说，在生产、分配、交换和消费等因素的相互关系中，后三个因素只是消极的和被动的。恰恰相反，其他三个因素对生产过程是有反作用的，有时会起着巨大的推动作用或阻碍作用。从历史到现在，国际贸易对一个国家的经济发展起着日益重要的作用。

亚当·斯密和大卫·李嘉图的理论都指出，各国可以通过国际分工来增加彼此的经济福利。但是，他们只是从理论上说明各国开展对各自有利的国际分工的可能性。如果两国在分工后的交换比例超出了两国各自在没有分工前的国内的交换比例的时候，总有一方会退出这样的分工。由此可见，交换在某种程度上是会直接影响分工生产的。

二、国际贸易学的主要研究方法

（一）局部均衡和一般均衡的分析方法

均衡与均衡状态，原来是力学的概念，是指一个物体由于同时受到方向相反的两种外力的作用，两种外力大小相等，物体因受力的均衡而处于静止不动的状态。英国经济学家把它引入经济学。西方经济学中的均衡是经济体系中各种相互对立或相互联系的力量在变动中处于相对平衡而不再变化的状态，或指经济体系内各有关变量的变动都恰好相互抵消，没有引起经济变量发生变动的压力和力量时的状态。比如，在需求理论中，商品价格的升降会引起商品供给和需求的变化，而商品供给和需求的变化又会影响价格的变动，当商品需求、供给和价格相互制约、相互作用而造成的变动，最终导致需求与供给一致时，就实现了经济均衡。均衡分析广泛运用在西方经济学各个领域，是一个基本的重要的分析方法。

1. 局部均衡分析

均衡分析可分为局部均衡分析和一般均衡分析。局部均衡分析是分析某一时期、某一市场的某种商品的价格或供求所达到的均衡，是一个市场一种商品的均衡。如果假定某一市场对其他所有市场不发生重大影响，其他市场也不对要考察的这个市场有反馈作用，而只单独考察一定时间这个市场的某种商品（或生产要素）的价格或供求达到均衡的分析，就是局部均衡分析。马歇尔就是运用局部均衡分析研究经济问题的。

经济学中的局部均衡分析都是以"其他情况不变"、"在既定条件下"的假设为基础的。所以，具有一定的局限性，但这并不影响它对有些经济问题研究的有效性和价值。在某些合理假设基础上，可以使复杂的问题简单明了，便于把握事物的某些关系，达到说明问题的目的。

比如对于关税效应的局部均衡分析就是很具有代表性的。局部均衡分析可以使我们清晰地理解当一国对进口商品征收关税后，本国这种商品的市场价格、供求量以及各当事方的福利是如何发生变化的。

2. 一般均衡分析

同局部均衡相对的是一般均衡分析。一般均衡分析是研究整个经济体系即所有市场的价格和产量均衡的一种分析方法，也称总均衡分析，即研究整个经济体系中各个市场、各个商品的供给和需求同时达到均衡的状态。

社会经济系统中，各个市场的商品之间，与商品供给相关的各生产者之间，与商品需求相关的各消费者之间的各种经济变量相互依赖，相互影响，存在着密切关系。当这些经济变量相互作用，最后达到一种没有变动的内在趋势的均势状态时，这种均势状态就是一般均衡。在达到一般均衡条件下，各个市场商品的供给量和需求量在一定的均衡条件下是相等的；各个生产者在既定技术条件下，获得最大利润；各个消费者在一定收入条件下，实现最大满足。

一般均衡分析于19世纪70年代由洛桑学派的瓦尔拉斯首先提出，后经帕累托、希克斯、萨缪尔森等作进一步发展，在研究资源最优配置、投入产出分析等方面得到广泛应用。

（二）静态分析、比较静态分析和动态分析的分析方法

西方经济学采用的分析方法从一个角度看是均衡分析，从另一个角度来看就是静态分析、比较静态分析和动态分析，二者是紧密相关的。

1. 静态分析

静态分析是在经济分析中把焦点集中在均衡的位置，就是分析经济现象的均衡状态以及有关经济变量达到均衡状态所必须具备的条件，完全抽象掉了时间因素和具体变化的过程。这是一种静止地、孤立地考察某些经济事物的方法。比如在微观经济学中考察市场价格时，研究的是价格随着供求关系而变化，或升或降地波动的趋向点或者是供求决定的均衡价格。如在分析经济问题时，假定资本数量、技术水平、人口规模、生产组织、制度体制等因素固定不变，研究什么是均衡状态需要的条件。最早区分动态分析和静态分析的是美国经济学家克拉克。

比如，在国际贸易理论的研究中，H-O模型假设各国的需求是一样的，供给由于要素禀赋的不同而不同，这就与有些理论中的假设——各国的供给是相同的，而需求是不同的有较大的区别，相应的理论分析框架也就有较大的差异。

2. 比较静态分析

比较静态分析不考虑经济变化过程中所包含的时间阻滞,而只考察在静止状态时,假定固定不变的因素发生变化后所引起的新的均衡。比较一个经济变动过程的起点和终点,而不涉及转变期间和具体变动过程本身的情况,实际上只是对两种既定自变量和各自相应的因变量的均衡值加以比较。比如,已知某种商品的供求状况,可以分析市场供求达到均衡时的价格和产量。现在,因为消费者的收入增加而导致对该商品的需求增加,从而会达到新的均衡,但是商品价格和产量都比以前提高了。在这里,只把新的均衡所达到的价格和产量与原来均衡时的价格和产量进行比较,就是比较静态分析。

例如,在比较关税壁垒措施和非关税壁垒措施的经济效应的时候,首先假定考察对象国实施关税壁垒措施并分析相应的经济效应,然后假定考察对象国实施非关税壁垒措施并分析相应的经济效应,最后把二者放到一起进行对比,得出它们对一国经济影响的异同。

如果说静态分析考察的就是一张静止的照片,而比较静态分析考察的是几张不同时点的幻灯片,分析新均衡状态与旧均衡状态的关系。那么,动态分析所考察的就是一系列连续移动的照片即录像片或电影,分析达到均衡的过程。

3. 动态分析

动态分析是对经济事物变化的实际过程进行分析,其中包括分析有关变量在一定时间过程中的变动,这些经济变量在变动过程中的相互影响和彼此制约的关系,以及它们在每一时点上的变动的速率等。

动态分析的根本特征是引入了时间因素,从时间序列上对社会经济活动作时点分析和期间分析、事前分析和事后分析,而且重视预期和计划在经济活动中的作用,试图说明经济活动怎样从一种均衡状态变化到另一种均衡状态。

动态分析着重考察在静态分析中假定不变的因素,如人口与劳动力数量、资本数量、生产技术、消费者偏好和收入等因素在时间过程中发生变化时,将会怎样影响一个经济体系的运动。

举例来讲,美国经济学家弗农的产品生命周期说,就是国际贸易理论中一个比较成功运用动态分析的理论,该理论比较好地解释了为何同样的产品会在要素禀赋截然不同的国家进行生产。

(三) 实证经济分析和规范经济分析的分析方法

在经济学说史上第一个区分实证经济学和规范经济学的经济学家是西尼耳,他认为政治经济学是研究财富生产和分配的一般规律性的科学,不研究经济伦理问题,也不研究政策建议,属于实证经济学。规范经济分析涉及经济伦理,长期以来争论焦点是经济学应不应当涉及价值判断和社会伦理问题。

大卫·休谟更严格地区分了实证经济分析和规范经济分析,提出了休谟判别法:由事实性的"是"中推导出"应当"。实证经济分析研究"是"与"不是"

的问题，而规范经济分析研究"应当"与"不应当"的问题。

1. 实证经济分析

实证经济分析描述与考察经济现象"是什么"，探讨有关经济变量之间的关系，回答的问题是：如果做出了某个决策和选择，将要出现什么样的后果。运用实证方法研究经济问题，就是要提出能对经济现象给予解释的理论，然后验证理论，并依据理论对未来做出预测。

实证经济学是研究经济事物是怎样运行的理论。它在一定的假设条件下，研究经济事物本身和相互之间联系的客观规律，并以此分析和预测人们经济行为的结果，说明客观经济事物过去、现在和未来的状态。所以，要回答这样的问题是：经济现象"是什么"？即经济现象的现状怎样？存在几个可供选择的方案？选择某方案会有什么结果？由于实证经济研究的内容具有客观性，所以，得出的结论和观点是否正确要通过事实和实践来检验。这同自然科学的研究有些相似。实证经济学的目的在于了解经济情况怎样以及它是怎样运行的，这里没有价值判断和伦理标准。

例如，对关税同盟静态效应中的贸易创造效应和贸易转移效应的探讨，使人们清醒地认识到建立关税同盟前后，对于同盟成员经济体和非成员经济体的经济影响分别是什么；也就使大家更好地理解了为何在 1994 年以前，中国一直是输美纺织品的最大出口国，而在 1994 年以后，墨西哥一举替代中国成为输美纺织品的最大出口国。近几年，加拿大对美国纺织品的出口也超过了中国。这个现象背后的经济学的原因就是美国、墨西哥和加拿大在 1994 年成立了 NAFTA。

2. 规范经济分析

规范经济分析研究经济事物和活动"应该是什么"，这涉及伦理标准和价值判断。比如，某项政策是有利还是有害，某种经济行为与活动是好还是不好，是否可取等。这同伦理道德科学一样，要根据某项原则或标准来规范人们的行为。由于许多经济事物的是非善恶、优劣好坏依赖于个人的价值判断，所以，经济学与自然科学不同，它同伦理道德科学一样，又属于规范的科学。

规范经济学以一定价值判断为出发点，提出行为准则，探讨事物"应该是什么"的问题。因此，规范经济学是研究社会的"质"而不只是"量"的问题，如经济关系、财产关系、阶层、等级、集团利益、人和社会的福利等。由于规范经济学不具有客观性，得出的结论无法通过事实和实践检验，不同的人会对同一事物、同一政策有不同的判断和意见。对于应该做什么或应该怎样做，不同的人也会有不同的结论。因此，规范经济学是对于经济政策与经济行为的经济福利结果的考察和分析。

正如经济学家经常指出的那样，他们几乎一直同意的观点是：通过建立在比较优势基础上的分工和贸易可以增加整个社会的收益；相应地，他们一致反对保护贸易主义。事与愿违，现实世界一直经受着抑制商品、服务和要素在各国间流动的压力。事实上，各国总是在寻找各种新奇的方式去限制经济活动。我们可以看到各国刚刚放弃一种限制贸易的工具，新的贸易限制方式又出现了。

在第二节的贸易政策部分，分析了保护贸易主义产生的外部原因后，我们自然需要关注真正导致它产生的内部原因，但经济学家很难从主流的经济学中找到合适的理由，理论和现实的差距使得经济学家不得不从新的视角来观察这个问题。建立在公共选择理论基石上的新政治经济学为这个问题的解决提供了有力的武器，它从另一个角度来思考贸易政策的本质，即收入分配问题，指出正是因为各国内部存在不同的利益集团（压力集团），使得各国在制定贸易政策时不得不更多地考虑它们的利益，而这些利益集团的利益经常与全社会的利益是不一致的，此时经济学家在理解贸易政策时，就得更多地从收入分配而不是效率这个角度思考问题了。

☞ 习题

1. 简述我国巨额贸易顺差的原因及其影响。
2. 简述总贸易与专门贸易的区别。
3. 货物贸易和服务贸易有什么关系？
4. 什么是直接贸易、间接贸易和转口贸易？
5. 试论述我国对外贸易依存度是否过高？
6. 国际贸易学研究的对象是什么？
7. 国际贸易学研究的方法有哪些？
8. 试论述国际上有哪些新的国际贸易学理论和研究方法。

☞ 网络链接

1. 国际贸易当前和历史的统计数据，请登录：http://www.gpo.ucop.edu。

2. 中华人民共和国国家统计局有大量有关我国国际贸易的数据，请登录：http://www.stats.gov.cn。

3. 要查看正文中一些数据的来源，请登录：www.castoms.gov.cn。

第一章　国际贸易理论的古典模型

摘要：本章阐述国际贸易理论的古典模型，即绝对利益理论模型、比较优势理论模型及特定要素模型。1776 年斯密在《国富论》中提出自由贸易的绝对利益论，认为一国只要在有利的自然禀赋或后天有利条件下分工，生产具有绝对优势的产品，就可在国际贸易中获利。1817 年李嘉图在此基础上发展了比较优势理论，认为一国就算在各种产品的生产中都处于劣势，但只要生产劳动成本相对较低的产品，仍可获利。特定要素模型与李嘉图模型相似，但增加了劳动以外的用于生产特定产品的特定要素。

重点与难点：
1. 绝对优势理论的主要观点及其历史进步意义与局限性
2. 比较优势理论的主要观点及其历史进步意义与局限性
3. 特定要素模型的基本结论
4. 特定贸易模型中国际贸易对各国福利的影响

第一节　Smith 模型

亚当·斯密（Adam Smith，1723—1790）是资产阶级经济学古典学派的主要奠基人之一，也是国际贸易理论的创始者，是倡导自由贸易的带头人。

在斯密所处的时代，英国的产业革命逐渐展开，经济实力不断增强，新兴的产业资产阶级迫切要求在国民经济各个领域迅速发展资本主义，但却受到了中世纪遗留下来的封建行会制度和资本原始积累时期建立起来的重商主义政策体系的束缚。当时仍存在于乡间的行会制度规章严重限制了生产者和商人的正常活动，重商主义提倡的极端保护主义则从根本上阻碍了对外贸易的扩大，使新兴资产阶级很难从海外获得生产所需的廉价原料，并使其为其产品寻找更大的海外市场的愿望难以实现。斯密站在产业资产阶级的立场上，在 1776 年发表的《国民财富的性质和原因的研究》（*Inquiry into the Nature and Causes of the Wealth of Nations*，简称《国富论》（*The Wealth of Nations*））一书中，批判了重商主义，创立了自由放任（Laissez-faire）的自由主义经济理论。在国际分工和国际贸易方面，提出了主张自由贸易的绝对利益论（The Theory of Absolute Advantage）。

一、绝对优势论的主要论点

（一）分工可以提高劳动生产率

斯密非常重视分工，他在《国富论》的开篇就颂扬分工，强调分工的利益。他认为分工可以提高劳动生产率，因而能增加国家财富。他以制针业为例来说明其观点。根据斯密所举的例子，在没有分工的情况下，一个粗工每天至多只能制造20枚针，有的甚至连一枚针也制造不出来。而在分工之后，平均每人每天可以制针4 800枚，每个工人的劳动生产率提高了数百倍，这显然是分工的结果。

斯密认为，分工是由交换引起的。他说："由于我们所需要的相互帮助，大部分是通过契约、交换和买卖取得的，所以当初产生分工的也正是人类要求相互交换这个倾向。"至于交换的原因，他认为是人类特有的一种倾向。"这种倾向就是互通有无，物物交换，相互交易。"在斯密看来，交换是人类出于利己心并为达到利己的目的而进行的活动。人们为了追求私利，便乐于进行这种交换。为了交换，就要生产能交换的东西，"这就鼓励大家各自委身于一种特定业务，使他们在各自的业务上，磨炼和发挥各自的天赋资质和才能。"这就产生了分工。

（二）分工的原则是绝对优势或绝对利益

斯密认为，分工既然可以极大地提高劳动生产率，那么每个人都专门从事他最有优势的产品的生产，然后彼此进行交换，则对每个人都有利。他指出："如果一件东西在购买时所付出的代价比在家里生产时所花费的小，就永远不会想要在家里生产，这是每一个精明的家长都知道的格言。裁缝不想制作他自己的鞋子，而是向鞋匠购买。鞋匠不想制作他自己的衣服，而雇裁缝裁制。农民不想缝衣，也不想制鞋，而宁愿雇用那些不同的工匠去做。他们都感到，为了他们自身的利益，应当把他们的全部精力集中使用到比邻人处于某种有利地位的方面，而以劳动生产物的一部分购买他们所需要的任何其他物品。"

在斯密看来，适用于一国内部不同个人或家庭之间的分工原则，也适用于各国之间。他认为，每个国家都有其适宜于生产某些特定产品的绝对有利的生产条件，如果每个国家都按照其绝对有利的生产条件（即生产成本绝对低）去进行专业化生产，然后彼此进行交换，则对所有交换国都是有利的。他在《国富论》中写道："在每一个私人家庭的行为中是精明的事情，在一个大国的行为中就很少是荒唐的。如果外国能比我们自己制造更便宜的商品供应我们，我们最好就用我们最有优势的产业生产出来的物品的一部分向他们购买……"国际分工之所以也应按照绝对优势的原则进行，斯密认为是因为"在某些特定商品生产上，某一国占有那么大的自然优势，以致全世界都认为，跟这种优势作斗争是枉然的"。他举例说，在气候寒冷的苏格兰，人们可以利用温室生产出极好的葡萄，并酿造出与从国外进口的一样好的葡萄酒，但要付出高 30 倍的代价。他认为，如果真的这么做，那就是明显的愚蠢行为。

（三）国际分工的基础是有利的自然禀赋或后天的有利条件

斯密认为，自然禀赋（Natural Endowment）和后天的有利条件（Acquired Endowment）因国家不同而不同，这就为国际分工提供了前提，因为有利的自然禀赋或后天的有利条件可以使一个国家生产某种产品的成本绝对低于别国而在该产品的生产和交换上处于绝对有利地位。各国按照各自的有利条件进行分工和交换，将会使各国的资源、劳动力和资本得到最有效的利用，将会大大地提高劳动生产率和增加物质财富，并使各国从贸易中获益，这便是绝对利益论的基本精神。

二、绝对优势论的进一步说明

现以中国和美国生产小麦和棉布为例对斯密的国际分工和贸易理论进行分析说明（见表 1-1）。

表 1-1　　　　　　　　　　　　　　**绝 对 优 势**

国　家 产　品	美国	中国	总产出	
			分工前	分工后
小麦（蒲式耳/工时）	6	3	9	12
棉布（码/工时）	4	6	10	12

表 1-1 表明，美国在小麦生产上处于绝对有利地位，因为在美国每工时可生产 6 蒲式耳小麦，而在中国每工时只能生产 3 蒲式耳小麦，即美国生产小麦的成本低于中国。中国在棉布生产上处于绝对有利地位，因为在中国每工时可生产 6 码棉布，而在美国每工时只生产 4 码棉布，即中国生产棉布的成本绝对低于美国。所以，在自由贸易条件下，中国应专门生产棉布并出口一部分以换取美国的小麦，美国则应专门从事小麦生产并出口一部分小麦，以进口中国的棉布。

显然，分工后小麦和棉布的生产效率在总体上均提高了，即劳动生产率提高了，因而在原有资源基础上，能生产出较分工前更多的小麦和棉布。如果两国按照 1∶1 交换小麦和棉布，美国用 6 蒲式耳小麦可换取中国的 6 码棉布，比分工前的国内交换多获 2 码棉布或节约 0.5 个工时；而中国用 6 码棉布可换取美国的 6 蒲式耳小麦，即相当于 12 码棉布（因为 6 蒲式耳小麦在中国生产需要 2 个工时，而 2 个工时在中国可生产 12 码棉布），实际获益 6 码棉布或节约 1 个工时。可见，实行国际分工后，通过国际贸易，中、美两国可同时受益，利益就来自各自发挥生产中的绝对优势，使生产效率提高而增加的产品量。

三、绝对优势论的经济分析——斯密模型

为了理论分析的简化，斯密模型作了以下假设：

1. 世界上只有两个国家（如美国和中国）和两种可贸易商品（如小麦和棉布）；

2. 两种商品的生产都只有一种要素投入：劳动；

3. 两国在不同产品上的生产技术不同，存在着劳动生产率差异；

4. 给定生产要素（劳动）的供给，要素可以在国内不同部门间流动，但不能在国家间流动；

5. 规模报酬不变；

6. 完全竞争市场，即各国生产产品的价格都等于产品的平均成本，无经济利润；

7. 无运输成本；

8. 两国之间的贸易是平衡的。

在这些假设条件下，我们可以分析不同国家间的贸易模式和贸易所得的情况。见图 1-1。

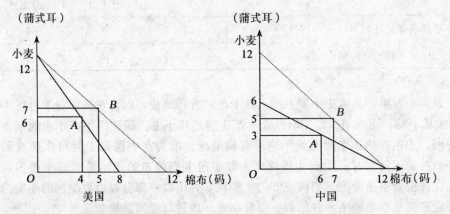

两国在分工后生产出更多的小麦和棉布。如果按照 1∶1 进行交换，美国可多获 2 码棉布，中国可多获 3 蒲式耳小麦，利益来自各国发挥生产中的绝对优势。

图 1-1　绝对优势

四、绝对优势论简评

亚当·斯密的国际分工和贸易理论包含着科学的成分。斯密对社会经济现象的研究从流通领域转到生产领域，从而对国际贸易问题采取了新的观点，这与重商主

义相比是一大进步。他的绝对优势论说明了社会分工和国际分工能使资源得到更有效的利用，国际贸易并不像重商主义者所说的那样只能使交易的一方获得利益，而是双方都能获得利益。贸易利益的普遍性原则为自由贸易政策主张奠定了基础，成为英国新兴产业资产阶级反对贵族地主和重商主义者，发展资本主义的有力理论工具。他关于分工能够提高劳动生产率，参加国际分工、开展国际贸易对所有参加国都有利的见解，虽然经历了200多年的历史，仍具有重大的现实意义。

斯密关于交换引起分工，而交换又是人类固有的倾向的观点是错误的。事实上，交换以分工为前提。在历史上，分工先于交换。秘鲁人的分工很早就出现了，但那时并没有私人交换；印度共同体内部有严密分工的时候，也不存在商品交换。同时，交换也不是人类本性的产物，而是社会生产力和分工发展的结果。

此外，斯密的绝对优势论本身具有一定的局限性，它不能解释国际贸易的全部，而只能说明国际贸易中的一种特殊情形，即具有绝对优势的国家参加国际分工和国际贸易能够获益。如果在现实生活中，有的国家没有任何一种产品处于绝对有利的地位，那么是不是这个国家就不能参加国际贸易呢？对于这一重要问题，斯密的绝对优势论并未论及，大卫·李嘉图的比较优势论对此则做出了解释。

第二节　Ricardo 模型

一、比较优势理论的基本命题

（一）大卫·李嘉图与比较优势论

大卫·李嘉图（David Ricardo，1772—1823）是著名的英国经济学家，是资产阶级古典经济学的完成者。他出身于一个交易所经纪人家庭，14 岁开始从事交易所活动；25 岁便成为百万富翁。1809 年，他开始钻研政治经济学，处女作《黄金的价格》使他一举成名，后当选为国会议员，备受政府要员的青睐。其主要代表作是《政治经济学及赋税原理》（*Principles on Political Economy and Taxation*）。

李嘉图所处的时代是英国工业革命迅速发展、资本主义不断上升的时代。当时英国社会的主要矛盾是新兴的工业资产阶级同地主贵族阶级之间的矛盾，这一矛盾由于工业革命的发展而达到异常尖锐的程度。在经济方面，他们的斗争主要表现在《谷物法》存废的问题上。

《谷物法》是维护地主贵族阶级利益的法令。该法令规定，必须在国内谷物价格上涨到限额以上时才准进口，而且这个价格限额要不断地提高。《谷物法》限制了英国对谷物的进口，使国内粮价和地租长期保持在很高的水平上，这对英国工业资产阶级非常不利。因为一方面，国内居民对工业品的消费因购粮开支增加而相应减少；另一方面，工业品成本因粮价上涨而提高，削弱了工业品的国际竞争力。因限制谷物进口而招致的国外报复，也不利于英国工业品的出口。于是，英国工业资产阶级和地主贵族阶级围绕《谷物法》的存废展开了激烈的斗争。李嘉图在这场斗争中站在工业资产阶级一边，他继承和发展了斯密的理论，在《政治经济学及赋税原理》一书中提出了以自由贸易为前提的比较优势论（The Theory of Comparative Advantage），为工业资产阶级的斗争提供了有力的理论武器。

　　（二）比较优势论的内容

　　李嘉图的比较优势论是在斯密的绝对优势论的基础上发展起来的。斯密认为由于自然禀赋和后天的有利条件不同，各国均有一种产品生产成本低于他国而具有绝对优势，按绝对优势原则进行分工和交换，各国均获益。李嘉图发展了斯密的观点，认为各国不一定要专门生产劳动成本绝对低（即绝对有利）的产品，而只要专门生产劳动成本相对低（即利益较大或不利较小）的产品，便可进行对外贸易，并能从中获益和实现社会劳动的节约。

　　李嘉图在阐述比较优势论时，是从个人的情况谈起的。他在《政治经济学及赋税原理》一书的"论对外贸易"一章中讲道："如果两个人都能制造鞋和帽，其中一个人在两种职业上都比另一个人强一些，不过制帽时只强 1/5 或 20%，而制鞋时则强 1/3 或 33%，那么这个较强的人专门制鞋，而那个较差的人专门制帽，岂不是对双方都有利么？"

　　李嘉图由个人推及国家，认为国家间也应按"两优取其重，两劣取其轻"的比较优势原则进行分工。如果一个国家在两种商品的生产上都处于绝对有利地位，但有利的程度不同，而另一个国家在两种商品的生产上都处于绝对不利的地位，但不利的程度也不同，在此种情况下，前者应专门生产比较最有利（即有利程度最大）的商品，后者应专门生产其不利程度最小的商品，然后通过对外贸易，双方都能取得比自己以等量劳动所能生产的更多的产品，从而实现社会劳动的节约，给贸易双方都带来利益。现仍以中国和美国生产小麦和棉布为例，对李嘉图的比较优势论分析如下：

　　假设美国每工时可生产 6 蒲式耳小麦，中国每工时只能生产 2 蒲式耳小麦；美国每工时可生产 4 码棉布，中国每工时只能生产 3 码棉布（见表 1-2）。显然美国在两种产品的生产上都处于绝对有利地位，中国在两种产品的生产上都处于绝对不利地位。然而，由于两国生产的相对成本不同，因而两国各自具有比较优势：美国在小麦生产上具有比较优势，中国在棉布生产上具有比较优势。根据比较优势论，美国应专门从事小麦生产并出口部分小麦换取中国的棉布，而中国则应专门从事棉布生产，并出口部分棉布换取美国的小麦。如果两国间小麦和棉布的交换比例为1:1，美国用 6 蒲式耳小麦交换中国的 6 码棉布，比分工前的国内交换多获 2 码棉布或节约 0.5 个工时；而中国用 6 码棉布可换取美国的 6 蒲式耳小麦，相当于国内生产的 9 码棉布，与分工前相比，实际获益 3 码棉布或节约 1 个工时。可见，即使一国在两种商品的生产上都处于不利地位，通过两国分工与贸易，双方仍可获益。见图1-2。

表1-2 比较优势

国家 产品	美国	中国	总产出	
			分工前	分工后
小麦（蒲式耳/工时）	6	2	8	12
棉布（码/工时）	4	3	7	6

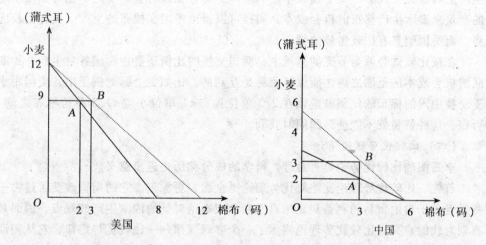

在两种产品的李嘉图模型中，中国在两种商品的生产上都处于不利地位，但它还是可以通过分工与贸易而获益。

图1-2 比较优势

值得注意的是，比较优势论包含比较优势法则中的一种例外情况，即当一国与另一国相比，在两种商品生产上都处于绝对不利地位，而且两种商品生产的绝对不利程度相同或绝对不利比例相同时，则没有互惠贸易发生。例如，上例中如果中国每工时可生产4.5蒲式耳小麦，而不是2蒲式耳小麦，其他假设条件不变，则在中、美两国之间不存在互惠贸易。

（三）李嘉图模型分析

简单的李嘉图模型是建立在单一要素经济的假设基础上的。即假定：（1）世界上只有两个国家：本国和外国；（2）两个国家都只用一种生产要素——劳动进行生产；（3）两国都生产两种相同的产品；（4）两国在两种产品的生产上存在劳动生产率（或劳动成本）的相对差别。

从经济学的角度分析，当一国生产某种产品的机会成本低于另一国时就称该国在该产品的生产上具有比较优势，反之则具有比较劣势。机会成本是指将稀缺的资源用于竞争性的不同用途时，将资源用于一种用途而放弃将其用于其他用途所能得到的最大收益。现代经济学正是用机会成本这一概念对比较优势进行分析的。我们还是用前面的例子来说明，假设两个国家只有一种生产要素——劳动，而且只能用来生产两种商品——小麦和棉布。这时我们就可以看出：对于美国来说，生产6单位小麦的机会成本是4单位的棉布，中国生产2单位小麦的机会成本是3单位棉布。或者是美国1单位小麦的机会成本是2/3单位棉布，而中国1单位小麦的机会成本是1.5单位棉布。因此，美国生产小麦的机会成本小于中国，即美国在小麦的生产上具有比较优势；而中国在小麦的生产上具有比较劣势。反之，也可以用小麦的产量来表示生产棉布的机会成本，同样可以得出中国在棉布的生产上具有比较优势，而美国则具有比较劣势的结论。

在按比较优势原则分工的基础上，两国交换的比例还要在两国各自生产一种商品的机会成本的范围之内才能保证贸易是互利的。比如在上面的例子中，美国用小麦交换中国的棉布的比例就应该在2/3单位棉布<1单位小麦<1.5单位棉布之间。否则，这种贸易就不能使两国同时获利。

（四）比较优势理论简评

李嘉图的比较优势论具有合理、科学的成分和历史进步意义。

首先，比较优势理论比绝对优势理论更全面、更深刻。它的问世改变了过去一些学者关于自由贸易的利益只是来自于商品成本绝对低的国家生产的观点，因而具有划时代的意义。比较优势理论揭示了一个客观规律——比较优势定律，它从实证经济学的角度证明了国际贸易的产生不仅在于绝对成本的差异，而且在于比较成本的差异：一国只要按照比较优势原则参与国际分工和国际贸易，即专业化生产和出口本国生产成本相对较低（即具有比较优势）的产品，进口本国生产成本相对较高（即具有比较劣势）的产品，便可获得实际利益。这一理论为世界各国参与国际分工和国际贸易提供了理论依据，成为国际贸易理论的一大基石。

其次，比较优势理论在历史上起过重大的进步作用。它曾为英国工业资产阶级争取自由贸易政策提供了有力的理论武器，促进了当时英国生产力的迅速发展，使英国成为"世界工厂"，在世界工业和贸易中居于首位。可见，比较优势理论在推动自由贸易事业中成效卓著。

但是，比较优势理论也存在一些缺陷和问题：和斯密一样，李嘉图研究问题的出发点是一个永恒的世界，在方法论上是形而上学的。李嘉图把他的比较优势理论建立在一系列简单的假设前提基础之上，把多变的经济世界抽象成静止的、均衡的世界，因而所揭示的贸易各国获得的利益是静态的短期利益，这种利益是否符合一国经济发展的长远利益则不得而知。李嘉图虽然偶尔也承认，当各国的生产技术及生产成本发生变化之后，国际贸易的格局也会发生变化，但遗憾的是，他并没有进一步阐明这一思想，更没有修正他的理论。

二、比较优势理论的贸易互利性

我们已经知道，行业间相对劳动生产率不同的国家会在不同的产品生产中实行专业化分工。现在我们要说明的是，每个国家的贸易所得正是通过这种专业分工而获得的。我们将用两种方法来表现贸易的互利性。一种方法是将贸易看做一种间接的生产方式。本国可以直接生产棉布，但是本国和另一国之间的贸易使本国通过生产并出口小麦来换取棉布这种间接"生产"方式要比直接生产棉布的效率高得多。现在让我们考虑用这两种不同的方法来使用 1 小时的劳动。一方面，美国可用这 1 小时的劳动生产 4 码棉布；另一方面，美国也可用这 1 小时的劳动生产 6 蒲式耳的小麦，并出口这些小麦来换取棉布。若交换条件是 1 蒲式耳小麦换取 1 码棉布，这样，同样 1 个小时的劳动就可以生产 6 码棉布。只要交换比例在两国生产小麦的机会成本之间（以棉布表示，大于 2/3 而小于 1.5 码棉布），美国通过出口小麦间接生产的棉布比 1 小时直接生产的要多，而中国也通过出口棉布得到比直接生产更多的小麦。

另一种计算贸易互利性的方法是研究贸易如何影响两国的消费可能性。贸易前，消费可能性曲线与生产可能性边界是一致的（图 1-3 中的直线 MN 和直线 $M'N'$）。通过国际贸易，两国可以消费与其产出不同的产品组合。图 1-3(a)中的直

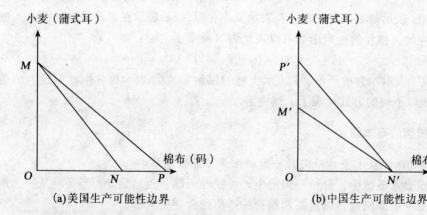

(a)美国生产可能性边界　　　　　(b)中国生产可能性边界

美国的消费可能性曲线从 MN 扩大到 MP，中国的消费可能性曲线从 $M'N'$ 扩大到 $P'N'$ 贸易提高了两国居民的福利水平。

图 1-3　贸易使消费可能性扩张

线 MP 表示美国新的消费可能性曲线，图 1-3（b）中的直线 N'P' 表示中国新的消费可能性曲线。贸易扩大了两国消费选择的范围，因此也提高了各国居民的福利水平。

第三节 特定要素模型

与简单的李嘉图模型相似，特定要素模型（Specific Factor Model）假定一个国家生产两种产品，劳动供给可以在两种产品间进行流动。与李嘉图模型不同的是：特定要素模型中存在着劳动以外的生产要素，劳动可以在部门间流动，是一种流动要素，而这类要素是特定的，只能用于生产某些特定的产品，不能在不同部门间自由流动。在经济实践中，特定要素和流动要素之间没有明显的界限。这只是一个调整速度的问题，即越是特定的要素，在部门之间调配它们所需的时间越长。

一、模型的基本假设

假设一个国家能够生产两种产品——制造品和粮食，该国有三种生产要素：劳动（L）、资本（K）和土地（T）。生产制造品需要投入劳动和资本，不需要土地。生产粮食需要投入劳动和土地，不需要资本。因此劳动是一种流动要素，可以在不同部门间转移，而且每个部门都需要使用劳动，而资本和土地则是特定要素（Specific Factor），只能在特定的部门用于特定产品的生产。

制造品的产出由该部门中投入的资本和劳动数量决定，投入和产出之间的关系可以用生产函数来表示。生产函数表示在一定的技术水平下一定的劳动和资本投入量所能生产出来的工业品的数量。制造品的生产函数可以表示为（见图 1-4）。

$$Q_M = Q_M (K, L_M)$$

式中 Q_M 表示制造品的产出，K 表示资本存量，L_M 表示在制造品生产中投入的劳动。相应地，粮食的生产函数可以表示为（见图 1-5）：

$$Q_F = Q_F (T, L_F)$$

式中 Q_F 表示粮食的产出，T 表示土地的供给量，L_F 表示粮食生产中投入的劳动。图 1-5 以不同的方式体现了上述内容。

二、模型的基本结论

（一）资源和技术条件给定时一国的生产可能性边界

在特定要素模型中，分析一国的生产可能性问题，也就是分析当劳动从一个部门转移到另一个部门时，制造品和粮食的产出组合变化问题。

这里我们主要分析：

1. 生产可能性边界曲线是如何形成的？

图 1-6 是一张四象限图，第二象限中是粮食的生产函数 $Q_F = Q_F (T, L_F)$，第

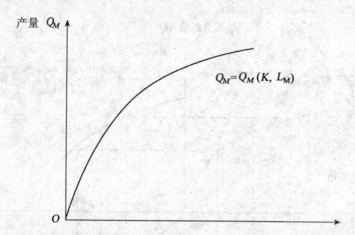

在制造品生产中投入的劳动越多，产出就越大。由于边际报酬递减，每一单位的劳动投入所增加的产出都比前一单位少。生产函数随着劳动投入的增加变得越来越平缓。

图 1-4 制造品的生产函数

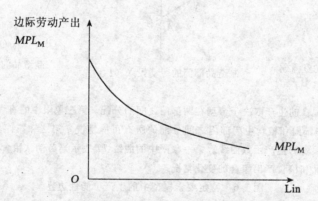

制造品部门边际劳动产出，即图中生产函数曲线的斜率，随着劳动投入的增加而减少。

图 1-5 边际劳动产出

四象限中是制造品的生产函数 $Q_M = Q_M(K, L_M)$。在这里，我们要将图 1-6 颠倒过来看，Q_F 和 Q_M 均为增函数，表示随着劳动投入的增加，产出也会相应地增加。

第三象限表示一国劳动配置情况。这里，沿竖轴向下表示在制造品生产中投入的劳动增加，沿横轴向左表示粮食生产部门投入的劳动增加。由于 $L_M + L_F = L$，于是一个部门的劳动投入增加意味着另一个部门的劳动投入减少，所以向下倾斜的曲线 AA 可用以表示劳动配置的可能情况，且 $K_{AA} = -1$，此时，劳动转移所形成的轨迹 (L_F, L_M) 都会体现在直线 AA 上。

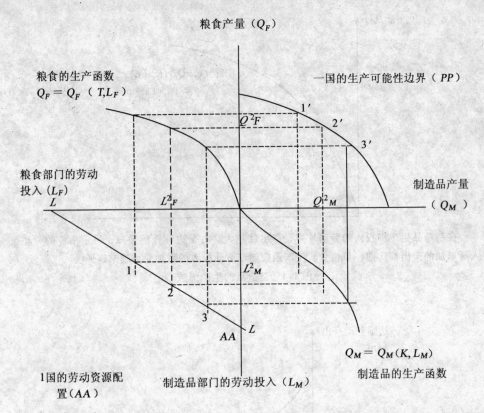

制造品和粮食的生产取决于劳动在两部门之间的分配。第三象限中的直线 AA 表明总量为 L 的劳动在制造部门和粮食生产部门之间分配的所有可能情况。第二和第四象限中的曲线分别是制造和粮食的生产函数曲线。第一象限中的曲线 TT 表示当劳动从粮食部门向制造品部门转移时制造品和粮食产出组合的变化情况。

图 1-6　特定要素模型中的生产可能性边界

假定在点 2 表示劳动配置情况一定时,有 L_M^2 单位的劳动用于制造品生产,有 L_F^2 单位的劳动用于粮食生产,那么通过各部门的生产函数曲线可确定出:制造品的产出为 Q_M^2,粮食的产出为 Q_F^2,于是 $2'\ (Q_M^2,\ Q_F^2)$ 就表明在劳动配置为 2 (L_M^2, L_F^2) 时制造品和粮食的最后产出情况。由此可类推 1 $(L_M^1,\ L_F^1) \rightarrow 1'\ (Q_M^1,\ Q_F^1)$,3 $(L_M^3,\ L_F^3) \rightarrow 3'\ (Q_M^3,\ Q_F^3)$,…,这样不断重复下去,就可以得出整个生产可能性边界曲线 PP,它表明在给定土地、劳动和资本总量时,一个国家的生产可能性。

2. 生产可能性边界在特定要素模型和李嘉图模型中的不同

在李嘉图模型中,劳动是唯一的生产要素,生产可能性边界是一条直线,即用粮食衡量的制造品机会成本是不变的。而在特定要素模型中，其他生产要素的加入使生产可能性边界 PP 变为一条曲线。曲线 PP 的弯曲反映了各部门的边际报酬递减规律，而这正是两个模型的关键区别。

3. 生产可能性边界曲线 PP 为什么是弓形的？

在绘制曲线 PP 时，我们假定劳动从粮食部门转向制造品部门。如果将 1 人小时的劳动从粮食部门转向制造品部门，这一额外投入会使制造品的产出增加，增加的量就是制造品部门的劳动边际产量 MPL_M。因此，要使制造品的产出增加 1 单位，就必须多投入 $1/MPL_M$ 人小时的劳动。同时，从粮食部门中每转移出 1 单位的劳动，粮食的产出将减少，减少的量等于粮食部门的劳动边际产量 MPL_F。因此，要增加 1 单位制造品的产出，就必须减少 MPL_F/MPL_M 单位的粮食产出。这样曲线 PP 的斜率也是以粮食衡量的制造品的机会成本，也就是为增加 1 单位制造品的产出所必须牺牲的粮食产量：生产可能性曲线的斜率 $= -MPL_F/MPL_M$。当我们从点 1 移动到点 3 时，L_M 增加而 L_F 减少。相应地从图 1-7 也可以推断出 PP 的形状，因为当 L_M 增加时，制造品部门的边际劳动产出减少，当 L_F 减少时，粮食部门的边际劳动产出增大，所以 PP 从左向右会变得越来越陡。

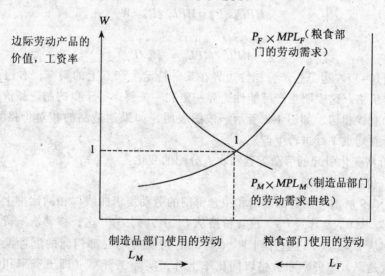

劳动在两个部门间进行分配，直到制造品部门和粮食部门的边际劳动产品价值相等。在均衡时，边际劳动产品价值等于劳动的工资率。

图 1-7　劳动的配置

（二）市场经济条件下资源配置（劳动配置）、产出和相对价格的确定

1. 在给定的制造品和粮食价格下工资率的确定和劳动的配置

由于每个部门对劳动的需求取决于该部门产品的价格和工资率，而工资率又由

制造品和粮食两个部门对劳动的总需求决定，同时，各部门都会追求利润最大化，所以当增加的 1 人小时的劳动所生产的价值等于雇用 1 人小时所需的费用时，对应的劳动投入量就是各部门对劳动的需求量。各部门不断雇用劳动，直到边际劳动产值等于工资率为止，即：

制造品部门：
$$MPL_M \times P_M = W \tag{1.1}$$

粮食部门：
$$MPL_F \times P_F = W \tag{1.2}$$

又由于边际报酬递减，边际劳动产出曲线 MPL 向下倾斜，所以在任何给定的价格下，边际劳动产品的价值也应该是一条向下倾斜的曲线。因此可以用式（1.1）、（1.2）来定义相应部门的劳动需求曲线。

因为劳动是流动要素，可以在各个部门间自由流动，所以它将从低工资部门向高工资部门转移，直到两个部门的工资率 W 相等为止。于是 W 就可以由劳动总需求等于总供给这一条件来确定。

劳动总供给为：
$$L_M + L_F = L \tag{1.3}$$

2. 相对价格与产出之间的关系

将式（1.1）和（1.2）合并得：
$$MPL_M \times P_M = MPL_F \times P_F = W$$

改写为：
$$-MPL_F / MPL_M = -P_M / P_F \tag{1.4}$$

式（1.4）左边是生产可能性边界在某一特定生产点上的斜率，右边是负的制造品相对价格。这表明生产可能性边界一定和一条斜率等于负的制造品价格除以粮食价格的直线相切，如图 1-8 所示。该图表明，如果制造品的相对价格为 P_M / P_F，就应选择在切点 1 处进行生产。

3. 价格变化引起的劳动配置和收入分配的变化

（1）价格同比率变化

如图 1-9 所示，制造品部门和粮食部门的劳动需求曲线以相同比率上移，制造品价格 P_M 从 P_M^1 上升到 P_M^2，粮食价格从 P_F^1 上升到 P_F^2。这一移动使工资率也以相同的比率从 W^1（点 1）上升到 W^2（点 2），可见劳动在部门间的配置没有发生变化。也就是说，工资率和价格以同比率上升，实际工资率（即工资率和产品价格之比）也就没有受到任何影响。各部门雇用的劳动量不变，实际工资率不变，因此，资本所有者和土地所有者的收入也没有变化。综上所述，总价格水平的变化没有改变经济中的任何实物数量，不会产生任何实际的影响，只有相对价格的变化才会对资源的配置产生影响。

（2）相对价格的变化

如图 1-10 所示，只有制造品价格单独发生变化，制造品价格 P_M 从 P_M^1 上升到 P_M^2，从而均衡点从点 1 移至点 2。值得注意的有两点：第一，工资率的上升幅度要

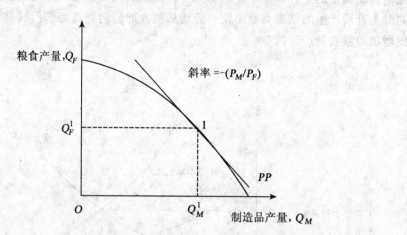

社会在生产可能性边界上斜率等于负的制造品相对价格的点上进行生产。

图 1-8 特定要素模型的生产

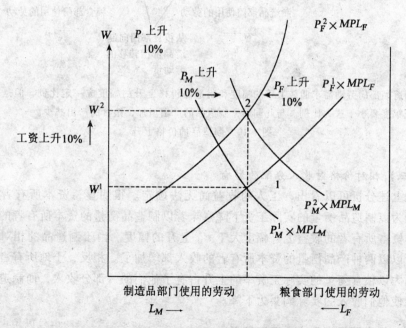

制造业部门和粮食部门的劳动需求曲线以相同比率向上移动，制造品价格 PM 上升，粮食价格也上升，工资率以相同的比率上升，但是劳动在部门间的配置没有发生变化。

图 1-9 制造品和粮食的价格同比率上升

比制造品价格的上升幅度小。第二，一种产品的价格单独上升与前面所讨论的价格同时上升所产生的结果截然不同：劳动从粮食部门向制造品部门转移，制造品的产出增加而粮食的产出减少。

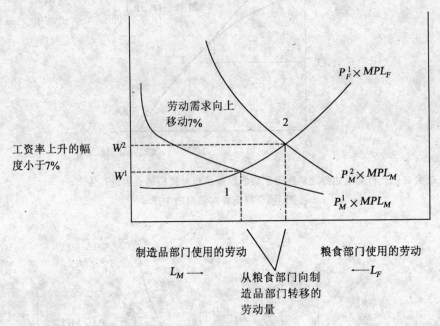

制造品部门劳动需求曲线上移的幅度和制造品价格上升的幅度成一定比例，但是工资率的上升幅度要小于这一比例。与此同时，制造品的产出增加，粮食的产出减少。

图 1-10　制造品的价格上升

（三）相对价格对收入分配的影响

从上述分析可以看出，工人的收益尚无法确定。很明显，资本所有者是受益者，因为以制造品衡量的实际工资下降意味着以制造品衡量的资本所有者的收益增加，即资本所有者的收益上升幅度大于 P_M 上升的幅度。由于制造品的相对价格上升，所以以两种产品衡量的资本所有者的收入都增加了。相反，土地所有者是受损者，因为以粮食衡量的实际工资率的上升占有了他们的一部分收入，而制造品价格的上升使他们收入的实际购买力下降。

三、特定要素模型中的国际贸易

特定要素模型中的国际贸易问题其实也就是存在两个国家——如日本和美国时，两国之间的贸易对各国福利的影响。

这里我们假定两国的劳动资源相同，在任何给定的 P_M/P_F 下，两国的相对需求是相同的，所以只需集中讨论两国相对供给的差别。在特定要素模型中，影响相对供给差别的，可能是各国有不同的生产技术，也可能是各国资源差异所致。

（一）变动对相对供给的影响

资源和相对供给之间存在着密切的联系：在价格一定时，拥有大量资本和少量土地的国家将倾向于生产大量制造品和少量粮食；相反，拥有大量土地和少量资本的国家则倾向于生产相对较多的粮食。下面分析价格一定时，某种资源增加所产生的影响。

如图 1-11 所示，其他条件不变时，资本存量的增加会使制造品部门的边际劳动产出增加。因此，制造品部门的劳动需求曲线将向右移，即 $P_M \times MPL_M^1$ 移至 $P_M \times MPL_M^2$，从而均衡点也从点 1 移至点 2，使工资率上升至 W^2，更多的工人将从粮食部门流向制造品部门，所以制造品产出增加，粮食产出减少。相应地，土地供给增

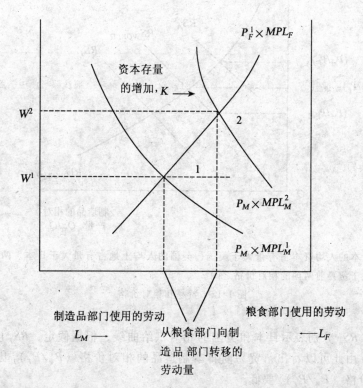

资本存量的增加使制造品部门中任一劳动投入量所对应的边际劳动产出都增加。制造品部门对劳动的需求增加，从而使工资率上升。粮食部门的劳动流向制造品部门。因此，制造品的产出增加，粮食的产出减少。

图 1-11　资本存量的变动

加会使粮食产出增加，制造品产出减少。

但是，劳动的增加对相对产出的影响不确定。因为要让各部门雇用增加的劳动力，就要降低工资率，而这同时也意味着各部门会增加雇用劳动量，使得两个部门的产出都增加。

（二）贸易与相对价格

我们可以美国和日本的制造品为例，假定日本和美国的劳动资源相同，日本的资本拥有量比美国多，而美国的土地供给量比日本多，而且两国对制造品的相对需求是相同的，所以图 1-12 中曲线 RD_{WORLD} 既是两国各自的相对需求曲线，又是世界的相对需求曲线。

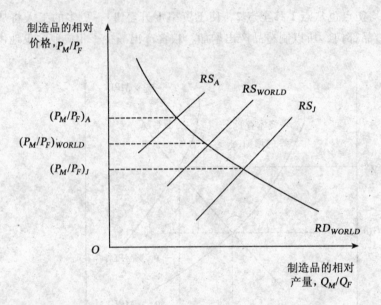

假定日本的人均资本占有量大于美国，美国的人均土地占有量大于日本。两国贸易后，均衡价格位于贸易前两国的相对价格之间。

图 1-12　贸易和相对价格

RS_J 和 RS_A 分别表示日本和美国的相对供给曲线，根据假定，RS_J 应位于 RS_A 的右下方。由此可以看出，贸易前日本制造品的相对价格 $(P_M/P_F)_J$ 比美国制造品的相对价格 $(P_M/P_F)_A$ 要低。

当两国互相开放市场进行贸易后，两国对制造品的相对供给曲线将统一于制造品的世界相对供给曲线 RS_{WORLD}（它位于两国相对供给曲线之间）。因此制造品的世界相对价格 $(P_M/P_F)_{WORLD}$ 就位于两国贸易前的相对价格之间，所以贸易使制造品在日本的相对价格上升，在美国的相对价格下降。

（三）贸易模式

1. 贸易预算线

假设 D_M 代表的是制造品的消费，D_F 表示的是粮食的消费。贸易前，在封闭条件下自给自足，生产等于消费，即 $D_M = Q_M$，$D_F = Q_F$。贸易使一个国家可以消费不同于产出的制造品和粮食的组合，但国家也必须量入为出，也就是说，消费的价值要等于生产出来的价值，即：

$$P_M \times D_M + P_F \times D_F = P_M \times Q_M + P_F \times Q_F \qquad (1.5)$$

将式（1.5）改写为：

$$D_F - Q_F = (P_M / P_F) \times (Q_M - D_M) \qquad (1.6)$$

式（1.6）左边表示一个国家粮食的进口量，右边表示的是制造品的出口量乘以制造品的相对价格。它表明一个国家能够进口的产品是有限的，我们可以将其称为贸易预算线，如图 1-13 所示。

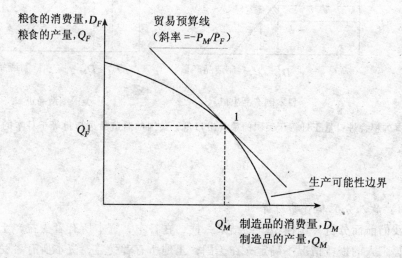

点 1 表示社会的产出组合。社会消费点一定在经过点 1、斜率为负的制造品的相对价格直线上。

图 1-13　贸易参与国的贸易预算线

贸易预算线的斜率是负的 P_M / P_F，并且和生产可能性边界相切于一点，这表示在制造品的相对价格给定时的产出组合（图中的点 1），也表明一个国家总是可以消费得起自己生产的产品。

2. 贸易模式

我们还是以美国和日本为例来说明贸易模式问题。

图 1-14 所示的是在均衡价格下美国和日本产出、贸易预算线和消费选择。在

日本，制造品的相对价格上升，使得粮食对制造品的相对消费增加以及粮食的相对产出减少，所以日本成为一个制造品出口国和粮食进口国。而美国正好相反，它成了一个制造品进口国和粮食出口国。并且在均衡时，日本的粮食进口量正好等于美国的粮食出口量，美国的制造品进口量等于日本的制造品出口量。在图 1-14 中表现为两个阴影的三角形的面积相等。

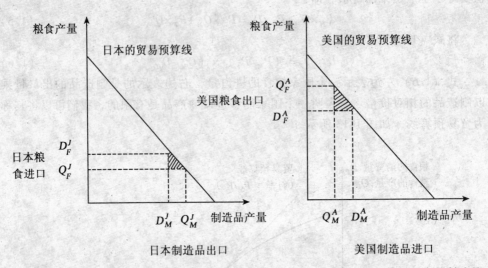

日本的粮食进口量正好等于美国的粮食出口量；美国的制造品进口量等于日本的制造品出口量。

图 1-14　贸易均衡

（四）收入分配和贸易所得

同我们前面分析一国模型下的结果一样，在日本，资本所有者受益，土地所有者受损，工人的损益情况不确定；在美国，土地所有者受益，资本所有者受损，工人的损益情况也不确定。这里我们利用图 1-14 来说明贸易对每个人来说都是一种潜在的可获益资源。

1. 一国在贸易前的消费一定是生产可能性边界上的一点，因为该国是自产自给的。

2. 贸易后一国消费的两种产品都比贸易前多。

3. 理论上每一个人对两种产品的消费也增多。虽然每个人多消费了一种产品，少消费了另一种产品，但他仍然有可能改善福利，也就是说每一个人都能从贸易中获得潜在的收益。因为贸易扩大了一个国家消费品的选择范围。

每一个人都可能从贸易中获利并不表明每一个人都确实从贸易中获取了利益。现实中，受益者和受损者是同时存在的，所以贸易自由化的步伐有待各国的进一步努力。

特定要素模型在古典模型向新古典模型的过渡中具有重要作用。

☞ 习题

1. 绝对优势理论的主要内容是什么？它对国际贸易理论的发展有何贡献？有何缺陷和问题？

2. 比较优势理论的主要内容是什么？该理论本身有何历史进步意义？有何缺陷和问题？

3. 试比较"绝对优势理论"与"比较优势理论"的异同。

4. 用绝对优势理论模型分析不同国家间的贸易模式和贸易所得情况。

5. 作图分析比较优势理论的贸易互利性。

6. 特定要素模型的主要内容是什么？

7. 特定要素模型中生产可能性曲线是如何确定的？

8. 试论我国应该怎样利用自身的比较优势。

☞ 网络链接

1. 世界贸易组织的网站提供了许多关于李嘉图的传记和作品，请登录：http：//www. wto. org。

2. 要了解更多的关于绝对优势理论和比较优势理论的知识，请登录：国际贸易学精品课程网：http：//jpkc. znufe. edu. cn/2005/gjmy。

3. 要了解《国富论》的基本内容，请登录：http：//book. 263. net/20040330/00407847. html。

第二章　国际贸易理论的新古典模型

摘要：本章首先简要介绍了一些用于分析贸易方式及贸易互利的基本微观经济学概念，然后运用这些分析工具阐述了国际贸易理论中的新古典模型。1933年赫克歇尔-俄林要素禀赋理论的提出标志着国际贸易理论进入新古典阶段，该理论运用一般均衡的分析方法，用多要素分析法，在一系列假定下指出产生比较成本差异的原因在于各国要素禀赋比率的差异。在此理论基础上，发展了关于要素收益的"斯托尔珀-萨缪尔森定理"和生产要素价格均等化的"H-O-S定理"。

重点与难点：
1. "赫克歇尔-俄林要素禀赋理论"的基本观点及其历史进步意义
2. "斯托尔珀-萨缪尔森定理"的主要内容
3. 生产要素价格均化定理的主要内容
4. 雷布津斯基定理的政治经济分析——荷兰病

无论是斯密的绝对优势理论还是李嘉图的比较优势理论，古典经济学派在解释国际贸易基础，揭示决定生产和贸易模式的因素以及衡量国际贸易对本国经济的影响和贸易所得等方面都做出了极其重要的贡献。当今的许多重要理论与政策仍然得益于古典贸易理论的有益启示。

但是，古典贸易理论的基础是古典经济学，建立在"劳动价值论"基础上的古典经济学派的分析框架之中，假定各国生产技术的差异是不变的，只有一种要素（劳动）投入，而在有两种或两种以上要素投入的情况下，古典经济学派的分析不再有效。建立在新古典经济学框架基础之上的对于国际贸易进行分析的新古典贸易理论试图对此提供答案。

第一节　新古典模型的分析工具

李嘉图时代之后贸易理论的主要变化集中表现在：从需求方面更为全面地分析贸易问题，并且从供给方面分析贸易行为时，不再以劳动价值论为基础。为了进行这样的分析，我们在这一章的开始先介绍一些用于分析贸易方式及贸易互利的基本微观经济学的概念。

　　国际贸易理论研究的是具体的商品、服务和生产要素的国际交换，其分析工具主要是经济学中的微观经济分析方法。微观经济学主要分析生产者和消费者的行为，分析商品市场和要素市场的供求。具体来说，微观经济学分析厂商怎样在技术、政策、预算等各种条件的限制下追求利润的最大化，分析消费者怎样在有限的收入下追求最大满足（效用最大化）。对市场的研究则主要集中于供求的变动和市场均衡的实现。在没有贸易的情况下，国内市场被称为"封闭"的市场，均衡价格由国内的供给和需求决定。在有贸易的情况下，国内市场被称为"开放"的市场，均衡价格的形成除了国内供求外，还受国外供给和需求，即进口和出口的影响。无论是"封闭"还是"开放"的市场，国际贸易理论关于生产者和消费者行为的基本假设，对市场均衡的定义等与微观经济学中的都是一样的。

　　从分析的范围来看，均衡分析分成一般均衡分析和局部均衡分析。一般均衡分析既包括商品市场上进口与出口两个部门的总体分析，也包括商品市场与要素市场两种市场的总体分析。由于各种商品市场和要素市场都是紧密相连的，一般均衡分析有助于把握任何一种行为和政策对整个经济的影响。局部均衡分析则主要分析一种商品或一种要素市场上供求变动或政府政策对本产品价格、产量以及直接涉及的消费者和生产者的影响。

　　在国际贸易一般均衡分析中，我们所用的主要工具是生产可能性曲线和社会无差异曲线。在局部均衡分析中所用的是供给曲线与需求曲线。

一、一般均衡分析

（一）生产可能性曲线

　　经济学研究的一个基本问题是供给与需求，在国际贸易研究中也不例外。国际贸易实际上研究的是国际市场上的供给（出口）与需求（进口）问题。为了研究一个国家能够出口什么，需要进口什么，我们必须先研究该国的生产能力。在经济学中，为了表现整个国家能够生产什么，我们常常使用一种称为"生产可能性曲线"的图形。

　　生产可能性曲线（Production Possibility Curves，简称 PPC）表现一个国家在充分和有效地使用其所有资源时能生产的各种商品数量的组合。为了简化分析，我们假设中国只生产两种产品：大米和小麦。图 2-1 中的纵坐标表示小麦的生产量，横坐标为大米的生产量。如果我们将全国所有的土地和人力用于生产小麦，不生产大米，小麦的生产总量可达到 W 吨；或我们将全部资源投入大米生产，我们可生产 R 吨的大米。这是两种极端的情况。比较实际的情况可能是，我们生产一部分大米和一部分小麦。如果我们将一部分土地用来生产大米，这些土地就不能用来种小麦，小麦产量就不可能再保持为 W 吨，新的生产组合可能是在 A 点、B 点或者是 C 点、D 点，这种可能的生产组合会有很多。如果我们将各种可能的组合都表示出来即可得到一条曲线，这就是生产可能性曲线。生产可能性曲线表示的是一国在充分使用其有限资源时所能达到的各种生产组合。

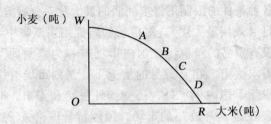

生产可能性曲线 WR 上的各点表示一国在充分和有效地使用其所有资源时能生产的小麦和大米数量的组合。

图 2-1　生产可能性曲线

生产可能性曲线可以是一条直线，也可以是一条向外凸或向里凹的曲线，这取决于各种产品生产的机会成本。所谓"机会成本"指的是为了多生产某种产品（例如大米）而必须放弃生产的其他产品（小麦）的数量。用小麦来衡量的每单位大米生产的机会成本为：

$$大米的机会成本 = \frac{减少的小麦的产量}{增加的大米的产量}$$

大米的机会成本是小麦产量变动与大米产量变动的比率，从几何概念上讲，这也正是生产可能性曲线的斜率。机会成本可以是不变的、递增的或递减的。相应地，生产可能性曲线也就出现了直线的、外凸的或内凹的各种不同形状（见图2-2）。

机会成本不变的假设是建立在只有一种要素投入而要素的生产率又是固定的基础上的。如果说生产小麦和大米只需要使用土地，而每亩土地的大米产量和小麦产量是固定的（比如说，1 亩地可以生产 1 吨大米或 0.5 吨小麦），那么每增加 1 吨大米的生产就要减少 1 亩地的小麦生产，所要减少的小麦产量也是固定不变的 0.5 吨。

在大多数情况下，每种产品的生产都有两种以上的要素投入，如劳动和土地，或者劳动和资本。在其他生产要素（如土地、资本）不变的情况下，不断地增加一种要素（劳动）的投入，每个新增要素投入（劳动）所增加的产量（称为"边际产量"）会越来越少，经济学中称为"边际产量递减规律"。换一个角度说，当该种产品产量不断增加时，每单位产品生产所使用的要素（劳动）投入量会越来越多。由于生产要素是固定的，如果用来生产每吨大米所需的劳动越来越多，不得不因此而放弃的小麦产量也会越来越多，大米生产的机会成本也就越来越高，这就是"机会成本递增"。机会成本也可以是递减的。如果两种商品的生产都是规模越

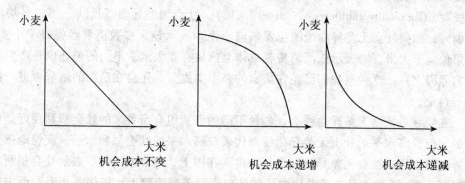

机会成本不变的情况下，每增加 1 单位大米的生产所减少的小麦产量是固定不变的；机会成本递增的情况下，当大米产量不断增加时，每单位大米生产所减少的小麦产量将越来越多；机会成本递减的情况下，当大米产量不断增加时，每单位大米生产所减少的小麦产量将越来越少。

图 2-2　不同机会成本下的生产可能性曲线

大成本越低的话，这种可能性就会发生。

在我们已经介绍的贸易理论中，古典经济学派的斯密、李嘉图是假设机会成本不变的，在他们的模型中，劳动是唯一的要素投入，劳动生产率也是固定的。新的要素投入后各种要素的边际产量是递减的。当代贸易理论在解释工业国家的同类产品的双向贸易时，就假设机会成本是递减的。我们在下面的分析中会详细讨论他们的理论并用到这些概念。

（二）社会无差异曲线

怎样表现需求呢？在没有收入限制时，需求取决于人们的偏好。经济学家借助于一种称为"无差异曲线"的图形来反映人们对商品的不同偏好。一条"无差异曲线"上的每一点都代表了不同的商品组合，但在这一曲线上的任何组合都给消费者带来同样的满足程度。例如，消费者对于他一顿午餐吃 1 碗米饭和 3 片面包，还是吃 3 碗米饭和 1 片面包，或者其他组合，可能都是没有差别的——他都吃饱了，都获得同样程度的满足。从另一个角度来讲，在同一条无差异曲线即同样的消费效用上，可以有不同需求的组合。在没有预算限制的情况下，消费者都可以根据自己的偏好选择任何一种组合。他一方面通过获得更多面包来增加效用，另一方面不得不放弃一些米饭从而使效用减少。这种替代关系用两种产品的边际效用的比率来反映，被称为"边际替代率"，边际替代率是无差异曲线的斜率。

无差异曲线的概念也被广泛地用来分析整个经济对不同产品的需求。虽然在一个国家或经济社会里，每个人都有自己的享受标准和消费偏好，很难找到一组能反映每一个消费者满足程度的无差异曲线，但我们仍然能用一幅反映平均消费效用的或反映大多数人消费偏好的无差异曲线图来进行分析，我们称之为"社会无差异曲线"（Community Indifference Curves，CIC）。社会无差异曲线反映一国的平均消费偏好，如果社会无差异曲线的位置偏向小麦，表示该国多数消费者偏好于小麦，如果偏向于大米，则表示该国消费者总体上比较喜欢大米。不同的偏好也是产生贸易的原因之一，这一点我们已经在前面的介绍中提到，还会在后面的章节中进一步展开讨论。

在同一条社会无差异曲线上，各种不同的消费组合所带来的社会福利程度是相同的，但较高水平的社会无差异曲线则代表较高水平的社会福利水平，就像地图上的等高线一样，社会无差异曲线平行地排列在图上，越靠右上方，表示社会福利水平越高。图 2-3 中，社会无差异曲线的偏向表示美国消费者比较偏爱小麦，而中国消费者喜好大米。在各国的社会无差异曲线图中，CIC_2 都比 CIC_1 有更高的社会福利水平。

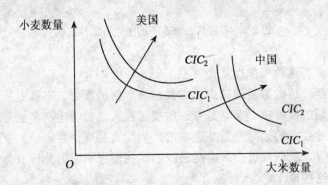

社会无差异曲线偏向表示美国消费者比较偏爱小麦，而中国消费者喜好大米。更高的无差异曲线表示更高的社会福利水平。

图 2-3　反映不同偏好的社会无差异曲线图

（三）一般均衡

在一般均衡（又称为总体均衡）分析中，生产可能性曲线表示供给，社会无差异曲线表示需求。在市场经济中，人们追求的是社会福利的最大化，即在有限的生产能力上选择能够带来最高福利水平的商品组合。在图 2-4 中，我们可以看到，在生产可能性曲线上，人们至少有 A、B、C、D、E 五种商品组合，每一个组合都是可行的，但给社会带来的福利水平是不同的。最高的是 E 点（由社会无差异曲线 CIC_3 表示），其次是 C 点或 D 点（由 CIC_2 表示），最低的是 A 点或 B 点（由 CIC_1 表示）。在 E 点上的产品组合是该经济条件下的产品一般均衡点，即社会的最优生产点。在这一点上，生产可能性曲线和社会无差异曲线相切，产品生产的机会成本等于产品消费的边际替代率。通过一般均衡点的切线代表封闭经济中横轴上产品（大米）对纵轴上产品（小麦）的相对价格，用 P_r（大米价格）$/P_w$（小麦价格）表示。在封闭经济中，产品的相对价格等于生产该产品的相对成本或机会成本，也等于产品消费的边际替代率。

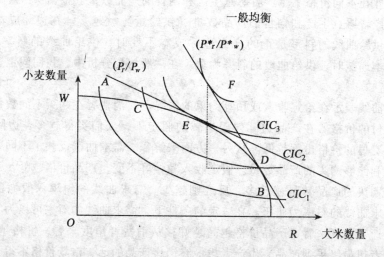

假定开放条件下大米相对价格高于封闭经济中大米的相对价格，开放后，生产点由 E 变为 D，消费点由 E 变为 F。D 与 F 之间的差即为该国大米的出品量。

图 2-4　一般均衡

在开放经济中，商品的相对价格是由国际市场的供给与需求决定的。所以，大米的相对价格可能大于也可能小于封闭经济中的相对价格。假定开放条件下大米的相对价格（P_r^*/P_w^*）高于封闭经济中大米的相对价格（P_r/P_w），市场的均衡点就不会再在 E 点了，生产和消费不在同一点上了。在新的国际大米相对价格（P_r^*/P_w^*）下，该国的生产点在 D（生产可能性曲线与相对价格曲线相切，产品的相对价格等于生产该产品的相对成本或机会成本），而消费点则在 F（社会无差异曲线与相对价格曲线相切，产品的相对价格等于产品消费的边际替代率）。一国生产量和消费量之间的差距就是进出口差额。

二、局部均衡分析

在局部均衡分析中，我们只分析某个具体的商品市场和要素市场的情况，如中国的大米市场或中国的小麦市场，而不是同时分析这两个市场。

（一）商品供求和封闭经济中的市场均衡

商品市场上的参与方主要是生产者和消费者。生产者向市场供给商品，由供给曲线表示。消费者从市场上购买商品，由需求曲线表示。

供给曲线实际上是生产者的边际成本曲线，也是生产者出售不同数量商品时所要索取的不同的最低价格。在边际成本递增的情况下，生产者所生产或销售的产品数量越多，边际成本就越高，所要的价格也就越高。供给曲线还可以从另一个角度来解释，即在不同价格下生产者愿意生产和销售的产品数量。根据供给规律，价格越高，生产者愿意生产和销售的产品数量（供给量）就越多。在边际成本递增的假设下，供给曲线的斜率是正的（当边际成本不变时，供给曲线的斜率等于零。当边际成本递减时，供给曲线的斜率为负。在一般均衡分析中，我们假定边际成本递增）。

需求曲线表示在给定收入或预算约束的情况下，消费者在购买不同数量的商品时愿意支付的价格。在产品边际效用递减的假定下，人们买得越多，边际效用越低，愿意支付的价格也就越低。从另一方面来解释，需求曲线反映了不同价格下消费者愿意和能够购买的产品数量。假定收入和偏好不变，产品价格越低，消费者愿意和能够购买的产品数量就越多，反之则越少。需求曲线的斜率一般为负（严格地说，需求曲线的斜率为非正。在一定的条件下，需求曲线的斜率可以为零）。

从生产者角度来看，产品价格越高越好；从消费者角度来看，价格越低越好。如果消费者想最终买到产品，生产者想最终销售产品的话，市场价格不得不由供求双方来共同决定。

图 2-5 显示的是中国大米市场的情况，我们把农民（供给者）和消费者（需求者）都引入了这个市场，让他们来讨价还价地进行交易。

作为农民，既要卖高价，又不想有卖不掉的剩余；作为消费者，想压低价格，但不愿买不到大米。双方都在讨价还价的过程中寻找一个大家都满意的均衡点。在这个均衡点上，农民在他们愿意接受的价格下卖掉了他们想卖的大米；消费者在他们愿意支付的价格下买到了他们想要买的数量。在这个均衡点上的价格就是市场均衡价格。在均衡价格上，供给正好等于需求，市场既无剩余也无短缺。

如果中国没有参与国际贸易，那么中国就是一个"封闭的经济"。在封闭经济中的市场的均衡完全由本国的供给与需求来决定。供给方与需求方（即买卖双方）一开始也不一定知道市场均衡价格在哪里，但市场机制（"看不见的手"）会将价格和供求引向均衡。在图 2-5 中，如果农民要价每公斤 3 元，愿意出售 200 公斤，消费者嫌贵，只愿意买 100 公斤，市场出现剩余或积压。结果是：价格下跌，销售量上升，剩余减少。另一方面，如果消费者杀价太狠，每公斤只愿付 1 元，农民想想不合算就不愿意多卖（只卖 100 公斤）。而如果 1 元 1 公斤的话，消费者又想买很多（200 公斤），结果造成市场大米短缺。"物以稀为贵"，一旦出现大米稀缺，人们就愿意出高价，市场价格上升，短缺逐渐消失。所以太高不行，太低了也不行，市场价格经过波动最终会达到均衡水平。在图 2-5 中，市场的均衡点是 e，大米的均衡价格等于 2 元，在这一价格下，供求相等，成交量是 150 公斤。

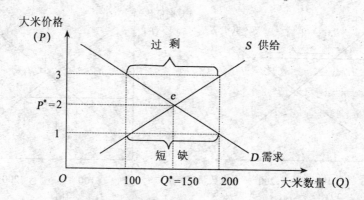

P^* 和 Q^* 分别为封闭经济中的中国大米市场均衡价格和均衡数量。

图 2-5 中国大米市场

要说明的一点是，这里的市场是没有政府干预的市场，价格才会经过波动最终达到均衡水平。如果由政府来规定价格，这一价格可能不会随着市场上出现的过剩或短缺而产生波动，那么市场就不会达到均衡。不管政府对各种商品价格的实际控制情况如何，关于市场均衡的分析至少让我们知道市场的均衡价格应该在哪里。

（二）开放经济中的市场均衡

假如中国进口或出口大米，那么中国就不再是封闭经济，而是一个"开放经济"。开放经济中市场的均衡不再只是由国内的供给和需求决定。如果我们进口大米，那么在供给方面，除了中国的农民以外，还必须加上外国农民，在市场均衡价格上，中国消费者对大米的总需求等于中国农民的大米供给加上进口的大米供给。如果我们出口大米，在中国大米的需求方面增加了外国消费者，在市场的均衡点上中国的大米供给等于国内需求量加上出口需求量。

在图 2-6(a)中，如果国际市场上的大米价格是每公斤 3 元的话，中国农民就不愿意再在国内市场上以 2 元的价格进行销售而愿意出口。中国大米不仅供应国内市场，也供应国外市场，对中国大米的新的需求量等于这一价格下中国国内的需求量（由国内需求曲线表示）加上这一价格下外国的需求量。在新的均衡点 e' 上，中国农民的总供给量是 200 公斤，其中国内消费者购买 100 公斤，其余 100 公斤则出口国外。

我们用图 2-6(b)表示有进口的大米市场。如果外国农民能以每公斤 1 元的价格向中国提供足够多大米的话，那么中国大米市场的需求量就增加到 e'' 点。

在新的均衡点 e''，国内总需求量变成了 200 公斤，其中 100 公斤是国内生产者在这一价格下愿意生产和提供的大米，其余 100 公斤则通过进口获得。

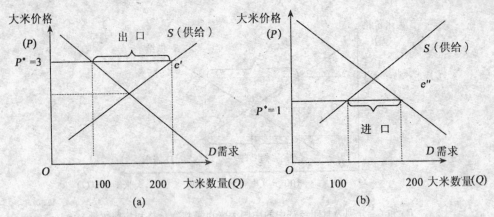

在开放经济中，当国际大米价格高于国内价格时，中国出口大米；当国际大米价格低于国内价格时，进口大米。

图 2-6   开放经济中的中国市场

第二节   Heckscher-Ohlin 模型

在斯密和李嘉图看来，劳动生产率差异是导致国际贸易发生的最重要的原因。因此，他们均采用了两国、两种产品、一种生产要素（劳动）的 2×2×1 贸易模型。劳动生产率差异背后隐含的假定是技术差异。事实上除了技术差异外，国家之间资源禀赋的差异也是导致贸易产生的重要原因。瑞典经济学家赫克歇尔（Eli Hechscher,1919）和俄林（Bertil Ohlin, 1933）就抛开劳动生产率差异，专门研究资源禀赋差异对国际贸易的影响，把模型扩展为 2×2×2 贸易模型，即两国、两种产品、两种生产要素。后人把他们在 20 世纪 20 年代提出的模型称为 H-O 模型。

H-O 模型包括四个定理：H-O 定理、Stopler-Samuelson 定理、Rybczynski 定理和生产要素价格均等化定理。

一、理论假设

H-O 模型有如下一些基本假设：

（1）世界经济中只有两个国家，两种同质的商品和两种同质的生产要素，各国拥有的生产要素的初始水平是给定的，各不相同。

（2）两国的技术水平相同，即两国的生产函数都是一样的。

（3）两国对两种商品的生产都具有规模报酬不变的特征。

（4）两种商品生产具有不同的要素密集度，各种商品的要素密集度不随要素相对价格的变化而变化。

（5）两国对各种商品的喜爱与偏好都相同。而且，在任一既定的商品价格条件下，两国所消费的两种商品的相对数量不随收入水平的变化而变化，即存在着同位相似的偏好。

（6）两国都是完全竞争的经济。

（7）要素在各国国内都可完全流动，但不能在国家之间流动。

（8）没有运输成本。

（9）没有政府政策限制商品在国家之间流动以及干预市场价格和产出。

大部分的假设条件大家早已熟悉了，但其中有两条是赫克歇尔-俄林模型解释贸易成因和结构的关键，一个是（假设条件1）各国的要素禀赋是不相同的，另一个是（假设条件4）无论要素的相对价格如何变化，商品的要素密集度都不会改变。在讨论 H-O 模型之前，有必要对这两个假设条件进行更详细的分析。

二、要素丰裕度、要素密集度和生产可能性曲线

理解不同要素禀赋的含义非常重要，它是指不同的相对要素禀赋水平，而不是要素的绝对数量水平。H-O 模型的分析中的关键是两国的要素比例是不同的，因此我们又把 H-O 模型称为"要素比例学说"。

（一）要素丰裕度的含义

生产要素禀赋不同并不是指某种生产要素在两个国家的绝对量不同，而是指各种生产要素量的比率在两个国家不同。相对要素富裕程度，即要素丰裕度可以用两种方式来定义：实物定义（Physical Definition）和价格定义（Price Definition）。

要素禀赋用物理量计量，就是每种要素用特定的计量单位计量，如资本用美元，土地用公顷，劳动用劳动力的人数。要素丰裕度（Factor Abundance）就是在两个国家和两种生产要素的模型中，用相同计量单位计量的要素数量比率。例如用 A、B 表示两个国家，K 表示以美元计量的资本，L 表示以劳动力人数计量的劳动。$K_A/L_A > K_B/L_B$ 就理解为 A 国资本丰裕，A 国劳动稀缺，或者 B 国资本稀缺，B 国劳动丰裕。

要素丰裕或稀缺虽然是一个相对概念，但是，要素丰裕与否在赫克歇尔-俄林模型的分析中却起了十分关键的作用。

要素禀赋也可以用价格来计量。在 A、B 两个国家中，资本的价格为 R，劳动要素的价格为 W。如果 $R_A/W_A < R_B/W_B$，表示 A 国资本的相对价格比 B 国的低，也就是 A 国的资本比 B 国的资本丰裕。相对价格越低，要素就相对越丰裕。

计量要素禀赋的两种方法之间有什么关系呢？用物理量计量的结果是一种相对的数量关系，而价格本身要受到要素市场上供给和需求两方面的影响。影响生产要素需求的，因素主要有两个：一个是生产商品的技术，生产技术变化会使生产一个

单位商品需要的生产要素的量发生变化；另一个是消费偏好，消费偏好变化会使消费的商品数量变化，同样会使生产商品需要的生产要素数量发生变化。

如果假定两个国家的生产技术和消费偏好相同，要素禀赋的两种计量方法之间的关系就是确定的。一个国家有一个相对大的 K/L 比率，就必定有一个相对小的 R/W 比率，意味着这个国家的资本丰裕。反过来也一样，如果两个国家的生产技术或者消费偏好不同，就有可能使要素禀赋的两种计量方法之间的关系不确定，一个国家有一个相对大的 K/L 比率，同时可能也有一个相对大的 R/W 比率。这个问题留在后面讨论。

在两个国家、两种商品、两种生产要素的模型中，每一种商品都是用两种生产要素生产出来的。但是，两种商品生产中需要的两种生产要素的比例是不同的。

（二）要素密集度

商品的要素密集度（Commodity Factor Intensity）是指一种商品在生产中使用的一种生产要素比例大于另一种生产要素。

例如有 X、Y 两种商品，K、L 两种生产要素，如果 $K_X/L_X > K_Y/L_Y$，那么 X 商品称为资本密集型商品，Y 商品称为劳动密集型商品。根据前面的假设条件，模型中的两种商品密集型不相同。同样根据假设条件，由于两个国家生产同种商品的生产函数相同，因此，同种商品在两个国家的密集型是相同的。

三、H-O 模型的基本观点

国际贸易建立在什么基础之上？人们对此的认识是不断逐步深入的。亚当·斯密认为是建立在绝对优势基础之上的。大卫·李嘉图认为不必局限于绝对优势，在比较优势的基础之上，国际贸易也能够进行。

赫克歇尔和俄林进一步分析了产生比较优势的条件。在假定需求条件相同的情况下，从两种商品的相对价格分析发展到对生产商品的生产要素的数量和价格分析。他们认为，国际贸易是建立在生产要素禀赋基础之上的，即使生产技术相同，只要要素禀赋不同，也能够进行国际贸易并带来利益。

H-O 模型（Hechscher-Ohlin Theorem）可简述如下：劳动充裕的国家拥有生产劳动密集型产品的比较优势，资本充裕的国家拥有生产资本密集型产品的比较优势。如果两国发生贸易，劳动充裕的国家应该生产并出口劳动密集型产品，进口资本密集型产品；资本充裕的国家应该生产并出口资本密集型产品，进口劳动密集型产品。

四、H-O 模型的逻辑推导

H-O 模型的基本结论是基于这样一个推理过程。

1. 各国生产同种产品时，其价格的绝对差异是国际贸易产生的直接原因，商品的价格差是国际贸易产生的利益驱动力。

2. 这种价格的绝对差异是由生产同种产品时的成本差别造成的。

3. 各国生产产品时的成本不同，是由生产要素的价格不同造成的。假设生产布需要 3 单位资本和 6 单位劳动，在技术上美国和中国是相同的。但是，中国单位资本的价格是 6 美元，每单位劳动的价格是 1 美元，而美国单位资本的价格是 3 美元，单位劳动的价格是 5 美元，结果中国每单位布的价格是 $6 \times 3 + 1 \times 6 = 24$ 美元，美国每单位布的价格是 $3 \times 3 + 5 \times 6 = 39$ 美元。可见，各国生产同一产品的价格差，在这里是由生产要素的价格差异造成的。

4. 生产要素的价格差是由各国生产要素的供给差异造成的。经济学的基本理论告诉我们，商品和要素的价格决定于它们的供求，两国生产要素的供给差异造成了两国生产要素价格的差异。

5. 两国生产要素供给的差异是由两国的要素禀赋决定的。某种生产要素在一国相对比较丰裕时，其供给量就大。相反，另一种生产要素在该国比较稀缺，则其供给量就少。

各国生产要素的不同丰裕度和各种产品所需要的要素比例的不同，使各国在生产相同产品时，分别在不同的产品生产上具有比较优势或成本优势。总之，H-O 模型说明了，在技术水平相同的情况下，各国生产要素的相对丰裕度是各国比较利益形成的基础。

第三节　Stolper-Samuelson 定理

斯托尔珀-萨缪尔森（Stolper-Samuelson）定理最早出现于他们在 1941 年发表的《贸易保护与实际工资》一文中。尽管赫克歇尔和俄林都已经提到了贸易对收入和分配的影响，但他们并没有明确地将要素收益与产品价格直接联系起来。斯托尔珀和萨缪尔森首次使用一般均衡的分析方法解释了为什么本国稀缺资源的收益可以通过保护而提高，同样，本国充裕要素的收益也可通过自由贸易而增加。斯托尔珀-萨缪尔森定理成为赫克歇尔-俄林贸易理论最重要的结果之一。

一、国际贸易对本国生产要素收益的影响

从上一章对个别商品市场的利益分析中我们可以看到，出口使本国生产者盈利，进口使本国生产者受损。这里的"生产者"是一个笼统的概念，包括了参与生产的所有要素：劳动力、资本、土地等。所谓生产者受益或受损，是否指该产品生产中的所有要素都受益或都受损呢？这一节中，我们将进一步分析国际贸易对本国"生产者"中各种生产要素收益的影响。

在我们以前的假设中，大米是劳动密集型产品，钢铁是资本密集型产品，而中

国是劳动力充裕、资本稀缺的国家。现在我们再进一步假设劳动力的收益（工资）为 W，资本的收益为 R，在完全竞争的要素市场上，工资和利润的形成分别由下列公式表示：

$$W = P \times MPL$$

$$R = P \times MPK$$

式中 P 是产品价格，MPL 是边际劳动生产率，MPK 是边际资本生产率。边际要素生产率是指增加一个单位的生产要素所增加的产量，即要素的边际产量。边际要素生产率跟要素的投入量有关。一般来说，当一种要素不变时，另一种要素的边际生产率会随着其投入量的不断增加而下降，即"边际要素生产率递减规律"。

从以上工资和利润的公式可以看到，要素收益等其边际产量乘以产品的市场价值，即边际产量的市场价值（边际产品价值）。因此，国际贸易对生产要素收益（工资和利润）的影响来自于两个方面：（1）产品价格的变化；（2）边际要素生产率的变化。产品价格的变化是国际贸易的直接结果，在短期内便会影响工资和利润。边际要素生产率的变化则是生产组合变动和生产要素流动的结果，只有在长期才会对工资和利润产生影响。因此，我们的分析也有短期和长期之分。

（一）短期影响

在短期内，我们假设生产要素不会在各部门之间流动。尽管各行业的工资和利润会因为贸易而产生变化，但劳动力和资本还没有足够的时间来变换工作和重新投资。在短期内，由于各行业的劳动力和资本的数量都没有改变，因此，劳动和资本的边际生产率没有变动，工资和利润的变动主要由产品价格的变动决定。

产品价格对各行业和各种要素收益的影响可用以下关系式说明：

农业（生产大米）：

$$W_r（上升）= P_r（上升）\times MPL（不变）$$

$$R_r（上升）= P_r（上升）\times MPK（不变）$$

工业（生产钢铁）：

$$W_s（下降）= P_s（下降）\times MPL（不变）$$

$$R_s（下降）= P_s（下降）\times MPK（不变）$$

由于中国出口大米进口钢铁而造成大米价格（P_r）上升，钢铁（P_s）价格下跌，中国农业部门（生产大米）的工资和利润都会增加，工业部门（生产钢铁）的工资和利润都会下降。因此，在短期内，价格上升的行业（出口行业）中的所有生产要素都会获益，而价格下降的行业（进口行业）中的所有生产要素都会受损。

（二）中期影响

在短期要素不流动和长期要素完全流动之间，我们假设存在着一种中间状态或称为过渡状态。在这一阶段，一部分生产要素可以在各行业之间流动，其余的要素仍然被原有的行业雇用，我们可称之为"中期"。一般来说，劳动力的流动速度快于资本（厂房、机器等设备），所以我们假设在中期劳动力可以在行业间流动而资本还来不及转移。

我们首先从各行业对要素的需求变化来看劳动力的流动方向。由于贸易使产品价格发生了变化，各行业的生产也会因此而调整。出口行业产品的价格上升，生产会扩大，进口行业产品的价格下降，生产会缩减。各行业所需要的劳动量也会因此发生变动：出口行业的劳动需求增加而进口行业的劳动需求减少。

我们再从对各行业要素的供给来看。一般来说，生产要素会向收益高的行业流动。从前面的分析可以看到，在短期内，开放贸易使出口行业所有要素的收益都增加，而进口行业所有要素的收益都下降。因此，在中期内，劳动力会从进口行业向出口行业转移。在我们的例子中，劳动力会从生产钢铁的工业部门转向生产大米的农业部门。

资本不流动而劳动力流动的结果会使各行业的资本劳动供给比例发生变化。由于我们假设各国经济都处于充分就业状态，没有闲置要素存在，因此，一个行业使用的劳动力增加，另一个行业所使用的劳动力必定减少。在充分就业和要素之间可以互相替代的情况下，各行业生产中的资本劳动使用比例也会发生变化。在我们的例子中，中国的进口行业（生产钢铁的工业部门）由于劳动力减少而出现资本相对过剩，该部门不得不比以前使用更多的资本来替代相对不足的劳动力从而使生产钢铁的资本劳动比率（人均资本）提高，资本的边际生产率下降而劳动的边际生产率上升。同理，出口行业（农业部门）由于资本没有变动而劳动力增加，出现劳动力相对过剩，该部门就会比以前使用更多的劳动力来替代相对不足的资本。结果是生产大米的资本劳动比率（人均资本）下降，资本的边际生产率上升而劳动的边际生产率下降。国际贸易对各行业工资和利润的中期（包括短期）影响可以表述为：

农业（生产大米）：

$$W_r（?）= P_r（中期上升）\times MPL（中期下降）$$

$$R_r（上升）= P_r（中期上升）\times MPK（中期提高）$$

工业（生产钢铁）：

$$W_s（?）= P_s（中期下降）\times MPL（中期提高）$$

$$R_s（下跌）= P_s（中期下降）\times MPK（中期下降）$$

因此，在中期内，价格上升的行业（出口行业）中的不流动要素继续受益，而价格下降的行业（进口行业）中的不流动要素会进一步受损。流动要素（劳动力）的收益不确定。

（三）长期影响：斯托尔珀-萨缪尔森定理

在长期，所有生产要素都可以在各行业之间流动，包括资本。各行业的生产和投资会由于贸易的发展而进一步调整。在达到新的均衡点之前，出口行业的生产会继续扩大，进口行业的生产会进一步缩减。各行业所使用的生产要素量也会继续变动。

从前面的分析可以看到，在短期内，开放贸易使出口行业资本的收益增加，进口行业资本的收益下降。因此，在长期内，资本也会从进口行业向出口行业转移。可问题是，中国的进口行业（钢铁）是资本密集型生产，资本与劳动力的比例较高。当钢铁生产削减时，转移出来的资本较多而劳动力相对少一些，而中国的出口行业（大米）则是劳动密集型生产，大米生产扩大时所需的劳动力则大大超过对资本的要求。生产要素自由流动的结果是，整个社会的劳动力会由于大米生产的扩大而变得相对不足，资本则因为钢铁生产的萎缩而变得相对过剩。

如果各行业仍然按照原有的资本劳动比率进行生产的话，一部分资本就会被闲置，但在充分就业和要素之间是可以互相替代的情况下，这些资本不会被闲置。当资本相对过剩时，资本就会变得相对便宜并且容易获得，这部分可能闲置的资本会被两个行业的生产所吸收使用。在这种情况下，无论是大米生产还是钢铁生产，都会比贸易前使用更多的资本来替代相对不足的劳动力。结果劳动边际生产率都会由于资本投入的增加而提高，资本边际生产率则因为资本劳动比率的提高而下降。国际贸易对各行业工资和利润的长期（包括短期）影响可以表述为：

农业（生产大米）：

$$W_r（上升）= P_r（长期上升）\times MPL（长期提高）$$

$$R_r（?）= P_r（长期上升）\times MPK（长期下降）$$

工业（生产钢铁）：

$$W_s（?）= P_s（长期下降）\times MPL（长期提高）$$

$$R_s（下跌）= P_s（长期下降）\times MPK（长期下降）$$

综合短期、中期和长期影响，国际贸易以及因此造成的国内生产调整和资源流动对农业工人收入和工业资本收益的影响是非常明确的。农业工人的工资（W_r）不仅在短期内由于大米价格的上涨而提高，在长期还会由于工人边际劳动生产率的提高而进一步上涨。工业资本不仅由于钢铁价格的下跌而受损，其收益（R_s）还会由于长期资本边际生产率的下降而进一步减少。

国际贸易对农业资本和工业工人的收益的影响似乎不确定。农业资本收益（R_r）在短期受大米价格的影响而上升，但长期内由于资本边际生产率的下降而减少，那么，农业资本的长期净收益与贸易前相比是增加还是减少呢？同样的问题也发生在工业工人的收益（W_s）上。短期钢铁价格的下跌和长期边际劳动生产率的提高，究竟哪一个起的作用更大呢？

对此，我们只用简单的经济学逻辑来加以说明。我们虽然不能从农业资本和工业工人的收益表达式中直接看出短期价格和长期要素流动所产生的净影响，但我们知道，无论是劳动力市场还是资本市场都是完全竞争的。劳动力与资本在部门间的自由流动必然造成两个部门的工资和利润率在长期相等。我们还知道，两个部门的工资和利润率在发生贸易前也是相等的。因此，如果在自由贸易之后农业工人的工资在长期是上升的，那么工业工人的工资在长期也必然上升。工业工人劳动生产率的提高所产生的正面影响最终会超过短期钢铁价格下跌的影响，这使得工业工人的收益与没有贸易时相比也有所提高。同样，由于工业资本的长期收益是下降的，而要素的自由流动会最终造成农业资本的收益与工业资本一致。因此，农业资本的长期收益也必定是下降的。换句话说，农业资本生产率下降的影响会大于短期价格上升的影响而使农业资本的最终收益也下跌。用更专业化的语言来表达，即：贸易前要素市场处于均衡状态，$W_r = W_S$，$R_r = R_S$；已知贸易后价格与生产变动的结果是 $W_r = W_S$，$R_r = R_S$，所以，与贸易前相比，W_S 上升而 R_r 下降。

因此，国际贸易对生产要素收益的长期影响可以归纳为：在出口产品生产中密集使用的生产要素（本国的充裕要素）的报酬提高；在进口产品生产中密集使用的生产要素（本国的稀缺要素）的报酬降低，而不论这些要素在哪个行业中使用。这一结论是由美国经济学家斯托尔珀（Wolfgang Stolper）和萨缪尔森（Paul Samuelson）论证的，因此在国际经济学中被称为"斯托尔珀-萨缪尔森定理"（Stopler-Samuelson Theorem）。

二、放大效应与实际收益变动

斯托尔珀-萨缪尔森定理不仅指出了国际贸易对本国各种要素收益的可能影响，而且分析了这种影响的大小。在《贸易保护与实际工资》一文中，斯托尔珀和萨缪尔森指出，通过关税保护，美国相对稀缺的资源（劳动）收益（工资）的提高幅度会超过进口产品（劳动密集型产品）价格提高的幅度，从而使实际工资上升。换句话说，斯托尔珀和萨缪尔森认为，生产要素价格的变动会超过产品价格的变动。美国经济学家罗纳德·琼斯则进一步研究和证明了这种效应。

从前面的分析中我们可以看到，国际贸易对要素收益（价格）的影响通过两个方面来实现：产品价格变动和要素边际生产率变动。在我们的例子中，中国出口大米，短期的大米价格上涨和长期的边际劳动生产率提高造成工资（劳动力价格）上升。工资上升的幅度应是价格上涨和劳动生产率提高幅度之和。举例来说，如果大米价格上涨 5%，劳动生产率又提高 5%，那么工资就应提高 10%。由此可见，工资上升的幅度要大于大米价格上涨的幅度。而中国进口钢铁，短期钢铁市场的价格下跌和长期边际资本生产率的下降使得资本收益率下降，其下降幅度也应是两者下跌幅度之和。所以，在进口产品（钢铁）价格下跌时，在进口产品生产中密集使用的要素（资本）的价格下跌的幅度便会更大。如果我们分别将 W 和 R 定义为劳动和资本价格变动率，把 P_r 和 P_S 定义为大米（劳动密集型产品）和钢铁（资本密集型产品）价格变动率的话，那么，中国参与国际贸易后要素价格变动与产品价格变动的关系可以写成：

$$W > P_r > P_s > R$$

如果中国的大米价格上升 1%，劳动工资的上升就会超过 1%；如果钢铁的价格下跌 1%，资本收益的下降幅度就会超过 1%。而 $P_r > P_s$ 则反映了大米相对价格的上升。琼斯把要素价格的变动幅度大于产品价格的变动幅度这一结果称为"放大效应"（Magnification Effect）。

根据"放大效应"，我们可以知道国际贸易对各种要素实际收益的影响。要素实际收益定义为要素名义收益除以产品价格。要素实际收益的变动率为要素名义收益变动率减去产品价格变动率。由于有两种产品，因此，实际收益变动还取决于用哪种产品价格衡量，确切地说，取决于两种产品在经济中的权重。

在琼斯的表达式中，我们可以看到，无论用哪种产品的价格来衡量，也不管产品价值的权重，实际工资都会增加，实际利润都会下降，即：$W-P_r > 0$，$W-P_s > 0$，$R-P_r < 0$，$R-P_s < 0$（因为 $W > P_r > P_s$，而 $R < P_s < P_r$）。

进一步地说，在琼斯的论证中，我们根本不需要关注进口产品价格是否下跌，只要出口产品的相对价格上升，出口产品中密集使用的要素的实际收益就会上升，进口竞争产品中密集使用的要素的实际收益就会下降。

第四节　生产要素价格均等化定理

在研究国际贸易对本国要素收益影响的同时，经济学家也探讨了国际贸易对贸易双方收入差距的影响，论证了国际贸易使不同国家生产要素价格趋于一致的定理，即"生产要素价格均等化定理"（Factor Price Equalization Theorem）。由于这一定理是建立在赫克歇尔-俄林模型的基础上，并由萨缪尔森发展的，因此，生产要素价格均等化定理又被称为"赫克歇尔-俄林-萨缪尔森定理"（Hechscher-Ohlin-Samuelson Theorem，简称 H-O-S 定理）。

H-O-S 定理指出，自由贸易不仅会使两国的商品价格相等，而且会使两国的生产要素价格相等，以致使两国的所有工人都能得到同样的工资率，所有的土地都能得到同样的土地报酬率，所有的资本都能得到同样的收益率，而不管两国生产要素的供给和需求模式如何。

H-O-S 定理的基本结论是基于这样一个推理过程。见表 2-1。

贸易开始前，两国要素禀赋存在差异，所以两国的要素价格也不一致。但贸易开始后，原来 A 国相对价格较低的 X 商品，由于对方国家的需求，其相对价格趋于上升。因此，X 商品所密集使用的生产要素——资本的价格将上涨，而劳动的价格将下跌。于是，原来在 A 国比较廉价的资本现在变得不那么廉价了，而原来在 A

表 2-1 要素价格均等化的过程

	A 国	B 国
生产要素禀赋状况	资本相对丰裕、劳动相对稀缺	劳动相对丰裕、资本相对稀缺
贸易前要素价格	资本相对便宜、劳动相对昂贵	劳动相对便宜、资本相对昂贵
两种产品 X 和 Y	X 是资本密集型产品	Y 是劳动密集型产品
贸易前两产品价格	X 产品在 A 国相对便宜	Y 产品在 B 国相对便宜
进行贸易后	出口 X 产品、进口 Y 产品	出口 Y 产品、进口 X 产品
贸易对商品价格的影响	X 产品的价格相对上升、Y 产品的价格相对下降	Y 产品的价格相对上升、X 产品的价格相对下降
	两国 X 产品及 Y 产品的价格达到一致	
贸易对两国生产结构的影响	X 产品的产量增加、Y 产品的产量减少	Y 产品的产量增加、X 产品的产量减少
贸易对两国生产要素需求的影响	X 产品的产量增加使 X 部门对资本和劳动的需求量都增加，但是因为 X 是资本密集型产品，所以资本需求增加的较多，而劳动需求增加的较少。Y 产品的产量减少使 Y 部门对资本和劳动的需求量都减少，但是因为 Y 是劳动密集型产品，所以资本需求量减少的较少，而劳动需求量减少的较多。所以总的来说，资本的需求量增加，劳动的需求量减少。	Y 产品的产量增加使 Y 部门对资本和劳动的需求量都增加，但是因为 Y 是劳动密集型产品，所以劳动需求增加的较多，而资本需求增加的较少。X 产品的产量减少使 X 部门对资本和劳动的需求量都减少，但是因为 X 是资本密集型产品，所以资本需求量减少的较多，而劳动需求量减少的较少。所以总的来说，劳动的需求量增加，资本的需求量减少。
贸易对两国生产要素价格的影响	资本的价格相对上升、劳动的价格相对下降	劳动的价格相对上升、资本的价格相对下降
在一定条件下	两国资本及劳动的价格达到一致	

国比较昂贵的劳动，现在也因贸易变得不那么昂贵了。

在 B 国，贸易后 X 的相对价格趋于下降，于是 B 国资本的价格要下降，劳动的价格则上升。这意味着在 B 国，原来比较昂贵的资本现在变得不太昂贵了，原来比较廉价的劳动现在也变得不太廉价了。

随着贸易的开展，两国 X、Y 商品各自的相对价格差异会不断缩小，并最终达到均等。在这个过程中，两国丰裕要素的价格不断上升，稀缺要素的价格则不断下降。于是，两国要素价格朝着差异缩小的目标变化，趋向于一个共同的水平。随着商品价格的统一，两国要素价格水平也将达到均等。

要素价格均等化的思想在逻辑上是很清楚的，然而在现实世界中，尽管国际贸易增长比生产快得多，经济全球化使各国都越来越多地参与到国际贸易中来，但是，我们却几乎看不到任何国家之间要素价格相同的情况。为什么这一逻辑上非常强有力的定理却不能在现实世界中观察到呢？这是因为这一定理的成立需要相当强的假设条件。最基本的有三个条件：（1）两国都生产两种产品；（2）两国两种产品的生产技术相同；（3）贸易使商品的价格在两国都相等。在现实生活中，这三个假设条件往往都不能成立。

第五节　Rybczynski 定理

雷布津斯基定理（Rybczynski Theorem）要回答的问题是：假定其他条件都不变，一个国家的要素丰裕程度发生变化，那么这种变化会对这个国家的产业结构和进出口贸易格局产生什么样的影响。

一、雷布津斯基定理的基本内容

H-O 定理是建立在要素禀赋基础上的，所有的分析都假定每个国家拥有的要素数量是不变的。然而事实上，资本的积累、人口的增长、自然资源的开发等，都会使一个国家拥有的要素数量发生变化。

雷布津斯基（T. M. Rybczynski，1955）分析了一个国家拥有的要素数量变化对国际贸易的影响。在商品和要素的相对价格不变的条件下，生产要素不平衡的增长将导致商品的产量更大的不对称变化。一种要素量的增加将导致密集使用这种要素生产的商品的产量增加，而使另一种商品的产量减少。

下面我们简要阐释雷布津斯基定理的推理过程。在一个国家、两种商品、两种生产要素的模型中，假定要素禀赋发生变化，其他假设条件不变，为了使分析简化，再假定这个国家是个小国，生产和消费商品的相对价格和要素的相对价格不变。如果这个国家的劳动增加了 10%，资本的数量不变，两种商品产量不可能都增加 10%，因为这样需要额外的资本。但是，如果两种商品的产量增加不到 10%，增加的劳动就不能被完全使用。在两种商品的相对价格不变、两种要素的相对价格不变时，生产两种商品使用的两种要素比例也不变。因此，只有一种商品的产量增加 10% 以上，而且必须是生产中密集使用劳动的那种商品的产量增加。劳动密集型商品产量增加 10% 以上，相应增加的资本必然来自生产资本密集型商品的产业，从而使资本密集型商品的产量减少。

二、Rybczynski 定理的政治经济分析——荷兰病

虽然丰裕的自然资源禀赋是经济发展的一大笔财富，但有时候它会成为导致经济停滞的陷阱。20 世纪 70 年代石油繁荣期间荷兰因在北海发现了丰富的天然气储量而导致了经济停滞后，人们把这种现象叫做"荷兰病"（Dutch Disease）。这种新资源的开发为荷兰的贸易平衡带来了很大的改善，但竟然因失业增加而导致了国内工业的下降。贸易剩余的增加造成本币的真实汇率的增值，损害了农业和工业的国际竞争力。

"荷兰病"的经典模型是由 W. M. Corden 和 J. Peter Neary 在 1982 年给出的。两位作者将一国的经济分为三个部门，即可贸易的制造业部门、可贸易的资源出口部门和不可贸易的部门（主要是一国内部的建筑业、零售贸易和服务业部门）。假设该国经济起初处于充分就业状态，如果突然发现了某种自然资源或者自然资源的价格意外上涨将导致两方面的后果：

一是劳动和资本转向资源出口部门，则可贸易的制造业部门现在不得不花费更大的代价来吸引劳动力，制造业劳动力成本上升首先打击制造业的竞争力。同时，由于出口自然资源带来外汇收入的增加使得本币升值，再次打击了制造业的出口竞争力。这被称为资源转移效应。在资源转移效应的影响下，制造业和服务业同时衰落下去。

二是自然资源出口带来的收入增加会增加对制造业和不可贸易的部门的产品的需求。

但这时对制造业产品的需求增加却是通过进口国外同类价格相对更便宜的制成品来满足的（这对本国的制造业来说又是一个灾难）。不过，对不可贸易的部门的产品的需求增加无法通过进口来满足，我们会发现一段时间后本国的服务业会重新繁荣。这被称为支出效应。"尽管这种病症一般是与一种自然资源的发现联系在一起，但它可能因以下任何一种造成外汇大量流入的事件诱发，其中包括自然资源价格的急剧上升、外国援助和外国直接投资等。"荷兰病"可能是一种普遍的现象，适用于所有"享受"初级产品出口急剧增加的国家。

在尼日利亚可以观察到荷兰病的现象。作为一个主要的石油出口国，这个国家在两次石油危机之间的石油繁荣中获益颇丰。同其他发展中国家一样，官方汇率是固定的。然而，由于增加的石油收入绝大部分都用在不切实际的发展项目和政府消费上了，由此造成的过量的有效需求导致了通货膨胀。由于国内价格水平增长得比国际价格水平快，真实的汇率明显的高于官方的固定汇率。因而，生产非石油贸易品的部门，尤其是农业，遭到了严重的损害。在农村，农田荒芜了，城市贫民窟里挤满了想在服务业部门寻找就业机会的迁移者。政府建设现代大规模的资本密集型

的产业使这个过程更加恶化。这些产业是以大量的石油收入和在石油价格继续高涨的预期下被尼日利亚的高偿还能力所吸引的外国投资为基础的。1981 年第二次石油繁荣衰退之后，留给尼日利亚的是农村里荒芜的农田，城市里大量的失业者，呈现为一种类似于战略补偿性理论中的低均衡陷阱的情形。

许多其他石油出口国，如墨西哥，其情形同尼日利亚相似（Gelb 等，1988；Little 等，1993）。然而，印度尼西亚是一个规避了"荷兰病"的例外。同尼日利亚一样，印度尼西亚的政府收入和出口收益以高度依赖石油为特征。然而，在两次石油繁荣期间，印度尼西亚政府通过向灌溉和农业研究投资以及对肥料和其他农业投入发放补贴，增加了对农业的扶持，以致国内农业的生产基础得到了加强。它们实现的水稻自给就显示了这一点。而且，有序的财政政策制止了恶性通货膨胀。本币的数次升值同国际贸易和外国直接投资自由化结合在一起，成功地支持了劳动密集型制造业的发展，而这正是印度尼西亚的比较优势所在（Koguro 和 Kohama，1995）。

尼日利亚和印度尼西亚之间的鲜明对照并不是唯一的，这种情形在撒哈拉以南的非洲和东亚之间是相当普遍的。它们的显著差异表明，自然资源禀赋丰富并不一定是支持经济发展的必要条件，而有可能反过来成为发展的障碍。它还清楚地显示，只有采用适宜的政策才能使资源丰富的国家避免落入这样的陷阱。

☞ **习题**

1. 生产要素禀赋理论的主要内容是什么？它对比较优势理论作了哪些发展？
2. 试述生产要素价格均等化定理的主要内容。
3. 试述"斯托尔珀-萨缪尔森定理"的主要内容。
4. "斯托尔珀-萨缪尔森定理"的"放大效应"是什么？
5. 根据"放大效应"，试分析国际贸易对各种要素实际收益的影响。
6. 试述"雷布津斯基定理"的主要内容。
7. 什么是"荷兰病"？该现象对其他国家经济的发展有何启示？
8. 试论述国际贸易新古典模型与古典模型的区别与联系。

☞ **网络链接**

1. 美国商务部国际贸易管理署的主页提供了美国的各种贸易统计数字，请登录：http://www.ita.doc.gov。
2. 要了解美国制造业工人的小时报酬与其他国家工人的差别，请登录：http://www.bls.gov/flsdata.htm。
3. 要了解中国的各种贸易情况，可登录中华人民共和国商务部的网站：http://www.mofcom.gov.cn。

第三章　国际贸易理论的垄断竞争模型

摘要： 本章介绍了国际贸易理论的垄断竞争模型。由美国经济学家保罗·克鲁格曼提出的"规模经济贸易学说"理论以企业生产中的规模经济和世界市场的不完全竞争为基础，解释了第二次世界大战后迅速增长的工业国之间和相同产业之间的贸易，分析了在不完全竞争市场条件下企业的行为及利益分配；产业内贸易理论分析了产品的同质性、异质性及各自进行产业内贸易的特点，解释了产业内贸易成因及影响因素。本章最后对非贸易品、运输成本、环境标准与国际贸易之间的关系进行了分析。

重点与难点：

1. 不完全竞争市场条件下的国际贸易中的企业行为及利益分配
2. 非贸易品、运输成本、环境标准与国际贸易之间的关系
3. 产业内贸易程度的测量
4. 产业内贸易的特点及其形成的原因
5. 运输成本对国际贸易的影响

第一节　规模经济与国际贸易

瑞典经济学家赫克歇尔和俄林提出的"资源禀赋"贸易学说，解释了发达国家与发展中国家进行贸易活动的原因。但自 20 世纪 60 年代以来，国际贸易出现了许多新的倾向。一方面，发达国家的贸易量大大增加，贸易主体由发达国家与发展中国家逐渐转变为发达国家；另一方面，同类产品之间的贸易量大为增加，产业内贸易占全球贸易的比重已经提高到 60% 以上。国际贸易中的这些新动向对传统的贸易理论提出了挑战。一些经济学家从不同侧面展开研究，提出了新理论，较好地解释了当代国际贸易的新格局。

"规模经济贸易学说"就是其中的代表之一，主要是由美国经济学家保罗·克鲁格曼（Paul Krugman）提出的。这一理论以企业生产中的规模经济和世界市场的不完全竞争为基础，解释了第二次世界大战后增长迅速的工业国之间和相同产业之间的贸易。

一、规模经济与市场结构

如前所述，新古典贸易模型有两个基本假定前提：（1）规模报酬不变，即投入和产出相应成比例增加。这意味着当厂商生产规模扩大时，单位生产成本仍保持不变。（2）完全自由竞争的市场环境。在市场中有许多的买者和卖者，没有任何人能够左右市场，每个厂商都是价格的接受者。然而，这两个假定都经不起现实经济生活的考验。许多行业具有生产规模越大，生产效率越高的特征。同时，市场中也存在一定的垄断，存在少数厂商制定价格的情形。因此要剔除传统贸易理论中不合理的成分，放松对基本前提条件的假定。这就形成了规模经济贸易理论的两个特别的假设：（1）企业生产具有规模经济；（2）国际市场竞争是不完全竞争。

所谓规模经济，经济学家的一般定义是"劳动生产率的提高或平均生产成本的降低，都源于全部生产要素投入的同比例的增加"。简单地说，规模经济就是单位要素投入量所耗费的成本比由这种投入所带来的产出量或收益少。这种现象在单一产出的情况下表现为递减的平均成本曲线。

规模经济（Economies of Scale）可分为内在规模经济（Internal Economy of Scale）或内部经济（Internal Economy）和外在规模经济（External Economy of Scale）或外部经济（External Economy）两种情况。

内在规模经济是指随着生产量的提高，企业生产单位产品的平均成本将会下降，通常我们也将内在规模经济称为规模报酬递增（Increasing Return to Scale）经济；外在规模经济是指随着整个产业的产量（因同类产品厂商数量增加和产业总体产量增加）扩大，该产业各个企业单位产品的平均成本将会降低。区别内在规模经济和外在规模经济的一个重要尺度就是看单位产品成本的降低是由于单个厂商的规模扩大造成的还是由于整个行业的规模扩大造成的。

内在规模经济和外在规模经济，对市场结构有着不同的影响：存在内在规模经济的行业中，产业内企业减少，每个企业的产出规模增加，此时，大厂商比小厂商更具有成本优势，规模较小的企业在竞争中处于劣势，并逐渐被大企业吞并或是被淘汰出市场，这就形成了不完全竞争的市场结构，即完全垄断的市场结构或垄断竞争的市场结构。与此相反，在一个只存在外在规模经济的产业里，产业内企业增多，产业之中充满了许多生产规模较小的厂商，当每个企业产出规模不变时企业外部规模扩大，大厂商在这时没有竞争优势，企业与企业之间形成一种类似于完全竞争的状态。

在其他条件相同的情况下，内在规模经济和外在规模经济都可能是产生国际贸易的重要原因。但是，由于它们对市场结构的要求不同，所以对于国际贸易的影响也不尽相同。我们不可能在一个贸易模型中同时分析它们与贸易的关系。

二、规模经济与国际贸易

(一) 内在规模经济与国际贸易

内在规模经济是工厂或公司水平的规模经济。形成内在规模经济的原因是多种多样的，一般认为引起内在规模经济的因素至少有：（1）专业化分工所带来的利益。随着生产规模的扩大化，使用的劳动力增多，致使专业化分工不断加深，一个工人只能从事一项重复的劳动，提高了劳动生产率。（2）更高效率的设备的利用。大规模的生产使得更有效率、更专业化设备的利用成为可能，这种以效率更高的专门化的资本设备来代替了非专门化的设备，同时也提高了资本的使用效率。（3）要素或生产设备的不可分性。有些生产要素必须达到一定生产水平才能有效率地使用。当经营规模太小时，把这些要素分割为更小单位，要么会完全丧失它们在生产程序中的有用性，要么就会丧失一部分效率。（4）投入物的单位成本降低。大规模生产使生产者能大规模使用生产要素，从而有可能从生产要素供应者那里获得"数量折扣"利益，降低投入物的单位成本，获得比较成本优势。（5）副产品的利用。在某些产业，大规模生产能使在小规模生产情况下作为废弃物的副产品的利用成为可能，从而通过副产品的利用来降低主要产品的生产成本。

当厂商从最初的小规模进行扩张时，往往会遇到某种程度的报酬递增现象。一般来说，假如厂商使用大量资本设备，且当这些资本设备在生产规模较小时无效率可言，则在生产规模扩张后，规模经济效应将十分显著。

我们用生产可能性曲线来进行分析。假设一国只生产 X 和 Y 两种产品，并且只使用两种生产要素：资本 K 与劳动 L。由于一国的资源总数是一定的，该国的生产只能发生在曲线 TT' 上（如图 3-1 中的 A 点）或处于曲线内部（如 C 点）。生产可能性边界线以内的点所反映的要么是资源未被充分利用，要么就是生产无效率；对于边界线以外的点，仅利用现有资源和技术是无法实现的；生产处于边界线上时，资源则得到了充分利用，这时，要想增加某一产品的生产，必须减少另一产品的生产。也就是说，增加某一产品的生产必须以牺牲另一产品的生产为代价。这也就是我们前面提到的机会成本。

在图 3-1 中，假设该国的生产点位于生产可能性边界线上 A 点处，它拟通过将生产要素从 Y 部门转向 X 部门来增加 X 的产量，这样一来，生产点就会改变。若生产点转移到 B，那么，增加 X 生产的机会成本就是以 Y 的生产的减少量来衡量的，即机会成本为 $-\Delta Y/\Delta X$。如果 X 的生产仅增加一个微小的量，那么机会成本就可以用通过 A 点的生产可能性边界线的切线斜率的绝对值来表示，即 dY/dX。

图 3-1 所描述的生产可能性边界线的形状是凸向原点的，因此，当生产点由 A 向 B 方向移动时，对应的切线斜率绝对值会不断下降，即随着 X 的增加，机会成本递减。

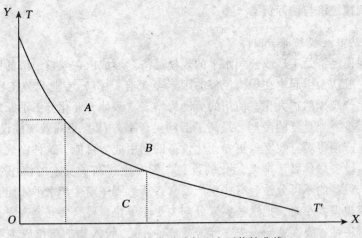

图 3-1　机会成本递减与生产可能性曲线

　　图 3-1 不是西方经济学教科书中通常使用的生产可能性曲线的形状，即它不是常见的凹向原点的形状。因为，在所有商品的生产中，生产要素密集度是不一样的。这意味着一国在生产越来越多的某种商品时，它必须利用那些效率较低或并不完全适合生产这种商品的资源或要素。这使得一国每多生产一单位的该商品，就必须放弃越来越多的另一商品的生产以提供足够的资源。

　　影响生产可能性曲线形状的因素还有规模经济。一般而言，规模收益的变化（递减或递增）会影响生产可能性曲线的曲率。生产可能性的凹性和凸性都是相对于原点而言的。假定两个部门具有不同的要素密集度，其中某一部门的规模收益递增，则如果两个部门都具有规模收益递减的生产函数，生产可能性曲线将是严格凹向原点的；当两个部门的规模收益都不递减，并且其中一个部门还要有足够强的递增收益时，生产可能性曲线才可能在任何地方都是严格凸的；如果一个部门规模收益递增，而另一个部门规模收益递减，那么生产可能性曲线上至少有一个拐点，即生产可能性曲线不会是单纯的凸向或凹向原点，而会是一条"S"形曲线，或是有着不止一个拐点的蛇形曲线。

　　实际上，部门间要素密集度的差异会产生一种使生产可能性边界凹的"张力"，而规模经济则产生一种使生产可能性边界凸（机会成本递减）的"吸力"，最终整条生产可能性边界的形状则取决于两种相反"力量"的对比。当规模经济的影响超过了要素密集度的影响时，生产可能性边界的形状如图 3-1 所示，是一条凸向原点的曲线。

　　下面我们将要素情况与产品情况结合起来考虑规模经济与生产可能性曲线。

　　1. 一种要素两种产品

假定有两种不同的产品 A 和 B，它们都具有规模收益递增的特性，那么，在只有一种生产要素的条件下，我们可以清楚地看到，该产品的生产可能性曲线将是凸向原点的（如图 3-2 所示）。

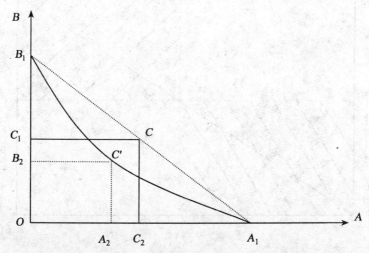

A 和 B 两种不同的产品都具有规模收益递增的特性，在只有一种生产要素条件下，等量生产两种产品，生产出的数量小于只生产一种产品情况下两种产品数量的一半。

图 3-2

从图 3-2 中可以看出单一的生产要素若被全部投入产品 A 的生产，它就可能生产出 A_1 的产量；若被全部用来投入产品 B 的生产，那么它就可能生产出 B_1 的产量。但是，当这个经济处在封闭状态时，这个国家必须同时生产 A 与 B 两种不同的商品，并假定它是等量生产这两种不同的产品时，那么它却不能生产出 C_1+C_2（即 $1/2A_1+1/2B_1$）这么多的产品，而只能生产出 A_2+B_2 这么多的产品。换句话说，若从平分资源的均衡点出发，或是沿着 A_1 的方向，或是沿着 B_1 的方向重新配置资源，那么尽管投入都只增加了 1 倍，但是产量却都可以增加 1 倍以上，这意味着这两种产品的规模报酬都是递增的。由于存在着规模报酬递增的现象，图 3-2 的中心点必然位于从 A_1 到 B_1 的射线内侧，如点 C'，从而生产可能性曲线也就必然凸向原点。

2. 两种要素两种产品

假定两种产品的要素密集度恰好相同，那么就可以得到图 3-3。

图 3-3 是一个埃奇沃斯方框图，但是发生变化的是它的契约线的形状。与以往的埃奇沃斯方框图不同，这个方框图的契约线已经不再是像我们在经济学中所学的那样凸向或凹向任何一个原点（即不存在拐点），而是形成了一条连接 O_A 与 O_B 的对角线，这是由于两种产品的要素密集度恰好相同造成的。从图 3-3 中可以看出，

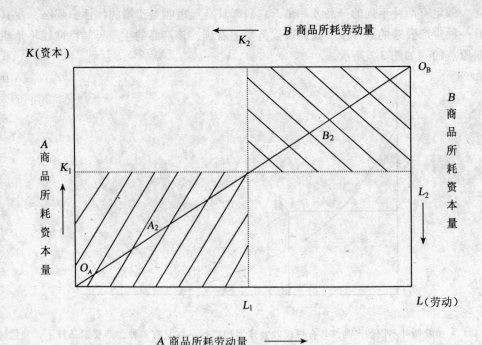

假定 A、B 两种产品要素密集度相同，当该国处于封闭状态时，均衡点落在对角线的中心点上。当该国处于开放状态时，均衡点落在 O_A 或 O_B 点上。

图 3-3

当该国处于封闭状态时，必须将资源同时分配在上述两种产品的生产上，这时它的均衡点落在对角线的中心点上。此时，这两种产品的产量分别是 $O_A L_1 \times O_A K_1 = A_2$；$O_B L_2 \times O_B K_2 = B_2$。但当该国处于开放状态时，改变其原有资源配置，将其所拥有的全部资源或是都投入到 A 的生产中去，或是都投入到 B 的生产中去，那么其均衡点不是出现在 O_A 点上，就是出现在 O_B 点上，由此所得到的总产量均为 $O_A L \times O_B L$，即埃奇沃斯方框图的长乘以宽。

　　一般说来，不同产品的要素密集度并不相同。这时，图 3-3 中的契约线就不再是一条连接 O_A 与 O_B 的对角线了，它可能位于对角线之上，也可能位于对角线之下。至于它的凸向则要看规模报酬与要素密集程度这两种影响契约线性质的效应的大小。

　　以 A 产品为例，假如其规模报酬不变，且为劳动要素相对密集的产品（与 B 产品比较而言），那么它的契约线就会是一条凸向 O_A 点的曲线，其条曲线反映在生产可能性曲线上则是一条凹向原点的曲线。假如其规模报酬是递增的，但这种规模经济效应与要素密集的效应正好抵消，那么这就回到了上述所讲的对角线状态。

只有当规模经济的效应大于要素密集的效应时，我们才能得到一条凸向原点的生产可能性曲线。

以上讨论了一国存在内在规模经济的三种情况，为了深入说明规模收益递增对国际贸易的影响，我们将讨论两国都存在规模经济的模型。假定有两个国家，A 国和 B 国；这两个国家同时生产两种商品，商品 X 和 Y；两个国家具有完全相同的生产技术，这意味着两个国家的生产可能性曲线相同；两国人民对这两种商品的消费具有完全相同的偏好，即两国社会无差异曲线相同；两国在商品 X 和 Y 的生产中同时具备规模经济。

如前所述，由于存在规模收益递增，生产可能性曲线凸向原点。这意味着在国家要素资源既定的情况下，无论是扩大 X 的产量还是扩大 Y 的产量，都存在着边际转换率递减的现象。在规模收益递增的情况下，即使两国的所有方面完全一样，也可以发展双方互利的贸易。

图 3-4 显示了规模收益递增时两国都能获益的贸易情况。该图中无差异曲线和凸向原点的生产可能性曲线为两国所共同拥有（可以理解为两国的生产可能性曲线和社会无差异曲线在同一个坐标中重叠）。由于生产可能性曲线和无差异曲线图

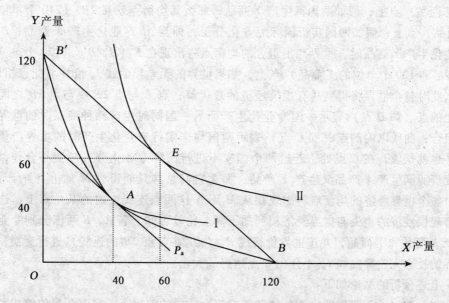

两国拥有共同的无差异曲线和凸向原点的生产可能性曲线，在封闭状况下，两国均在 A 点实现国内均衡。在开放状况下，由于规模收益递增，每个国家都多消费 20 单位 X 和 20 单位 Y，福利均得到增加。

图 3-4

完全相同。两国的无贸易均衡相对商品价格也是相同的，两国各自均衡商品相对价格为 $P_X/P_Y = P_a$。这也是两国生产可能性曲线和无差异曲线 I 在点 A 的切线斜率。凸向原点的生产可能性曲线表示规模收益递增，机会成本（即相对商品价格）下降。因为随着 X 生产的不断增加，P_a 的斜率越来越小，说明生产 X 的机会成本在不断下降。随着 Y 生产的不断增加，P_a 的斜率越来越大，说明生产 Y 的机会成本在不断增加。在封闭状况下，两国均在 A 点实现国内均衡，即两国都分别生产和消费 $40X$ 和 $40Y$。现在，让 A 国分工生产 X，B 国分工生产 Y。由于规模收益递增，A 国只生产 X 至 B 点（120 个单位的 X 商品），B 国只生产 Y 至 B' 点（120 个单位的 Y 商品），然后进行交换。A 国将 60 单位的 X 商品出口换取 B 国 60 单位的 Y 商品，结果两国的消费组合达到无差异曲线 Ⅱ 上的 E 点，从而实现贸易均衡。这时两国均消费 60 单位的 X 和 60 单位的 Y，每个国家都比没有进行贸易时多消费 20 单位的 X 和 20 单位的 Y，两国福利均得到增加，它说明贸易利益所得来自于规模经济。

进一步分析世界产出与世界福利。如图 3-5，在规模报酬递增条件下，将两个国家的生产可能性曲线加总可得到世界的生产可能性曲线。它是由两段相接于点 E 的凸形曲线构成的。假如两国都生产 X 商品，那么其均衡点就在 $2B$（240 个单位的 X 商品）点上；假如两国都生产 Y 商品，那么其均衡点就在 $2B'$（240 个单位的 Y 商品）点上；假如两国实行国际专业化分工，即当 Al 专业化生产 X 商品，B 国专业化生产 Y 商品时，世界产出组合的均衡点将出现在 E（B, B'）（120 个单位的 X 商品和 120 个单位的 Y 商品）点上，如果世界的无差异曲线 I_w 恰好与此点相切，那么此时整个世界将得到具有规模经济的最优解；点 E 与点 $2B$ 或与点 $2B'$ 之间弧线上的点（如 D 点）表示一国专业化生产而另一国同时生产两种商品时的世界产量组合；曲线以内的点（如 C 点）表示两国均未实行专业化生产时的世界产量组合。也就是说，在 C 点处，若这两个国家不进行国际专业化分工与贸易合作，都分配资源既生产 X 产品又生产 Y 产品，那么它们总共只能得到 M 加上 N 的产品，这时整个世界经济的均衡点将出现在从 M 到 N 这两点连线之内的某一点上，这意味着规模经济的丧失与世界经济福利的下降。比较可知，若 A、B 两国分别专业化生产 X 商品和 Y 商品，并按世界价格线 P_w（点 $2B$ 与点 $2B'$ 的连线）进行交换，则世界的社会无差异曲线 I_w 才会在 E 点达到最大化。

上述分析的结论如下：

（1）在 A、B 两国的生产条件和需求完全一样的前提下，只要两国能够找到一种各自不同的商品，并且在生产中体现内在规模经济效应，那么两国就有可能通过专业化分工和贸易来相互享受规模收益递增的好处。即使封闭经济中的均衡相对价格与开放经济中的均衡相对价格相等，专业化分工和贸易也是互利的。

（2）在内部规模报酬递增的条件下，A、B 两国发生互利贸易和分工并不要求

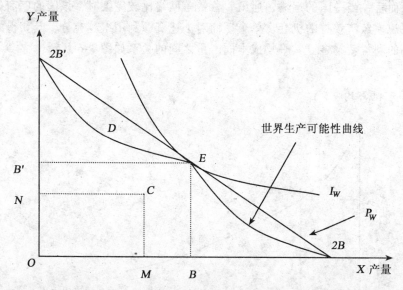

在规模报酬递增的条件下，两个国家的生产可能性曲线加总得到世界生产可能性曲线。

图 3-5

两国在供给和需求方面都完全一样，只要供给和需求方面的差异不足以抵消内部规模报酬递增的效应，专业化分工和贸易互利仍可能发生。

（3）在传统模型中，均衡的国际价格与边际成本相等，与传统理论不一样，当存在规模报酬递增时，国际价格有可能不等于边际成本，这主要是由市场结构造成的，即存在不完全竞争的市场结构。

（4）基于内在规模经济下的国际贸易可以借助竞争产生潜在利益。在内在规模经济条件下，市场只能容纳数目有限的、达到适度生产规模的厂商，从而导致不完全竞争，而开展国际贸易则拓展了市场空间，可容纳数目更多的厂商，因而使市场竞争加剧、升级。市场扩大与竞争升级所带来的直接后果是规模经济得到发挥，消费者福利得到改善。这种由市场扩大与竞争升级带来的利益，被 J. R. 马库森和 J. R. 麦尔温称为"亲竞争利益"。

（5）存在规模经济的情况下，国际贸易使一国的市场扩大，而市场扩大会产生两种积极效应：一是通过厂商产量的提高实现规模经济利益；二是增加了产品的品种数量。从整个社会福利的来源看，均衡产量的提高和产品品种的增加使得消费者有更多的消费选择，从而带来更多的满足。

（二）外在规模经济和国际贸易

最早提出外在规模经济（简称外部经济）条件下的贸易模型的是英国的阿尔弗雷德·马歇尔。

一般而言，当一国的运输、通讯、营销等网络比较完善时，该国的厂商就享有获取外在规模经济效益的机会。单个厂商对上述资源利用得越充分，其获得的外在规模经济的利益就越多。其平均成本同产量之间的关系如图 3-6 所示。

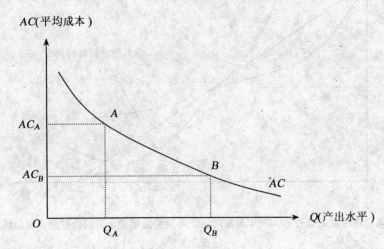

获得更多外在规模经济的本国厂商与外国厂商相比，产出规模更大，平均生产成本更低。

图 3-6

如图 3-6 所示，AC 为厂商的平均生产成本与产出水平曲线。它表明：厂商生产规模越大，对外在规模经济的利用越充分，平均生产成本越低。假设交易两国的 AC 曲线相同（外国厂商的 AC 曲线与本国厂商的 AC 曲线重合），A 点表示外国厂商的平均生产成本与产出水平的关系，B 点表示本国的平均生产成本与产出水平的关系。外国厂商利用外在规模经济较少，产出规模不大，平均生产成本高；本国厂商获得更多的外在规模经济，产出规模大，平均生产成本低。很明显，由于本国厂商获得更多的外在规模经济，其产品将更具有国际竞争力。图 3-6 所反映的单个厂商的生产成本与外在规模经济的关系适用于整个行业。

为什么会有这么多的同一种产业的企业聚集在一起呢？这种同一产业企业的聚集并不是偶然的。大量企业集中在某一地区，能够提高效益。这种外在规模经济效益的产生，其原因主要有：

（1）产业聚集使同一产业的企业有可能享受到高效率、集中化和专业化的劳动和服务。某一产业的发展需要相应的基础设施的发展，随着企业的集中，基础设施发展得愈来愈完善，从而达到产业规模的经济效益。特别是这种产业的聚集带来了专业人才的集中、专业服务的集中以及专业生产零部件供应的集中，这些都能导致生产效率的提高，降低成本，增加收入；同时，大量同一部门企业的聚集使得行业内部专业化分工更加细化。

（2）产业聚集一方面增加了行业竞争的压力，使得企业不得不改进技术，改善经营管理，提高劳动生产率；另一方面，大量企业的聚集可以导致劳动力资源的共享，为拥有高度专业化技术的工人创造出一个完善的劳动力市场，减少工人失业的风险，也为企业更加灵活选择和使用劳动力提供了良好的平台。

（3）产业聚集易于传递新的信息，有利于知识积累。

规模经济可分为静态规模经济和动态规模经济。静态规模经济是指在给定时点上，大量生产能获得的成本优势。动态规模经济是指由于经验和专有技术的积累所带来的成本优势。

1. 静态外在规模经济与国际贸易

外在规模经济对于单个厂商而言是外部性的，但对整个产业来说却是内部性的。在知识密集型产业，外在规模经济具有特殊重要的意义，它可能引起一国产业水平上的规模收益递增，由此产生的国际间成本差异也可能成为贸易模式的决定因素。图 3-7 说明了外在规模经济对贸易模式的影响。

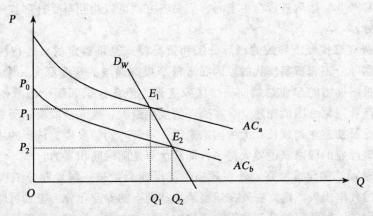

虽然 B 国对生产 X 商品具有优势，但 A 国首先建立起 X 产业，新生产者 B 国的初始成本高于 A 国的成本，A 国以率先生产所带来的外在规模经济维持着这种分工格局。

图 3-7

假设 A、B 两国都可以生产 X 商品，且不存在内部经济。以横轴度量 X 的产量，纵轴度量 X 的价格。在外在规模经济作用下，两国生产 X 商品的平均成本曲线 AC_a 和 AC_b 都向右下方倾斜。又假设 X 是劳动密集型商品，且 B 国劳动工资相对便宜，则 AC_b 位于 AC_a 下方，这意味着在任何给定的产量条件下，B 国总能生产出相对廉价的 X 商品。因两国 X 产业都是由众多完全竞争的厂商组成，所以 X 的价格等于其平均成本。D_W 曲线代表 X 商品的世界需求。

现假定出于历史或偶然的机遇，A 国首先建立起自己的 X 产业，那么，世界市场均衡于 E_1 点，A 国供给的数量为 Q_1，价格为 P_1。当然，如果 B 国能够占领市场，则能以更低的价格 P_2、更大的数量 Q_2 供应世界市场。但是，作为一个新的生产者，B 国 X 商品的生产厂商无法获得集群优势所带来的外在规模经济，因而其进入 X 产业的初始成本高达 P_0，$P_0 > P_1$，于是 B 国厂商刚涉足 X 产业便面临强大的竞争，以致 B 国根本无法建立起这个产业。所以，尽管 B 国存在比 A 国生产更便宜的 X 商品的可能性，但 A 国率先生产所带来的外在规模经济足够维持其优势地位，并且这种优势会如同滚雪球一般自我积累和自我强化，从而成为持久性优势。除非经济环境发生重大变革，否则 B 国将无力扭转这种分工格局，即使这种分工给世界福利造成了损失，也是如此。这种外在规模经济现象在知识技术型产业或者服务产业表现得特别突出，而且在这些产业中，内在规模经济效应并不十分明显。

经过以上分析，我们不难发现：

（1）由外在规模经济导致的国际贸易和专业化分工，虽然不是国际分工和贸易产生的唯一结论，但这是一个可以接受的结论。只要不同的产品存在外部规模收益递增，即使各国之间要素禀赋相同，仍会形成国际分工。每一个国家只重点发展一种产品和产业，然后进行自由贸易，贸易各方就可以相互享受外部规模收益递增带来的好处。

（2）外在规模经济导致的国际分工和贸易模式是不确定的。外在规模经济之所以成为国际分工和贸易模式的原因在于每个报酬递增的产业都向一个国家集聚，尽管这种报酬递增的产业必须向一个国家集聚，但是集聚到哪个国家则是不确定的。某一产业在哪一国最先建立，在哪一国规模最大，这完全取决于历史原因。对于某一产业最初建立和成长壮大的国家来说，随着时间的发展，该国的成本优势比后来建立该产业的国家来说要大得多，即其优势是随时间积累的。

（3）从动态的角度考察，外在规模经济可能会带来一国专业分工模式的固定化与可能的效率损失。建立在外在规模经济基础上的专业化分工模式可能会导致一个国家固定在一种既定的甚至是不合理的生产模式之中，形成一种恶性循环。当最初建立产业规模的国家获得这种规模经济时，不论这个国家将来的资源状况和技术状况如何变化，强烈的外在规模经济会巩固现有的分工模式；而且，该国也会全力维护其领先生产者的地位，即使当其他国家已经具备了以更低成本生产这种商品的优势时，它仍会竭力保护这种地位，尽管最后的结果可能造成世界范围内的经济效率和经济福利的损失。

2. 动态规模经济与国际贸易

美国经济学家克鲁格曼与赫尔普曼特别强调动态规模经济及其对产业集中的促进作用，而关于动态规模经济的最合理的解释涉及知识的积累。

实践并非总是完美的，但它通常朝着人们所希望的方向发展，因而当人们获得了经验以后，一般能够改善他们完成特定任务的绩效。组织同样也是能够进行学习的，制造商能够学习到可接受的设计风格，零售商能够学习到社区的口味，会计公司能够学习到它的客户的存货管理的性质。学习能够带来低成本、高质量、更有效的定价以及市场营销方面的好处。

在讨论长期成本曲线时，我们会发现，有些企业的长期平均成本（LAC）曲线可能会逐渐下移。这种 LAC 的逐渐下移可能来自于企业随产出量的累积而不断进行的"干中学"或"边干边学"（Learning by Doing）。当某个厂商通过知识积累而提高其产品质量或生产技术时，其他厂商就有可能对该技术加以模仿并从中受益。随着某一产业整体知识的不断积累，这种知识外溢有助于其中的各个厂商的生产成本的下降。这种现象广泛出现于计算机工业、国际贸易、技术引进等领域。

动态规模经济效应可以由学习曲线表达出来。学习曲线是描述累积产量与成本关系的曲线。获取知识有助于降低成本（主要是厂商经验的积累），学习曲线向下倾斜。随着时间的流逝，产业累积不断增加，生产平均成本也因而下降。经验积累是学习曲线形成的原因。比如，飞机产业装配 100 架飞机要耗费 1 000 个小时，由于工人经验的积累，再装配另外 100 架飞机时可能只要 700 个小时了。

如图 3-8，横轴表示随时间推移该产品的累计产量，纵轴表示平均成本。学习曲线 L_1 表示 A 国的平均成本随着累计产量的增加而下降，当累计产量为 Q_1 时，平均成本为 C_1，而当产出量达到 Q_2 时，平均成本则下降为 C_2；曲线 L_2 表示 B 国的学习曲线，当 B 国的产量为 Q_2 时，其平均成本为 C_3，但与静态外在规模经济的分

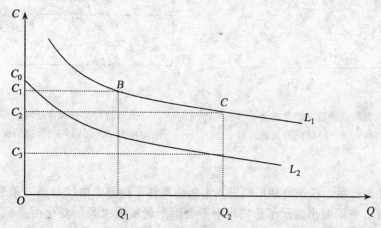

在动态规模经济的条件下，政府往往会提供贸易保护使 B 国进入该产业，当 B 国的平均成本随着产量积累而低于 A 国时，就可以进入世界市场了。

图 3-8

析类似，如果此时 B 国还未生产该产品的话，其初始成本为 C_0，而 C_0 要高于 C_1 或 C_2，这是市场所不能接受的，因而 B 国不可能进入该产业。在动态规模经济的条件下，贸易模式也是不确定的；B 国为了进入该产业，政府往往会提供贸易保护，即所谓的保护幼稚工业。如果 B 国对该产品提供贸易保护，则在 A 国的累计产量为 Q_1 的情况下，只要 B 国的累计产量达到 Q_2，B 国的该种产品就可以进入世界市场了。

第二节　不完全竞争与国际贸易

规模经济总是与一定的市场结构相联系的。市场结构通常区分为两大类：完全竞争市场与不完全竞争市场。

在完全竞争的市场上，一国比较成本的优劣状况可以直接由商品价格水平来反映，进而反映了本国在国际贸易中的地位。如图 3-9 和图 3-10 所示。

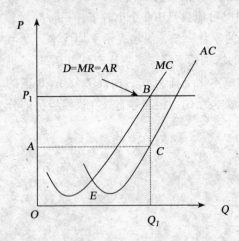

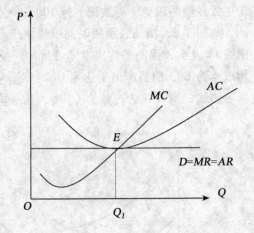

在没有新厂商进入市场的条件下，在短期均衡点 B，厂商获得超额利润。

图 3-9

当有新厂商进入市场时，在长期均衡点 E，超额利润全部消失。

图 3-10

如图 3-9 所示，在没有新厂商进入市场的条件下，需求曲线 D 是一条平行于横轴的水平线，它同时也表示了价格水平不会因产量或需求量的变化而变化，因而，曲线 D 同时也是边际收益曲线 MR 和平均收益曲线 AR。边际成本曲线 MC 和边际收益曲线 MR 相交于 B 点。B 点为短期均衡点，它表示当产量为 Q_1 价格为 P_1 时，厂商获得超额利润，相当于 P_1ACB 的面积。

如图 3-10 所示，当新厂商受超额利润的诱惑不断进入市场时，需求曲线或价格水平逐渐下降，直到切于平均成本曲线的最低点 E 为止。在 E 点，厂商达到长期均衡。在长期均衡条件下，超额利润全部消失，产品价格等于产品的平均成本和边际成本。

上述分析表明：在完全竞争市场且厂商长期均衡的条件下，由于产品价格等于产品的平均成本和边际成本，因此，国际间商品价格的差异充分地显示了各国商品比较成本的优劣状态，从而决定了国际分工的格局和贸易流向以及各国的贸易利益。

然而在现实中，大多数市场是不完全竞争的。其原因是，任何企业都希望通过某种优势，获得对市场价格的操纵权或控制权，而获得垄断或控制权的最佳途径是生产差异产品。

从消费者的角度看，随着收入水平的提高，消费者不仅要追求某种消费品消费数量的增加，以提高自身消费的福利水平，还可以通过在多种同类产品的供应中，选择最适合本人愿意消费的产品来提高自己的消费水平。因此当一国处在封闭经济条件下，市场从两个方面表现出不完全竞争的特点：一是规模经济排除了企业自由进入某些部门的可能性，二是差异产品意味着企业存在追求控制产品价格的可能性。这两个方面都打破了原有的自由竞争的市场结构。然而在一国市场范围内，追求规模经济效果和追求差异产品是相互矛盾的。

一、不完全竞争市场与国际贸易

在不完全竞争市场上，只有有限的买者和卖者，并且产品具有一定的异质性，因此，厂商对于市场具有一定的控制力，成了价格的制定者。

市场为什么会出现不完全竞争的现象呢？追其根源主要有：第一，当大规模生产出现规模效益并降低成本时，一个产业中的竞争者就会越来越少。第二，当出现"进入壁垒"，即新的企业很难加入某一产业时，也有可能出现不完全竞争。在某些情况下，政府限制竞争者数量的法律或法规，也可能产生这种壁垒。在其他情况下，新企业也可能因为进入市场的成本太高而被拒于门外。

不完全竞争市场是相对于完全竞争市场而言的。它可以分为三种类型：完全垄断市场、寡头市场和垄断竞争市场。其中，完全垄断市场的垄断程度最高，寡头市场居中，垄断竞争市场的垄断程度最低。

（一）完全垄断市场

完全垄断（Perfect Monopoly）与完全竞争一样，是一种理论分析的市场模式。在这种市场上，只存在唯一的生产厂商，且该厂商所生产的产品不存在任何替代品；该产品具有很高的产业进入壁垒，新厂商几乎不可能进入。因此，垄断厂商可独家制定价格，且价格与需求成反比。对于厂商来说，产量决策就是在高价少销和低价多销之间作出选择。它的均衡条件始终是边际收益等于边际成本，无论短期或长期均衡，都存在超额垄断利润。

在不完全竞争的三种类型中，完全垄断是一种纯理论的假设，但寡头垄断和垄断竞争却具有普遍的现实意义。

（二）寡头垄断市场

寡头市场（Oligopoly）又称为寡头垄断市场。它是指少数几家厂商控制整个产业市场中产品的生产和销售的一种市场结构。在这样一个由少数厂商垄断某一产业的市场里，各个生产厂商的产量占据了市场份额的很大比重。

寡头市场被认为是一种较为普遍的市场结构，不少产业都表现出寡头垄断的特点。世界上一些重要的产业都是由少数国家的大公司所垄断，从而形成了少数大公司垄断的全球性产业。例如，商用飞机的生产由美国波音和欧洲空中客车两家公司所垄断；微处理器的生产由英特尔和摩托罗拉两家公司所垄断；而钢铁产业，全球销售份额中的一半以上由 5 家公司所占有。在一些国家内部也会存在寡头垄断市场，例如，美国的汽车业、电气设备业、罐头行业等都被为数不多的几家企业所控制。

通常，我们用库尔诺垄断模型来解释国际贸易。库尔诺垄断模型的要点是：在库尔诺假定条件下，每个企业都能对自己的产品独立地做出价格/产量决策，而其他企业都不会作出反应，即不完全竞争的企业之间互相都把另一个企业的产量看成是给定的。

假定在 2×2×2 模型中，两国都有一个由少数几家企业组成的产业，还假定这些企业按库尔诺的双头垄断模型互相竞争。也就是在均衡状态下，企业是通过提高价格来使价格高于边际成本的。最后假定这个产业在贸易前的产品价格在两国是相同的。

我们沿两个方向用库尔诺垄断模型来对国际贸易进行解释：一个是卖方集中对贸易的影响及贸易对卖方集中的影响；另一个是市场分割与贸易间的关系。

在卖方集中的情景下，若一个国家为生产一种产品而进行竞争的公司数目少于，即卖方集中在另一国家后一个国家，当其他条件相同时，在没有贸易的情况下，第一个国家该产品的价格相对较高；如果开展贸易，第一个国家就会进口该商品。这与完全竞争条件下的情况截然相反。在完全竞争市场中，该产业是否进行贸易不会对该国产生任何影响。另一方面，贸易对卖方集中也有影响。因为贸易的存在，甚至贸易的可能性都会加剧卖者之间的竞争。每个企业将成为一个更大、竞争更激烈的市场的一部分，每个企业也将面对一个扩大了的市场，或者说每个企业都面对一个弹性更大的需求来刺激它们扩大产量。于是，这个产业的产量将随之扩大，价格也随之下跌。如果这两个国家互相对称，那么这两个国家的福利就会因为减少了垄断扭曲而增长。贸易的这种加剧竞争的效应并不完全是一种规模经济效应，但它与规模经济有着自然的联系，其本质原因在于成本的不断降低。

在市场分割的情况下，不同市场对同一产品的需求弹性是不同的。这样，厂商在考虑了运输成本或其他贸易障碍后，若可以对不同市场的顾客索取不同的价格，则贸易可能发生。

由于运输成本的存在，市场被分割时的产业产量不能达到最大化。尽管如此，即使存在运输成本，或存在着交叉运输，同一产品仍然有可能发生双向贸易，这种贸易之所以会发生，是因为每个企业都认为自己的产品如果出口，由于其在外国市场的份额要小于本国市场，它的需求弹性会比在本国市场销售时更大，这样对于国外市场的顾客可以索取不同于国内的市场价格。这意味着，企业希望将产品以高于其在本国的边际成本的价格卖到国外去，并且愿意承担到国外销售所发生的运输成本。事实上，正是这种需求弹性之间的预期差别决定了贸易量。

对于这种情况，可作如下说明：假设有 A 国甲企业，B 国乙企业，如果 A 国对 I 产品的需求富有弹性，而 B 国乙企业输出 I 产品的价格比 A 国甲企业的垄断价格低时，即来自 B 国的 I 产品的运输费用比贸易前 A 国甲企业垄断利润低时，就会发生 B 国乙企业向 A 国输出 I 产品的行为，B 国乙企业就会在 A 国市场上占有份额。这个份额的大小，取决于 B 国乙企业的边际成本、运输费用以及 A 国甲企业的边际成本。B 国乙企业的边际成本越低，乙企业向 A 国出口 I 产品越有利。同样，要是运输费用所需不多，或是 A 国的 I 产品在 A 国的边际成本较高的话，也会刺激 B 国乙企业出口 I 产品。反之，如果在 B 国市场上，上述条件成立，A 国甲企业也会同样在 B 国市场上占有份额，这样就发生了产业内贸易。

因此谁也不愿意采取这种保守策略，其结果是双方都采取进攻型策略，双方都获得很低的利润，这就陷入了所谓的“囚徒困境”。其出路自然是双方寻求某种方式的合作，互相限制其竞争行为，进而使双方都取得高利润。这种合作可以是某种正式的协定（这在很多国家认为是非法的），也可以是基于对共同利益和历史形成的行为方式的认识而心照不宣。

上述分析表明：巨大的内在规模经济效应使得大企业较小公司更拥有成本优势，成本的不断降低很容易导致寡头垄断的产生。这样，如果某些产品的生产存在巨大的规模经济效应，生产将集中于少数国家。这些国家将出口这些产品，而其他国家则进口这些产品。

历史在这一贸易模式建立中发挥了重要作用。厂商一般会把初始的生产位置选择在拥有大量生产所需要素的地方，这样可以获得低生产成本所带来的比较优势。在新的产地进行大规模的生产，意味着新的生产者必须占有很大的市场份额，而对于新的市场进入者来说，不经过相当长一段时间的亏损是不可能做到这一点的。这是因为：第一，供给的增加会使价格降低；第二，原有的厂商可能会以多种竞争行为打击新进入者。为此，生产可能不会在这些低成本地区发展起来。具有进入潜力的厂商和国家所面对的这一问题便是幼稚产业所面临的情况。

寡头公司应该位于哪个国家，这对于各国的福利是十分重要的，但寡头垄断的国家分布格局有一定的任意性。

　　(三) 垄断竞争市场

　　垄断竞争 (Monopolistic Competition) 市场是一种竞争与垄断并存的市场结构，指有许多厂商生产并出售相似但又有差别的商品市场。

　　根据垄断竞争市场的基本特征，西方经济学家提出了生产集团的概念。因为，在完全竞争市场和垄断市场条件下，行业的含义是很明确的，它是指生产同一种无差别的产品的厂商的总和。在垄断竞争市场条件下，产品差别这一重要特点使得具有上述意义上的产业不复存在。为此，在垄断竞争理论中，把市场上大量生产非常接近的同种产品的厂商总和称为生产集团。例如，汽车加油站集团、快餐食品集团、理发店集团。

　　具体地说，垄断竞争市场结构的特点主要有以下三点：

　　第一，生产集团中大量的企业生产有差别的同种产品，这些产品彼此之间都是非常接近的替代品。在这里，产品差别不仅指同一种产品在质量、构造、外观、销售服务条件等方面的差别，还包括商标、广告方面的差别和以消费者的想像为基础的虚构的差别。

　　一方面，由于市场上的每种产品之间存在差别，或者说，由于每种带有自身特点的产品都是唯一的，因此，每个厂商对自己的产品价格都具有一定的垄断力量，使得市场具有垄断性。一般说来，产品的差别越大，厂商的垄断程度也就越高。另一方面，由于有差别的产品相互之间又是很相似的替代品，或者说，每一种产品都会遇到大量的其他的相似产品的竞争，因此，市场又具有竞争性。如此，便构成了垄断和竞争并存的垄断竞争市场的基本特征。

　　第二，一个生产集团中的企业数量非常多，以至于每个厂商都认为自己的行为影响很小，不会引起竞争对手的注意和反应，因此自己也不会受到竞争对手任何报复措施的影响。

　　第三，厂商的生产规模比较小，进入和退出一个生产集团比较容易。因此，当某个行业有利可图时，其他行业的厂商可以比较顺利的进入这个行业；当该行业出现亏损时，厂商可以退出这个行业。

　　在现实生产中，垄断竞争的市场组织在零售业和服务业中是很普遍的。比如在超级市场的货架上，各种品牌的麦片、香波都会让人感到眼花缭乱。

　　20世纪30年代爱德华·张伯伦 (Edward Chanmberlin) 创立了垄断竞争模型，用来分析一个封闭国家经济中的垄断竞争。进入20世纪70年代，不完全竞争理论模型取得了实质性进展。狄克西特和诺曼 (1980年)、埃西尔 (1982年)、赫尔普曼 (1981年)、克鲁格曼 (1979年、1981年) 和兰卡斯特 (1980年) 分别对产品差异化和垄断竞争型的国际贸易进行了分析。在垄断竞争理论中，人们常用张伯伦垄断竞争模式来解释国际贸易。

张伯伦的主要思想是：与市场中原有企业的产品相比，某些新进入的企业能够生产不同质的产品，并通过这种生产方式进入市场。由于厂商生产了差异化产品，并且消费者认为该产品不同于该产业中其他厂商的品种，因而各个厂商在一定程度上可以控制其产品的价格，获得部分垄断利润，也就是说，各厂商面临一条向右下方倾斜的需求曲线。但是，由于规模经济的作用，这种由垄断带来的垄断利润现象又与许多企业进入市场使得净利润趋于零的规律相矛盾。因此，张伯伦的观点是：在一个由许多小垄断厂商组成的产业中，正是这些众多小垄断厂商的存在，使得该产业形成饱和，从而消灭了任何垄断利润。

图 3-11 描述了在封闭状态下的国家经济中，甲厂商在市场上所面对的垄断竞争的情况。甲厂商会根据其边际收益曲线和边际成本曲线进行利润最大化决策。在图 3-11 中 C 点，边际收益等于边际成本，利润达到最大化，此时产量为 Q_1。甲厂商按照市场需求定价，如需求曲线上的 A 点，价格为 P_1。

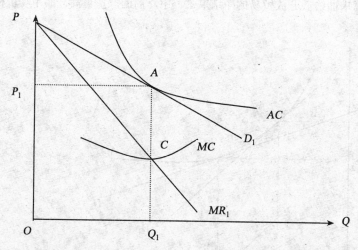

在封闭经济状态下，新厂商的进入，甚至仅仅是进入的威胁，就将甲厂商的需求曲线压低至与平均成本曲线 AC 相切。

图 3-11

甲厂商在开始进入市场时，其独特产品尚具有某些优势，这时它可以充当一个完全垄断者。但一段时间之后，就会出现来自其他厂商产品的非直接竞争，尽管这些产品与甲厂商的产品并不完全相同。

甲厂商仍在 C 点（$MR=MC$）处获得最大利润，但新厂商的不断进入最终会将甲厂商的利润压低至零。图 3-11 显示了这样一种均衡：新厂商的进入，甚至仅仅是新厂商的进入威胁，已经将甲厂商的需求曲线压低至与平均成本曲线相切。在生产量为 Q_1 的点 A，价格正好与平均成本相等，致使厂商的净利润为零。均衡点 A

位于向下倾斜的平均成本线上，因为该产品的生产会受益于一定的规模经济。

　　如果封闭的国内市场现在实行对外开放贸易，甲厂商以及其他本国同行业生产厂商便可以向偏好该产品的国外消费者出口。另一方面，甲厂商以及其他本国同行生产商将面临来自外国同类产业厂商的附加竞争。在开放贸易的短时期内，如果外国需求量较大，甲厂商将会从贸易中获得净利润；或者，如果面临的进口竞争非常激烈，甲厂商将蒙受经济损失。因此，该产业中的一些厂商可能会退出市场，一些新的厂商则可能进入市场。当一个新的长期均衡转变完成之后，甲厂商将再次发现其产品价格等于其平均成本，但情况已经发生了某些变化。图 3-12 显示了开放贸易之前位于 A 点的初始均衡（与图 3-11 中的 A 点为同一点），该图还显示了在开放贸易并作出进一步竞争调整之后位于 B 点的最终均衡，即甲厂商最终面对的需求曲线（国内需求加国外需求）为 D_2。我们假设在这个有更多竞争者提供更多品种产品的巨大市场中，需求比从前只有国内需求时更具有弹性，这样就形成了一条更为平坦的需求曲线。开放贸易的净结果是，甲厂商的产量更高，而市场价格更低。

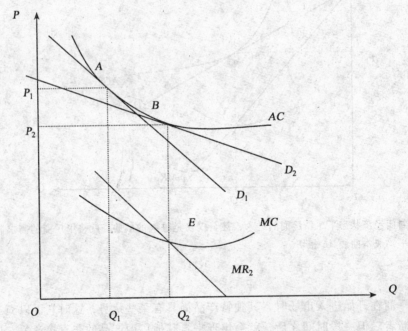

在开放经济状态下，甲厂商最终面对的需求曲线为 D_2，需求比封闭经济状态下更具有弹性，甲厂商的产量更高，而市场价格更低。

图 3-12

　　贸易能够扩大市场规模的思想成为垄断竞争模型在贸易中的运用基础。在具有规模经济的产业中，一国能生产的产品种类和其生产规模都受到该国市场规模的限制。但是，通过国与国之间的贸易，就能形成一个一体化的世界市场，该市场当然比任何单个国家的国内市场都要大，各国也因此解脱出来，从事某些产品的大规模专业化生产；同时，通过从别国购买自己不生产的产品，扩大消费者可获取的商品种类。因此，即使国与国之间没有技术上的差别，贸易仍为互利性的生产提供了机会。

张伯伦垄断竞争模式在解释第二次世界大战后国际贸易时强调了产品差异化和规模经济的重要性。

一方面，在现实交换活动中，大多数生产者或厂商在生产或出售其产品时，会想方设法将自己的产品同其竞争对手的产品区别开来，即造成产品的差异化。

另一方面，规模经济对产品的差异化具有制约：若一个厂商生产一个产品的全部系列品种，由于对每一个品种的需求有限，厂商也就不能利用规模经济的优势来降低单位生产成本。这样，由于规模经济的制约，厂商只能生产出有限系列的同类产品，而不能满足消费者的全部需求。

在分析了产品差异同消费者需求和规模经济的相互关系后，张伯伦的垄断竞争理论认为：发达国家间日益增多的产业内贸易现象是由于各国生产者为了利用规模经济的优势来降低单位生产成本造成的。通过生产少数几种反映国内大多数人偏好的差异产品，以迎合国内大多数人的消费偏好，并出口部分产品，满足国外少数人的偏好；对于国内少数人的其他偏好则通过进口差异产品去满足。

需要指出的是，规模经济理论在解释国际贸易的格局时具有不确定性，而不完全竞争理论在解释贸易利益的获得上也具有不确定性。这是因为在不完全竞争情况下，一方面，国际贸易通过增加消费者的选择机会使得福利增加，并通过出口某一产品品种，扩大了该品种的生产规模，降低了单位产品成本，获得了规模经济。同时，由于受到国外竞争厂商的威胁，国际贸易有助于消除部分垄断所造成的扭曲。另一方面，若贸易引起的竞争加剧使得厂商变得更少、更大，这将不仅减少垄断所带来的扭曲，反而会由于竞争的进一步不完全而导致福利和效率的损失。

二、倾销模型

垄断竞争模型中，垄断厂商具有在国际市场上倾销的可能。不完全竞争厂商在国内市场上占有一定的市场份额以后，国内的市场就很难扩展，因此这类厂商就将目光转向国外市场。厂商为了利润最大化常常会使用"价格差异战略"或"价格歧视战略"。这种价格差异战略又被称为"倾销"（Dumping）。所谓倾销是指厂商将其相同的产品，对国内与国外的购买者进行区别对待，分别以不同的价格出售。不完全竞争厂商所实行的倾销政策，一般是在国内保持垄断价格，而在国外市场上以相对较低的或相当低的价格出售其产品。

不完全竞争企业要想成功的达到出口倾销目的，必须具备几个条件：

（1）该行业必须具备不完全竞争的市场环境，倾销出口企业是价格的制定者而不是价格的接受者。

（2）国内市场与国外市场必须充分分隔，即国内其他人不可能购买到本国企业出口到国外市场的商品，或该出口产品不能回流。

（3）垄断出口企业面临的国内需求弹性必须小于国外的需求弹性，国内需求曲线比国外需求曲线要更加陡峭。

图 3-13 说明了作为一个不完全竞争的企业，从国外市场中获取最大限度利润的重要战略是倾销。

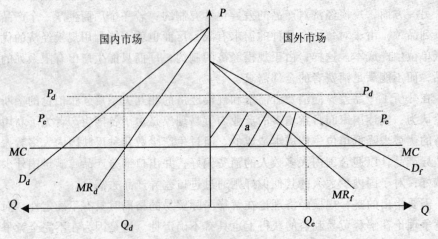

由于不完全竞争，厂商在国外市场上面临的需求曲线较平坦，该厂商会以低于国内市场价格而高于边际成本的价格水平向国外倾销部分产品。

图 3-13

图 3-13 假定某企业具有不变的边际成本曲线，其中，该图中左边部分表示不完全竞争厂商在国内面临的市场及定价情况；右边部分表示该厂商在国外面临的市场及定价情况。横轴表示商品的供求数量，纵轴表示商品的价格。在图中左边部分，D_d 曲线表示该厂商在国内市场上面临的需求曲线，MR_d 曲线表示该厂商在国内市场上的边际收益。由于在国内市场上面临的相似产品竞争比较弱，该厂商在国内市场上控制市场价格的能力较强，所以其增加或减少生产对市场的影响比较大。因此，该厂商面临的国内需求曲线斜率较大。根据边际成本等于边际收益的原则，该厂商将商品的国内市场价格定在 P_d，国内产销量为 Q_d。为了增加该产品的销售，在其市场份额较大的情况下，降低单位产品售价对厂商收入的影响是相当大的。因此不完全竞争企业会采取倾销战略，将产品销往国外市场。图中 D_f 表示该不完全竞争厂商在国外市场上面临的需求曲线。MR_f 曲线表示国际市场边际收益。由于该

厂商在国外市场上销售量较小，对价格的影响有限，甚至根本不能影响价格，所以该厂商所面临的需求曲线较平坦。当不完全竞争厂商以低于国内市场价格 P_d，但高于边际成本（MC）的价格水平（P_e）出口部分产品时，出口数量为 Q_e，那么，在国外市场上该厂商就可以获得额外利润的增加（见图中阴影部分 a）。同时，由于其在国外市场上销售的规模较小，所以增加 1 单位产品销售所引起的总收入减少量并不大。从不完全竞争厂商的角度看，厂商为获取最大限度的利润，更倾向于将增加的产量销往国外市场，而不是国内市场。

上述分析表明，不完全竞争的厂商为了获取最大限度的利润，为了控制国内市场的销售量，会将产品倾销到国外市场。实际上，如果各国都存在着类似的市场结构，或者类似的不完全竞争的企业，当每个国家的不完全竞争厂商都采取类似的价格歧视战略时，这就形成了"相互倾销"（Reciprocal Dumping），它们都会通过出口倾销增加自己的利润总额，而把价格全面下跌的影响留给对方。这样做的结果是：相同商品进行双向国际运输和国际贸易，两个垄断厂商相互承担了降低销售价格的负面影响。相互倾销的出现，可能会消除起初的纯粹垄断，导致某种程度的竞争，但竞争带来的收益可能被来回运输过程中的资源耗费所抵消，所以它对社会福利的影响是不确定的。只有当相互倾销过程中垄断企业的利润损失之和大于由于竞争加剧和价格下降带来的消费者福利的提高和资源配置效率提高之和时，它才是促进社会福利的；反之，则有损于社会福利。

三、不完全竞争对国际贸易的影响

综合以上分析结果，不完全竞争对国际贸易的影响主要有：

第一，不完全竞争条件下，价格不能简单地替代成本进行国际成本比较，这使国际贸易关系相对复杂。和完全竞争市场不同，不完全竞争条件下，由于商品价格高于商品平均成本和边际成本，因此，商品价格比例也就不同于成本比例，国际间商品价格的差别也就不能真实地反映一个国家比较成本的优势所在。这样，对两国分工的格局、贸易流向以及国际贸易利益也就不能简单地作出判断，而必须进行更深入的比较研究。

第二，不完全竞争条件下，因为人为控制的价格水平高，国际贸易规模因此缩小，在极端情况下会阻碍国际贸易的形成。如果具有相对优势的商品价格高于其成本，那么这种相对优势必然会减弱该种商品的出口量，从而减少国际贸易量；如果具有相对优势的商品价格高于其成本的程度大到足以全部掩盖其全部比较优势，甚至使具有的相对优势转变为相对劣势，那么国际贸易将不会发生，或贸易流向发生倒转，即从出口国变为进口国。

第三，不完全竞争条件下，由于存在垄断利润，垄断厂商或寡头厂商有条件改进生产技术，扩大生产规模，降低产品成本和价格，国际贸易规模和利益因此而扩大。西方经济学家认为，完全竞争条件下，厂商不存在开展技术创新、扩大生产规模的物质条件和市场条件，因此，产品的成本和价格就无法下降。不完全竞争条件下的厂商则不同，垄断利润和垄断地位为它们降低产品成本和价格提供了有利的物质条件和市场条件。由于产品成本和价格降低，使本来处于相对优势地位的产品的国际竞争力增强，国际贸易规模因出口量增加而扩大，贸易利益随之增加。当然，如果是本国处于相对劣势地位的商品成本和价格下降，国际贸易规模则会因进口量的减少而缩小。

　　第四，不完全竞争条件下，由于国内垄断者有条件实行国际市场倾销，国际贸易规模会因此扩大，但国际贸易利益不会因此而成正比例增加。由于产品价格高于正常价格，国内垄断者完全可能在保持国内市场垄断高价的同时，在国际市场上实行倾销，如果这种倾销不至于引起对方国家的强烈抵制，那么国际贸易规模会因此而扩大。但是，在其他条件不变的条件下，倾销虽带来出口量的增加，但贸易利益不能同步增加。当降低价格的损失小于增加出口利益的情况下，出口国总的贸易利益较以前增加了。因此，贸易利益的增加程度取决于价格下降程度和因此导致的出口增加数量。

　　第五，不完全竞争条件下的厂商还可以通过非价格竞争扩大贸易规模，增加贸易利益。不完全竞争条件下的厂商除了进行价格竞争（如上述的倾销）外，还可以在国际市场上实行非价格竞争，通过差别产品、销售服务和广告宣传等手段增强产品的国际竞争力。所谓差别产品，就是指厂商一方面为了适应消费市场需求，另一方面为了增强产品的竞争能力，使其产品与竞争产品在品种、规格、性能、包装、款式、商标、牌号及售后服务等方面保持差别。差别产品是一种极为有效的竞争手段。不仅如此，差别产品本身还是扩大贸易规模的因素。最突出的一点是差别产品能够产生交叉需求。所谓交叉需求是指同类同种产品的相互间的进出口，如美国向日本出口汽车，同时又从日本进口汽车，这种贸易方式纯粹是由差别产品造成的。因此，在存在差别产品的条件下，国际贸易规模将扩大。其他非价格竞争手段同样能够扩大贸易规模，如销售服务、广告宣传，它们都具有引导需求、刺激需求的特殊功能。

第三节　产业内贸易理论

一、产业内贸易现象

（一）产业的含义

　　尽管对"产业"的定义和划分不尽相同，但人们还是达成了某种共识，即承认产业是一个"集合"的概念。产业是一种同一属性的生产经营活动、同一属性的产品和服务、同一属性的企业的集合。

1971 年，联合国为了统一世界各国对产业的分类，颁布了《全部经济活动的国际标准产业分类索引》。这种产业分类把全部经济活动分为十个大项，每个大项分成若干中项，在每个中项下又分出小项，小项下又分解出若干细项，成为四级分类。这种分类方法不仅便于统计一国的经济活动，也便于对比分析它们在国际经济中的竞争优势来源。按四级分类方法，将全部经济活动划分成了众多产业，在每个产业中（如汽车），存在广泛的潜在产品系列，每个国家的产品仅仅是产品系列的一个子集；同样，进口的产品也是该产业集合的一个子集。

为了方便比较分析各国的对外贸易，各国均按联合国《国际贸易商品标准分类》（Standard International Trade Classification，SITC）公布对外贸易的统计数据。根据这一国际分类标准，产业是这样一些产品的集合：它们是 SITC 中至少前三位数相同的产品，即至少属于同类、同章、同组的商品。在实际中，通常使用的就是这种"产业"概念。用这种方式描述的产业，有时也叫做商品群（Commodity Group）。

迈克尔·E. 波特则认为，传统产业的定义过于宽泛。在他看来，产业就是为生产直接相互竞争产品或服务的企业的集合。这样定义的产业所包括的产品，其相对竞争优势的来源相似，例如小汽车、洗衣粉、传真机都可视为一个产业。这样的定义可以把对企业、产业和国家的分析结合起来，反映出产业内贸易的真实动因。

波特不仅对产业作出了上述界定，还从国际贸易竞争的角度对产业进行了区分。他指出，产业可分为"可贸易品产业"（Tradeable Goods Industry）和"非贸易品产业"（Nontraded Goods Industry）。可贸易品产业指的是一国产业与其他国家的同一产业有很强的竞争关系，这种产业的产品经常在国际市场上进行交易，贸易量也很大。有些产业，尽管国内外都存在，但该产业的产品只在本国市场上销售和消费，很少或根本不在国际市场上进行交易。这样的产业就是"非贸易品产业"。产业内贸易就是这些"可贸易品产业"的产品在国与国之间的双向贸易。

（二）产业内贸易与产业间贸易

传统的国际贸易理论认为：一国出口其生产上拥有相对优势的产品而进口其生产处于相对劣势的产品。也就是说，贸易国出口和进口的必然是其国内不同生产部门的产品，不然就无法理解某种产品到底是处于相对优势还是处于相对劣势。因此，这种国际贸易理论实际上是一种部门间或产业间贸易（Inter-Industry Trade）理论。

第二次世界大战以后，在国际贸易中出现了一种引人注目的新现象，就是工业化国家之间的工业制成品贸易在整个国际贸易中所占的比重日益增大。到 20 世纪 60 年代以后，这种现象表现得越来越突出。与部门间贸易尤其是制成品与初级产品之间的贸易不同的是，一国同时出口和进口同一类产品的情况屡见不鲜。比如发达国家之间相互进口小汽车、酒类等产品，这种现象被称为部门内或产业内贸易

(Intra-Industry Trade)。

表 3-1 反映了不同经济发展水平国家之间的国际贸易伙伴关系，包括工业化国家之间、发展中国家之间以及工业化国家与发展中国家之间的贸易伙伴关系。从该表中，我们可以清楚地看到两个较为突出的贸易流向，即工业化国家之间的贸易 (58.5%) 和工业化国家与发展中国家的贸易 17.3% +17.0% = 34.3%。而且从近年世界贸易的发展趋势来看，工业化国家之间的贸易即同一产业内进行的贸易比不同产业间发生的产业间贸易增加更快。产业内贸易为非净贸易部分的贸易，即进口与出口相抵消的那一部分贸易。例如，美国于某年向日本出口了价值 112 亿美元的汽车，进口了 312 亿美元的汽车，其汽车净贸易额或产业间贸易额为 200 亿美元，而产业内贸易额为 224 亿美元（即 112 亿美元的出口以及相同金额的进口）。

表 3-1　　　　　　　　　　　　　贸易伙伴关系

1998 年贸易流向		进口来源地	
		工业化国家	发展中国家
出口来源地	工业化国家	58.5%	17.3%
	发展中国家	17.0%	7.1%

产业间贸易与产业内贸易的差异不仅表现在贸易对象国的不同，在其他方面如在适用的理论基础、生产函数特点、消费者偏好、贸易利益来源等方面两者也存在很大的差别，可以用表 3-2 来归纳。

表 3-2　　　　　　　　产业内贸易与产业间贸易的主要区别

	产业间贸易	产业内贸易
贸易商品来源国	不同经济发展水平的工业国家	同种或相近经济发展水平的工业国家
适用的基础理论	新古典贸易理论	现代贸易理论
生产函数特点	规模报酬不变	规模报酬递增
消费者偏好	同质商品	异质商品
贸易利益来源	生产要素比较优势的利用	产品的差异性和规模报酬递增

二、产业内贸易的产生与发展

产业内贸易理论是 20 世纪 60 年代以来逐步发展并很快被西方学术界研究和接受的国际贸易新理论。产业内贸易理论（又叫做部门内贸易理论或新国际分工理论）的发展经历了 20 世纪 70 年代中期以前的经验性研究和 70 年代中期以后的理论性研究两个阶段。

在第一阶段的经验性研究中，许多经验性的结论为后来的理论研究打下了坚实的基础。

早在 1945 年，弗兰克尔（Frankel）就已发现，在那些人均对外贸易额较高的国家中，显然存在着对同一种商品的同时进口和出口。他认为，这主要是因为在进口商品和出口商品之间存在着质量差异，如果采用单位价值来反映质量，则可把不同质量商品之间的交换理解为是各国技术水平差异的结果。同年，海希曼就贸易中的商品结构进行了较深入的研究，并且给出了一种在商品种类繁多的情况下对单个国家的进出口进行衡量的方法。他发现，早在 1925 年到 1937 年间，在国际贸易总额中，制成品之间的交易就已占了 20%。

瑞典经济学家林德尔在 1961 年出版的《论贸易和转变》一书中认为，赫克歇尔-俄林的资源禀赋论用来分析自然资源密集型产品是适用的，但不能用来分析工业制成品之间的贸易。林德尔认为，根据统计分析，实际的国际贸易格局与资源禀赋论所揭示的情况恰恰相反。据统计，要素禀赋相近的工业发达国家之间的贸易，比要素禀赋差异较大的工业发达国家与发展中国家之间的贸易量要大得多。在世界出口总量中，工业发达国家的出口量就占了 3/4，而这其中的 75% 又是在工业发达国家之间销售的。林德尔认为，产生这种现象的原因是由于这些国家的收入水平相近，进而对消费品或资本货物的偏好相近造成的。"收入偏好相似"理论从一国收入水平决定的需求方面来解释国际贸易流向，初步说明了发展水平一致或相近国家之间工业制成品贸易产生与发展的原因。

继林德尔之后，很多经济学家继续致力于研究产业内贸易的原因。有的学者从地理、气候方面找原因；有的认为政府政策造成世界范围内的价格扭曲，国内市场价格大大高于国际市场价格，刺激商人到国外购买商品；还有的学者则从邻近国家为了运输费用的节省而到他国购买增重性商品（如建筑材料）等来解释产业内贸易的原因。

对产业内贸易进行的早期研究，多数源于实际观测与传统理论之间的矛盾。一些应用经济学家将经济一体化对贸易的作用，如荷兰、比利时、卢森堡经济联盟（建于 1948 年）和欧洲经济共同体（建于 1958 年）的作用以及关税同盟对贸易发展的影响等问题与产业内贸易问题联系在一起研究。如佛丹恩对"比荷卢经济同盟"的集团内贸易格局变化的统计分析表明，与集团内贸易相关的生产专业化形成于同种贸易类型之内，而不是在异种贸易类型之间。密契里对 36 个国家五大类商品的进出口差异指数的计算表明，高收入国家的进出口商品结构呈明显的相似性，而大多数发展中国家则相反。巴拉萨用国际贸易标准分类体系对欧共体贸易商品结构的分析表明，欧共体制成品贸易的增长大部分是发生在分类标准体系划分的商品组内，而不是在商品组之间。他们发现，经济一体化组织成员经济体之间的贸易上升的主要原因在于：生产专业化和产业内部而非产业之间的产品出口。

第二阶段的理论分析以格鲁贝尔（Grubel）和劳埃德（Lloyd）的开创性、系统性研究为起点。格鲁贝尔和劳埃德等人在 20 世纪 70 年代中期发表了许多论文，对所有主要工业化国家进行了研究，提出了有关产业内贸易现象的详细证明。在 1975 年合著发表的《产业内贸易》一书中，格鲁贝尔和劳埃德认为，产业内贸易是一种由各种复杂的原因所导致的一种复杂的贸易现象。在他们看来，技术差距、研究与开发、产品的异质性和产品生命周期的结合以及人力资本密集度的差异与收入分配差异的结合等都可能导致产业内贸易的发生。

三、产业内贸易的特点及其形成条件

（一）产业内贸易的理论特征

1. 与产业间贸易相比，产业内贸易在内容上与其存在着极大的差异。

2. 产业内贸易的产品流向是双向性的，即在同一产业内，产品在发生进口贸易的同时也会发生出口贸易。

3. 产业内贸易的产品具有多样化的特点，这些产品中，既有劳动密集型产品也有资本密集型产品；既有标准技术产品，也有高技术产品。

4. 虽然产业内贸易的产品具有多样性的特点，但这些产品必须具备两个条件才能进行产业内贸易，一是在消费上能够相互替代，二是在生产中需要相近或相似的生产要素的投入。

（二）现代产业内贸易的形成条件

1. 运输、信息、管理等手段的现代化，使以往只能在一国之内进行的产业内分工和协作有可能跨越国界形成产业内国际分工和协作。

2. 发达国家与发展中国家产业内贸易的发展具备了现实性条件，即生产的标准化、柔性制造系统的出现和发展，使得工厂的自动化设备不仅适用于发达国家的大型工业项目，而且可以生产适用于发展中国家的中小型项目，从而使技术和设备向发展中国家和地区的转移具有了可能。

3. 产业内贸易的发展主要是集中在新产品和制成品的产业，而科技革命的发展，使世界市场的容量迅速扩大，商品的数量和种类不断增加，新产品不断涌现，制成品比重不断上升。

4. 世界各国农业贸易长期相对下降，发达工业国家的自给率不断上升，使得

传统的农业和工业国的分工及初级产品和制成品之间的产业间贸易日益减弱，制成品的产业内贸易越来越为人们所重视。

5. 发达国家的产业结构中"新兴产业"和"衰退产业"的差异日趋明显，由此带来的产业结构的调整和变革为产业内贸易的发展提供了广阔的前景。

四、产业内贸易理论的主要内容

这里对于产业内贸易又提供一些非常简单的解释。比如，有些国家幅员辽阔，对于一些本身价值低而运费比重大的产品，不必强求在本国生产和非得在本国销售。例如，中国东北边境生产的某产品可以向俄罗斯东部出口销售，而西部边境有需求时俄罗斯相邻地区有供应，那么就宁愿从俄罗斯进口。这种情况在中俄之间就形成了产业内贸易，其动机不是价格差而是节省运费。再比如有些季节性商品，冬夏季需求强度大不一样，而工业制成品是均衡时间分布生产的产品，不可能将生产规模仅满足旺季或淡季，为了生产与销售的均衡，只能利用南北半球季节相反的条件，在本国需求淡季出口一部分产品，到旺季再进口一部分产品，从而形成了产业内贸易。这种贸易动机同样并非因为价格差，而是为了避免用仓储平衡市场供求的成本。但这只能解释一些特殊产品和特殊情况下的贸易，并没解释大量存在的普通产品的产业内贸易。

（一）产品的同质性和异质性

产业内贸易理论认为同一产业部门的产品可以区分为同质产品和异质产品两种类型。同质产品也称相同产品，是指那些价格、品质、效用都相同的产品，产品之间可以完全相互替代，即商品需求的交叉弹性极高，消费者对这类产品的消费偏好完全一样。这类产品在一般情况下属于产业间贸易的对象，但由于市场区位不同，市场时间不同等原因，也在相同产业中进行贸易。

异质产品也称差异产品，是指企业生产的产品具有区别于其他同类产品的主观上或客观上的特点，该种产品间不能完全替代（尚可替代），要素投入具有相似性，大多数产业内贸易的产品都属于这类产品。

（二）同质产品的产业内贸易

同质产品的产业内贸易有以下几种形式：

1. 国家间大宗产品的交叉型产业内贸易，如水泥、木材、玻璃和石油的贸易。如果产品的运输成本太高，那么使用国便会从距离使用者最近的国外生产地购入，而不会在国内远距离地运输。例如，俄罗斯西伯利亚地区如果需要大量钢材或者建筑材料，从中国东北地区进口就比从处于欧洲区域的俄罗斯其他地区购买更为经济。

2. 经济合作或因经济技术因素而产生的产业内贸易。例如，中国吸引外国银行在华投资，却又在世界其他国家投资建立分行。

3. 大量的转口贸易。在转口贸易中，进出口的是完全同质的产品。这些同质产品将同时反映在转口国的进口项目与出口项目中，形成统计上的产业内贸易，这是一种特殊的产业内贸易。

4. 政府干预产生的价格扭曲。尤其是相互倾销，会使一国在进口的同时，为了占领其他国家的市场而出口同质产品，从而形成产业内贸易。另外在存在出口退税、进口优惠时，国内企业为了与进口产品竞争，就不得不出口以得到退税，再进口以享受进口优惠，造成了产业内贸易。

5. 季节性产品贸易。为了调剂市场而在不同时间进出口产品，如欧洲一些国家之间为了"削峰填谷"而形成的电力进出口。

6. 跨国公司的内部贸易也会形成产业内贸易。因为同种商品的成品、中间产品和零部件大都归入同组产品，因而形成产业内贸易。

（三）异质产品的产业内贸易

异质产品的产业内贸易主要有三种情况：

1. 使用价值完全一样，但生产投入极不相同的异质产品，这类异质产品的产业内贸易可以用要素禀赋论来解释。

2. 在生产投入方面极为相似，但使用价值极不相同的异质产品，这类异质产品的产业内贸易可以用要素禀赋论和产业内贸易理论相结合来解释。

3. 产品的使用价值几乎完全一样、生产投入又极为相似的异质产品贸易只能用产业内贸易理论来解释。

（四）产业内贸易的成因

1. 产品的异质性是产业内贸易的基础。作为产业内贸易主要对象的异质产品，主要有水平异质性、垂直异质性和技术异质性三种情形。产品的异质性满足了不同消费者的特殊偏好，并且成为产业内贸易存在与发展的客观条件。有的学者甚至认为，并不一定要有规模效益，只要产品存在着多样性，就足以引起产业内贸易。例如，美国和日本都生产小轿车，但日本轿车以轻巧、节能、价廉、质优为特色，而美国轿车则以豪华、耐用为特色。这样就引起双方对对方产品的需求，这种相互需求导致了国际贸易的发生。

2. 消费者的偏好。消费者的偏好是多种多样的，并且受到其收入水平的制约。消费者偏好的差别若从需求方面分析，同样可以分为垂直差别与水平差别。前者指消费者对同类产品中不同质量、等级的选择；后者指对同一质量等级的同类产品在其尺寸、款式、品种等方面的不同选择。因此，可选择的产品品种、规模、款式、等级越多，消费者需求的满足程度越高；消费者偏好的差异性越大，产业内贸易的可能性也越大。

3. 两国需求的重叠程度及经济发展水平。发达国家中有相当数量的中、低等收入者，与不发达国家高收入者的需求相互重叠。这种重叠需求使得两国之间具有差别的产品的相互出口成为可能。但究竟有多大可能性，还取决于其经济发展水平。经济发展水平是产业内贸易的重要制约因素。经济发展水平越高，产业内部分工就越精细，异质产品的生产规模也就越大，从而形成异质产品的供给市场；经济发展水平越高，人均国民收入就越高，国民购买能力也就越强。在国民购买能力达到较高水平时，消费需求便呈现出对异质产品的强烈需求，从而形成异质产品的消费市场。在两国之间收入水平趋于相等的过程中，两个国家之间的需求结构也趋于接近，最终导致产业内贸易的发生。

4. 追求规模经济效益的动机。同类产品因产品差别与消费者偏好的差异而相互出口，可以扩大生产规模进而扩大市场。这样，就使研制新产品的费用和设备投资分摊在更多的产品上，可以节约研发费用，进而降低单位产品成本。产业内贸易是以产业内的国际分工为前提的。产业内的国际专业化分工越精细、越多样化，不同国家的生产厂家就越有条件减少产品品种和产品规格型号，在生产上就越专业化。这种生产上的专业化不仅有助于企业采用更好的生产设备，提高生产效率，降低成本，而且有助于降低生产企业之间的市场竞争程度，有利于厂商扩大生产规模和市场规模，从而充分体现企业生产的内在规模经济效应。因为生产和市场的细分化虽然减少了国内消费者数量，但企业可以面对同类型的更大规模的国际消费者群体进行生产和销售，使从事国际生产和国际贸易的微观企业具有经济上的合理性和可行性。

以上四个方面的内容，被西方学者看做是产业内贸易发生与发展的主要原因。这些因素完全不依存于资源禀赋或劳动力成本的差异。迄今为止，仍有不少西方学者在推崇产业内贸易理论的同时，又力图让这种理论回归于传统理论，特别是赫克歇尔-俄林的资源禀赋论与李嘉图的比较成本论。例如，有的学者认为，如果资源改变禀赋论的假定，把过去的规模效益不变、市场是完全竞争的、产品无差异性的假设，改变为现在的规模效益不断提高、市场是不完全竞争的、产品之间存在差异性的假定，则可提高资源禀赋论的变通性，原则上是可以解释产业内贸易的存在。

除了上述四种主要观点外，有些西方经济学家还认为，关税同盟也是产业内贸易的重要影响因素。不过，关税同盟内的产业内贸易还和同盟内的贸易创造与贸易转移密切相关。如果贸易创造占主导地位，则产业内贸易比重居高；如果贸易转移占主导地位，则产业内贸易比重低。此外，不少经济学家还论及了贸易限制与产业内贸易的关系。他们认为，贸易限制同样会制约产业内贸易。某些情况下，产业内贸易所遇到的贸易限制的阻力要高于产业间贸易。发达国家之间的产业内贸易和这些国家之间较少的贸易壁垒密切相关，而发展中国家之间产业内贸易比重较低和这些国家之间存在的严重贸易壁垒存在联系。

（五）产业内贸易的影响因素

产业内贸易理论除了在理论上解释和说明了贸易的一般基础和原因外，还具体地研究了各不同类型国家之间以及不同产业之间的产业内贸易的原因。

1. 不同国家之间产业内贸易的制约因素：第一，异质产品的生产能力。异质产品生产能力越强，两国产业内贸易比重越高。第二，消费水平的层次和差距。消费水平越高，消费需求的差异性越大，异质产品需求就越旺盛。同时，各国之间的消费水平的差距越小，相互需求异质产品的强度就越大，两国产业内贸易比重就越高。第三，影响国际贸易的其他因素。产业内贸易是国际贸易的重要组成部分，因此，凡是影响国际贸易发展的其他因素都在不同程度上制约产业内贸易的发展。比如，两国间贸易限制越少，产业内贸易比重越高；两国间经济距离越短，运输成本越低，产业内贸易比重越高。

2. 不同产业之间产业内贸易的制约因素：第一，产品的差异程度。产业内产品的差异程度越大，差异性所刺激的消费需求越旺盛，需求的价格弹性和交叉弹性也较低，产业内贸易比重就越高。第二，技术和工艺水平的高低及其差异性。工艺技术水平越高，而且所使用的工艺技术差异越大，生产异质产品的能力就越强，产业内贸易比重就越高。第三，依赖规模经济发展的产业，其产业内贸易比重比其他产业高。第四，需求弹性较高的产品组的产业内贸易比重比其他产业高。第五，最终产品和零部件生产的场所相距远的产业，其产业内贸易比重较其他产业高。

五、产业内贸易理论评述

（一）产业内贸易理论的积极意义

产业内贸易理论是对传统贸易理论的批判，其假定更符合实际。如果产业内贸易的利益能够长期存在，说明自由竞争的市场是不存在的。因为其他厂商自由进入这一具有利益的行业将受到限制，因而不属于完全竞争的市场，而是属于不完全竞争的市场。另外，该理论不仅从供给方面进行了论述，而且从需求方面分析和论证了部分国际贸易现象产生的原因以及贸易格局的变化，说明了需求因素和供给因素一样是制约国际贸易的重要因素，这实际上是将李嘉图理论中贸易利益等于国家利益的隐含假设转化为供给者与需求者均可受益的假设。这一理论还认为，规模经济是当代经济重要的内容，它是各国都在追求的利益，而且将规模经济的利益作为产业内贸易利益的来源，这样的分析较为符合实际。此外，这一理论还论证了国际贸易的心理收益，即不同需求偏好的满足，同时又提出了产业间贸易与产业内贸易的概念，揭示了产业的国际分工和产业间国际分工的问题。

（二）产业内贸易理论的不足之处

同其他理论一样，产业内贸易理论也有不足之处，它只能说明现实中的部分贸易现象。其不合理的地方有如下几点：

1. 虽然在政策建议上，该理论赞同动态化，但它使用的仍然是静态分析的方法，这一点与传统贸易理论是一样的。它虽然看到了需求差别和需求的多样化对国际贸易的静态影响，但是，它没有能够看到需求偏好以及产品差别是随着经济发展、收入增长、价格变动而不断发生变化的。

2. 似乎只能解释现实中的部分贸易现象而不能解释全部的贸易现象。这是贸易理论的通病。

3. 对产业内贸易发生的原因还应该从其他的角度予以说明。产业内贸易理论强调规模经济利益和产品差别以及需求偏好的多样化对于国际贸易的影响无疑是正确的。但是，有些产品的生产和销售不存在规模收益递增的规律，对于这些产业的国际贸易问题，产业内贸易理论显然无法解释。

总的看来，产业内贸易理论的建立和发展，反映了第二次世界大战后国际贸易与国际分工发展的实际情况，开辟了国际贸易理论研究的新领域，提出了加强世界市场竞争的一个新思路。尽管这一理论还不够完善，还有许多悬而未决、值得深入探讨的问题，如劳务的产业内贸易、各国厂商对产业内贸易的作用、贸易国产品的差异程度以及在产业内贸易中具有重要意义的实际保护等。对这些问题虽然进行了初步探讨，但是仍有待深入。许多学者还设计了不少产业内贸易的数理模型，这些模型也有待完善。尽管如此，产业内贸易理论对于我国适应国际市场新变化，制定正确的对外经济贸易发展战略，仍具有不可忽视的借鉴作用：

1. 要重视产品的差异性。西方市场分析理论认为，差异性是垄断竞争市场条件形成的重要方面，有差异就可能形成垄断。及时制造出适合消费者需求偏好的差异性产品，就能在激烈的国际市场竞争中居于有利地位。为此，应充分利用和掌握产品和技术生命周期，适时投入新产品或在产品的某一方面（如质量等级、规模、品种、包装、款式、服务等）创造差异性。我们要把提高产品质量作为当前和今后对外贸易工作的中心，把产品的水平差别作为产品质量的一个重要组成部分。

2. 适应产品差别和消费者偏好差别，实施正确的国际市场战略与策略。要深入进行国际市场调查研究，对目标市场进行细分，根据不同国家、地区、收入水平、消费习惯、年龄、性别、民族风俗等，将消费者细分为不同的群体，选定目标市场，生产和出口适合该目标市场及消费者偏好的差异性产品。既要重视大宗产品的出口，实行无差异性营销策略；又要根据不同国度、不同消费者的需求，生产多种规模、款式、性能的差异性产品，实行差异性营销策略。

3. 技术、产品生命周期及外来加工都可以导致产业内贸易。从我国现有技术水平和生产工艺水平的实际情况出发，我们要选择适当的、具有相对优势的产品出口，扩大机电产品在出口产品中的比重，或者在发展"三来加工"中，选择适当的产品或某一产品的某一部分制造工序，扩大以产品为载体的劳务输出，逐步提高出口产品档次，提高我国产品在国际市场中的竞争能力。

六、产业内贸易程度的测量

许多西方经济学家对产业内贸易现象做过统计分析，但从目前来看，克鲁贝尔设计的产业内贸易指数（Intra-Industry Trade Index）最为常用。其计算公式为：

$$A_i = |X_i - M_i| / (X_i + M_i) \tag{3.1}$$

$$B_i = [(X_i + M_i) - |X_i - M_i|] / (X_i + M_i) \tag{3.2}$$

$$= 1 - A_i$$

式中：X_i 和 M_i 分别表示同一行业的出口值和进口值（$i = 1, 2, 3, \cdots, n$），n 是在一定的工业分类标准下的产业或行业数，A_i 表示产业间贸易，B_i 表示产业内贸易。

公式 3.1 的基本含义是，对某种产品而言，产业间贸易的规模越大，该产品的出口额与进口额的差额就越大，进而其占该产品进出口总额的比重越大，因而其数值就越大。

在公式 3.2 中，若 $B_i = 1$，说明某种产业产品的进口和出口的流量相等，贸易是完全的产业内贸易。当 $X_i = 0$、$M_i \neq 0$，或者 $X_i \neq 0$、$M_i = 0$ 时，$B_i = 0$，说明该贸易完全是产业间贸易。

由此可以看出，产业间贸易指数和产业内贸易指数都是在 0 和 1 之间的。

同时，我们可以利用公式 3.2 计算一国产业内贸易的平均比重。其公式扩展为：

$$B = \frac{\sum_{i=1}^{n} \left[(X_i + M_i) - |X_i - M_i| \right]}{\sum_{i=1}^{n} (X_i + M_i)} \tag{3.3}$$

该公式表明，一国对外贸易中，产业内贸易占全部对外贸易的比重是各行业或各分类产品产业内贸易比重的平均数。

在衡量产业内贸易时，还有其他一些可供选择的方法。荷兰经济学家佛德恩（1960 年）提出，用同一产业内的出口值与进口值的比值来表示产业内贸易的程度。用公式表示为：

$$U_i = X_i / M_i$$

很显然，产业内贸易指数是从一个产业部门的角度来研究产业内贸易程度的，所以，产业内贸易指数的大小受到三个主要因素的影响。一是与某种产业部门的产品特性有关，因为有些产业部门的产品生产和消费具有明显的地域性，难以发生大规模的产业内贸易；二是与该产业部门的成熟程度有关，因为高度发达的产业部门容易发生产业内贸易，不发达工业部门难以发生产业内贸易；三是与该产业部门的划分有关，如果产业部门的划分较细，产业内贸易的指数就比较小；如果产业部门的划分很粗略，产业内贸易指数就比较大。

随着世界经济的发展，产业内贸易进一步深化，零部件贸易日益活跃，产业内贸易进一步细化为产品内贸易。

第四节　非贸易品、运输成本、环境标准和国际贸易

一、非贸易品

（一）贸易品与非贸易品

所谓贸易品是指能够进入国际市场进行贸易的产品；而所谓非贸易品是指不能够进入国际市场进行贸易的产品。对于非贸易品，即使两国贸易前就存在差价也不会发生国际交易，原因在于其差价小于运输成本，从而使交易得不偿失。

（二）非贸易品存在的主要原因

事实上，许多可以贸易的产品由于多种原因而变得不能进行贸易。其原因包括：

1. 运输成本的发生提高了贸易产品的成本，从而使产品的贸易变得困难，一些可贸易产品变为非贸易产品。

2. 由于产品特性决定了产品只能在国内市场上生产和销售。例如，国内建筑服务、某些极易腐烂和变质的食品以及修理等活动，由于这些产品和服务不易运输或根本不可能运输，所以这些产品和服务活动很难跨越国界。

3. 货物或服务不能进行贸易是因为政府政策的限制。政府出于保护国家利益的目的，对有些产品禁止出口或进口。这种由人为因素造成的贸易障碍会提高产品的成本。

4. 有些货物尽管在国内市场上可以进行交易，但由于某种原因，它们在国际市场上并没有一席之地。这可能源于成本或质量的原因，或由于各国间对产品的不同偏好以及在文化习俗和社会传统上存在差异等。

在某些情况下，非贸易品存在与其相似的可贸易替代品。由于存在替代品，一些原本可贸易的产品或服务也变成了非贸易品。例如，国内木柴所产生的热能可以改由煤油或天然气所产生的热能来代替。当市场能提供大量的煤油或天然气时，由木柴提供热能的方式自然会被淘汰，从而使木柴变成非贸易品。在这种情况下，可贸易的对等商品（如煤油或天然气）便可以用来作为非贸易商品（木柴）的参考价格。然而，在大多数情况下，非贸易品不能为可替代的贸易品提供价格参考。

非贸易品的存在使得对贸易的分析变得复杂。原因是非贸易品的价格由国内的供给和需求决定，当商品价格由国内供求状况决定时，市场范围的狭小和竞争的不充分往往导致非贸易品的国际价格差别很明显。但是，这种国际价格差异小于非贸

易品的运输成本。相反贸易品的价格是由世界市场供求状况来确定的。这种市场范围的扩大带来了更大程度上的竞争，使贸易品的国际价格差别大大缩小，但贸易品的国际价格差别大于其运输成本。简言之，对一国经济而言，贸易品的价格是外在地决定的，而非贸易品的价格是内在地决定的。当然，这并不是说非贸易品的价格就完全独立于贸易品的世界价格或贸易流量了。只要至少有一种生产要素是贸易品和非贸易品两个部门都使用的，那么该生产要素的市场就会把贸易品部门与非贸易品部门联系起来。

二、非贸易品、运输成本与国际贸易

在先前的讨论中，我们一直假定相互进行贸易的两个国家之间不存在商品运输成本。这个假定显然是违背现实的。在实际经济活动中，运输成本是肯定会发生的，并且由于运输费用的存在，产品的国际价格必然会受到影响，从而直接影响产品的进出口贸易。因此，应将运输费用考虑进来，研究运输费用对国际贸易的影响。

（一）运输成本与非贸易品

将产品从出口国运送到进口国，必然产生许多费用，这些费用统称为贸易成本，也称转移成本。贸易成本大致包括两大类：一类是运输成本，包括包装、输送、装卸产品的费用支出，这类成本既存在于国际贸易中，也存在于国内贸易中；另一类是管理成本，包括关税以及由某些非关税措施而产生的费用支出，这类成本源于各国政府管理对外贸易，因此只存在于国际贸易中。

广义的运输成本是指发生在贸易品上的运输成本，包括运输费、装卸费、保险费、货物在途中的利息负担和企业经营费用及其他相关费用。我们把某产品从一国运到另一国所发生的所有费用都归纳为运输成本。

运输成本与非贸易品有着极其紧密的联系。一方面，运输成本是非贸易品存在的重要原因。如果一种同质产品要进入国际市场，那么只有当两国贸易发生之前的产品价格差大于把该产品从一国运输到另一国的运输成本时，该种商品才可能进行贸易。如果这种价格差小于运输成本，那它就不可能变成贸易品，而只能是非贸易品，因为如果这种产品发生国际交换中的话，只会使产品出口企业亏损，出口国福利减少，使贸易变得毫无意义。

另一方面，如果运输成本下降，便可使非贸易品转变为贸易品。现代科技发展所带来的交通运输工具的革命性变化往往导致贸易运输成本的大幅度下降，使得许多非贸易品转变为贸易品，从而推动国际贸易和国际分工的深入发展。例如，冷冻车、冷冻集装箱、冷冻运输船的大量使用，使许多鲜活的水果、蔬菜、鲜花、水产品、海产品等非贸易品变成了贸易品。所以，非贸易品与贸易品的转化取决于运输成本的下降程度。

（二）运输成本与国际贸易

引入运输成本因素后，国际贸易会有哪些不同于传统贸易理论所描述的内容呢？我们用局部均衡分析法来分析运输成本对国际贸易的影响。假设两国都有产品 X，并假设 A、B 两国之间除某产品 X 的生产消费、贸易量之外的货币汇率、收入水平以及其他情况不变。货币汇率不变意味着产品的价格及运输成本用绝对价格即货币来衡量。

在图 3-14 中，纵轴为 X 产品在 A 国与 B 国的共同价格。横轴原点左边沿箭头方向（向左）表示 X 产品在 A 国的数量增加；横轴原点右边沿箭头方向（向右）表示 X 产品在 B 国的数量增加。图 3-14 中的 S_X 和 D_X 分别为 A、B 两国 X 产品的供给曲线和需求曲线。该图的左边为 A 国的供需状况，其国内均衡价格 P_X 为 5 美元；该图的右边为 B 国的供需状况，其国内均衡价格 P_X 为 11 美元，A 国出口，B国进口。若运输成本为零，双方在 P_X 为 8 美元时实现贸易均衡，贸易量比较大。若单位运输成本等于 2 美元，且各国分摊 1 美元（运输成本的分摊比例取决于供给和需求的价格弹性，即两国供给曲线和需求曲线的斜率），则 A 国出口价格为 7 美元，B 国的进口价格为 9 美元，贸易量下降。从图 3-14 中可以看出，因为运输成本的存在，两国 X 的总产量也减少了。因此，运输成本造成专业化生产水平下降，经济福利减少。若当 B 国生产并出口 Y 产品时，情况也是如此。因此，技术进步导致的运输成本下降，对贸易和经济福利的积极作用十分重要。

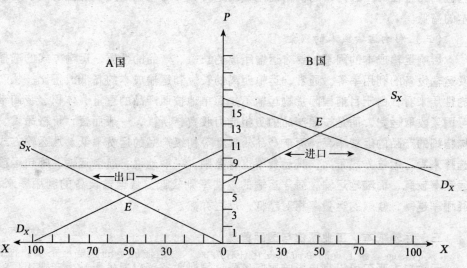

考虑每单位 2 美元的运输成本后，若两国各分摊 1 美元，则 A 国出口价格为 7 美元，B国进口价格为 9 美元，贸易量下降，总产量 X 也减少了。运输成本使专业化生产水平下降，经济福利减少。

图 3-14

运输成本不仅使得 X 商品在两国的进出口价格不均等，而且使得 H-O 定理扭曲，还使 H-O-S 定理扭曲。

上述分析表明，运输成本使国际贸易产生了以下几方面的变化：

1. 产品性质影响运输成本的大小和贸易模式。服务贸易问题是许多国际经济学家关心的重要问题，服务贸易的直接运输成本是极其昂贵的。例如，一个中国人不可能因为巴黎的电信费用低而从北京跑到巴黎打电话。所以，服务价格的国际差别非常巨大，服务行业的人工收入差别也很大，相对于有形的产品贸易，服务贸易很难出现价格均等化趋势。

2. 运输成本的存在使完全的国际分工难以实现。这是因为，运输成本的存在提高了出口产品的成本和进口国市场的销售价格，因而事实上是为进口国的同种产品和进口竞争产品提供了天然保护。

3. 运输成本的存在缩小了国际贸易的规模。运输成本的存在一方面减少了出口国的产品出口数量，另一方面增加了进口国国内产品的供给数量。

4. 运输成本的存在减少了国际贸易的利益。按照比较成本理论，只要两国各自都拥有比较优势，那么通过分工和贸易，两国就必然获得利益。这种说法实际上夸大了国际贸易利益。因为一国的贸易利益实际上是国际市场价格（或贸易对象国国内市场价格）减去出口国国内市场价格的余额再扣除运输成本后的所得。因此，只有当运输成本小于贸易开始前的两国国内市场价格的差额时，贸易才能形成利益，而且在两国国内市场价格的差额既定时，贸易利益的大小直接取决于运输成本的高低。

（三）影响运输成本的因素

影响运输成本的因素主要有运输距离的长短、产品的性质、运输方式的选择以及运输设备的利用率等。通常，运输距离的长短和运输成本的高低成正比。从产品的性质来看，由于目前国际货物运输不是简单地按照产品的重量、体积、装卸难易等因素收取运费，而是按照产品的负担能力收费，所以，一般而言，价格昂贵、结构精细的产品的运费率高，而矿产品、粮食等初级产品的运费率低。从运输方式的选择来看，运输方式不同，其运费率也有差别。一般地说，航空运输、邮包运输的运费率较高，而陆地运输、海洋运输的运费率则较低。从运输设备的利用率来看，利用率越高，收取的运费率相对越低；反之亦然。

三、运输成本、工业区位与国际贸易

运输成本不仅可以直接影响国际贸易，同时它还可以通过影响生产或工厂的选址来间接影响国际贸易和分工格局。工业布局或厂址选择必须充分考虑运输成本，以争取使包括运输成本在内的单位成本最低，从而获取更多的国际贸易利益。

传统理论假设不存在运输成本，所以就不存在因地域不同而对生产要素自由流动所构成的阻碍，而现实经济并非如此，比如说，很难将一个国家的油矿搬到另外一个国家，而人员的流动甚至也受到区位的影响。正因为存在着这种自然资源分布的不平衡、市场资源的不平衡，产生了区位理论，即研究工业定位和厂址选择的理论。

瑞典经济学家俄林对运输成本通过影响工业区位或工业布局而影响国际贸易的关系问题早有研究。俄林认为，如同一般区位理论重视各种产品和各种生产要素在不同市场间移动的所有障碍一样，国际贸易理论对此也同等的重视，产品的国际贸易也存在着各种障碍，必须对此进行研究。在研究区位问题时，不能离开运输费用的分析。俄林吸收了区位理论的这一研究特点，在国际贸易和地域交易理论中把运输费用作为一个重要因素来考虑。他认为地域间的产品价格与移动费的差异有关，当地域间的移动费超过产品生产费用的差异时，产品也就不能加入地域间的交易。移动费不只是包括关税，更重要的是表现为运输费。因此，在其著作《域际贸易和国际贸易》中，他专门利用一个章节来研究地区间的运输费问题，另有三章重点研究布局问题。在俄林看来，工业布局的主要制约因素有：自然资源与市场间的距离、原料和成本的可运性、运输能力和运输设备的可运性、利率差别、以往的决策、非经济因素等。

美国斯坦福大学教授克鲁格曼关于区位理论和贸易理论的研究也非常引人注目，他认为，为了使运输成本最小化，人们倾向于将区位选择在市场需求大的地方，但大的市场需求又取决于所有其他企业的区位选择。以制造业为例：一方面，只有制造业集中的区位才有较大的当地市场需求，这就产生一种向心力驱使新企业加盟；另一方面，只有在较大市场需求的区位才有更大规模的制造业部门，有较大制造业部门的区位有较低的制造品价格指数，从而有能力支付工人较高的实际工资，这就产生了对劳动力的吸引。

运输费以及工业区位的考虑为国际贸易的发展提供了新的研究方向。例如，某种产品 f 是在 A 地区为区内市场生产，或是产品 f 需要输入，这不仅取决于用原料 r 制成 f 的成本，也取决于转运 f 的费用以及从 r 的生产地 B 地区转运 r 的费用之间的关系。如果转运 r 费用高于转运 f 费用，那么在 r 的产区 B 生产 f 就比在 A 生产便宜。尽管如此，如果还是在 A 地区生产 f，那就是因为这里的生产成本比在 B 地区低得多，可以抵消较高的转运费用；相反，如果转运成品 f 比 r 困难，为 A 地区消费而生产，就应在 A 地区设厂，除非还有超过补偿不利条件的费用高于这个地区的生产成本。

在这种情况下，我们需要考虑应将那些需要大量原材料投入的产品生产安排在哪个国家，是应该在原材料产地（出口国）还是应该在市场附近（进口消费国）？如果生产配置到原材料产地，我们就会看到更多的制成品国际贸易；如果生产配置到市场附近，我们就会看到更多的原材料国际贸易。

区位理论的目标是：通过选择最优的生产配置方案，最大限度地减少全部运输成本，将产品与市场最有效地联系在一起。区位理论不考虑资本、劳动力以及其他非物质资源的投入成本。

一般来说，生产区位理论按照选择最经济、最充分发挥要素的优势，同时兼顾成本原则来选择工业区位。根据运输成本对工业布局的具体影响，人们把工业区分为三种类型：资源定位型、市场定位型和自由定位型。

资源定位型工业（Resource-Oriented Industries）是指那些在生产过程中以使用沉重而低价的原材料和燃料为主而其中又只有较少的一部分组成最终产品的工业。从运输成本的角度来看，运送这些原材料和燃料的运输费用往往超过运送其最终产品的运输费用，因此，这类工业区位应该靠近其生产所需原材料和燃料的产地。

市场定位型工业（Market-Oriented Industries）是指那些在生产过程中产品增加了体积和重量的工业。从运输成本的角度看，由于这些产业的制成品变得更重，或在生产过程中由于体积很大，进行运输十分困难，导致运送最终产品的运输费用相当高，因此，这类工业区位应该靠近销售市场或消费市场。

自由定位型工业（Footloose Industries）是指那些在生产过程中既没有大量使用沉重而低价的原材料和燃料，也没有增加产品体积和重量的工业。这些产业一般都有较高的价值重量比率，并且流动性较强。也就是说，对于这类工业定位来说，运输成本不会由于区位选择的差别而有所不同。因此，自由定位型工业的区位一般位于能使其总制造成本最小化的所在地。例如，纺织服装工业、电子元件工业基本上属于典型的自由定位型工业。

无论是资源定位型工业还是市场定位型工业，它们都是把降低生产过程的投入品或产出品的运输成本看成是区位选择的重要制约因素，因此，工业区位选择不过是降低运输成本的具体方式之一。在国际贸易关系中，工业区位选择正确，运输成本降到最低，本国处于相对优势的产业就能够最大限度地获取比较利益；反之，则削弱了本国比较优势，从而使本国的产业处于相对不太有利的地位。从这个意义上说，工业区位对国际贸易的影响实际上就是运输成本对国际贸易的影响。

上面我们分析了运输成本、工业区位对国际贸易的影响，事实上，国际贸易对运输成本、工业区位也有反作用。也就是说，运输成本、工业区位与国际贸易之间是相互作用的关系。

国际贸易对运输成本的影响表现在，国际贸易规模大、联系紧密、历史悠久而相对更规范的地区运输成本相对比较低，反之则比较高。因为在这些地区，运输比较容易形成规模效益，运输设备效率较高，以折旧形式表示的运输投入的固定成本比较低，加上丰富的操作经验和管理经验以及公平竞争的环境，运输成本相对要比其他地区低。因此，国际贸易对工业区位的影响表现在，国际贸易发展程度较高的地区，工业部门更加集中，而且国际贸易的产品内容往往会吸引更多相关工业企业的集中，如市场定位型工业就属于这种情况。

四、环境标准与国际贸易

（一）环境与贸易

环境保护与国际贸易是一对既相互联系又相互矛盾的统一体。贸易发展为环境保护提供了经济基础，加强环境保护给许多产品尤其是有利于环境的产品创造了巨大的贸易机会。但在一定条件下，国际贸易与环境保护也是矛盾的。一方面，环境保护对贸易发展提出了新的要求，环境法规限制，甚至禁止了许多产品的国际贸易；另一方面，如果不以可持续发展为基础，盲目增长的对外经济贸易也会对生态环境产生很大的消极影响。若两者完全考虑各自的发展目标，也可能出现完全对立的局面。

经济合作与发展组织的研究认为，贸易对环境的影响主要有四个方面：同产品和服务的交换有关的产品效应；同市场和经济活动扩张有关的规模效应；同生产和消费活动的分布和强度有关的结构效应；同贸易政策和环境政策有关的法规效应。

根据国际研究，出口增长对环境所产生的效果有三种：

1. 规模效果。出口增长越多，使用自然资源越多，在其他因素不变的条件下，排污量越大。所以规模效果对环境产生负作用。

2. 结构效果。为了促进出口增长，一国必须充分利用国际比较利益来安排其出口产品结构，所以出口发展一般是促进出口结构的变化。在劳动力充裕的国家，逐渐由资源密集型走上劳动密集型产品出口。由于后者污染密度比前者低，出口产品结构逐渐"净化"。因此结构效果一般来说对环境产生正作用。

3. 技术效果。出口使国内工业有机会接触到国际上最先进的排污控制技术，而且使国内有能力用外汇来引进这些技术。再加上出口增加通过国民收入的提高将引起一般市民对环境保护认识的加强，结果政府不得不加强对环境的管理，工业污染密度将下降。所以，出口所引起的技术效果对环境产生正作用。

（二）国际贸易理论与环境保护

1. 比较优势论。与贸易和环境较为直接相关的是比较优势论。该理论的中心思想是：在资本与劳动在国内可以自由流动而在国际上不能自由流动的前提下，通过经济贸易，发挥各自的比较优势，可以达到两害相权取其轻、两利相权取其重，从而对各方都有利。一般认为该理论的缺陷是仅考虑了各方的静态利益而忽视了动态利益，我们则认为仅考虑狭义的经济利益而忽视广义的社会效益特别是生态环境效益也是该理论的重大缺陷。这一理论可以为发达国家向发展中国家通过贸易渠道输出危险废物和通过投资渠道输出污染密集产业提供理论依据。外在性会改变自由贸易与投资的福利效应，如果比较利益在宽松的环保要求下获得，那么，贸易将给生态环境带来很大的负面效应，即如果一味追求比较经济利益，结果很可能是付出惨重的生态环境代价，这些代价经常是经济利益远远不能弥补的，而且可能给人类带来可怕的灾难。另外一国发展一些有比较优势的产品的贸易也可能给别国造成环境方面的极大损害，如跨国河流上游国家大量砍伐森林以出口木材造成土地沙化、水土流失甚至洪水泛滥从而严重损害下游国家的出口型农业。因此，单纯追求狭义的比较利益不但可能损害本国的环境效益，而且会损害别国的环境效益，从而影响国际贸易的基础。

2. 贸易贫困化增长理论。美国经济学家巴格瓦蒂 (J. N. Bhagwati) 指出，一国出口部门生产的扩大以及出口的增加，在一定限度内可以提高该国的出口收入（比较利益），但出口量超过一定限度后，在一定条件下，贸易条件开始恶化。出口不断增加导致贸易条件不断恶化，当贸易条件恶化到一定程度时，出口量的增加不但会减少而且会抵消增长所带来的利益，甚至绝对地降低该国出口的实际收入，使其实际收入低于增长以前的水平，即出现贫困化增长。这一理论所分析的贫困化增长损失主要局限于直接的微观经济损失，实际上，也应考虑盲目出口造成的生态环境损失。即使从出口的经济利益上看是合算的，但盲目生产一些出口产品使得生态平衡遭到破坏，环境严重污染，结果生态环境损失大大超过经济利益，这种增长也应算做贫困化增长。

（三）环境标准与国际贸易

国际贸易常会受到不同国家不同环境标准 (Environmental Standards) 的影响。环境标准是指各国政府所能允许的，对该国的空气、水域、土壤等环境对象排污的最高水平以及垃圾堆积而引起的污染最高程度。当环境被当做生产和消费中废物的便宜和方便的堆积和倾泻处时，一国的环境条件就会恶化。环境污染是指由生产、消费及其他人类行为以最低成本放置废弃物造成的一国环境质量下降的过程。不同国家的环境标准不一样，一般而言，发达国家的环境标准比发展中国家的环境标准更严格。但不管是发展中国家还是发达国家，环境标准越来越严格的趋势是一致的。

实际上，环境标准要求的提高与国家的经济发展水平是相互适应的。随着各国经济的发展，公众需要一个清洁的生产和生活环境，反对环境污染的呼声会越来越高。严厉的反污染法规可能会限制经济的发展，因此，环境标准在经济发展的早期阶段是不适用的。同样地，世界统一的环境保护标准也是不适用的。因为各国有各自不同的社会经济发展优先次序选择的权利和环境目标，强制推行世界统一的环保标准是不现实的。当一个国家经济发展程度提高和收入水平提高时，它们会采用一些对环境更为有益的经济发展方式，并开始关心可持续发展问题。这样一来，它们就会在不损害后代利益的前提下达到其理想的社会经济目标。现代国际社会对于环境保护的重视程度越来越高，所以，国际社会也签订了越来越多的国际公约或条约，对于有害物质的跨国转移和贸易进行了严格的限制。

环境污染会导致严重的贸易问题，因为商品的价格并不能完全反映社会环境成本。环境标准的国际差异，造成不同国家生产产品的环保成本不同，使得标准严格的国家产品的竞争力受到损害，而标准不严格的国家产品的竞争力加强，从而造成比较优势在这两类国家之间转换，改变贸易模式，某种产品的进口国变成出口国，出口国变成进口国。图 3-15 显示了这种变化过程。

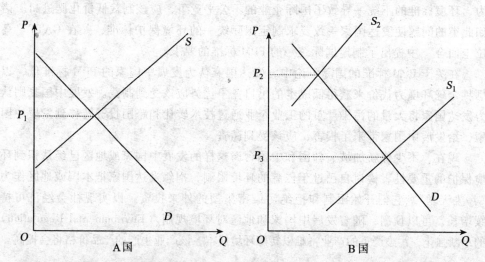

B 国产品由于环境标准的提高增加了成本而失去了比较优势，反而从 A 国进口产品，发生了贸易模式逆转的现象。

图 3-15

图 3-15 中假设只有 A、B 两个国家，左右两图分别是 A 国和 B 国的国内供需情况。右图中的 S_1 是 B 国环境标准低时的供给曲线，S_2 是环境标准提高后的供给曲线。当 B 国环境标准低时，该产品价格低于 A 国，从而出口到 A 国。当环境标准提高后，B 国产品的环保费用增加造成成本增加，供给曲线移到 S_2，价格提高，失去了比较优势，反而从 A 国进口（A 国反倒有了比较优势），发生了贸易模式逆转的现象。

环境标准的国际差异还会影响国际直接投资的流向。环境标准低的发展中国家可能以低环境标准作为资源禀赋和生产要素优势，吸引发达国家污染排放比较严重的企业投资。而发达国家的企业为了保住其产品在国际市场上的份额，也愿意转移到发展中国家去生产，同时发达国家采取保护性的环境政策来抵消发展中国家的这种优势，并将它的环境标准强加给其他国家。

例如，美国劳工组织反对建立北美自由贸易区（NAFTA），因为墨西哥的环境保护法律比较宽松，低环境标准使得在墨西哥生产的产品环保成本低廉，他们担心这将导致造成污染较重的工厂为降低环保成本而迁移到墨西哥，从而造成美国国内就业机会的减少。

20 世纪 90 年代初期，东欧国家的低价格化肥大量涌入德国市场，使德国的化肥生产厂商难以应付进口竞争,要求政府给予调查并制裁。德国政府的研究结论认为,东欧国家的环境标准低,尤其是化工企业的环境污染治理成本低是其化肥价格低的主要原因,而德国的环境标准要求很高,使得德国化肥成本也很高。德国认为,环境标准的不统一导致了国际企业的不公平竞争,应该制裁低价化肥进口。诸如此类的问题使发达国家一致要求制定国际统一的环境保护标准,并在 GATT "乌拉圭回合"中提出了制定国际统一的 PPM 标准的要求。

在关于 PPM 标准的国际争论中,发达国家认为发展中国家的 PPM 标准低,以牺牲全球环境为代价来获得低成本的出口竞争优势应该受到制裁。发展中国家则认为发达国家将大量的污染严重的工业企业通过技术转让和跨国投资转移到发展中国家,给发展中国家带来了损害,应该受到谴责。

现在,不少像新加坡、韩国和中国台湾这样的发展中国家或地区已经认识到环境保护的重要性,检讨自己过于仁慈的环境限制,抱怨发达国家把本国或地区作为"污染天堂"。它们开始限制和拒绝污染密集型的外来投资,以实现社会经济可持续增长。可以预测,随着发展中国家和地区对环境规制(Environmental Regulation)的不断强化,污染严重的产业将难以转嫁环境成本,该产业生产的产品价格将会提高。

☞ 习题

1. 试评述内在规模经济与国际贸易的关系。

2. 试评述外在规模经济与国际贸易的关系,并分静态和动态分别进行分析。

3. 简述不完全竞争市场条件下的国际贸易中的企业行为及利益分配。

4. 试分析不完全竞争对国际贸易的影响。

5. 试分析产业内贸易的特点及其形成的原因。

6. 试述产业内贸易理论的主要内容并分析其优缺点。

7. 什么是非贸易品?运输成本与非贸易品有什么联系?运输成本对国际贸易有什么影响?

8. 试论述国际贸易垄断竞争模型对我国经济发展的启示。

☞ 网络链接

1. 想了解美国和世界的最大公司的垄断能力,可以查找有关财富 500 强和全球 500 强企业信息的网站,请登录:http://www.ins.usdoj.gov。

2. 可以登录我们的国际贸易精品网学习更多关于垄断竞争模型的知识,请登录:http://pjkc.znufe.edu.cn/2005/gjmy。

3. 要了解我国各行业最大进出口企业,可以登录:http://gcs.mofcom.gov.cn/aarticle。

第四章　国际贸易理论的当代发展

摘要： 传统的国际贸易理论难以对第二次世界大战后的许多经济现象作出合理解释，一些学者从不同的角度对要素禀赋理论的假设进行了更切合现实的修正，从而产生了基于新要素概念的新贸易理论。由动态分析贸易原因与格局变动产生了技术差距理论与产品生命周期理论；在贸易产品不同质的假定下，质量梯度模型应运而生；波特的竞争优势理论说明了贸易的动态变动；战略性贸易政策则提出要运用政府的干预来实现"利润的转移"。

重点与难点：

1. 新贸易理论的内容与特征
2. 产品生命周期理论
3. 竞争优势理论的内容
4. 战略性贸易政策的内容

第一节　新贸易理论

一、新贸易理论产生的背景

第二次世界大战后，随着经济计量方法等检验手段的发展，西方经济学者纷纷从不同角度验证了李嘉图的比较优势理论和赫克歇尔-俄林的理论。一些著名国际贸易理论家所作的几项有重要影响的验证工作，似乎证实了李嘉图理论，但对于赫克歇尔-俄林学说的验证则出现了困难，不少经验性工作非但没有证明该学说的有关命题，反而得出了完全相反的结论，其中著名的是里昂惕夫的研究。

20世纪50年代初期，美国著名经济学家瓦西里·里昂惕夫（Vassily W. Leontief）运用他首创的投入产出分析法，试图验证H-O理论。他将生产要素分成两种，即资本和劳动力，先后两次分别根据1947年和1951年美国200种出口产品和进口替代产品的统计资料，编制了美国的投入产出表来比较生产每百万美元价值的出口品和进口替代品所需要的资本（K）和劳动（L）的比率K/L。其验证结果见表4-1。

表 4-1　　美国生产 100 万美元价值的出口品和进口替代品所使用的资本和劳动量的比较

	1947 年		1951 年	
	出口品	进口替代品	出口品	进口替代品
资本 K（1947 年价格）	250 780	3 091 339	2 256 800	2 303 400
劳动 L（人年）	182.313	170.004	173.91	167.81
资本/劳动（K/L）（平均每人年的资本量）	13 991	18 184	12 977	13 726

　　根据表 4-1，可以清楚地看出，用平均每人年的资本表示的进口替代品的资本/劳动比率和出口品的资本/劳动比率之比为：

$$1947 \text{ 年}: \frac{(K/L)_{出口}}{(K/L)_{进口}} = \frac{13\ 991}{18\ 184} = 0.77$$

$$1951 \text{ 年}: \frac{(K/L)_{出口}}{(K/L)_{进口}} = \frac{12\ 977}{13\ 726} = 0.945$$

　　计算结果表明，美国出口品的资本与劳动比率低于进口替代品的资本与劳动比率，即美国出口的是劳动密集型产品，进口的是资本密集型产品。而一般认为美国是资本丰裕的国家，根据 H-O 理论，它应该出口资本密集型产品，进口劳动密集型产品。里昂惕夫这一结论，使许多西方经济学家大为震惊，故被称为"里昂惕夫之谜"或"里昂惕夫反论"。此外，H-O 理论还存在着另外一个更重要的问题就是该理论赖以存在的一些假设是不切实际的，使得 H-O 理论在解释当代国际贸易问题时遇到了许多困难。这就促使一部分经济学家（以保罗·克鲁格曼为代表）开始采用新的方法来探讨贸易的成因和结果，研究新的贸易结构与贸易政策，创立了一些新的贸易理论（New Trade Theory）。其中，一些经济学家提出的国际贸易新要素理论，从更宽广的角度进一步解释了"里昂惕夫之谜"，并解释了当代国际贸易格局发生的诸多新变化。

二、新贸易理论的主要特征

　　生产要素是一国进行生产的基本条件。生产要素与国际贸易的产生和国际贸易的格局以及贸易利益等有着密切联系，它的变化对国际贸易产生着重大影响。传统的国际贸易理论在分析国际贸易时局限于土地、劳动力和资本。当然，这三个要素在生产过程中是不可缺少的，但仅局限于这三个要素，则难以对第二次世界大战后的许多经济现象作出解释。如对"里昂惕夫之谜"的几种解释，实际上还是从不同侧面对生产要素禀赋理论一系列假定前提的修正，但是从总体上看，适用于各种特殊场合的种种说法，终不能解释"里昂惕夫之谜"所产生的对生产要素禀赋理论的一些疑问。

国际贸易新要素理论认为应赋予生产要素以新的含义，扩展生产要素的范围。生产要素不仅仅是比较优势理论所说的劳动，也不仅仅是生产要素禀赋理论所说的劳动、资本和土地。其实，技术、人力资本、研究与开发、信息以及管理等，都是生产要素，这些"新"要素对于说明贸易分工基础和贸易格局具有重要作用。

三、新贸易理论的主要内容

（一）人力资本说

为解释"里昂惕夫之谜"，美国经济学家卢卡斯、克拉维斯（Kravis）、基辛（Keesing）、凯南（P. B. Kenen）、德温（Balduin）以及舒尔茨（T. W. Schultz）等经济学家，相继提出并发展了"人力资本说"。他们认为，H-O 理论中所阐述的资本实际上只是指物质资本，而没有考虑到"人力资本"。所谓人力资本（Human Capital），指的是劳动者投入到企业中的知识、技术、创新概念和管理方法等资源的总称。它是资本与劳动力结合而形成的一种新的生产要素。一国通过对劳动力进行投资，如正规的学校教育、卫生保健、在职培训等，可以使劳动者的素质得到极大提高，从而对该国的对外贸易格局产生重大影响。一般来说，资本充裕的国家往往也是人力资本充裕的国家，从而人力资本充裕是这类国家参与国际分工和国际贸易的基础。在贸易结构和流向上，这些国家往往是出口人力资本要素密集型的产品。

电子计算机、飞机等产品，究竟是劳动密集型产品还是资本密集型产品呢？这要看从哪个角度分析。如果把人力资本的投资作为一国的资本存量，即作为产品生产中的资本投入，那么人力资本密集型产品也就是资本密集型产品。美国经济学家鲍德温和凯南持这一观点。他们认为美国参与国际分工的基础依然是资本密集型产品，美国出口部门是资本密集型的。如果把人力资本视为熟练的、有较高技能的劳动力，那么人力资本密集型产品也可视为劳动密集型产品，从而美国参与国际分工的基础就是劳动密集型产业了。这里的关键在于区分技能型的劳动密集型产品和简单劳动密集型产品。"里昂惕夫之谜"的产生，就是因为美国出口产品中含有的大量人力资本投资，都记在劳动力的账上了，而实际上应算做资本的投入。如果要把美国出口产品看做劳动密集型产品，那么也只能理解为"技能劳动密集型产品"，以区别于一般意义上的简单劳动密集型产品。人力资本概念的提出和其意义日益为现实所证实，对传统的国际贸易理论和实践产生了重大而深远的影响。

有史以来，产品要素比例从劳动密集型到资本密集型，再到知识密集型依次变化。新技术革命使知识上升为最重要的战略资源。因此，在生产要素中，作为知识的重要载体的科学家与专业技术人员等高素质的人力资本将占据关键地位。20 世纪 80 年代，卢卡斯根据贝克尔的人力资本内生理论和阿罗的观点，将原来的外生技术进步转变为人力资本。他建立了一个以人力资本为增长发动机的两部门模型，并分析指出，经济不需要依赖外生力量就能实现增长，增长的源泉是人力资本积累，并且一国人力资本存量和生产力对经济增长有重要影响。从长期来看，各国经济增长率的广泛差异是由知识和人力资本存量及积累率水平决定的。发展中国家与发达国家间的知识和人力资本的差距，大大超过了财富的差距。根据卢卡斯模型，发达国家由于人力资本水平高，资本边际效率和简单劳动者的工资都较高，物质资本生产的收益递增使发展中国家的资本和工人流向发达国家。在全球经济相互依赖日益加深的条件下，发展中国家要充分重视人力资本的开发，才能在国际贸易中拥有竞争优势。

经济学家舒尔茨也曾说："空间、能源和耕地并不能决定人类的前途，人类的前途将由人类的才智的进化来决定。"一个国家的强大和经济实力的增长，往往与其人力资本，特别是高素质人力资本在世界上占有极大的优势是分不开的。德国、日本之所以能从第二次世界大战后的废墟上发展成当今世界经济大国，很大程度上取决于人力资本优势。一项研究成果指出：企业职工的科学文化水平的提高是与其经济效益的增长成正比的。其中，一般工人的建议能使产品成本降低5%；经过培训的工人的建议能使产品成本降低10%～15%；而受过良好教育的工人的建议能使产品成本降低30%以上。因此，在未来的社会中，产品的价值将主要取决于其科学技术的含量。作为科学技术的载体，掌握科技文化知识和专业技术的人力资本，将是未来社会中最宝贵的生产要素。

（二）研究与开发说

作为生产过程中的知识、技巧和熟练程度不断积累的技术，不仅能提高土地、劳动和资本要素的生产率，而且可以提高三者作为一个整体的全部要素生产率，从而改变土地、劳动和资本等生产要素在生产中的相对比例关系，从这个意义上说，技术也是一项独立的生产要素。当今世界，技术作为生产要素在经济增长中的作用比资本要素和人力要素更大，世界经济近几十年来的发展充分证明了"科学技术是第一生产力"的科学论断，当代西方发达国家经济增长的90%是通过技术进步取得的，只有10%是通过资本和人力的投入取得的。经济的发展和竞争就是技术的发展和竞争。先进技术成了人类社会的普遍需求，争取技术上的优势成为各国经济竞争的主要方面。尤为突出的是在国际贸易中，技术会对各国生产要素禀赋的比率产生影响，从而影响各国生产的相对优势，对贸易格局的变动产生作用。哪个国家拥有了最先进的高技术产品，那么它就掌握了贸易竞争优势。然而，这种技术优势并不是仅仅通过引进技术或技术产品继承而来的，而是创造出来的。这就需要大量的技术研究与开发（Research and Development，R&D），以获得持续的技术要素优势。一个国家越重视研究与开发的作用，产品的知识与技术密集度就越高，在国际市场竞争中就越有利。在一定的条件下，可以改变一个国家在国际分工中的比较优势，产生出新的贸易比较优势。

目前世界上各国或地区投入的研究与开发经费在不断增加，见表4-2。又根据OECD的统计，1994年欧盟各国研究与开发总投入为1 260亿美元，占其国内生产总值的1.7%，参加研究与开发的科学家和工程师总人数为77.8万人。美国的R&D经费总支出为12 690亿美元，占国内生产总值的2.1%，从事研究与开发的科学家与工程师总人数为96.3万人。日本的研究与开发经费总支出为750亿美元，占国内生产总值的2.8%，从事研究与开发的科学家和工程师总人数为65.9万人。而1994年欧、美、日在国际高技术贸易市场的份额比重分别为16.5%、20.6%和15.0%。可见，R&D与高技术产品竞争力以及一国的国际贸易地位密切相关。美国经济学家格鲁贝尔（Gruber）等根据1962年美国9个产业的有关资料，就研究与开发费用占整个销售额的百分比以及科学家、工程师占整个产业全部就业人员的比重进行排列，结果发现运输、电器、仪器、化学和非电器机构这五大产业中，研究与开发费用占9个产业的78.2%，科学家和工程师占85.3%，销售量占39.1%，而出口量占到了72%。可以说美国的出口产品也是研发密集型产品。

表4-2　　　　　　　　　　　1995—1998年各国或地区R&D经费增长情况

	年平均增长率（%）	R&D/GDP（%）
中国	14.2	0.69（1998）
美国	7.5	2.79（1998）
日本	1.3	2.92（1997）
英国	1.7	1.87（1997）
法国	0.7	2.23（1997）
德国	3.2	2.33（1998）
加拿大	3.7	2.33（1998）
韩国	13.6	1.60（1998）
中国台湾	11.8	1.92（1997）
新加坡	23.8	1.47（1997）
俄罗斯联邦	41.9	0.94（1997）

资料来源：OECD《主要技术科技指针》1997（1）和中国台北《科学技术统计要览》1998（7）

研究与开发活动之所以能对厂商的技术产生重大作用，绝不是偶然的，它是研究与开发的结果，是厂商日益将研究与开发置于战略高度并不断加大其投入的结果。研究与开发的制度化，特别是研究与开发的企业内部化，推动着科学技术的加速发展，使技术创新的周期显著缩短，新产品、新工艺加速涌现，进而改变着厂商的竞争方式：在产品日益多样化和产品生命周期日趋缩短的市场竞争现象的背后，是技术在扮演着越来越重要的角色。因此，为争夺技术优势而进行的竞争日趋激烈，并最终回到它的源头——研究与开发上。在近半个世纪特别是近 1/4 世纪内，人类的科学知识有了迅猛发展，以致一些学者称之为"知识爆炸"的时代。伴随科学的进步，知识更新的速度日益加快，知识老化周期相应缩短。据有关专家估计，在 18 世纪，知识老化的周期为 80 ~ 90 年；在 19 世纪，为 30 ~ 40 年；20 世纪初至 50 年代，为 15 ~ 20 年；而 20 世纪 70 年代以后，为 5 ~ 10 年。科学的进步增加了知识的供给，为厂商的技术创新提供了坚实的基础。知识老化周期的缩短，也必然会影响厂商的行为，要想保持和获得竞争优势，就必须加大研发投入，加快技术进步步伐，获得技术要素的比较优势，以适应国际贸易的结构变化，在未来国际分工和贸易中占据一席之地。

（三）信息说

作为生产要素的信息是指一切来源于生产过程之外并作用于生产过程、能带来利益的讯息的总称。西方经济学家认为，现代经济生产不仅需要土地、资本和劳动这样的传统生产要素，更需要信息这样的无形生产要素。信息作为一种能创造价值的资源，和有形资源结合在一起构成现代生产要素。当今包括信息服务业在内的世界信息产业，其产值从 1990 年的 1 489 亿美元增长到 1995 年的 10 000 亿美元并成为跃居各传统产业之上的最大产业之一。发达国家信息产业增长率比传统产业高 2 ~ 4 倍，其在 GDP 中的比重已达 40% ~ 60%。在此背景下，国际贸易信息化趋势不断加强，集中表现在信息技术、信息产品及信息服务在国际贸易总量中的比重提高和国际贸易方式与支付手段的信息化。因而一个国家利用信息的状况将影响到它在国际贸易中的比较优势，决定它在国际贸易分工中的地位。信息因素将是影响 21 世纪国际贸易走向和发展的最重要的力量之一。

从微观领域来看，信息特别是贸易信息的应用是厂商提高经济效益的源泉。首先，贸易信息是影响厂商竞争力的主要因素。贸易信息的竞争是市场竞争的一个主要方面，谁先掌握了贸易信息，谁就赢得了主动权。厂商只有从战略的高度开发贸易信息资源，科学地管理和有效地利用贸易信息资源，才能减少盲目性，提高应变能力，增强竞争力。其次，贸易信息是厂商作出科学决策的基础。厂商按照既定的目标和要求，把贸易信息资源用于生产经营决策的制定和优化，并通过及时掌握贸易信息，对市场环境中的各项重要因素的变化了如指掌，才能在瞬息万变的市场变幻中不失时机地进行决策。最后，贸易信息是影响厂商贸易效益的主要因素。在激烈的贸易竞争中，厂商效益的提高不能仅仅依靠增加资金的投入、营业面积的扩大、广告的宣传等，更重要的是及时准确地获得各类贸易信息，快速地进行加工和处理，并充分利用这一要素，作出准确判断和决策，采取有效措施实现效益和利润的增长。如通过掌握有关信息，缩短采购周期，减少库存商品，加速存货和资金的周转速度等。总之，厂商获得的贸易信息资源越多，其综合实力就提高得越快，在贸易中的竞争优势就越显著。

现今，信息通过全球网络在参加国际经贸活动的国家和地区间流动，导致了国际贸易信息化的发展趋势，给国际贸易的运作方式带来了巨大的变化——电子商务的兴起。电子商务作为一种现代贸易模式，利用计算机网络搜索和获取信息，为决策提供服务，减少了用于改善货物和服务质量的投入，加快了产品交易的速度。电子商务突破了时空限制，实现了信息的跨国传递和资源共享，拓展了国际贸易的空间，缩短了国际贸易的时间和距离，简化了国际贸易的程序和过程，使国际贸易活动全球化、瞬间化、无纸化、智能化、简易化。根据联合国贸发会议估计，如果在全球国际贸易中使用电子商务，每年可带来大约 1 000 亿美元的收益，因此电子商务被誉为"提高世界贸易效率的革新方法"。

在瞬息万变的经济竞争环境中，厂商不仅要获得信息，更重要的是拥有信息比较优势。所谓信息比较优势，是指各国在信息的生产、传播、反馈与使用能力上的差异以及一国所能获得信息的数量、质量、时效和稀缺程度。国际贸易中的信息技术因素成为贸易国或企业国际竞争力的构成要素，国家或企业的信息处理效率成为其参与国际竞争的基础条件，信息基础设施的发达程度和信息产业的规模比重都极大地影响了一国在国际贸易甚至世界经济中的竞争实力和竞争地位。信息比较优势是与知识经济时代与信息国际化相匹配的新概念。由于信息比较优势是形成知识经济国际化分工的主要力量，为了在这种国际贸易竞争格局中占据有利地位，增强对国际市场动态的把握能力，具有信息比较优势对一国的对外经贸的发展极为重要。

第二节 贸易模式中的技术扩散

一、贸易模式中的技术扩散

无论是古典、新古典贸易理论，还是克鲁格曼的垄断竞争和规模经济贸易理论，都从不同的角度阐述了贸易的基础和原因，但这些理论都只是静态分析贸易行为，还有一种贸易现象得不到这些理论的解释。许多新产品总是在技术创新的先进的发达国家最先问世，并出口进入国际市场。进口国随后进行模仿生产，在模仿国掌握技术的模仿时滞过程中，创新国保持技术优势和贸易优势。随着模仿国生产规模的扩大，创新国失去竞争比较优势，出口下降，而模仿国的出口则呈上升趋势。比如汽车，最早美国是主要的生产和出口国，现在则大量从日本进口汽车。最近几年，韩国和马来西亚又成为重要的汽车出口国了。如何解释这种进出口主体随着时间变化而变化的现象呢？20 世纪六七十年代，美国经济学家伯斯纳和弗农根据对产品技术变化及其对贸易格局的影响的分析，提出了技术差距和产品生命周期理论，来解释这种贸易模式中的技术扩散现象。

（一）技术差距模型（Technology Gap Model）

由于国家存在着技术差距，那么两国生产 1 单位同种产品所需要的生产要素数量不同，同样数量生产要素的投入所生产出的同种产品产量不同。在某种产品生产上的技术领先国或技术创新国，生产 1 单位该产品所投入的生产要素较少，生产成本也较低；而技术模仿国或技术落后国，生产 1 单位该产品所投入的生产要素较多，生产成本也较高。当技术创新国生产出一种新产品或在原产品中使用新技术、新燃料、新的高效生产组织方法时，该国就处于生产该产品的暂时垄断地位，并可以大量出口该产品。此时，技术落后国进口该产品。但是，随着专利权的转让、技术合作、对外投资或国际贸易的发展，创新国的领先技术流到国外，模仿国开始利用自己的低劳动成本优势，自行生产这种产品并减少进口。创新国逐渐失去该产品的出口市场，因技术差距而产生的国际贸易量逐渐缩小。技术模仿国通过其较低的生产成本逐步占领其国内市场直到创新国市场，从而改变国际贸易格局。当技术创新国由于技术差距缩小，以至消失而从某种产品出口国变为进口国时，它可能又通过生产出更新的产品和使用更有效的生产方式，再次获得更新产品的技术领先地位。由于技术差距存在，技术创新国大量出口该产品而成为暂时的世界市场垄断者。在现实经济中，美、日、德、英、法等高度发达的工业化国家，在技术上都具有领先地位，其高新技术产品在国际市场上占有较大份额。同时，工业化国家间经济地位的变化，在一定程度上与这种技术差距缩小、消失甚至技术落后国成为技术领先国有密切联系。

伯斯纳认为，在技术变动的整个持续的进程中，从创新国创新成功并生产出一种新产品，到模仿国完全掌握该新产品的生产技术，生产达到一定规模，并能满足其国内需求，不需要进口该产品的这段时间，称为模仿时滞（见图 4-1），也即技术差距产生到技术差距终止的时间间隔（如图 t_0 到 t_3）。模仿时滞分为反应时滞和掌握时滞两个阶段，且反应时滞的初期为需求时滞。需求时滞 t_0、t_1，是指从创新国生产新技术产品到模仿国出现对这种产品的需求并开始进口的时间间隔，时滞的长短取决于模仿国消费者对新产品的认识和了解以及两国收入水平的差距，且差距越小，需求时滞的时间越短。反应时滞 t_0、t_2，是指从创新国生产新技术产品到模仿国模仿其新技术生产该产品为止的时间，时滞长短取决于模仿国的市场容量、需求弹性、收入水平、贸易壁垒和运输成本等。如果创新国在扩大新产品生产中能获得较高的规模收益，进口国进口关税税率较低，运输成本较低，进口国居民收入水平和市场容量差距较小，则有利于创新国保持出口优势，延长反应时滞，反之亦然。掌握时滞 t_2、t_3，是指从模仿国开始模仿该技术到完全掌握该项技术并替代进口所需要的时间，其长短主要取决于技术传播渠道是否畅通以及模仿国吸收新技术能力的大小。

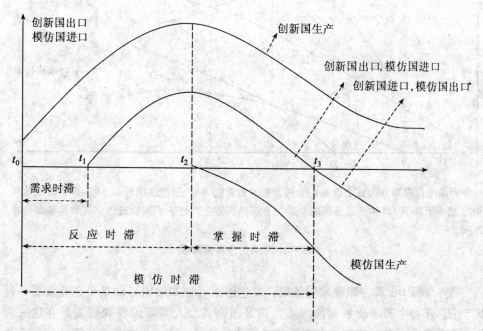

模仿时滞分反应时滞和掌握时滞两个阶段，需求时滞为反应时滞的初期。

图 4-1　技术差距与国际贸易

　　总而言之，技术差距模型说明了技术差距的存在是产生国际贸易的重要原因，但是它没有进一步解释国际贸易流向的变动及其原因。在技术差距模仿基础上发展起来的产品生命周期模型正好弥补了技术差距模型的这一缺陷。

　　产品生命周期模型，是技术差距模型的扩展和一般化，1966 年由弗农（R. Vernon）最先提出。他将市场营销学中的产品生命周期概念引入国际贸易的理论分析中，那么所谓国际贸易产品生命周期就是指，由于各国的经济发展水平和消费水平不同，使得同一产品在同一时点上在不同的国家分别处于产品生命周期的不同阶段。

　　图 4-2 是产品生命周期模型的图示，横轴表示时间，纵轴表示产品数量。图中的上面两条曲线表示技术创新国的产品生产量和消费量随时间推移而变化的情形，图中下面两条曲线表示模仿国的情形。产品的生命周期分为五个阶段，当各国的产品生产处于不同阶段时，其贸易格局也各不相同。

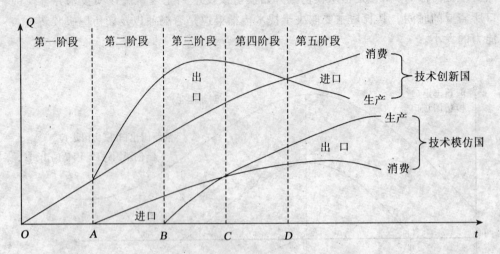

产品生命周期分为五个阶段，分别为技术创新期 *OA*、新产品成长期 *AB*、新产品成熟期 *BC*、销售下降期 *CD* 和产品衰落期 *Dt*。当各国的产品生产处于不同阶段时，其贸易格局也各不同。

图 4-2　产品生命周期模型

第一阶段 *OA* 段，即技术创新期。发达国家（例如美国）的某个企业发明一种新产品，开始生产并投放国内市场，满足国内高收入阶层的特殊需要。在这一阶段，需要投入大量的研究开发费用和熟练劳动进行生产，生产技术尚不确定，产量较低，没有规模经济效益，成本较高，但厂商在新产品的世界市场上拥有实际的技术垄断优势。

第二阶段 *AB* 段，即新产品成长期。创新国大量生产，取得生产的规模经济，且出口迅速增长，以满足国内外日益增长的需求，但模仿国由于技术差距尚未能生产该产品，满足该产品的消费需求完全依赖从创新国进口。

第三阶段 *BC* 段，即新产品成熟期。这时，生产技术已扩散到创新国外，产品实现了标准化，生产技术广为流传，变得普遍、简单，大规模生产成为可能，创新国出口量大幅度提高并达到最大。产品的使用也逐渐普及，国内外需求持续增加，创新国出口量也逐步增加，并达到最高点。这期间，模仿国引进新产品技术，开始生产新产品以满足其国内需求，以替代进口产品，因此，进口量逐渐缩小直到为零。

第四阶段 *CD* 段，即销售下降期。对于创新国而言，创新技术优势已丧失，产量开始下降，出口量也逐渐缩小为零。模仿国由于低廉的劳动成本或其他低廉成本而具有了生产该产品的相对优势，其产品出口到第三国，并因为其低价格而将创新国产品逐步排挤出第三国。

第五阶段 Dt 段，即产品衰落期。由于价格竞争，创新国成为该创新产品的进口国，而技术模仿国凭借其成本及价格优势，不断扩大生产及出口，占据该产品的销售市场。

至此，这个贸易周期结束了。但实际上，创新国在第二、第三阶段又在开始其他新产品的创新与生产了。这意味着一个新的产品生命周期的开始。

产品生命周期理论是一种动态的经济理论。在一个新产品生命周期中，制造这种产品的生产要素比例、各国的贸易比较优势以及进口需求都会发生规律性的动态变化。

首先是生产要素比例的动态变化。在新产品的创新期，科研人员和熟练工人在生产要素中占很大比重，这时产品是技术密集型的。进入新产品的成长期后，产品已基本定型，主要靠新机器设备和半熟练劳动进行生产，故产品由技术密集型转向资本密集型。在随后的销售下降期，资本在生产要素中占首要地位，但熟练劳动已不再重要了，取而代之的是非熟练劳动要素。

其次是贸易优势的动态转移。在创新阶段，发达国家经济、技术力量雄厚，人力资本丰富且素质高，并且国内市场广阔，对新产品开发具有相对优势。其他工业化国家，一方面把处于生命周期早期阶段的产品出口到发展中国家，另一方面又把生命周期后期阶段的产品出口到创新国。在销售下降期以后，发展中国家充裕的劳动力资源以及低廉的工资成本，使得其拥有了贸易比较优势。

最后是进口需求的动态演变，如图4-3所示。当创新国推出新产品后，出口逐渐增加；随之而来的是一些发达模仿国也开始跟随生产这种产品，这时创新国应该会从出口的高峰上下降下来，而这些发达模仿国开始从进口的深谷逐渐上升；当一些发达模仿国的产品打入创新国市场并且有一定份额后，创新国出口极度萎缩，并逐渐走进出口谷底，与此同时，这些发达模仿国开始走向出口的高峰；这时，一些发展中模仿国开始向创新国和一些发达模仿国出口产品，原来处于出口高峰的发达模仿国也开始滑向进口的深谷。那么这些发达模仿国要想避免丧失市场，就必须研究提高和改进技术，使产品开始换代，才能在竞争中取胜，保住市场。但是，与其花力气在国内研究改进技术，不如将一些标准化的产品转移到技术水平较低、劳动力价格低廉、地价便宜的发展中国家生产。这样，那些发展中模仿国就开始把产品出口到创新国家和一些发达模仿国，并开始从进口的深谷走向出口的高峰。

（二）质量梯度模型

我们知道，传统贸易理论（Orthodox Trade Theory，包括比较优势理论和要素禀赋理论）的基本假设之一是国际贸易产品是完全同质的，且在不同国家也是如此。然而，在当今世界，随意的观察就可以发现产品的差异性（Product Differentiation）比产品的同质型（Product Homogeneity）更为普遍。为探讨这一贸易现象，

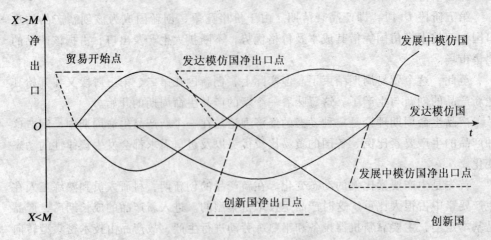

创新国推出的新产品首先向发达模仿国转移，然后再向发展中模仿国转移。

（X——出口，M——进口，净出口 $= X-M$）

图 4-3　进口需求动态演变

新贸易理论放弃了同质产品这个传统理论的基本假设，把产品的差异性（包括质量梯度和差异产品）引入国际贸易理论的研究。所谓质量梯度即产品的垂直差异（Vertical Differentiation），是指仅由产品的质量（Quality）不同而产生的差异。差异产品即产品的水平差异（Horizontal Differentiation），是指相同质量的产品因为特征（Characteristics）的不同而产生的差异。首先，我们先介绍两个基于产品垂直差异的贸易模型。

1. 新 H-O 模型

1981 年，范尔威（R. E. Falvey）提出了新 H-O 模型，又称新要素比例模型（Neo-Factor Proportions Model）。他假设：（1）世界仍由两个国家组成，它们有两种同质的生产要素：劳动和资产。（2）每个产业不再是生产单一的同质产品，而是生产质量不同的差异产品，每种质量的产品都由许多企业生产。（3）存量资本也是不同质的，它由不同部门的特定资本设备所构成，资本因其特定性不能在不同部门间流动，但可以在同一部门不同质量的产品生产之间流动；劳动是同质的，因而可以在不同部门流动。并且，他还认为，对不同质量产品的需求取决于产品的价格和消费者的收入。假定某一产品，有差异化的两种：Ⅰ和Ⅱ，其中Ⅱ的质量优于Ⅰ。再假设每个消费者在每个时期都购买一定数量的Ⅰ或（和）Ⅱ。消费者在收入水平较低的时候虽然更喜欢Ⅱ，但是受到收入的约束，不能不把大部分收入用于购买Ⅰ；而在收入水平较高的时候，消费者就会消费较多的优质产品，购买较少的低质量产品。

为了简单起见，范尔威的分析被限定在单一产业中，即局部均衡下的分析，且假定该产业生产的是质量连续变化的产品，且使用规模报酬不变的技术。该部门在保证资本充分就业的前提下，拥有一定数量的特定资本，其报酬为 r，劳动报酬为当前的工资率 w。为区别产品的不同质量，范尔威引入了一个数量指数 ρ，较大的 ρ 值对应于较高的产品质量，同时假定，较高质量产品的生产要求每一个劳动配备较多数量的资本，即随产品质量的提高，生产中的资本劳动比率也应提高。假定差异质量的该产品，无论质量高低，生产 1 单位该产品需要 1 单位的劳动投入，而生产单位任何质量的该产品所需要的资本数量为 ρ。且假定两国生产技术相同。这样，A、B 两国具有 ρ 质量的同一产品价格就可表示为：

$$p_1(\rho) = w_1 + \rho r_1 \tag{4.1}$$

$$p_2(\rho) = w_2 + \rho r_2 \tag{4.2}$$

其中：$p_1(\rho)$、$p_2(\rho)$ 分别表示 ρ 质量的产品在 A、B 两国的价格；w_1、w_2、r_1、r_2 分别表示 A、B 两国劳动和资本的报酬。

如果 $w_1 < w_2$，且 $r_1 > r_2$，则 $\dfrac{\omega_1}{r_1} < \dfrac{\omega_2}{r_2}$，这就是说 A 国是劳动丰富而资本稀缺的国家，而 B 国是资本丰富而劳动稀缺的国家。在 $w_1 < w_2$ 的条件下，如果 $r_1 < r_2$，则由式（4.1）和式（4.2）可得 $p_1(\rho) < p_2(\rho)$，从而任意质量的产品都应由 A 国生产。如果假定 $r_1 > r_2$，则 A、B 两国各生产一部分质量不同的产品。在不同质量的该产品的品种中，总有一种质量为 ρ' 的，其单位成本在两国都相同，则这一质量可表示为

$$w_1 + \rho' r_1 = w_2 + \rho' r_2$$

或者
$$\rho' = \frac{w_2 - w_1}{r_1 - r_2} > 0 \tag{4.3}$$

这样我们就可以把两国生产任何其他质量的该产品的单位成本相对于这一边际质量产品的差异写成：

$$p_1(\rho) - p_2(\rho) = (w_1 - w_2) + \rho(r_1 - r_2) \tag{4.4}$$

由式（4.3）得

$$r_1 - r_2 = \frac{w_2 - w_1}{\rho'} = -\frac{w_1 - w_2}{\rho'} \tag{4.5}$$

将式（4.5）代入式（4.4），整理得

$$p_1(\rho) - p_2(\rho) = \frac{\rho' - \rho}{\rho'}(w_1 - w_2) \tag{4.6}$$

由（4.6）式可知，B 国在生产质量为 ρ 的该产品时，只有当其单位成本低于 A 国，即 $p_1(\rho) > p_2(\rho)$ 时，才会具有比较优势，而前面假设 $w_1 < w_2$，则 $\rho' < \rho$。反之，对 A 国来说，只有当 $\rho' > \rho$ 时，其单位成本才会低于 B 国，即 $p_1(\rho) <$

$p_2(\rho)$。也就是说，劳动丰富的 A 国生产质量较低的产品价格较低，具有比较优势；资本丰富的 B 国生产质量较高的产品价格较低，具有比较优势。这种分工格局可用图 4-4 表示。

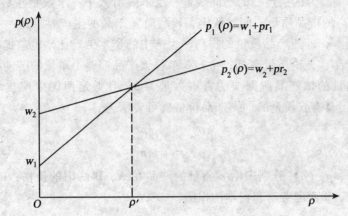

在新 H-O 模型中，劳动力丰富的 A 国生产质量较低的产品具有比较优势，资本丰富的 B 国生产质量较高的产品具有比较优势。

图 4-4　产品的垂直差异与国际贸易

2. 垂直差异性模型

与新 H-O 模型中我们假定产品质量是资本密集度的增函数不同，在此，我们将假定研究与开发支出（Expenditure on Research and Development，简称 R&D 支出）使厂商能够生产出质量较高的品种，且这种研究与开发的费用被看做是固定成本。平均成本被假设为不变的（或者在最简单的模型中假设为零），或者随产品质量的改进而缓慢提高。

当高额的固定成本如 R&D 支出成为产品质量改进的负担时，能够取得盈利的企业数量就会逐渐减少，以至于可能只有一两个厂商占领市场，这就形成了所谓的自然寡头垄断（Natural Oligopoly）。消费者被假定为具有相同的偏好，因此他们根据产品的质量对产品有一个共同的偏好序列。但是，消费者的收入水平不同，收入高的消费者购买高质量的产品，而收入低的消费者购买低质量的产品。

图 4-5 显示的是一种可变成本不随质量变动而变动，且市场上只有两个厂商的最后均衡情况。图中，$F(\rho)$ 是开发质量为 ρ 的品种所需要的研究与开发费用。TR_1 是先进入市场的厂商 1 的总收入曲线，该厂商生产质量较低的品种 ρ_1；TR_2 是后进入市场的厂商 2 的总收入曲线，且厂商 2 生产质量较高的品种 ρ_2。厂商 1 只能生产质量较低的品种 ρ_1，这样它才能获得收入，但如果试图生产质量较高的品种 ρ_2，则其总收入为零。然而它不能一直以降低它生产的品种的质量来提高收入，因为到某一点消费者就会转向购买质量较高的品种了。厂商 1 只有在生产品种 ρ_1 时

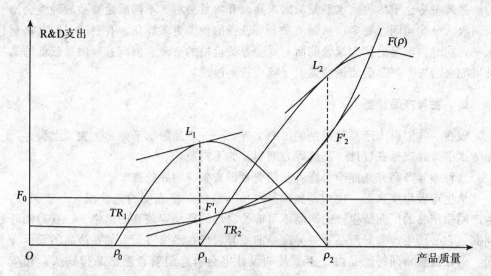

　　开展贸易后，每个厂商面临的市场扩大使其总收益曲线向上移动，在产品质量给定的情况下，总收入曲线上的切线变陡，开发更高质量的新产品增加了收入。

图 4-5　一种垂直相异产品的双垄断均衡

才能达到均衡，因为此时其边际收入（TR_1 上的斜率 L_1）与边际成本（$F(\rho)$ 在 ρ_1 上的斜率 F_1'）相等。相反，厂商 2 却只能生产质量较高的品种 ρ_2 才能获得收入，若生产质量较低的品种 ρ_1，则总收入为零。显然，它也不能一直提高其他的品种的质量来提高收入，因为到某一点消费者就会转向质量较低的品种了。同理，厂商 2 在生产品种 ρ_2 时达到均衡，因为此时它的边际收入（TR_2 上的斜率 L_2）与边际成本（$F(\rho)$ 在 ρ_2 上的斜率 F_2'）相等。

　　现在我们假设有两个大小相同的国家，每个国家都有两个厂家生产不同质量的同类产品。在自由贸易的情况下，两国生产同种质量的该产品的厂商之间必然要展开竞争。两类厂商就各有一家要退出市场，因为在两家并存的情况下没有一家能够获利。自由贸易会导致一个品种只有一个生产者生产，该生产者同时为两个市场生产，从而每个生存下来的厂商将面临更大的市场，由于生产的规模收益递增，市场价格将会下降，消费者在这个模型中就得益了。就图 4-5 而言，开展贸易后，每个厂商面临的市场扩大使得其总收益曲线向上移动，假设产品的质量给定，则总收入曲线上的切线必然变陡，这就是说，开发更高质量的新产品会增加收入。因此，从长期来看，厂商会改进产品质量，以增加收入，同时，消费者也会从更高质量的产品中受益。

　　与上面收入分配相同的模型不同，如果我们假设两国收入分配不同，即一个国家的平均收入水平比另一个国家高，那么在自给自足时平均收入水平高的国家生产的产品质量将比平均收入水平低的国家高。开放贸易后,不同质量商品的种类会比两国收入分配相同时要多,从而消费者可选择的种类更多样化,有利于提高其福利水平。同时,市场的扩大就像前面一样会导致价格的下降,因而有些质量较低的品种可能会消失,产品的质量总体上可能会得到改进。

二、差异产品模型

现在,我们引入产品差异性的另一个方面——产品的水平差异。狭义上讲,产品的水平差异就是在设计、品牌等方面明显的不同质。

这种差异产品究竟能给生产者和消费者带来怎样的好处呢?

从生产者角度来看,生产差异产品可使其获得一定程度的定价权。一般而言,生产同质产品的厂商所生产的产品不可能给自己的产品定较高的价格,以获得额外利润,它必须生产差异产品。差异产品的差异表现在多个方面,如在产品的设计方面,内在质量相同的产品由于不平凡的设计也会引起消费者愿出高价购买。相应地,厂商也会标定较高的价格。又如,厂商还常常利用人们的追求"制造"名牌产品,可能这种名牌产品的内在质量与同质产品没有任何差异,但是厂商凭借这种名牌获得了对该产品的定价权。另外还有一些厂商通过广告等方式创造出本产品不同于其他产品的"特征"来,在人们认可的基础上,获得了某种程度的定价权。

对消费者而言,差异产品可以带给他们较高程度的满足。根据福利经济学的一般理论,消费者的福利水平的提高来自两个方面:一方面是对同一产品消费数量的增加,即消费同一产品的数量越多,其消费的福利总水平越高。另一方面是消费最接近本人消费欲望的产品,因此对同一类或同一种产品而言,其品种、设计、品牌越多,满足不同消费者消费欲望的可能性就越大。随着消费者收入水平的提高,他们趋向于追求个性化的消费,"与众不同"成了满足其消费的重要方面。

下面来讨论基于产品水平差异的两个贸易模型,新张伯伦模型和兰开斯特模型。

(一)新张伯伦模型

新张伯伦模型有四个基本前提假设(固定的劳动供给、厂商自由出入、平均劳动投入递减以及所有品种对称地进入效用函数),用来保证没有两个厂商会生产相同的品种,并且该经济中厂商的数目和品种的数目得以确定。具体说来就是,在这一模型中,假设一国只有一种生产要素投入——劳动,并且供给是固定的。为讨论方便,我们以生产同质但不同品种的皮鞋产业为背景。在该皮鞋产业中,存在多个厂商,且各厂商可以自由进入或退出。每个厂商都生产该皮鞋中的一个品种,几个厂商中的每一个,或其生产的品种都用下标 i 表示。每个厂商有固定数量的劳动投入 l_i,并以不变的边际劳动投入要素来生产 x_i 数量的产品 i,则:

$$l_i = \alpha + \beta x_i$$

(4.7)

这里需要注意，随着产出的增加，平均劳动投入下降。

同时，还假设所有的消费者是相似的，即其效用函数都相同，而且所有的品种都对称地进入效用函数。也就是说，每增加一单位任何品种的消费，总效用的增加是相同的；消费的品种越多，总效用增加越多。则有总效用函数：

$$u = \sum_{i=1}^{n} v(c_i) \tag{4.8}$$

式中，c_i 表示有代表性的消费者对第 i 号商品的消费。$\frac{\partial v(c_i)}{\partial c_i} > 0$，在保持总消费不变的情况下增加另一个品种的消费会提高福利水平。

如果给定工资为 w，则每个厂商的总成本就是 $w(\alpha + \beta x_i)$。设 ρ_i 为品种 i 的价格，则每个厂商的利润就是

$$\pi_i = \rho_i x_i - w(\alpha + \beta x_i) \tag{4.9}$$

由于厂商可以自由进出该皮鞋产业，长期均衡将使每个厂商都只能得到正常的利润，即生产产品 i 的总成本必然与总收入相等，换一句话来说，价格等于平均成本。

$$\rho_i x_i = w(\alpha + \beta x_i)$$

或者

$$p = w\left(\frac{\alpha}{x} + \beta\right) \tag{4.10}$$

这里的下标 i 消失了，这一点现在应该非常明显了，因为每个厂商都会以同样的平均成本对其所选择的品种产出同样数量的产出，并以同样的价格销售，也就是说，p、x 和 c 的解都相等。

假设市场劳动总供给为 L，而生产所有品种所要使用的劳动不能超过固定的劳动供给，且每个场上使用的劳动数量为 l（$l = \alpha + \beta x$），那么厂商的数目 n 为：

$$n = \frac{L}{l} = \frac{L}{\alpha + \beta x} \tag{4.11}$$

由前面的假设可知，每个消费者会对每个品种消费完全相同的数量，因此其总效用就是：

$$u = nv(c) \tag{4.12}$$

显然，用于该皮鞋产业所有品种的全部开支必然等于支付给劳动的全部报酬。

我们假设有两个如同上面讨论的完全相同的国家（A 国、B 国），允许 A、B 两国进行自由贸易，并且不存在运输成本或其他任何障碍，那么两国就会进行这一相异产品的贸易。在新的均衡中，无论贸易之前产品的选择如何，A 国生产的产品与 B 国生产的产品都是不同的，也就是说，开展自由贸易后，A 国生产与 B 国完全相同品种的厂商会改变生产的品种，转而去生产任何其他厂商都没有生产过的新

品种，最后使每一个品种都只由一个厂商生产，即每一个品种就只会在两国中的一国生产。在自由贸易的均衡中，每个品种都以同样的成本生产，以同样的价格出售。然而，每个消费者无论是 A 国的还是 B 国的，都对 $2n$ 个品种中每个品种消费 $0.5c$ 的数量，这样其效用函数就是：

$$u = \sum_{i=1}^{2n} v(0.5c_i) \tag{4.13}$$

根据我们对效用函数特点的分析，我们知道消费者的效用得到了提高。

对两国来说，贸易使得其福利水平都得到提高。在生产方面，两国都没有损失，因为两个国家的厂商数目没有变，实际工资水平也没有变。福利的变化只发生在消费方面，而对此我们已经看到，虽然消费者消费的总数量未变，但是他们能够享用的品种范围扩大了，从而得益了。

（二）兰开斯特模型

我们讨论的兰开斯特模型，仍以产品的水平差异为基础。在兰开斯特看来，在宏观层次上一种差异性产品的各种类型的需求，并不要求在微观层次上也存在，事实上，只要每个（或每群）消费者具有不同的偏好，从而对差异性产品的不同种类有需求，就能在宏观上构成对差异性产品的全部种类的需求。兰开斯特还认为，产品是一系列特征的集合，比如一件衣服是一系列诸如样式、颜色、舒适、材料等的集合。消费者对产品的需求就是引申需求或间接需求，它取决于产品特征的偏好以及这些特征怎样融入不同的商品的相应技术的偏好。个人对同一商品的不同反应被看做是对商品特征集合的不同偏好的反应，而不是对商品特征的不同认知。

这样看来，每一个消费者对差异化产品都有一个特定的喜好。那么，他是否在任何情况下都不会买一个与其理想的略不同的商品呢？换句话说，就是消费者的理想品种与不具备最希望获得的产品的一切特征的产品之间的相互替代问题，假设你想买一条牛仔裤，而裤型是区别于其他特征的唯一标准。现在，你最喜欢的裤型是小喇叭裤，一条这种裤型的牛仔裤要 120 元。可是，还有一些其他裤型的牛仔裤可供选择，但只要一半的价钱。多数对小喇叭裤情有独钟的消费者至少会考虑一下买不太完美的其他裤型的牛仔裤（由于价钱低）。针对这一问题，兰开斯特引入了补偿函数的概念。如图 4-6 所示，我们用水平轴的距离来测量这个特征（裤型）。

所有可供选择的商品被定义为从 0 到 1 的间隔排列（M^* 为该消费者理想的品种即小喇叭形牛仔裤，0 和 1 是其他裤型的品种）。这条曲线越陡，就表明消费者选择的差异性越大。同时认为，补偿函数是对称的，即如果向 M^* 右边偏离出距离 I，那么向 M^* 左边偏离出同样的距离 I 就应该要有同一补偿。当然，距离 I 越大，就需要更多的补偿。

上面说的只是一个消费者的情况。同理，我们讨论一个封闭条件下的市场中有多个消费者的情况。与图 4-6 不同，现在用一个圆圈来说明对不同品种的喜好，且消费

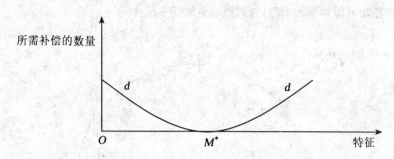

对称曲线 d 表示兰开斯特的补偿函数。曲线越陡表明消费者选择的差异性越大。

图 4-6 消费者的补偿函数

者均匀地分布在圆圈的周围，每一点都表示某些消费者的理想品种，如图 4-7。

在供给方面，兰开斯特模型假定厂商可以自由进入或退出市场，并能生产任何品种，同时生产任一品种的成本都相同。这一模型还假定，任一品种的生产，其平均成本曲线是 U 形的，即先递减，到一定点后递升。这样，生产的品种数目就不可能是无限的，某些消费者就可能买不到他们理想的品种。

进入市场的厂商首先要决定生产哪个品种和出售价格。厂商定的价格越低，其销售量就越大。在其他条件不变的情况下，消费者会被降价厂商所生产的品种所吸引，虽然该品种与其理想的品种相距较远。每个厂商必须售出足够多的产品来弥补其成本，因此两个相邻的品种之间的距离不能太小，也就是两厂商不能生产相同的品种，否则，就必须有一个厂商要不撤离该市场，要不就改变其生产的品种。反之，两个相邻品种的距离也不能太远。这样就会有新的厂商进入市场利用这一机会获利。

兰开斯特以上的所有假设（自由进出市场相同、密度的偏好和一样的成本函数），就确保了在长期均衡中实际生产的品种会均等地分布在"圆圈"上，并且每一品种的生产数量和销售价格都相同。每一厂商都获得正常利润，即价格等于平均成本。

现在我们假设有两个具备上面所讨论的特征的国家（A 国、B 国），且两国之间进行自由贸易。假设 A 国如图 4-7，生产 m_1、m_2、m_3、m_4 4 个品种，而具有理想品种偏好 c_1、c_2、c_3、c_4 的消费者非常幸运地得到了他们确实最想要的东西。其他人就不太幸运了，只能购买到与他们最想要的东西有所差别的品种。那么 B 国同样生产 4 个品种，且分别位于 m_1 和 m_2 的中间，m_2 和 m_3 的中间，如此等等，其他假设如同 A 国。开展自由贸易之后，A、B 两国的每家厂商都会将产出的一半在国内市场销售，另一半出口。这也就是说，每个国家都有一半的消费者选择另一个国家生产的品种，一半选择本国的品种。因此，消费者可选择的品种增加了1倍，一些消费者就可能得到与他们的理想非常相近的品种了。

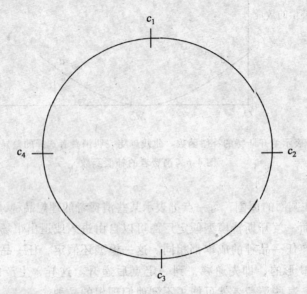

圆圈说明了在一个封闭条件下的市场中多个消费者对不同品种的喜好。消费者均匀地分布在圆圈的周围，每一点都表示消费者的理想品种。

图 4-7

第三节　竞争优势理论

美国哈佛商学院教授波特（Michael Porter）于 1980 年到 1990 年之间发表了他的经典之作——"竞争三部曲"，即《竞争战略》、《竞争优势》、《国家竞争优势》，揭开了竞争优势研究的新篇章。

波特认为现有的国际贸易理论存在一定的缺陷，即问题的关键是应当揭示为何一个国家在某个特定行业能够获得国际性的成功并进而取得垄断性的行业地位。比如，为何日本在汽车工业经营如此出色？为何瑞士在精密仪器设备和化学药品生产和出口领域独领风骚？为何德国在化学工业中有优势？H-O 理论无法圆满回答这个问题，比较优势理论也只能给出部分的解释。按照比较优势理论，瑞士在精密仪器设备和化学药品生产和出口领域独领风骚，是由于它在这些行业最有效地运用了它拥有的资源。这是正确的，但是为何瑞士能够在该行业比英国、德国有更高的生产力，该理论却无法解释，于是波特试图揭开这个谜。

一、竞争优势理论的基本内容

波特理论的中心思想是，一个国家的竞争优势，就是企业、行业的竞争优势，也就是生产力发展水平的优势。他说，一国兴衰的根本原因在于能否在国际市场中取得竞争优势，竞争优势形成的关键在于能否使主导产业具有优势，优势产业的建立有赖于提高生产效率，提高生产效率的源泉在于企业是否具有创新机制。波特从微观、中观和宏观三个层面对创新机制作了论述。

（一）微观竞争机制

国家竞争优势的基础是其企业内部的活力。企业经济活动的根本目标在于使其最终产品的价值增值，而增值要通过研究、开发、生产、销售、服务等环节才能逐步实现。这就要企业重视各个环节的改进和协调，在强化管理、研究开发、提高质量、降低成本等方面实现全面的改革。

（二）中观竞争机制

中观层次的分析在于产业、区域范畴。从产业看，个别企业最终产品的价值增值不仅取决于企业内部要素，而且有赖于企业的向前、向后和旁侧关联产业的辅助与支持；从空间看，各企业为获得理想的利润和长期发展，需要在制定空间战略时，合理分布企业的各个部门。

（三）宏观竞争机制

从宏观角度来看，一个国家的竞争优势来源于四个基本因素和两个辅助因素，这些因素构成该国企业的竞争环境，并促进或阻碍国家竞争优势的产生，这是波特理论的中心思想。

1. 生产要素

把各种要素按等级划分成基本要素和高级要素两大类。基本要素包括自然资源、气候、地理位置、人口统计特征，后者包括通讯基础设施、复杂和熟练的劳动力、科研设施以及专门的技术知识。波特认为，高级要素对竞争优势具有更加重要的作用（例如日本）。

2. 需求条件

波特理论十分强调国内需求在刺激和提高国家竞争优势中的作用。一般说来，企业对最接近的顾客的需求反应最为敏感，如果某种产品的国内需求较大，就会促进国内竞争，产生规模经济。而且，如果本国消费者善于挑剔、品位较高，就会有利于企业不断努力，以提高产品的质量、档次和服务水平，使之在世界市场上具有很强的竞争力。例如，荷兰人对鲜花特别喜爱，并由此产生了庞大的花卉市场，正是由于国内对鲜花的强烈需求和高度挑剔，才使得荷兰成为世界上最大的鲜花出口国，贸易额占花卉贸易总额的 60% 以上。

3. 相关产业和支撑行业

相关产业和支撑产业，是指为主导产业提供投入的国内产业。显然，是否具有发达的、完善的相关产业和支撑产业，关系着主导产业能否降低产品成本、提高产品品质、交流产品信息，从而建立起自己的优势。例如，瑞典在制造组装金属产品领域（如滚珠轴承、切割工具）的优势便依靠瑞典自身特种钢工业的技术力量。直到 20 世纪 80 年代中期都处于世界领先地位的美国半导体工业技术，是美国个人电脑和其他几个技术先进的电子产品取得全球性成功的基础。同样，瑞典制药业的发达与成功，同其早先在技术关联的染料工业的国际成就有密切联系。

这种行业发展过程的结果之一是一国国内成功的行业趋于聚集，形成关联行业集群。这是波特研究成果中最有影响力的发现。德国的纺织和服装行业就是这样的一个关联行业集群，它包括从高质棉、羊毛、合成纤维、缝纫机针的生产、加工、制造到范围广阔的纺织机械领域。

4. 企业的战略、结构与竞争

波特主要提出两个观点：第一，不同的国家有着不同的"管理意识形态"，这些"管理意识形态"帮助或者阻碍形成一国的竞争优势。第二，一个行业中存在激烈的国内竞争与该行业保持竞争优势二者之间存在密切的联系。激烈的国内竞争，会迫使企业不断更新产品，提高生产效率，以取得一种持久的、独特的优势地位。

波特将这四个方面的特质构成一个菱形，如图 4-8 所示。

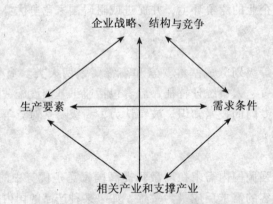

当某些行业或行业内部门的菱形条件处于最佳状态时，该国企业取得成功的可能性最大。

图 4-8　波特的菱形竞争模型

波特认为，当某些行业或行业内部门的菱形条件处于最佳状态时，该国企业取得成功的可能性最大。波特菱形同时还是一个互相促进增强的系统，任何一个特质的作用发挥程度取决于其他特质的状况。

机遇和政府是另外两个能够对国家菱形条件产生重要影响的变量。例如，包括重大技术革新在内的一些机遇事件会产生某种进程中断或突变效果，从而导致原有行业结构解体与重构，给一国的企业提供排挤和取代另一国企业的机会。政府部门通过政策选择，能够削弱或增强国家竞争优势。例如，法规可以改变国内需求条件，反托拉斯政策能够影响行业竞争的激烈程度，政府在教育领域的投资可以改变人才资源等。

二、竞争优势理论的特点

与传统的理论比较，波特的竞争优势理论具有以下特点：

（一）前提不同

比较优势理论以完全竞争市场作为理论前提，竞争优势理论则以不完全竞争市场作为理论前提。后者比前者更符合当前的现实。

（二）角度不同

比较优势理论从全球角度考虑，认为一个国家只要按照比较成本原则分工，就会增加自身的福利，并提高世界范围的生产效率和资源配置水平。竞争优势理论从国家角度出发，考虑怎样才能使一国在贸易活动中得到的福利更多一些，生产效率提高得更快一些，在国际分工中占据更加有利的地位。

（三）范围不同

比较优势理论只考虑某些产品或产业的国际竞争能力，而且主要是对其成本即价格的竞争能力进行比较。竞争优势理论则是将一国的国际竞争能力即其生产力发展水平与他国进行比较。此外，传统的比较优势理论只讨论现实存在的利益对比，竞争优势理论除了考虑现实情况之外，还要考虑潜在的利益对比，考虑怎么样才能使一国取得或保持竞争优势，以便从对外贸易中获得更大的利益。

（四）性质不同

比较优势是相对性的概念，一国在某些方面具有比较优势，在另一些方面必具比较劣势。这种理论的逻辑结果是，任何国家都应该安于现状、保持现状。竞争优势是绝对性的概念，一个国家或者处于竞争优势，或者处于竞争劣势，界限很清楚。

（五）原因不同

传统的比较优势理论认为，比较优势只取决于一个国家的初始条件。这些初始条件或来自自然原因，或来自历史原因。假如一个国家因为历史原因而经济落后、开发不足、技术低下，按照比较优势理论分工，只能生产和出口矿产品、农产品，在国际分工中处于较低层次。

竞争优势理论认为，竞争优势主要取决于一个国家的创新机制，取决于企业的后天努力和进取精神。如此看来，只要企业敢于创新，积极竞争，一个后进的国家也有可能成为有着竞争优势的国家。同样，如果一个国家的企业失去创新意识和进取精神，这个国家的市场就失去了竞争刺激，那么，先进国家也有可能失去竞争优势。

当然，波特的竞争优势理论与传统的贸易理论并不是完全隔离的，它们之间有着必然的联系。一国是否有竞争优势，可以用它拥有的比较优势的特点表现出来。如果两国具有比较优势的主导产业处于同一技术层次，那么，两国具有相同的竞争力水平。如果两国具有比较优势的主导产业处于不同技术层次，居较高层次的国家具有竞争优势。例如，发达国家在技术密集型产业上有比较优势，所以具有竞争优势。发展中国家在较低技术层次的劳动密集型产业上有比较优势，所以具有竞争劣势。

波特提出的竞争优势理论，对于解释第二次世界大战以后国际贸易的新格局、新现象确实具有相当大的说服力。他的关于竞争优势来源于四个基本因素和两个辅助因素的观点，关于竞争优势理论取得的关键在于是否具有适宜的创新机制和充分的创新能力的观点，关于政府的主要作用是为企业提供一个公平竞争的外部环境的观点，关于国家竞争优势发展四个阶段的观点，对于一国提高国际竞争力，取得或保持竞争优势，有着很大的借鉴作用。波特的竞争优势理论，是对比较优势理论的超越，是对当代国际贸易现实的逼近，第一次明确阐述了国家竞争优势的内涵。然而，波特的竞争优势理论过多地强调了企业和市场的作用，贬低了政府在当代国际贸易中扮演的重要角色。在波特看来，一个国家要具备竞争优势，主要依赖企业或产业的自强不息和创新机制。政府的作用是纠正市场扭曲，恢复公平的竞争环境；政府实行的贸易政策，应该是促进贸易伙伴之间相互开放市场，而不是相互进行贸易保护，而且，政府的作用只是一个辅助性的因素。

从以上对竞争优势理论的分析，我们可以得出：一个国家如果想谋取更大的福利，取得或保持竞争优势，必须注意以下几点：

1. 提高国际竞争力的基本途径是竞争和创新。政府的首要任务是完善市场经济体制，为企业提供公平的竞争环境，鼓励企业竞争和创新，鼓励企业发挥主观能动性。政府应该积极推动自由贸易，并把本国企业推向国际市场。

2. 对于关键产业和高科技产业，政府可以采取适当的保护措施，但这种保护必须是暂时的、积极的，必须与促进企业竞争、提高企业的国际竞争力结合起来。而且，应该尽可能取得其他国家的谅解。

3. 任何情况下，政府对于本国能否取得竞争优势始终起着非常重要的作用。不管是推动企业或产业竞争和创新，还是对企业或产业进行适当的保护，政府都具有重大的、不可替代的作用。对于发展中国家来说，这一点尤其值得重视。

第四节　战略性贸易政策理论

20 世纪 80 年代在新贸易理论的基础上，格罗斯曼（G. Grosman）、斯本瑟（B. Spencer）、布兰德（J. Brander）、狄克希特（A. Dixit）等人以规模经济和不完全竞争为前提，以产业组织理论和市场结构理论为研究工具，提出了战略性贸易政策理论（Strategic Trade Policy）。该理论动摇了在规模经济和不完全竞争条件下自由贸易政策的最优性，证明了政府干预的合理性，提出了适度运用关税、补贴等战略性贸易政策措施，将有助于提高一国贸易福利的主张。

一、战略性贸易政策的涵义

战略性贸易政策是指能影响或改变厂商之间战略关系的贸易政策。战略关系是指厂商之间都意识到相互依赖的关系。也就是说，一个厂商的收益或利润必然会直接受到其他厂商的战略选择的影响，而对这一点各厂商都心里有数。所以，在完全竞争的市场条件下不可能产生战略贸易政策，完全垄断条件下也不可能产生战略贸易政策，除非考虑重要的潜在进入。典型情况是不会把战略性相互作用纳入有关模型。因此，这里所说的战略性贸易政策实质上就是在寡头市场下的贸易政策。

究其内容而言，战略性贸易政策有狭义和广义之分，狭义的战略性贸易政策，即"利润转移"理论，其基本思想是由于在寡占行业中存在着超额利润或租金，一国政府就可以通过贸易干预来影响本国企业及其国外竞争对手的行动，以改变竞争格局，从而达到从国外寡头企业抽取租金或向本国企业转移利润来提高本国福利的目的。狭义的战略性贸易政策主要包括三个观点——战略出口政策（即补贴促进出口论）、战略进口政策（即关税抽取租金论）和以进口保护促进出口的政策。

战略出口政策论述了对想在第三国市场上同国外寡头企业进行古诺（Cournot）双头竞争的国内厂商提供出口补贴，可以降低国内厂商的边际成本，使其有更高的反应曲线，提高其在国际市场上的销售份额和总利润，而使国外企业的市场份额和利润减少。一个小额出口补贴带来的本国企业利润的提高可以超过补贴本身的数额，从而使本国的总国民福利上升。一个精心操纵的补贴甚至可以恰好使本国企业的产量和减去补贴后的利润达到斯塔克尔伯格（Stackelberg）领导者的水平，这是补贴所能带来的最好结果。

战略进口政策认为，不完全竞争的一个重要特征就是商品的价格超过其生产的边际成本，这样不完全竞争产品的进口国就向国外企业支付了垄断租金，而关税可以用来从国外垄断厂商那里抽取租金。当本国存在着企业潜在进入的可能性时，国外企业的行为就会在一定程度上受到约束，特别是当本国与外国都存在寡头厂商时，对国外出口企业征收关税被其部分地吸收而使本国福利提高的可能性更大。此时，从国外垄断厂商抽取租金的动机被国外企业向国内企业转移利润的动机所加强。战略进口政策的观点与传统的最佳关税理论有相似之处，但二者有一重要区别，即后者要求征收关税的国家必须是经济意义上的大国，而前者却没有这一要求，即使是一个小国也可以利用关税来改善福利。

以进口促进出口的政策被看做是对传统幼稚产业理论的发展，但后者假定世界市场是完全竞争的，并且不考虑两国的政策对立和外国企业的反应，而前者以寡头垄断、市场分割和规模收益递增为前提，且以一种战略对立的角度来解释政府干预的理由。在一个规模经济效应极强的行业，对本国市场的保护可以保证本国厂商在国内市场上的稳固地位，使其获得一种对于外国企业的规模优势，这种规模优势又可以转化为更低的边际生产成本，而外国企业在保护国市场上销售量的下降会导致其边际成本上升。两国企业边际成本的反向变化会引发它们对保护国以外的其他市场的销量进行调整，本国企业将进一步扩张产量，外国企业将进一步减产。产量和边际成本之间存在负相关性，正是这种从产量到边际成本再到产量的循环往复的调整过程使进口成为了促进出口的机制。

广义的战略性贸易政策把贸易政策与产业政策结合起来，除了包含上述"利润转移"的论点外，还包括外在规模经济理论。某些产业（例如知识技术密集的高新技术产业）或企业能产生积极的外在规模经济效应，由于它们的私人成本与社会成本、私人收益与社会收益相偏离，如果政府不对其采取适当的补偿或扶持措施，它们便不会发展到社会最佳状态。在这里，产业政策与贸易干预的要旨就在于从国家的整体利益出发，保护和促进这类行业的发展。一些学者指出，外在规模经济是一种需要使用国内政策工具来解决的国内扭曲，诸如出口补贴之类的贸易工具并不是最佳解决办法；只有当外在规模经济是来自出口活动本身而不是生产时，出口补贴才是合理的。由于外在规模经济理论并不属于单纯的贸易政策范畴，有些学者对于将其列为贸易政策有所争议，因而战略性贸易政策的绝大多数文献是针对"利润转移"理论进行研究的。

二、补贴促进出口论

本节我们将引用 1991 年林德特（P. Lindert）以日本和欧洲对北美高清晰度电视机市场的竞争为例阐述"利润转移"理论中以补贴为本国寡头厂商夺取市场份额的论述。

在这个例子中，我们不仅可以看到政府补贴的战略作用，而且还可以看到寡头市场竞争的各种情况及其利益分配和福利效应。林德特假设，日本、欧洲和美国的厂商具有争夺高清晰度电视机市场的潜力，由于美国政府停止了对高清晰度电视机研究与开发活动的支持，使得美国厂商被迫退出竞争，从而形成了由日本和欧共体的寡头厂商来竞争巨大的北美市场的竞争格局。与两家卖主垄断的竞争一样，日本和欧洲对高清晰度电视机市场竞争的结果取决于谁先发制人，谁有外援，以及竞争对手是如何作出反应的。这种竞争大致上有五种可能的情况：

第一，避开。即日欧双方都认为对一个新的外国市场投资的风险太大，尤其是当一个强有力的外国竞争对手最终赢得这一市场时，就会损失投资，因此它们都不为北美市场研制任何出口商品。

第二，没有补贴的私人厂商垄断（A 点）。假设某一大的私人厂商在没有补贴的情况下（如日本的大电子厂商组成的集团）先发制人地夺得了整个北美市场，欧洲厂商显然不敢提出挑战，这家居垄断地位的厂商就可以按照边际成本等于边际收益的方法使利润达到最大化，将价格和产量定在图 4-9 中 A 点对应的水平上（2 500 美元和 1 500 万台），比在 C 点所示的完全竞争的价格（2 000 美元）要高而产量（3 000 万台）要低，日本垄断厂商获得每年 75 亿美元的垄断利润，消费者获得 37.5 亿美元的消费者剩余，整个世界获得净利益。

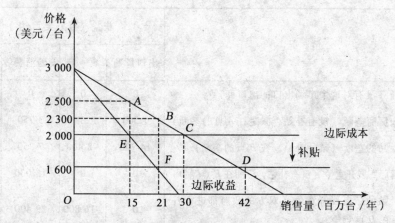

从图中我们可以看到政府补贴的战略作用，还可以看到寡头市场竞争的各种情况及其利益分配和福利效应。

图 4-9

第三，有补贴的私人厂商垄断（B 点）。如果北美市场的垄断利润对日本和欧洲这两个竞争对手的诱惑是相等的，并且这两个厂商有相同的边际成本（2 000 美元/台），那么，这就为政府干预提供了可能。获得这场争夺垄断利润竞争胜利的就可能是某个从本国政府那里获得补贴的厂商。假设欧洲政府果断地对在北美畅销的电视机给予每台 400 美元的永久性补贴（因出口补贴不被 GATT 所允许，故假定为生产补贴），该补贴使日本厂商确信它们竞争不过欧洲厂商而退出北美市场，欧洲厂商获得在北美市场的垄断地位。因欧洲厂商获得每台 400 美元的补贴，其边际成本下降为每台 1 600 美元，则其利润最大化价格是 B 点所对应的 2 300 美元，相应的产量为 2 100 万台，获得总利润为 147 亿美元，此时，虽然欧洲纳税人增加了支出，但整个欧洲显然获益，欧洲的得益是以日本的亏损为代价的。

第四，没有补贴的私人厂商间展开竞争（C 点）。如果让自由市场在没有补贴的情况下自行运营，厂商间自由竞争，显然可以带来利益，但如果只有少数（本例中只有两个）供应商，又会产生问题。C 点说明，在自由竞争中利益都流向了消费者，而竞争双方只能接受不高于边际成本的价格，结果双方都损失了进入的固定成本，一方甚至双方都可能破产。因此，如果一国厂商想要夺得第三市场并能盈利，它就得先发制人，向潜在的对手显示后来者是不可能取胜的。

第五，有补贴的私人厂商间展开竞争（D 点）。如果日本和欧洲政府都同时补贴其厂商在北美市场的竞争，则双方政府都会付出很大的代价，北美消费者和世界则会从中受益。见表 4-3。

表 4-3　　　　日本和欧洲对北美高清晰度电视机市场的竞争情况及其得益

情　况	获益（百万美元/年）			
	出口厂商	政　府	美国消费者	世　界
（1）避开（没有对这个市场出口的出口商）	0	0	0	
（2）私人厂商垄断（没有补贴，只是在 A 点的垄断）	7 500	0	3 750	11 250
（3）有补贴的垄断（某种补贴，在 B 点的垄断）	14 700	-8 400	7 350	13 650
（4）私营厂商展开竞争（没有补贴，厂商在 C 点竞争）	0	0	15 000	15 000
（5）有补贴的厂商展开竞争（双方的政府都进行补贴，厂商在 D 点竞争）	0	-16 800	29 400	12 650

三、关税抽取租金论

首先看一看该理论的几个前提假设：（1）外国出口厂商必须是垄断或寡头垄断厂商。它（们）对进口国拥有卖方垄断力量，可以按照自己的边际成本和边际收益来决定和调整产（销）量，可以按照进口国对其产品的需求来决定和调整出口价格。（2）进口国内存在潜在进入。潜在进入的存在对外国垄断厂商在征税后维持原定价格构成压力，为防止高价招致新厂商加入，外国垄断厂商往往会降低售价而消化部分关税造成的涨价因素。如无潜在进入威胁，则外国垄断厂商降价出口的压力要小得多，它仅担心销售量的下降，但仍有可能维持原价。（3）进口国对外国垄断厂商的需求曲线比边际收益曲线更平坦。在这种情况下，价格上升的幅度会小于关税的幅度，进口国净福利增加。

在图 4-10 中，DD 是本国对外国垄断厂商供应商品的需求曲线，MR 是边际收益曲线，外国垄断厂商的边际成本曲线是 CC，它在这里被假定为不变的。在没有干预的情况下，外国垄断厂商在进口国的销售量会确定在其产品的边际收益等于边际成本的水平上，产（销）量均衡点位于 A，而价格则根据进口国的需求定在高于边际成本的水平 P_1 上。

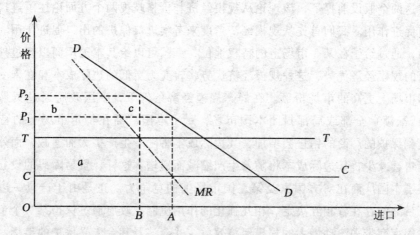

征收数量为 CT 的关税后，产量由 A 下降到 B，价格上升。本国的贸易条件由于关税收益而改善，也由于进口价格上升而恶化。

图 4-10

现在假定本国政府决定对从外国垄断厂商那里进口的商品征收数量为 CT 的关税，则关税使外国垄断厂商的边际成本曲线提高到 TT，在新的均衡中产（销）量均衡点位于 B，即产（销）量由 A 下降到 B，而价格则由 P_1 上升到 P_2。在这里，本国的贸易条件会由于每单位进口的关税收益而改善，也由于进口价格的上升而恶化。

仔细观察图 4-10，可以看出，进口国对从外国垄断厂商进口的商品征收关税后该商品价格上升的幅度会小于关税的幅度（$P_1P_2 < CT$），即外国垄断厂商可能出于担心高价会招致潜在厂商进入或销售量下降太多而适当降低了出口价格，吸收掉了部分关税，这样，进口国政府所得关税收入在弥补价格上升引起的消费者剩余损失后尚有余（a−b−c>0），从而贸易条件改善，净福利增加。相反，如果需求曲线比边际收益曲线更加陡峭，则征收关税可能会导致价格更大幅度的提高，贸易条件会因关税而恶化。

四、以进口保护促进出口论

这是以进口保护作为促进出口的手段。这一理论的两个基本假设是：（1）市场由寡头垄断并可以相互分隔，即各国厂商的行为会影响它们各自获得的价格，并能够在不同市场索要不同的价格。由于厂商向对方市场进行"相互倾销"（Reciprocal Dumping），这一模型中的国家在同一产业内既是出口国又是进口国。（2）存在某种规模经济。规模经济可能有几种形式，其中最简单的是静态规模经济。

在这两个假设前提下，该理论从规模经济和价格歧视两个方面论述了进口保护的出口促进作用。我们首先从规模经济角度来考察进口保护的出口促进作用。该理论认为，通过给予在某一市场上的特权地位，一国可以给其本国厂商以超过外国竞争厂商的规模经济优势，这种规模经济优势将转变为更低的边际成本和在未受保护的外国市场上更高的市场份额。在静态规模经济条件下，一国政府通过贸易保护（关税或配额）全部或局部封闭本国市场，赋予本国厂商在特定市场上的特权地位，受到保护的厂商的销售会增加，其边际成本将随着生产扩大而递减，而外国厂商的销售会减少，其边际成本将随着生产缩减而递增，这样，贸易障碍的设立进一步增强了本国厂商在对方国家及第三国市场上的竞争力。正是由于产量—边际成本—产量之间存在着相互决定、相互强化的作用机制，政府通过保护某一个市场可以为本国厂商带来滚动增大的规模经济效益，并会波及其余未受保护的市场，该国将能在所有市场上扩大本国的销售量和减少外国的销售量。在动态规模经济条件下，进口保护也能达到促进出口的目的。当某一产业处于研究开发牵引增长或干中学的动态发展过程时，规模经济表现为生产的边际成本是积累产量的减幂函数，随研究开发支出的增加或生产销售经验的积累而趋于下降。

☞ 习题

1. 什么是里昂剔夫之谜？有哪些对它进行解释的理论？
2. 简述新贸易理论的基本内容和特征。
3. 什么是产品生命周期理论？
4. 比较新 H-O 模型与新张伯伦模型。
5. 简述竞争优势理论的主要内容。
6. 简述战略性贸易政策的主要内容及其局限性。
7. 试论述战略性贸易政策在我国的适用性。
8. 试论述我国应该如何把比较优势提升为竞争优势。

☞ 网络链接

1. 了解日本的 R&D 支出情况，可以登录日本管理和协调处、日本统计局和统计中心：http：//www. stat. go. jp/english/1. htm。

2. 《世界银行研究观察》2000 年 2 月第 1 期第 15 卷，对日本和韩国的产业政策进行了评价，其网址为：http：//www. worldbank. org/research/journals. htm。

3. 查看对自由贸易持怀疑态度的观点，请登录：http：//www. uaw. org。

第五章 关税保护

摘要： 本章首先介绍了关税的概念与种类。然后，从价格、生产、消费、贸易、财政、福利等方面对小国情形和大国情形下的关税效应进行了局部的静态均衡分析和一般均衡分析。在此基础上对关税保护做了比较全面的评价。本章第三节阐述了关税结构理论，分析了有效保护率和关税升级的问题，说明了如何决定最优关税税率。最后指出，征收关税导致了整个世界总福利水平的下降。

重点与难点：

1. 关税的种类
2. 关税的经济效应分析
3. 有效关税保护率
4. 最优关税税率的决定

第一节 关税与关税保护

关税（Tariff）是一国政府设置的海关，依据国家制定的海关法则和税则，对通过关境的进出口商品所征收的税。

海关是设在关境上的国家行政管理机构，它的任务是根据本国有关的政策、法令和规章，对进出口产品、货币、金银、行李、邮件、运输工具等进行监督管理，征收关税，查禁走私物品，临时保管通关货物和统计进出口商品等。征收关税是海关的重要任务之一。

关境是海关管辖的范围，即其征收关税的领域。一般说来关境和国境是一致的。但是，有些国家相互缔结关税同盟，参与同盟的国家，其领土成为统一的关境，这时这些国家形成的统一关境就大于国境。另外，有些国家因在境内设立了自由港、自由贸易区等经济特区，置于关境范围之外，这时关境就小于国境。

关税是一种非常古老的税种，早在欧洲古希腊、雅典时代就已经出现了关税。长期以来，各国都把关税作为调节进出口的重要手段，尤其是在贸易保护主义盛行时期，可以通过抵税、免税、退税来鼓励商品出口，通过税率的高低来调节进口。与其他税收一样，关税由国家设置的专门机构依法强制征收，税款是国家无偿取得的国库收入,关税一般都按照国家预先规定的一个征税比率进行征收,不能随意更改和减免。因此,关税具有强制性、无偿性和预定性。很明显,关税是一种间接税。

征收关税主要出于两个目的:一是增加本国财政收入,以此目的而开设的关税称为财政关税(Revenue Tariff);二是保护国内产业和市场,以此目的而开设的关税称为保护关税(Protective Tariff)。财政关税的税率视国库需要和影响的贸易数量而制定,如税率过高便会阻碍进口或影响出口,达不到增加财政收入的目的。随着一些国家经济的发展,财政关税在财政收入中的重要性及其所占比重相对降低,这主要是由于其他税源增加;还由于许多国家曾广泛地利用高关税限制商品进口,以保护国内生产和国内市场,于是财政关税就为保护关税所代替。保护关税税率越高,越能达到保护的目的,故长期以来它是贸易保护政策的主要手段,至今仍为实行保护政策的一项基本措施。

一、关税的种类

关税的种类繁多。按照不同标准,主要可划分为以下几类:

(一)按照征收对象的流向分类

1. 进口税

进口税(Import Duties)是进口国家的海关在外国商品输入时,根据海关税则对本国进口商品所征收的关税。这种进口税在外国货物直接进入关境或过境时征收,或者外国货物由自由港、自由贸易区或海关保税仓库等提出运往进口国的国内市场销售,在办理海关手续时征收。

2. 出口税

出口税(Export Duties)是出口国家的海关对本国产品输往国外时,对出口商品所征收的关税。由于征收出口税会提高本国商品在国外市场上的销售价格,降低其国际竞争力,因而大多数国家对绝大部分出口商品都不征收出口税。第二次世界大战后,征收出口税的国家主要是发展中国家,其目的是为了增加财政收入,或者是为了保护本国同种工业制成品的生产,以满足本国市场的供应。

近年来,一些发达国家为了调整本国出口产品结构,鼓励工业制成品多出口,限制木材、煤炭等初级产品的出口,也对一些初级产品开始征收出口税,并课以较高的税率。我国目前也存在着对生丝、铅矿砂、生锑、山羊绒等100种初级产品征收出口关税的情况。

3. 过境税

过境税(Transit Duties)又称通过税,它是一国对于通过其关境的外国货物所征收的关税。过境货物对本国生产和市场没有什么影响,因而过境税率很低。目前,大多数国家对外国商品通过其领土时只征收少量的准许费、印花税、登记费和统计费等。大多数发达国家已相继废止征收过境税。

4. 进口附加税

一些进口国家对进口商品，除征收一般进口税外，还往往根据某种目的再加征进口税。通常把前者叫做正税，后者叫做进口附加税（Import Surtaxes）。也可以说，它是在正税以外征收的一种附加关税。目前主要有反倾销税和反补贴税。

（二）按照征税标准分类

1. 从量税

从量税（Specific Duties）是按照商品的重量、数量、容量、长度和面积等计量单位为标准计征的关税。其中，主要是以商品的重量为单位来征收，有的按商品的净重计征，有的按商品的毛重（包括商品的包装重量在内）计征，有的按法定重量计征。征收从量税，在物价上涨时，税额不能随之增加，财政收入相对减少，难以达到财政关税和保护关税的作用。从量税计算公式为：

从量税额＝商品数量×从量税率

第二次世界大战后，由于商品种类、规格日益繁杂和通货膨胀，大多数国家普遍采用从价税的方法计征关税。

2. 从价税

从价税（Ad Valorem Duties）是按照进口商品的价格为标准计征的关税，其税率表现为货物价格的百分率。目前，大多数发达国家普遍采用这种方法计征关税，我国也采用从价税。

从价税额的计算公式如下：

从价税额＝商品总值×从价税率

3. 混合税

混合税（Mixed or Compound Duties）又称复合税，它是对某种进口商品，采用从量税和从价税同时征收的一种方法。它分为两种：一种是以从量税为主加征从价税；另一种是以从价税为主加征从量税。前者如美国对男士开司米羊绒衫征收混合税，每磅从量税征收 37.5 美分，加征从价税 15.5%；后者如日本曾对手表的进口征收 15% 的从价，加征每只 150 日元的从量税。

混合税的计算公式为：

混合税额＝从量税额＋从价税额

4. 选择税

选择税（Alternative Duties）是对于一种进口商品同时定有从价税和从量税，但征收时选择其税额较高的一种征收。

二、海关税则

海关税则（Customs Tariff）又称关税税则，它是一国对进出口商品计征关税的规章和对进出口的应税与免税商品加以系统分类的一览表，是其征收关税的依据。

海关税则包括两部分：一部分是海关征收关税的规章条例及说明，另一部分是关税税率表。关税税率表主要包括税则号列、商品名称、征收标准、征收单位、税率等项目。

海关税则可分为单一税则和复式税则。单一税则是一个税目里只有一个税率，又称一栏税则，适用于来自任何国家的商品，没有差别待遇。复式税则又称多栏税则，一个税目定有两个或两个以上的税率，对不同国家的产品，适用不同的税率。

三、通关手续

通关手续（Procedure of Apply to the Customs）又称报关手续，是指出口商或进口商向海关申报出口或进口，接受海关的监督和检查，履行海关规定的手续。办完通关手续、结清应付的税款和其他费用后，经海关同意，货物即可通关放行。通关手续通常包括申报、验货、放行三个基本环节。

第二节　关税的均衡分析

征收关税会产生一系列的经济效应。从经济角度看，征收关税会影响资源的配置，即引起资源的重新配置，从而引起各种经济活动和一国福利水平的变化。关税的经济效应是指一国征收关税对其国内价格、生产、消费、贸易、财政、贸易条件、再分配和福利等方面所产生的影响。当然，政府也可以从中得到关税收入。但是，关税对于一国经济产生的影响究竟有多大，还取决于进口国的需求占世界市场的比例有多大。关税的经济效应可从单个商品市场的角度来考察，也可从整个经济的角度来分析，前者属于局部均衡分析，后者为一般均衡分析。

一、局部均衡分析

在本节中，我们将用局部均衡分析法来分析实施关税在小国和大国分别会产生怎样的效应。

（一）小国的关税效应

所谓小国，是指进口量占世界市场的比例很小的国家，因此该国实施关税对世界市场价格不会产生什么影响。

如图 5-1 所示，小国 A 国内市场 X 商品（可进口商品）的需求曲线位于 D_d，国内生产供给曲线为 S_d。在自由贸易下，世界市场 X 商品的价格为 P_w（低于国内封闭条件下的均衡价格 P_e）。在不征收关税的情况下，A 国国内消费者和生产者面对的 X 商品价格为 P_w，国内生产量为 Q_1，需求量为 Q_2，进口 Q_1Q_2。现在，假定 A 国按从价税率 t 对进口的 X 商品征收关税，因 A 国是小国，故关税完全体现为商

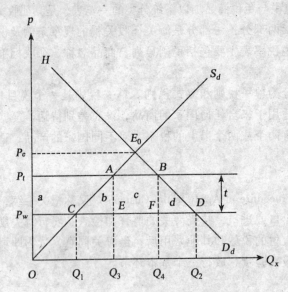

小国情形下的关税全部由国内消费者负担，关税完全体现为商品的加价，国内价格上升。

图 5-1

品加价，国内价格变为 P_t，关税效应可归纳如下：

1. 价格效应（Price Effect）

关税的价格效应是指征收关税对进口国国内市场价格的影响。对进口商品征收关税首先会使进口商品的价格上涨，假设国内进口替代部门生产的产品与进口商品是同质的，则整个国内市场该商品的价格都会上涨，但国内市场价格上涨幅度的大小，则要视关税征收对世界市场价格的影响力。由于贸易小国对世界市场价格没有影响力，因此征收关税后，国内市场价格的上涨部分就等于所征收的关税，即关税全部由国内消费者负担，此时的国内市场价格等于征收关税前的世界市场价格加上关税。图中，征收进口关税后使国内消费者和生产者面对的价格由 P_w 上升到 $P_w(1+t)$，即 P_t。

2. 消费效应（Consumption Effect）

关税的消费效应是指征收关税对进口商品消费的影响。因其是贸易小国，商品的进口量占世界进口量的很小一部分，因此，该国的进口量的变动不能影响世界市场价格，就好像是完全竞争的企业一样，只是价格的接受者。这样，该国征收关税以后，进口商品上涨的幅度等于关税税率，关税全部由进口国消费者负担，对消费者造成直接损害。一方面，如果该进口商品的进口需求弹性比较小，价格的上涨不能通过减少需求来调整，那么消费者就要支付较高的价格。另一方面，如果该进口商品的进口需求弹性比较大，那么国内消费者将减少需求量，从而降低了福利水平。由于征收关税使国内市场价格提高，因此，只要国内的需求弹性大于零，国内价格的提高必然导致消费量的减少。图中，征收关税后，国内消费量从 OQ_2 减少为 OQ_4。

消费量的减少对消费者的福利产生不利影响。图中，征收关税前后消费者剩余（Consumer's Surplus）分别如三角形 HDP_W 和三角形 HBP_t 所示，消费者的福利损失为梯形 DBP_tP_W 的面积 $a+b+c+d$。

3. 生产效应或保护效应（Production or Protective Effect）

关税的生产效应是指征收关税对进口国进口替代品生产的影响。对于与进口商品相竞争的国内生产者而言，显然是可以从保护关税中获得利益的。我们知道，外国商品之所以会输入，其根本原因在于国际市场价格比国内市场价格低，或在价格相同的情况下，国外商品质量优于国内，如果自由进口，进口竞争厂商会被迫降低价格，并把自己的产品调整到边际成本等于价格的水平。征收关税提高了该商品的国内价格（国际价格则保持不变），使得国内生产者得以根据上涨了的价格扩大生产量，增加利润。该种商品的国内生产量的增加，会带来对生产该商品提供的投入品（如原料）的需求的增加，同时也会提高同类产品或可替代产品的国内价格，使生产集团获得利益。但从整个国家来看，由于征收关税，一些国内资源从生产更有效率的可出口商品转移到生产较缺乏效率的可进口商品中，由此造成了该国资源配置效率的下降。

征收关税后，价格上升使得国内生产增加 Q_1Q_3，关税刺激了国内生产，保护了国内生产者。国内生产者因征收关税而获得的利益可用生产者剩余（Producer's Surplus）的变动来衡量。图中，征收关税前，生产者剩余如三角形 OCP_W 的面积所示；征收关税后，生产者剩余如三角形 OAP_t 的面积所示。可见，征收关税之后，生产者剩余增加了，增加部分为梯形 CAP_tP_W 的面积 a，此即征收关税后生产者的福利所得。

4. 进口效应或贸易效应（Import or Trade Effect）

关税的贸易效应是指征收关税对商品进口数量的影响。征收关税提高了进口商品的价格，导致进口减少，从而使经营进口商品的公司和个人损失了部分市场，减少了收入。如图所示，征收关税后，由于生产增加，消费减少，所以进口数量由 Q_1Q_2 减至 Q_3Q_4。其中，所减少的 Q_2Q_4 数量的进口乃消费减少所致；减少的 Q_1Q_3 数量进口则由生产增加所致。因此，关税的贸易效应为消费效应与生产效应之和。

5. 财政收入效应（Fiscal Revenue Effect）

关税的财政收入效应是指征收关税对国家财政收入的影响。只要关税不提高到禁止关税的水平，它会给进口国带来财政收入。这项收入等于每单位的课税额乘以征税的进口商品的数量。如图所示，关税收入为 $Q_3Q_4 \times t$，即等于矩形 $AEFB$ 的面积 c。在小国情况下，征收关税而带来的收入是由国内消费者支付的。应该看到，关税收入的一部分要用来支付征收关税这一行为的费用，如海关官员的报酬。因此，关税收入只有一部分转为财政收入。

6. 再分配效应（Redistribution Effect）

关税还会造成收入从国内消费者向国内生产者的再分配。关税引起国内商品价格上涨，生产者增加了利润，其中一部分是从消费者支付的较高价格中转移过来的。关税还造成了收入从该国丰富的生产要素（生产可出口商品）向该国稀缺的生产要素（生产进口竞争产品）的再分配。按照斯托尔珀-萨缪尔森定理，由于征收关税而使得一种商品的相对价格提高，就会增加该种商品生产中密集使用的生产要素的报酬或收入。这样，该国稀缺生产要素的实际报酬就会上升，而该国相对丰富的生产要素的实际报酬就要下降。例如，当一资本丰富国对进口商品（劳动密集型商品）征收进口关税时，对国内生产者和消费者来说，劳动密集型商品的相对价格就会上升，从而劳动（该国稀缺生产要素）的实际工资就会上升，而资本所有者的收入就会降低。

在图中，如前所述，征收关税前，消费者剩余为 HDP_W，征收关税后，消费者剩余为 HBP_t，消费者剩余减少了 DBP_tP_W。然而，征收关税后，生产者由于增加了 Q_1Q_3 的进口替代品生产而增加了 CAP_tP_W 的生产者剩余，政府由于征收关税而增加了 $AEFB$ 的财政收入。CAP_tP_W 和 $AEFB$ 实际上是社会收入由消费者负担增加而转移给生产者和政府的部分。

7. 贸易条件效应（Terms of Trade Effect）

关税的贸易条件效应是指征收关税对进口国贸易条件的影响。对进口商品征收关税使该商品的国内价格上升，从而使其国内生产扩大，消费减少，进口缩减。但由于贸易国是小国，其进口量的减少并不会对世界市场上的供求关系产生显著影响，因而既不能影响该商品的国际价格，也不能影响本国出口商品价格，故小国的贸易条件不会发生变化。

8. 福利效应（Welfare Effect）

如果从福利的角度，即从消费者剩余和生产者剩余的角度来分析，小国征收进口关税是会发生福利损失的，这种损失成为关税的社会成本（Social Cost of a Tariff）。

在图中可以看到，由于征收关税使价格上升，消费者剩余减少 $a+b+c+d$，生产者剩余增加 a，政府关税收入增加 c，征收关税的净福利损失为 $(a+b+c+d)-(a+c)=b+d$。也就是说，征收关税使消费者剩余的一部分 $(a+c)$ 转移给生产者 a 和政府 c，但却发生了 $(b+d)$ 的福利净损失，这就是小国征收关税的社会成本。其中 b 成为关税保护的生产成本（Production Cost of Protection），也成为生产效率的净损失。它是在征收关税后，由于价格的提高，导致由国内生产要素需求的提高而使要素价格提高，从而引起国内进口替代品生产的边际机会成本提高而造成的损失，是由关税导致资源的错误配置而产生的。因为在资源充分就业的条件下，关税保护使国内进口替代部门的生产增加，这必然是使国内其他部门的资源向该部门转移的结果，这种资源的再配置被认为是缺乏效率的，因为进口替代部门相对来讲是缺乏效率的。值得指出的是，如果资源没有充分就业，就不会发生这类保护的生产成本，相反会引起关税保护的就业效应（Employment Effects of the Tariff）。另一部分 d 称为关税保护的消费成本（Consumption Cost of Protection），也叫消费净损失。它是在征收关税后，本国消费者因为减少了比现时价格较低的进口产品的消费而蒙受的损失，因此它是由关税导致国内消费品相对价格扭曲而产生的。这两种损失的总和，也就是关税的福利损失效应。

征收关税所产生的各种效应的大小，取决于正税商品的供给与需求弹性及关税税率的高低。对于相同的关税率，需求愈富弹性，消费效应愈大；同样，供给愈富弹性，生产效应愈大。因此一国对某种商品的供给与需求愈富弹性，关税的贸易效应愈大，而财政效应愈小。

关税的负担决定于进口需求与出口供给的弹性大小，弹性愈大者，关税的负担愈轻；弹性愈小者，关税的负担愈重。由于小国进口所面对的出口供给弹性无限大，因此小国征收进口税，关税完全由其本国消费者负担，而关税收入全部由其政府所得。

（二）大国的关税效应

假设 B 是一个大国，我们来分析一下关税给 B 国经济造成的影响。所谓大国，是指一国对世界市场具有价格影响力的国家。大国征收关税后会与小国征收关税一样产生一系列经济效应，诸如消费者福利会下降，国内供给会增加，贸易量会减少，财政收入会增加，收入再分配效应也会发生。然而毕竟是贸易大国，该国征收关税后，一方面，它使得本国国内市场价格上升；另一方面，国内市场价格上升使得国内需求减少，因而进口需求也减少，而该国进口量占世界市场的比重很大，所以，其进口量的减少将促使世界市场价格下降，以期以更低的价格进入该国市场。因此，从局部均衡分析所得出的征收关税的代价和利益对比的净效果，就不同于小国的情况了。大国的关税价格效应是双重的，在导致本国国内价格上升的同时迫使世界市场价格下降。

在图 5-2 中，假设 B 是一个大国，Y 是 B 国的进口商品。D_d 为 B 国对 Y 商品的需求曲线，S_d 为国内供给曲线，又设 S_f 为外国的出口供给曲线，则（S_d+S_f）表示 B 国国内的市场总供给曲线。由于 B 为大国，因而（S_d+S_f）不再是水平线，而是向上倾斜的。

自由贸易时，市场均衡于 E_0，国内生产量为 Q_1，消费量为 Q_2，需进口的数量是 Q_1Q_2，世界价格为 P_w。现假定 B 国征收单位税额为 t 的进口关税，于是，总供给曲线按关税幅度上移到（S_d+S_f+t），均衡点移至 E_1，国内价格上升到 P_t，进口

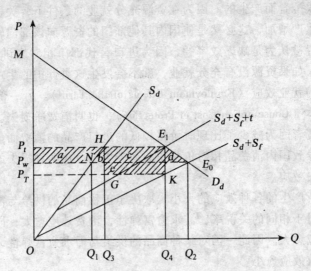

大国情形下的关税有利于改善本国的贸易条件，关税不再完全转化为国内商品的加价，一部分关税转嫁给了外国出口商，其大小为 P_t-P_T

图 5-2

数量减少到 Q_3Q_4。由于 B 是大国，其商品 Y 的进口需求占世界市场比重很大，因此，B 国进口的减少将促使国外出口商压低价格，以便将商品 Y 出口到 B 国。这样，它最终以低于世界市场的价格 P_T 出口商品 Y，此时，关税不再完全转化为国内商品加价，其中一部分转变为外国出口商出口价格的降低，其大小 $t=（P_t-P_W）+（P_W-P_T）=P_t-P_T$。这样每单位关税就由消费者和国外出口商一起负担，大国征收关税有利于改善其贸易条件。

1. 消费效应（Consumption Effect）

无疑，关税使得消费者受损，因为它提高了国内市场价格。在征收关税前，国内价格为世界市场价格 P_W，消费者剩余为 $\triangle P_WE_0M$。征收关税后，国内市场价格变为 P_t，消费者剩余成为 $\triangle ME_1P_t$。因此，征收关税使消费者剩余减少，减少数额相当于梯形 $P_tE_1E_0P_W$ 的面积，即图中的 $a+b+c+d$。

2. 生产效应或保护效应（Production or Protective Effect）

关税提高了国内价格，那么生产者就将获利，生产者剩余增多。征税前，在 P_W 价格水平上，由 S_d 确定的生产者剩余可用 $\triangle P_WNO$ 的面积来表示。征税后，价格为 P_t，生产者剩余为 $\triangle P_tHO$ 的面积，即生产者剩余总共增加了梯形 P_tHNP_W 的面积，即图中的 a 部分。

3. 财政收入效应（Fiscal Revenue Effect）

政府征收关税，必然增加财政收入。征税以后，国内的需求量为 OQ_4，供给量

为 OQ_3，因而 Q_4Q_3 部分要通过进口获得。政府收入＝每单位税金×进口量＝$t×Q_4Q_3$＝$(P_t-P_r)×Q_4Q_3$，即为矩形 HE_1KG 的面积，在图中可用 $c+e$ 来表示。

4. 贸易条件效应（Terms of Trade Effect）

因为大国征收关税时，减少了对进口商品的需求，从而造成进口商品价格下降，如果该国出口价格不变，则该国的贸易条件得到了改善。

5. 福利效应（Welfare Effect）

从整个经济角度出发，B 国由于实行关税，到底是获利还是受损，则要看 B 国关税的净成本。净成本＝消费者剩余的减少量－生产者剩余的增加量－政府关税收入＝$(a+b+c+d)-a-(c+e)=b+d-e$。由此可见，B 国关税的净成本为 $b+d-e$。它是否获利，还需要具体比较（$b+d$）与 e 的大小值。e 部分是 B 国从关税中得到的改善贸易条件的好处，（$b+d$）则为保护成本。如果该国贸易条件改善利益超过关税保护的代价，则意味着从征收关税中获得了净利益。如果贸易条件改善利益与保护成本相等，那么该国从关税中既未获得利益，也未遭受损失。若贸易条件改善的利益比保护成本小，该国将从征收关税中得到净损失。究竟是何种情况，要具体分析商品的进口需求弹性和出口供给弹性。

综上所述，进口国征收关税，有利于国内生产者，不利于国内消费者。如果进一步分析进口关税对出口国的影响，大致可得出这样的结论：进口国征收关税，出口国生产者可能因出口数量的下降而受损，出口国消费者却可能因国内供给的扩大而受益。应当注意的是，以上所分析的福利均为静态福利。事实上，关税还会带来种种动态影响。比如，关税对幼稚产业的保护，可以带来国内产业发展的长期利益，对某些停滞产业的保护，能够保护国内就业，保证国内经济的稳定等。关税对国内经济也会产生消极的影响，如过度保护使得国内企业不思进取，技术进步缓慢，劳动生产率低下。因此，考察关税的经济效应和关税对本国净福利的影响，必须结合经济发展的动态来看。

二、一般均衡分析

（一）小国关税的一般均衡分析

利用生产可能性曲线和社会无差异曲线，可以对关税效应进行一般均衡分析。首先分析小国征收进口关税的一般均衡影响。如图 5-3 所示，小国 A 出口 Y 商品，进口 X 商品。对 X 商品征收关税前，封闭经济均衡点是 S_0。在自由贸易下，假设世界价格为 P_W（以相对价格 P_x/P_y 表示），由于 Y 商品是 A 国的比较优势商品，故其生产点移至 S_1，消费点为 E_1，贸易量以 $\triangle S_1CE_1$ 表示。

现在，A 国对进口商品 X 征收关税。虽然作为一个整体，A 国所面临的世界价格不变，仍等于 P_W，但对于 A 国内的生产者和消费者来说，他们面临的国内价格按关税幅度变为 P_d。这时，国内生产点移到 S_2，关税高低用 P_W 与 P_d 之间的夹角

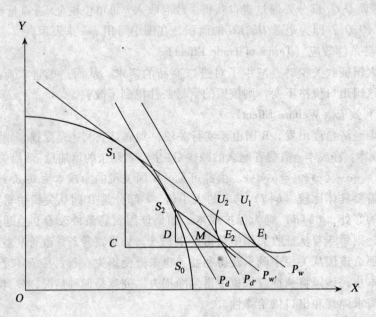

小国关税的一般均衡效应导致了该国资源转移的效率损失、消费者福利下降、贸易规模下降和财政收入的增加。

图 5-3

大小来衡量。

政府获得关税收入后，如果以减免国内税和增加公共支出的方式进行再分配，则消费水平会扩大到比 P_d 更远离原点的 $P_{d'}$（$P_d /\!/ P_{d'}$）线上。同时，又因国家整体所面临的国际价格不变，所以 A 国作为一个整体，其消费点（如 E_2）还必须位于同 P_w 平行的 $P_{w'}$，较 U_1 低的社会无差异曲线 U_2 与 $P_{d'}$ 相切于 E_2，E_2 即为征税后的消费均衡点。面积缩小的贸易三角 $S_2 D E_2$ 表明贸易规模下降，A 国进口 X 商品的数量为 DE_2，其中 DM 直接被国民所消费，余下的 ME_2 以关税收入的形式被政府征收并用于再分配。$U_2 < U_1$，表明 A 国征收进口关税引起其福利水平下降。

如果进口关税水平足够高，致使 P_d 与生产可能性曲线相切于 S_0 点以下，则 A 国生产和消费回到自给自足的均衡点，这种关税成为禁止性关税。

这样，我们可以将小国征收进口关税的一般均衡效应总结如下：

1. 生产效应或保护效应

表现为征收关税后生产点由 S_1 点向 S_2 点移动，国内进口替代品 X 的生产增加，出口商品 Y 的生产减少。这种资源转移的效率损失由过 S_2 的直线 $P_{w'}$ 与生产可能性曲线 U_2 相交（而非相切）表示，即 X 商品生产的机会成本高于 X 商品在世界市场的相对价格，表明国内生产是无效率的。

2. 消费效应

表现为征收关税后消费点由较高的无差异曲线 U_1 上的点 E_1 向较低的无差异曲线 U_2 上的点 E_2 移动，可进口商品 X 的消费减少，消费损失表现为消费福利下降。

3. 贸易效应

由进口效应（Import Effect）和出口效应（Export Effect）共同构成。如图，由于对 X 商品征收进口关税，贸易三角 S_2DE_2 面积缩小，表明贸易规模下降。

4. 财政收入效应（Fiscal Revenue Effect）

可以通过比较以要素成本表示的国民产出价值与以征收关税后商品的国内价格表示的总量消费支出的差额来决定。事实上，征收关税以后，总量消费支出超过国民产品价值的部分就是关税收入。因为征收关税后消费者的总支出 D 可以表示为

$$D = p_x \ (1+t) \ \cdot X_c + p_y \cdot Y_c$$

式中，$p_x \ (1+t)$ 和 p_y 分别为 X 和 Y 商品在征收关税后的国内价格；X_c 和 Y_c 分别为征收关税后消费者消费的两种商品的数量。

同样，征收关税后的国民产品价值可以表示为

$$Y = p_x \ (1+t) \ X_p + p_y \cdot Y_p$$

式中，X_p 和 Y_p 分别为征收关税后 X 和 Y 商品的国内生产量。

这样，总消费支出与国民总产品的价值（$D-Y$）可表示为

$$D-Y = \ [p_x \ (X_c - X_p) \ + p_y \ (Y_c - Y_p)] \ + p_x \ (1+t) \ (X_c - X_p)$$

根据瓦尔拉斯定理（Walras' Law），在国内生产和消费一般均衡条件下，应有

$$p_x \ (X_c - X_p) \ + p_y \ (Y_c - Y_p) \ = 0$$

从而，$D-Y = p_x \ (1+t) \ (X_c - X_p)$ = X 商品的进口税额。

5. 收入分配效应（Income Distribution Effect）

根据斯托尔珀-萨缪尔森的研究，当某种商品的相对价格上升时（例如由于征收进口关税使进口商品的相对价格上升），生产该种商品所密集使用的生产要素的报酬将上升，当资本丰富的 A 国对进口的劳动密集型商品 X 征收关税，使 X 商品的相对价格上升，从而 A 国生产 X 商品所密集使用的要素——劳动的报酬将上升。

（二）大国关税的一般均衡分析

如果大国对进口商品征收关税，就会使进口商品的相对价格降低，从而改善大国的贸易条件。对此，可用提供曲线描述大国关税的一般均衡。对于小国而言，其贸易伙伴的提供曲线是一条与国际价格线重合的直线；但对大国来说，其贸易伙伴的提供曲线必然具有一定的曲率。

如图 5-4 所示，大国 A 和其贸易伙伴国 B 的提供曲线分别为 OA 和 OB，Y 为 A 国的进口商品。征税前贸易均衡于 E，贸易条件为 P_w。在 E 点，两国与 P_w 相切的贸易无差异曲线 I_a 和 I_b 代表两国在自由贸易条件下所能达到的最大福利水平。

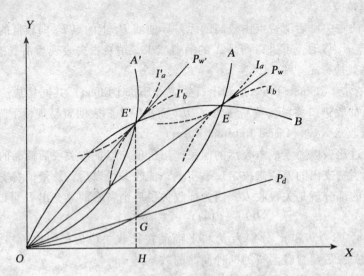

征收关税使贸易均衡发生变动，贸易减少，贸易条件得到改善。当其他国家不作反应时，大国可以通过征收关税改善福利状况，其净福利取决于贸易量减少程度与贸易条件改善程度的对比。

图 5-4

当 A 国对进口商品 Y 课征关税，征税的结果将导致 Y 商品的国内市场价格相对上升。此时，国内同量进口而意愿出口的数量减少，提供曲线内移至 OA'，新贸易均衡点到达 E'，贸易量缩减，贸易条件从 P_w 变成 $P_{w'}$，A 国贸易条件得到改善。A 国的净福利取决于贸易量减少程度与贸易条件改善程度的对比，但至少可以断定，A 征税造成其贸易伙伴 B 的福利水平下降，即 $I_{b'} < I_b$。

A 国所获得的进口量 E'H 中，GH 直接被国民消费，E'G 成为政府的关税收入，国内相对价格为 P_d。

可见，大国可以通过征收关税改善福利状况，但这一结论只有在其他国家对此不做出反应时才成立。如果其他国家做出反应，则会导致关税战，从而各国将竞相征收最优关税，有关内容本章下节将详细介绍。

第三节　关　税　结　构

关税结构理论（The Theory of Tariff Structure）是所有进口商品不同关税税率结构关系的概括。由于政府在征收关税时，并不是对所有的进口商品都征收单一税率，而是对不同商品征收不同税率，从而构成一国进口商品的关税结构。

现代关税的主要功能在于保护国内市场和国内产业，关税保护作用的大小一般同关税率高低成正比。然而，在中间品贸易高度发展的当代社会，仅着眼于最终产品的关税水平往往并不能客观反映关税的实际保护效果。最终产品关税率所提供的保护作用只是名义保护率，名义保护率所体现的是对产品市场价格的保护，它只考虑关税税率的高低。为说明关税对产业的实际保护效果，人们采用了有效保护率的概念。有效保护率所体现的则是对产品生产增值的保护，它还与关税结构有关。

一、关税保护率

关税保护率是指关税对进口国整体经济或某类产业或产品的保护程度，可分为名义保护率与有效保护率。

（一）名义保护率（Nominal Rate of Protection，NRP）

1. 名义保护率的含义

名义保护率就是由于实行保护而引起的国内市场价格超过国际市场价格的部分与国际市场价格的百分比，这是传统的保护率理论。其公式为：

$$NRP = \frac{P' - P}{P}$$

其中：P' 表示进口商品的国内市场价格；

P 表示进口商品的国际市场价格。

这一公式是一个国家制定保护关税税率的根据，因为关税的保护作用就是通过征税增加进口商品的到岸成本，提高其销售价格，抵消其价格竞争优势。制定某种商品保护关税税率的依据，应该是该种商品的国内市场价格和国际市场价格的差额与国际市场价格的百分比，通过对进口商品按税率征收关税后，消除商品的进口价格与国内价格之间的差额，即使进口商品价格不低于或高于国内同类商品的价格。因此，一般就把一个国家的法定税率，即海关根据海关税则征收的关税税率，看做是名义保护关税率。在其他条件相同和不变的情况下，名义保护关税率越高，对本国同类产品的保护程度越强。

在各国征收关税的实践中，法定税率与根据商品国内外价格差额计算出的名义保护关税率往往存在差别，这是因为在制定法定税率时，除价格之外，还要考虑其他因素，如国内外货币汇率的对比、供求关系、国内税收和人们对进口商品的追求心理等，但这些因素是很难用数字计算的。

在现实经济中，影响进口商品国内外价差的因素很多，除关税以外，还有进口许可证、配额、外汇管制等，都可能使同一商品在国外市场形成不同的价格。因此，NRP 是这些保护措施或影响因素共同形成的对国内生产的保护率。但是，考虑到关税是国际贸易中传统的、主要的保护手段，通常假定关税是唯一的保护措施，从而一国进出口税则中的某种商品的法定税率常常被认为是该国的 NRP。严格地说，后者应称为名义关税保护率，即通常所讲的名义关税。

2. 关税水平（Tariff Level）

关税水平是指一国或一产业部门中各种商品的平均进口税率。它反映的是关税对一国或某一产业部门的整体名义保护率。关税水平的计算方法主要有以下几种：

（1）简单平均法，其公式为：

$$关税水平 = \frac{税则中所有税目的税率之和}{税则中所有税目之和} \times 100\%$$

简单平均法最大的优点是计算简单，但很难真正全面地反映一国关税对其经济的保护程度，原因是没有考虑到进口商品的数量和价格，税则分类的不同也会影响关税水平的高低。

（2）加权平均法，其公式为：

$$加权平均关税水平 = \frac{\sum 进口关税收入（计算值）}{\sum 进口总值}$$

加权平均法是以不同类别或种类进口商品的价值总量乘以其适用的进口税率，然后相加，得出总额，以总额除以所有进口商品的价值总量，其结果就表示该国的加权平均关税水平。

然而，关税水平所反映的毕竟只是一国或一产业的整体水平。实际上，任何一国或产业都不是对所有商品都实行保护的。其中，对某些敏感性商品的关税保护大大高于该国整体关税水平。同时，各种非关税措施的保护更是不能用关税水平来衡量。因此名义保护关税率实际上并不能准确、真实地反映对国内受保护商品的有效保护程度。

（二）有效保护率与关税升级

名义保护关税率考察的是关税对某种进口制成品价格的影响，是为了在征收关税之后使其价格与国内同类产品的价格处于同一水平，以达到削弱其竞争能力、保护国内生产的目的。这对保护完全用本国原材料生产的产品是适用的，但对用进口原料或元器件生产的制成品则不完全适用。因为名义关税率并没有将国内生产同类制成品所用进口原材料的进口税率包括在考察范围之内，而原材料的进口关税率是影响本国产品竞争力的一个重要因素。因此有必要研究有效保护关税率的问题。

有效保护关税率不仅考虑对进口制成品的所征关税对其价格的影响，而且考察本国同类制成品所用进口原材料的关税率对本国产品竞争力的影响。因为进口原材料的关税率会影响本国制成品的增加值。从商品价格构成角度看，增加值是商品价格减去原材料费用后的余额，即新创造的价值。所谓保护国内生产，表面上看是保护、维持国内产品的价格，实际上是保护本国产品的增加值。本国产品价格为一定时，进口原材料关税率低，则产品的物质成本就低，产品的增加值就会相应扩大，竞争力也随之提高，同类外国产品进口税率的有效保护作用也就增强。相反，进口原材料关税率高，则产品的物质成本就高，产品的增加值就会相应缩小，竞争力随之降低，同类外国产品进口税率的有效保护作用也就减弱。

影响有效保护关税率的因素除了进口原材料的税率以外，还有进口原材料价格在制成品价格中所占的比重。原材料价格及其在制成品价格中所占的比重是影响制成品增加值的决定性因素。

1. 有效保护率（Rate of Effective Protection）：指征收的关税额占国内增加值增量的百分比。国内增加值是最终产品价格与在这种商品生产中进口的中间产品成本之间的差额。国内增加值增量就是一种加工产品在国内各种保护措施下的增值量和其在自由贸易条件下增值量的差额与自由贸易条件下增值量之比。

用公式表示如下：

$$g = \left[(v'-v) / v \right] \times 100\%$$

其中：g 为有效保护率；v 是自由贸易时最终产品增加值，即最终产品价格与中间投入品价格的差额；v' 是征税后单位最终产品附加值，即最终产品征税后价格与中间投入品征税后的价格。

假设 P 是最终产品价格；P_i 是中间投入品价格；a_i 为生产一端为最终产品所投入的中间产品的数量；t 是最终产品的关税税率；t_i 是中间产品的关税税率。由于自由贸易时，国内商品价格与世界市场商品价格相等，于是进一步推导出有效保护率的计算公式为：

$$v = P - a_i P_i, \quad v' = (1+t) P - a_i (1+t_i) P_i$$

则

$$g = (v'-v) / v = \frac{\left[(1+t) P - a_i (1+t_i) P_i \right] - (P - a_i P_i)}{P - a_i P_i}$$

$$= \frac{tP - a_i t_i P_i}{P - a_i P_i} = \frac{t - (a_i P_i / P) \cdot t_i}{1 - a_i P_i / P}$$

如果令 $C_i = a_i P_i / P$，则可得有效保护率的简化公式：

$$g = (t - C_i t_i) / (1 - C_i)$$

C_i 表示自由贸易时第 i 种中间产品成本在最终产品价格中所占比例。若产品生产过程中需各种进口的中间投入物，则有

$$g = \left(t - \sum_{i=1}^{n} C_i t_i \right) / \left(1 - \sum_{i=1}^{n} C_i \right)$$

分析可得：

①若 $C_i = 0$，$g = 0$，即若没有进口投入要素，则有效保护率与名义保护率相同。

②若 C_i、t_i 值不变，则名义税率 t 越高，有效保护率 g 越高。

③若 t、t_i 值不变，则 C_i 值越大，有效保护率越高。

④若 t_i 大于或等于或小于 t，则有效保护率 g 小于或等于或大于 t。

⑤若 $C_i t_i > t$，则 $g < 0$，即此时关税结构不利于保护，反而会削弱国内产品的国

际竞争力。

有效保护理论的一个缺点就是它技术上假定生产的系数是固定的（即没有要素替代），并假定进口商品和进口要素的国际价格不受关税影响（即假定为一小国）。

2. 关税结构

因此，实行关税保护不仅依赖于较高的税率，还要有合理的关税结构和生产结构。关税结构又称为关税税率结构，是指一国关税税则中各类高低不同的商品关税税率之间的相互关系。世界各国因其国内经济和进出口商品的差异，关税结构也各不相同，但一般都表现为资本品税率较低，消费品税率较高，生活必需品税率较低，奢侈品税率较高；本国不能生产的商品税率较低，本国能够生产的税率较高。其中一个突出的特征是关税税率随产品加工程度的逐渐深化而不断提高。制成品的关税税率高于中间产品的关税税率。中间产品的关税税率高于初级产品的关税税率。这种关税结构现象称为关税升级（Tariff Escalate）结构，或阶梯式关税结构。所谓关税升级结构即是对原材料进口实行免税或只征收极低的关税，对中间产品征收较低的关税，对最终产品实行高税率，从而使最终产品受到最充分的保护。在实行关税升级结构的国家，关税的实际保护率明显高于其名义税率。

用有效保护理论可以很好地解释关税结构中的关税升级现象。有效保护理论说明，原料和中间产品的进口税率与其制成品的进口税率相比较低，对有关的加工制造业最终产品的有效保护率则较高。关税升级，使得一国可对制成品征收比其所用的中间投入品更高的关税。这样，对该制成品的有效保护率将大于该国税则中所列该制成品的名义保护率。以发达国家为例，在 20 世纪 60 年代，发达国家平均名义保护率在第一加工阶段为 4.5%，在第二加工阶段为 7.9%，在第三加工阶段为 16.2%，在第四加工阶段为 22.2%，而有效保护率分别为 4.6%，22.2%，28.7%，38.4%。由此可见，尽管发达国家的平均关税水平较低，但是由于关税呈升级现象，有效保护率一般都大于名义保护关税，使对制成品的实际保护最强。在关税减让谈判中，发达国家对发展中国家初级产品提供的优惠，远大于对制成品提供的优惠，缘由即出于此。中国在 1982 年修订《中华人民共和国海关进出口税则》时也充分注意了关税结构。

由此可见：①当制成品进口名义关税率高于原材料进口名义关税率时，有效保护关税率高于名义关税率；②当制成品进口名义关税率等于原材料进口名义关税率时，有效保护关税率等于名义保护关税率；③当制成品进口名义关税率低于原材料进口名义保护关税率时，有效保护关税率低于名义保护关税率，甚至出现负有效保护关税率，即不仅没有保护作用，反而还起了负作用。从中可以得出结论，对原材料进口征收的名义关税率相对于制成品进口的名义关税率越低，对国内生产的制成品的有效保护程度越强；反之，对原材料进口征收名义关税率相对于制成品进口的名义关税越高，对国内生产的制成品的有效保护程度越弱；超过一定界限，还会出现负保护作用。因此，以出口工业制成品为主的工业发达国家对原材料等初级产品的进口征收低关税，甚至负税，对半制成品的进口征收较适中的关税，对制成品的进口征收较高的关税。工业发达国家这种关税结构对发展中国家出口制成品无形地加强了限制作用。发达国家主要从发展中国家进口原材料等初级产品，发达国家在形式上对发展中国家出口的初级产品以优惠关税待遇，实质上是起了更有效地限制发展中国家出口制成品的作用。

因此考察一国对某商品的保护程度，不仅要考察该商品的关税税率，还要考察对其各种投入品的关税税率，即要考察整个关税结构。了解这一点，对于一国制定进口税率或进行关税谈判都有重要意义。

二、最优关税税率的决定

既然征收关税有利有弊，那么到底是利大还是弊大呢？这主要取决于税率的确定。一个国家要从对外贸易中获得最大利益，就要确定其最适度关税水平，从而使其经济福利达到最大。最适度关税应该是大于或等于零，小于或等于禁止性关税，也即最适度关税应处于零关税和禁止性关税之间。这是因为，零关税不能给该国带来任何额外的收益，而在禁止性关税下，进口商品价格太高，在国内卖不出去，因而外国的出口商也不愿意出口到该国去。如何寻求净福利最大化的关税水平，便是最优关税理论所探讨的问题。

（一）最优关税的含义

当税率确定在一个最佳水平，就能使该国的福利水平达到最大，此时的关税叫做最适度关税。所谓最优关税（Optimum Tariff）是指一国征收的关税，使得一国贸易条件的改善所带来的收益扣除其贸易量减少带来的损失后的净所得最大化。由于贸易小国征收关税不能改变其贸易条件，而只会使贸易量下降，因而使其福利水平下降，所以小国的最优关税为零关税。即实行自由贸易政策对小国而言是最为有利的。由于贸易大国征收关税能够改善其贸易条件，因而使其福利水平提高，故只有大国存在最优关税。最优关税不会是禁止性关税，因为在禁止性关税下，进口国不能进口该产品，因而也就无获利可言。因此，进口关税高并不意味着收益高。最优关税也不是零关税，零关税也不能使进口国获得任何经济利益。因此，最优关税应该是在禁止性关税和零关税之间，在该点因贸易条件改善而获得的额外收益恰好抵消了因征收关税而产生的生产扭曲和消费扭曲所带来的额外损失，也就是以自由贸易为起点，当一国提高其关税税率时，其福利逐渐增加到最大值（最优关税率），而当关税率继续增加至超过最优关税税率时，其福利又逐渐下降，最终这个国家又将通过禁止性关税回到自给自足的生产点，如图 5-5 所示。

图 5-5 中，横轴 t 表示关税税率，纵轴 W 表示福利水平。t^* 表示最优关税税率，

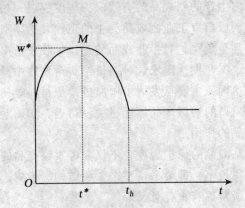

随着关税税率上升，福利在最优关税时达到最大值，之后又逐渐下降，最终达到禁止性关税时的水平。

图 5-5

W^* 表示最大福利，t_h 表示禁止性关税水平。

对于该概念的理解，应当注意的是：（1）最优关税不能是禁止性关税，如果关税水平过高，会导致贸易中断，自然无贸易利益可言。（2）最优关税给一国带来的福利增加是以伙伴国遭受损失为前提的，因而可能招致伙伴国的报复，因此引发的贸易战无疑会给双方都造成损失。所以在讨论最优关税时，必须假定不存在贸易报复。（3）最优关税虽然可以增进征税国的福利，但仍然是对世界资源配置的一种扭曲，造成世界总福利水平下降。

（二）最优关税税率的决定

为了说明最优关税税率的决定问题，我们要引进贸易无差异曲线这个概念。贸易无差异曲线与社会无差异曲线密切相关。社会无差异曲线表示的是社会从国内生产或从国际贸易所提供的消费品中所获得的满足；而贸易无差异曲线表示的是一国由进口和出口的互补组合所提供的那部分总满足。所以，贸易无差异曲线与社会无差异曲线比较类似。

在图 5-6 中，自由贸易下 A 国和 B 国进行贸易。A 国进口商品 Y，出口商品 X 与 B 国相交换。A 国的提供曲线为 OA，B 国的提供曲线为 OB。两国的提供曲线相交，决定自由贸易下两国的贸易均衡点 R。同时 A 国的贸易无差异曲线 I_a 与 B 国的贸易无差异曲线 I_b 也相切于 R 点。此时的贸易条件曲线为 OP_W。

在图中，我们可以看到 A 国贸易无差异曲线 I_a 与 B 国提供曲线相交于 R 和 T 两点。最优关税税率就应该在这两个交点的弧线范围内。如果 A 国对商品 Y 征收从价关税，就会导致 A 国提供曲线向左上方弯曲，如图中所示，由 OA_1 移至 OH_2。OH_2 与 B 国的提供曲线相交于 S 点，此时的贸易均衡点就变为 S 点，贸易条件曲线

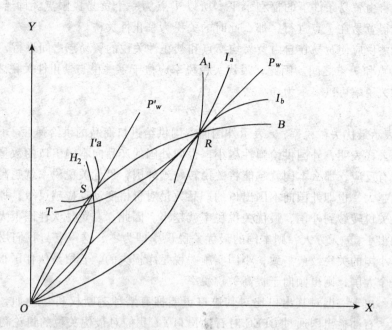

自由贸易条件下的贸易条件曲线为 OP_w，A 国对 Y 征收从价税时，贸易条件曲线为 OP'_w，贸易条件得到改善，但贸易量却减少了。A 国在 S 点达到福利水平最大化。

图 5-6

为 OP'_w。可以看到，在这种贸易组合下，A 国的贸易无差异曲线所能达到的最高水平为 I'_a，即 A 国在这种贸易组合下使本国福利得到的最大满足程度为 I'_a。很明显，I'_a 代表着比 I_a 更高的满足程度。也就是说，A 国对商品 Y 征收进口关税时，其关税水平确定后，使得 A 国本国的提供曲线向左上方旋转而与 B 国的提供曲线相交在 RT 弧线范围内，于 S 点达到福利水平的最大化，S 点位于征收任何关税后 A 国能达到的最高贸易无差异曲线上。可见，此时对应的关税税率即为最优关税税率。因此，最优关税就是使得该国达到最高贸易无差异曲线的关税率。所以，I'_a 与 B 国（或世界其余国家）提供曲线是相切的。为了到达 I'_a 和 S 点，A 国必须征收进口或出口关税使其提供曲线由 OA_1 转至 OH_2。

此外，A 国的提供曲线与 B 国的提供曲线若相交于 T 点，则这样的贸易条件对 A 国更为有利，但是贸易量却减少了。由于 T 点与 R 点位于同一条贸易无差异曲线 I_a 上，表示这两点所代表的福利水平相等，也即在 T 点进行贸易与自由贸易条件下对 A 国的福利而言是一样的。一旦过了 T 点，税率进一步提高，则贸易条件会更为有利，但贸易量会进一步减少，而贸易无差异曲线的位置将会降低，代表福利水平将会下降。也就是说，若过了 T 点，税率继续上升，将会使 A 国的福利水平不及自由贸易条件下的福利水平。所以 T 点为一个贸易极限点。即若 A 国征收关税使得贸易在 T 点进行，那么此时的关税为禁止性关税。

最优关税应使贸易在自由贸易均衡点和禁止性关税的贸易点之间进行，即图中所示的 R 点和 T 点之间。因此，最优关税税率应位于零关税与禁止性关税之间。

最优关税率可以表示为：

$$t = 1/e$$

其中：t 表示最优关税税率；e 表示外国向本国供给进口商品的供给弹性。

这个公式表明，外国供给弹性越小，也即外国的产品向本国出口的数量对价格变动越没有反应，那么本国就越能将关税转嫁到外国，最优关税税率就越高。外国供给弹性越大，也即外国向本国出口的产品数量对价格变动反应越灵敏，那么本国便越难将关税转嫁到外国，最优关税税率就越小。因此，若贸易伙伴国很大，则意味着本国很小，e 无穷大，则本国的最优关税税率即为零，这一点与我们用局部均衡法分析小国的关税效应一致，小国实施关税是净损失的。若贸易伙伴国很小，本国相对是个大国，则更倾向于提高关税税率。

然而，由于一国对其出口比对其进口更能拥有某种垄断权利（例如，巴西对咖啡出口、石油输出国通过 OPEC 对石油出口），我们对最优关税的讨论可能更适合于出口关税，而不是进口关税。

（三）最优关税率与报复关税

随着关税的征收，一国的贸易条件改善了，而其贸易伙伴的贸易条件却恶化了，因为它们的贸易条件与征税国是相对的。面临着更低的贸易量和恶化的贸易条件，贸易伙伴的福利水平下降，结果是，其贸易伙伴极有可能采取报复行动，也对自己的进口产品征收最优关税。当它的贸易条件的改善使其换回大部分损失后，它的报复性关税无疑又会进一步减少其贸易量。此时的第一个国家自己也会采取报复行动，如果这个过程持续下去，最终的结果通常是所有国家损失全部或大部分贸易所得。

在图5-7中，自由贸易条件下，A 国和 B 国的提供曲线分别为 OA 和 OB，两者交点 E 即为此时两国贸易的均衡点，贸易条件为 P_w。

若 B 国对商品 X 征收进口关税，则 B 国的提供曲线由 OB 移至 OB'。此时，若 A 国不进行报复，则 B 国提供曲线 OB' 与 A 国提供曲线 OA 相交于 E' 点，两国在该点进行贸易。这时的贸易条件曲线变为 P'_w。B 国通过征收关税使本国贸易条件有所改善。在自由贸易条件下，$P_w = 1$，即 $P_x/P_y = 1$。而此时 $P'_w = 0.8$，即 $P_x/P_y = 0.8$。因此对 A 国而言，其贸易条件恶化了。而 B 国的贸易条件改善为 $P_y/P_x = 1/P'_w = 1/0.8 = 1.25$。

若当 B 国对进口商品 X 征收关税时，A 国也采取报复性行为，对进口商品 Y 征收关税，那么 A 国的提供曲线将移至 OA'，则新的均衡点由 A 国的提供曲线 OA'

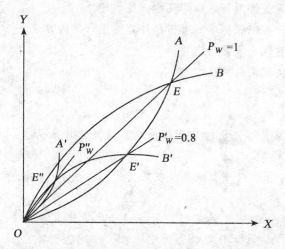

在自由贸易条件下，贸易条件为 $P_W=1$，B 国通过对 X 征收关税，使贸易条件改善为 $P'_W=0.8$。若 A 国采取报复行为，也对 Y 征收关税，则贸易条件变为 $P'_W=1.25$，A 国贸易条件得到改善。不断的相互报复，使贸易量不断萎缩。

图 5-7

与 B 国的提供曲线 OB' 决定，即 E'' 点。此时，贸易条件曲线为 $P_{W''}$，表示对 A 国而言贸易条件改善了，$P_x/P_y=1.25$，而 B 国的贸易条件却恶化到不如自由贸易下的贸易条件，表示为 $P_x/P_y=0.8$。同时，图中，从 E 点到 E' 点，再到 E'' 点，两国之间的贸易量在不断缩小。B 国贸易条件的恶化可能会使 B 国采取反报复措施，即对进口商品 X 课以更高的税收。这个过程若持续下去，最终的结果即如前所述将是两败俱伤，两国的贸易量不断萎缩，从而损失它们全部或部分的贸易利益。这样两个国家便最终会回到自由贸易条件下进行贸易。

注意，甚至当一国征收最优关税，其贸易伙伴并不采取报复行动时，征收关税国家的所得也要小于贸易伙伴所受的损失。这样，对整个世界总体而言，征收关税要比在自由贸易下情况更糟。这也说明了，自由贸易能使世界福利最大化，而保护性的贸易政策将使世界总福利水平下降。

☞ 习题

1. 有哪些主要的进口关税类型？
2. 作图说明小国情形下进口关税的静态局部均衡。
3. 作图说明大国情形下进口关税的静态局部均衡。
4. 作图说明小国情形下进口关税的一般均衡。

5. 作图说明大国情形下进口关税的一般均衡。

6. 什么是有效关税保护率？有哪些计算关税水平的方法？

7. 什么是报复性关税？

8. 简述如何决定最优关税税率。

☞ **网络链接**

1. 要了解有关我国关税的政策与法规，请登录中国海关网站：http：//www. customs. gov. cn。

2. 想了解一个国家对外贸易和关税的前景，请登录：http：//www. mft. govt. nz/ for. htm。

3. 要获得欧盟一些国家的部门和贸易壁垒的数据，请登录：http：//mkaccdb. eu. int。

第六章 非关税壁垒和新贸易保护主义

摘要：20 世纪 60 年代以来，在关税与贸易总协定的推动下，关税总体水平有所下降。然而，非关税措施由于其灵活性和隐蔽性等特点，被各国越来越广泛地应用，并由此形成了新贸易保护主义。本章介绍了非关税措施及新贸易保护主义的特点和主要内容，详细分析了进口配额的经济效应，并与关税效应进行了比较。最后，介绍了在当今国际贸易中存在的主要的非关税壁垒和新贸易保护措施。

重点与难点：

1. 非关税壁垒的特点
2. 技术贸易壁垒的内容
3. 进口配额的经济效应
4. 新贸易保护主义的主要措施

非关税壁垒（Non-Tariff Barriers，简称 NTB），是指在国际贸易中，除关税措施以外的一切限制进口的人为措施，它和关税壁垒一起充当政府干预贸易的政策工具。20 世纪 60 年代以来，在关贸总协定的推动下，关税总体水平大幅度下降，因而关税的保护作用逐渐变弱，这使得非关税措施的运用越来越重要和广泛。到 20 世纪 70 年代中期，非关税措施已成为贸易保护的主要手段，并由此形成了新贸易保护主义。1973 年"东京回合"谈判时，关贸总协定各缔约国深感非关税壁垒对正常贸易的严重扭曲，达成了有关非关税壁垒的六个协议，但这些协议并没有得到各缔约国的严格遵守。乌拉圭回合对各种非关税壁垒又进行了谈判，对东京回合的协议进行了补充和完善。随着协议的严格履行，非关税壁垒将在一定程度上得到有效的抑制。

同关税相比，非关税壁垒的作用有其明显的特点。一是灵活性。在制定程序上，各国关税税率的制定和调整，必须通过立法程序，并像其他立法一样，要求具有一定的延续性。因此在紧急限制进口时往往难以取得立竿见影的效果。在制定非关税壁垒措施时，通常采用行政程序，手续比较简便，可随时针对某国的某种商品，采取或更改相应的措施，较快达到限制进口的目的。二是有效性。关税的实施旨在通过征收高额关税提高进口商品的成本，它对商品进口的限制是相对的。外国商品凭借鼓励出口措施及生产成本的降低（如节省原材料、提高生产效率、甚至降低利润），也能冲破高关税的障碍，进入对方国家，而有些非关税壁垒对进口的限制是绝对的，比如用进口配额来预先规定进口的数量和金额，超过限额就禁止进口。这种方法在限制进口方面更直接、更严厉，因而也更有效。三是隐蔽性。一般而言，关税税率具有较高的透明度，非关税壁垒措施既能以正常的海关检验要求的名义出现，又可借助于进口国的有关行政规定和法令条例，还便于巧妙地隐蔽在具体的执行过程中间而无需做出公开规定。这样，人们就难以清楚地辨别和理由充足地反对这类行政性措施，从而增加了反对贸易保护主义的艰巨性和复杂性。四是歧视性。一国只有一部关税税则，关税措施便像堤坝一样同等程度地限制了所有国家的进出口，而非关税措施可以针对某个国家或某种商品相应制定，所以更具有歧视性。

第一节　传统的非关税壁垒

一、进口配额及其经济效应

（一）进口配额的定义及分类

进口配额（Import Quota）又称"进口限额"，是一国政府对一定时期内（如一季度、半年或一年）进口的某些商品的数量或金额加以直接限制。在规定的期限内，配额以内的货物可以进口，超过配额则不准进口，或者征收较高的关税后才能进口。

根据对超过配额的那部分进口商品的不同处理方式，进口配额分为绝对配额和关税配额。

1. 绝对配额（Absolute Quota）

绝对配额是指在一定时期内，对某些商品的进口数量或金额规定一个限额，达到这个限额后，便不准进口。绝对配额按照实施的方式不同又分为全球配额、国别配额和进口商配额三种形式。

（1）全球配额（Global Quota）

它属于世界范围内的配额，对于来自任何国家或地区的商品一律适用。主管当局通常根据进口商的申请先后或过去某一时期的实际进口额批给一定的额度，直至总配额发放完为止，超过总配额就不准进口。由于全球配额不限定进口国别或地区，在配额公布后，进口商竞相夺取配额，取得配额后可以从任何国家或地区进口。这样，邻近国家或地区因地理位置接近，到货迅速，比较有利，而较远的国家或地区就处于不利地位。由于在配额的分配和利用上的非针对性，全球配额难以贯彻国别和地区政策，因而很多国家转而采用国别配额。

（2）国别配额（Country Quota）

国别配额是指政府规定一定时期内的总配额，在总配额内按国别和地区进行分配。为了区分来自不同国家和地区的商品，进口商在进口商品时必须提交原产地证明书。实行国别配额可以使进口国根据它与有关国家和地区的政治经济关系分配不同的额度，因此具有很强的选择性和歧视性。一般来说，国别配额可以分为自主配额和协议配额。

①自主配额（Autonomous Quota）又称单方面配额（Unilateral Quota），是由进口国自主地、单方面强制规定在一定时期内从某个国家或地区进口某种商品的配额，而不需要征得出口国的同意。

自主配额的确定一般参照某国过去一定时期内的出口实绩，按一定比例确定新的进口数量或金额。由于各国或地区所占比重不同，所得配额有差异，所以进口国可以利用这种配额贯彻国别政策。同时自主配额由进口国自行制定，往往带有不公正性和歧视性，容易引起某些出口国家或地区的不满或报复。因此很多国家采用协议配额，以缓解彼此之间的矛盾。

②协议配额（Agreement Quota）又称双边配额（Bilateral Quota），是由进口国和出口国政府或民间团体协商确定的配额。协议配额如果是由两国政府通过协议确定的，一般需要在进口商或出口商中进行分配；如果是双边民间团体达成的，应事先获得政府许可，方可执行。协议配额是由双方协商确定的，通常不会引起出口方的不满与报复，因此比较容易执行。

（3）进口商配额（Importer Quota）

进口商配额是针对某些进口商品实行的配额。进口国为了加强垄断资本主义在对外贸易中的垄断地位和进一步控制某些商品的进口，将某些商品的进口配额在少数进口厂商之间进行分配。比如日本食用肉的进口配额就是在 29 个大商社间分配的。

2. 关税配额（Tariff Quota）

关税配额是指对进口商品的绝对数额不加限制，而对一定时期内，对配额内的进口商品，给予低税、减税、免税待遇，对超过配额的进口商品，则征收较高的关税或征收附加税甚至罚款。因此关税配额是一种把关税和进口配额结合在一起的限制进口措施。

关税配额按照商品进口的来源，可分为全球性关税配额和国别关税配额。按其征收关税的优惠性质，可以分为优惠性关税配额和非优惠性关税配额。前者是对关税配额内的进口商品给予较大幅度的关税减让，甚至免税，而对超过配额的进口商品就征收原来的最惠国税率；后者是对关税配额内的商品征收原来正常的进口税，一般是按最惠国税率征收，对超过配额的进口商品征收较高的附加税甚至罚款。

（二）进口配额的经济效应分析

非关税壁垒主要是通过数量限制发挥作用的，现以进口配额作为非关税壁垒的典型形式，分析其对进口国产生的诸方面影响。

1. 完全竞争条件下贸易小国的进口配额效应

假设进口国为小国，其需求变化对国际市场价格不产生影响。如图 6-1 所示，该小国国内对某一产品的需求曲线为 D，供给曲线为 S。在自由贸易条件下，该国产品国内市场价格与世界市场价格相等，均为 P，此时，总需求量为 Q_2，国内供应量为 Q_1，需进口量为 Q_1Q_2。现假定进口国对该产品实行进口配额制，最高限额为 Q_3Q_4，则总供给小于总需求。其结果是，国内价格提高，从而总供给增加，总需求减少，直至供需重新达到均衡。若配额已满，该国消费者面临的总供给曲线为 $S'=S+$配额（与 S 平行）。在新的均衡下，国内价格从 P 上升到 P_1，国内供给量从 Q_1 上升到 Q_3，总需求量从 Q_2 减少到 Q_4，总需求量与国内供给量的差额正好为进口配额限额 Q_3Q_4。即在完全竞争条件下，若进口需求大于进口配额，进口价格就会上涨，直到进口需求刚好等于配额为止。

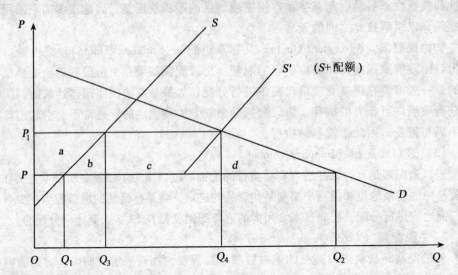

贸易小国的进口配额，导致本国消费者剩余损失（$a+b+c+d$），生产者剩余增加 a 和配额收益 c，本国福利遭受净损失（$b+d$），配额收益 c 的归属取决于进口国分配配额的方式及国际市场上该商品的出口状况。

图 6-1　完全竞争条件下进口配额的经济效应（小国模型）

从图 6-1 可以看出，进口配额具有与关税相似的消费效应、生产效应、国际收支效应和再分配效应。进口国消费者由于价格上涨，损失了面积为（$a+b+c+d$）的消费者剩余，此为进口配额的消费效应。本国生产者的供给量从配额前的 Q_1 上升到 Q_3，产生了相应的生产效应，即进口替代效应的保护效应。进口价格不变而进口数量受限，外汇支出减少，此即为配额的国际收支效应。倒梯形面积 a 为进口国生产者因生产扩大而获得的生产者剩余，面积 b 为国内生产者低效率的扩大生产而带来的国民损失，面积 d 为价格提高导致消费量减少带来的国民损失，而长方形面积 c 为配额收益，即价格上涨后得到的收益。可见，进口配额制增加了生产者剩余 a 和配额收益 c，却使消费者损失了 $(a+b+c+d)$ 的经济福利，实现了收入的再分配，使得国民经济福利遭受了净损失，数量为 $(b+d)$。

在实施进口配额制的情况下，面积 c 的归属取决于进口国分配配额的方式及国际市场上该商品的出口状况。分配进口配额常常要与进口许可证相结合，限制某种商品的进口数量。进口国分配进口配额的方式一般有三种：竞争拍卖、按固定参数分配和按一定程序申请配额。分配方式不同，其带来的经济效应也不相同。

（1）竞争拍卖方式。政府通过公开拍卖的方法分配许可证，它使进口权本身具有价格，并将进口一定数量商品的配额分配给出价最高的需要者。一般情况下，进口商所付购买许可证的成本要加到商品的销售价格上。竞价结果可能会形成一个近似于商品国内外差价的许可证价格，拍卖收益成为政府的收入。如果政府公开拍卖配额，如图 6-1 所示，则配额的价格将在竞争中上升到 P_1。结果是，数量为 Q_3Q_4 的配额以 PP_1 的价格卖出，面积 c 作为进口国公开拍卖配额的收入归政府所有。此时，配额和关税的效果完全相同。

（2）按固定参数分配。指政府按照特定标准将固定的进口配额无偿分配给进口商的做法。通常的方式是，根据现有进口某种产品的企业上一年度在进口该商品总额中的比重来确定。如果政府免费发放配额或许可证，则许可证持有者就可以 P 的价格在世界市场上购买进口产品，然后以 P_1 的价格在国内市场出售，获得 c 的全部利益。这里有 3 种情况：若许可证持有者是进口国公民，则 c 只是一种国内福利转移，国家的净损失不变；若该国实行的是国别绝对配额，把配额分配给出口国，或出口国采取"自愿"出口配额，那么许可证的持有者为外国出口商，面积 c 的经济利益就会流失到国外，进口国的净损失就会增加 $(b+c+d)$；如果许可证的发放效率很低，手续繁复，那么面积 c 的利益将白白浪费掉，进口净损失也为 $(b+c+d)$。这种方法比较简便。其问题是政府不再有关税收入或拍卖许可证的收入。其次，这种方法带有垄断性，它意味着新增的企业难以获得此种商品进口的特权。因此这种分配方式不利于打破垄断。

（3）按一定程序申请。指在一定时期内，政府根据进口商递交进口配额管制商品申请书的先后顺序分配进口商品配额的方法。这种方法形成了申请人获得所需进口品的自然顺序，即按照先来后到获取所需商品。其缺点是可能给管理部门留有利用职权获取贿赂的机会，相应的可能形成企业的"寻租"活动，以期借助管理部门的不公正行为获取某种额外利润。

另外，如果实行进口配额的国家是一个贸易大国，配额使进口量减少后，会导致进口价格下降，如图 6-2 所示。若自由贸易时，国内与国外市场价格为 P，当进

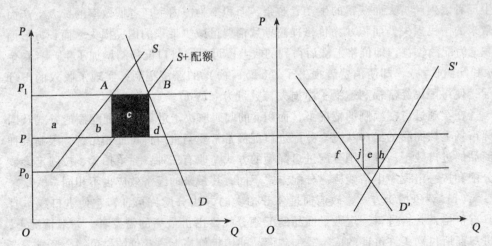

贸易大国的进口配额 AB，使国外销售下降，国内供给曲线开始向右移动 AB 的水平距离，相当于征收了税率为（P_0P_1/OP_0）的进口关税。

图 6-2 "大国"实行进口配额的经济效应

口国限制进口量只能为 AB 时，国外的售价就会下降至 P_0，国内供给曲线从 P_0 价格以上开始向右移动到 AB 的水平距离，国内价格变为 P_1，相当于征收了（P_0P_1/OP_0）的进口税率。消费效应与保护效应也与征收关税相同，而面积为（$c+e$）的经济利益的归属，也是像小国的配额情况一样，取决于配额的分配方法。

2. 垄断条件下的进口配额

若进口国对某种商品的生产存在着垄断现象，那么当国内总需求大于国内生产数量和进口配额之和时，垄断厂商就可以操纵国内市场价格，并在不扩大生产数量的情况下，通过提高价格来获取垄断利润。同时，对该种商品实行进口配额，也会使垄断加强，造成比征收关税更大的损失。如图 6-3 所示，若政府将进口数量限定为 AB，则当国内价格在国际价格 P_0 以上时，国内垄断企业面临的是一个缩小了 AB 需求量的市场。此时，垄断企业可以通过减少产量，将价格提高到 P_2，从而获得超额利润。

若该国采取公开拍卖进口许可证的方法发放配额，那么，该国的经济效应为净损失三角形 AHC 和（$b+d$）的面积之和。

由此可见，垄断条件下的进口配额效应只会减少消费需求数量和提高国内市场价格，而不会扩大国内生产供给数量。垄断生产厂家和进口配额持有人是最大的收益者，而消费者是最大的受害者。垄断条件下的进口配额政策比竞争条件下的进口配额政策效果更糟糕，而竞争条件下的进口配额政策又不如等价的进口关税效果好。

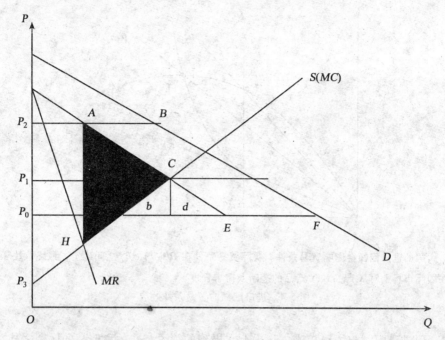

垄断条件下的进口配额效应只会减少消费需求量和提高国内市场价格，而不会扩大国内生产供给数量。垄断生产厂家和进口配额持有人是最大的受益者，而消费者是最大的受害者。

图 6-3 垄断条件下的进口配额效应

3. 进口配额的贸易条件效应

如果实行进口配额的是大国，就会对贸易条件产生影响。如图 6-4 所示，设 B 为大国，其提供曲线为 OB，出口 Y，进口 X。现在如果 B 国实行进口配额，进口数量限制确定为 OR，则通过 R 点的 X 轴的垂线分别交 A、B 两国在 OR 的出、进口量下，愿意接受的贸易条件分别为 OP_1 和 OP_2。当然，它们更乐于接受更为有利的贸易条件，如对 A 国来说不是以 OP_1 的价格出口 X，而是以 OP、OP_2 甚至更高的价格出口。但是，超过 OP_2 的价格显然不可能为 B 国接受。所以，OP_1 和 OP_2 就构成了选择贸易条件的极限，实际贸易条件只能在 OP_1 与 OP_2 之间确定。至于最终确定的贸易条件更有利于 A 国（OP_2）还是更有利于 B 国（OP_1），则要取决于两国在国际市场上对 X 产品和 Y 产品的垄断及需求程度了。如果 B 国进口需求强烈，则将以较高的价格进口，可能使贸易条件恶化；如果 A 国出口商具有一定垄断地位，也可能迫使 B 国接受较高的出口价格。反之，则可能改善贸易条件。

（三）进口配额与进口关税的比较

虽然进口配额具有与关税相似的消费效应、生产效应、国际收支效应和再分配

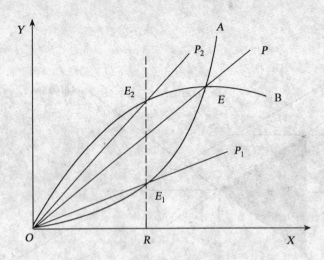

大国的进口配额会影响贸易条件。实际贸易条件在 OP_1 与 OP_2 之间确定，最终取决于两国在国际市场上对 X 产品和 Y 产品的垄断及需求程度。

图 6-4   进口配额的贸易条件效应

效应，但进口配额与关税相比，除了上文提到的关税与非关税壁垒的区别之外，二者经济效应也有明显的差异。

1. 收入效应上的差别。关税措施产生的面积 c 的收入为政府所有，产生财政收入效应，任何人不能凭借手中的权利加以利用。实行进口配额后，允许输入的进口商品必然提价，这部分收益 c 实际上是垄断利润，面积 c 的经济收益归属如上文所说，取决于进口国分配配额的方式及国际市场上该商品的出口状况。

2. 进口配额能有效的控制进口数量，完全排除价格机制的作用。当一国政府以行政手段规定限额后，该项商品的价格就无法调节进口数量。配额可以明确无误地将进口量确定在限额所规定的水平上，即使面对一些进口商品在任何正常关税水平上都会充分进口的局面，也能发挥十分有效的限制作用。在征收关税的情况下，价格机制仍可以发挥调节作用。如果关税税率提高，一国进口商可根据成本、供需状况以及利润大小，调节进口数量。尽管关税很高，但只要有需求，进口商有利可图，商品就仍能进口。

3. 两者对垄断的影响程度不同。在征收关税的情况下，进口商品价格提高，进口商品与国内同类商品的竞争因征收关税，减少了进口而部分消除了，但进口商品仍然能够限制与进口商品竞争的国内生产者的垄断权利。它们在国内的要价不能超过国际市场价格与关税之和，否则，消费者就会转而购买进口商品，这对它们来说，是一个威胁。但是，配额的实施，使国内生产者面临的竞争要比征收关税时小得多，这些生产者除了考虑限额的存在并做相应调整外，基本上能够操纵市场。配额制对垄断的保护，可能导致产品由效率相对低下的国内供给者提供，这对配额制实施后的经济效益、资源利用率和消费者主权都会产生不利的影响。

4. 二者在对生产者提供的保护是否确定上有所不同。关税对生产者提供的保护不具有确定性。在某些情况下，国外出口商为了维持出口，很愿意负担全部或部分关税，就使得进口国的进口价格与征税前相比不变或变动较小，这样，关税的保护作用大大削弱了。此外，国内生产者也无法确定征收关税到底能减少多少进口，从而无法确定自己的增产目标。在实施进口配额的情况下，由于进口数量确定，生产者就能够根据国内需求确立增产目标。

尽管配额制是保护措施中人们乐于使用的选择，它比关税更能灵活的体现政府的政策意图，但经济学家们认为，在大多数情况下，关税要优于配额，因为配额对国内经济产生的副作用要大于关税。进口配额作为一种纯粹行政干预手段，同市场价格机制更加相背离从而容易导致经济效率的损失。除了可能产生保护垄断、保护落后倾向外，还容易造成行贿受贿、贪污腐化现象。许多进口商为了得到配额，不惜以各种方式拉拢、贿赂政府官员，长此以往，配额就成为腐化的温床。就增进效率和福利而言，在需求上升的情况下，进口限额比起进口关税来，尽管可以更多地保护本国的进口替代工业，但总消费量却在减少，它可能比进口关税给消费者带来更大的利益损失。在通货膨胀时期，它会对通货膨胀起推波助澜的作用。从再分配角度看，往往是某一资本家得到好处，而广大消费者遭受损失，不能体现消费者主权。因此，如果配额产生了垄断权利，如果分配配额的效率很差，进口配额对进口国国内经济乃至世界经济产生的不利影响就会比关税更坏、更糟（见表6-1）。

表6-1　　　　　　　　　　关税与非关税壁垒的经济效应比较

	关税	出口补贴	进口配额	自愿出口限制
生产者剩余	增加	增加	增加	增加
消费者剩余	减少	减少	减少	减少
政府收益	增加	减少（政府开支增加）	无变化（许可证持有者获得租金）	无变化（外国人获得租金）
国家综合福利水平	不确定（小国减少）	减少	不确定（小国减少）	减少

二、其他几种常见的非关税壁垒

（一）进口许可证制

进口许可证是指一国政府规定商品在进口之前必须向政府机构申请并取得许可

证的制度。没有许可证,一律不准进口。进口许可证在实际使用中很灵活,它可以单独使用,也可与配额、外汇管制、进口商品的性质结合使用,还可以通过发放地点的安排、繁杂的申领程序和手续、办证的费用及许可证的有效期等方面的规定设置贸易障碍,增加进口商的成本和风险,使进口许可证成为一种拖延或限制进口的措施。

许可证根据其是否与配额相结合,可以分为有定额的进口许可证制度和无定额的进口许可证制度。前者是国家有关当局预先规定有关商品的进口配额,在规定的配额内,进口商需逐笔申请许可证,配额用完,进口许可证也就停止签发;后者是国家有关当局预先不公布进口配额,发放有关商品的进口许可证只是在个别考虑基础上进行,没有公开的数量根据。此时,由于没有公开的标准,有关当局在执行上具有很大的灵活性,因而也就给正常贸易的进行带来更大的困难。

进口许可证制度还有自动许可证制和非自动许可证制之分。有些国家只是为了较方便地取得进口统计资料及有关情报,以便掌握进口贸易的现状,以此为目的的进口许可证制度不包含对进口的限制,进口商的申请呈报将会较快的获得批准并发放进口许可证,这是所谓的自动许可证。非自动许可证的目的则在于限制进口,实施这一措施的国家,政府有关机构对进口贸易执行严格的监督和控制,只对政府允许进口的商品发放许可证,申请未经批准一律不准进口。有的国家同时实行"自动"与"非自动"两种进口许可证制,但前者一般是针对自由进口的商品,而后者则是针对限制进口的商品。

进口许可证制度便于进口国直接控制进口或者方便地进行贸易歧视,因此,在国际贸易中越来越广泛地被作为非关税措施。同时,进口许可证又是进口统计和管理的一种手段,完全取消进口许可证是不现实的。因此,为了防止进口许可证被滥用而妨碍国际贸易的正常发展,GATT从"肯尼迪回合"开始对这一问题进行多边谈判,并在"东京回合"达成了《进口许可证手续协议(草案)》,规定签字国必须承担简化许可证程序的义务,确保许可证本身不会构成对进口的限制,并保证许可证的实施具有透明性、公正性和平等性。

(二) 金融控制措施

1. 外汇管制

外汇管制是指一国政府通过法令对国际结算和外汇买卖实行限制来平衡国际收支和维持本国货币汇价的一种制度。对外贸易与外汇有密切的联系。出口可以收进外汇,进口要付出外汇,因而外汇管制必然直接影响进出口贸易,特别是对进口的限制。

在实行外汇管制的国家,出口商必须把它们出口所得的外汇按官方汇率卖给国家指定机构,进口商也必须在国家指定机构按官方汇价申请购买外汇,本国货币的携出入国境也受到严格的限制。外汇管制可以通过控制进口商所能获得的外汇数量和种类的办法来控制有关商品的进口数量和进口来源。

各国实行外汇管制的程度有所不同。有的实行全面管制，一切外汇买卖都集中在政府指定的机构，非指定机构及个人不得截留外汇，进口商往往必须在获得进口许可证后，方可得到所需要的外汇。有的实行部分限制，允许外汇的买卖，但要受到有关机构的限制和监督，通过兑换手续的严厉管制或对供应与需求的控制，使本国货币成为不可兑换的。其中使用最普遍的是复汇率制度，即政府规定几种同时并存的官方汇率，利用汇率的差别达到限制或鼓励某种商品进口的目的。使用何种汇率取决于进口商所进口的货物为政府所规定的优先程度。在进口方面，一般对国内需要但又供应不足或不能生产的重要原材料、机器设备和生活必需品，适用较为优惠的汇率；对于国内能大量供应或者不很重要的原材料和机器设备适用一般的汇率；对于奢侈品和非生活必需品适用最不利的汇率。

2. 进口押金制度

进口押金制度又称进口存款制或先期存款制，是指政府规定在进口商品以前，进口商必须预先按进口货款的一定比例，在指定的银行无息存入一笔资金，所有款项将按规定冻结一段时期。这一措施是通过增加进口商资金负担来限制进口的。先期进口存款不但会因利息的损失而提高进口费用，而且还会迫使进口商不得不在进口货款以外另筹一大笔资金来完成一笔进口交易。在信贷紧张或利率居高的情况下，进口商还必须为进口支付更多的额外费用，或因难于获得流动资金而不得不放弃一些进口交易，这样就起到了限制进口的作用。

（三）歧视性国内政策

歧视性国内政策主要表现为歧视性政府采购政策和国内税。

歧视性政府采购政策是指一些国家通过法令或其他方式规定，政府机构在采购商品时，必须优先购买本国商品，从而使外国商品的进口受到限制。当今世界上绝大多数国家的政府机构都十分庞大，并且在经济活动中占有极大份额，各级政府组织及其附属机构早已成为农产品、一般公用消费品和高级技术装备的最大买主。政府在进行采购时往往给予本国供应者以价格及其他许多优惠待遇，由于采购量巨大，这不但非常有效的限制了外国商品的入境，而且也使已经进入本国市场的国外产品处于不利的竞争地位。歧视性政府采购政策还被运用于国际采购，即在采购外国商品时，采取有利于某些国家而不利于其他国家的差别待遇，这种歧视性政策可以作为一种威胁，迫使某些国家在贸易上做出让步。

国内税是指一国政府对本国境内生产、销售、使用或者消费的商品所征收的各种捐税，如周转税、零售税、消费税、销售税、营业税等。绝大多数国家对进入本国市场的进口商品同样征收国内税，但在税率上，本国产品与进口货物间的差距往往很大。政府通过征收国内税，并且对国内外产品实行不同的征收方法和税率，增加了进口商品的纳税负担，削弱了其与国内产品竞争的能力，从而达到了限制进口的目的。例如，美国、日本和瑞士对进口酒精饮料征收的消费税都大于本国制品。国内税的制定与执行权属本国的各级政府机构，因而通常不受贸易条约或多边协定的限制，利用国内课税来实施进口限制也就成为一种灵活易行的措施。

（四）最低限价

最低限价是指一国政府对某些商品的进口规定最低价格，这一价格通常是确定在一个较高水平上的，并且会根据实际情况不断调整和提高。凡进口货价低于所规定的最低限价，就要通过征收关税以提高进口商品的售价，以此达到限制进口的目的。进口限价措施使原来竞争力极强的进口商品在国内市场丧失了竞争优势。进口启动价格、进口门槛价格等都具有最低限价的性质。例如，美国曾经根据日本钢材的生产成本结合汇价和运费的变化，逐季公布钢材进口的启动价格，即只有在此价格水平之上的钢材才能进口，否则，便有可能被征收反倾销税。欧共体为保护其农产品而制定的"闸门价"是又一种形式的最低价。它规定了外国农产品进入欧共体的最低限价，即"闸门价"。如果外国产品的进口价低于闸门价，就要征收附加税，使之不得低于闸门价，然后在此基础上再征收调节税。

（五）海关程序

海关程序是指进口货物通过海关的程序，一般包括申报、征收、查验及放行四个环节。海关程序本来是正常的进口货物通关程序，但通过滥用却可以起到歧视和限制进口的作用。该限制进口的作用可以从以下几个方面体现：

1. 海关对申报表格和单证做出严格要求。比如要求进口商出示商业发票、原产地证书、托运人报关清单等，缺少任何一种单证，或任何一种单证不规范，都会使进口货物不能顺利通关。更有甚者，有些国家故意在表格、单证上做文章。比如，法国强行规定所提交的单证必须是法文。

2. 通过商品归类提高税率。即海关武断地把进口商品分类在税率高的税则下，以增加进口商品的关税负担。不过，大多数国家采用的《布鲁塞尔税则目录》比较完善，一般商品该在哪个税则下都比较清楚。因而，利用产品分类来限制进口的作用是有限的。

3. 通过海关估价制度限制进口。海关估价制度原本是海关为了征收关税而确定进口商品价格的制度，但在实践中它经常被用做一种限制进口的非关税壁垒措施。进口商品的价格有许多确定方法，如：成交价，即货物出售给进口国经调整的实付或应付价格；外国价，即进口商品在其出口国国内销售时的批发价；估算价，即由成本加利润推算出的价格等。不同计价方法得出的进口价格高低不同，有的还相距甚远。海关可以采用高估的方法进行估价，然后用征从价税的方法征收关税。这样一来，就可以提高进口商品的应税税额，增加其关税负担，达到限制进口的目的。

为了消除各国海关估价制度的巨大差异，并减少其作为非关税壁垒措施的消极作用，GATT 于东京回合达成了《海关估价协定》，形成了一套统一的海关估价制度。它规定，海关估价的基础应为进口商品或相同商品的实际价格，而不得以本国产品价格或以武断、虚构的价格作为计征关税的依据。协议还明确规定六种应按顺序实施的估价方法，并对不得采用的估价做了限制。该协定的目的是要制定一个公正、统一的海关估价制度，使之不能成为国际贸易发展中的障碍。

4. 从进口商品查验上限制进口。海关查验货物主要有两个目的：一是单据是否相符，即报关单是否与合同批文、进口许可证、发票、装箱单等单证相符；二是看单货是否相符，即报关所报内容是否与实际进口货物相符。为了限制进口，查验的过程可以变得非常复杂。一些国家甚至改变进口关道，即让进口商品在海关人员少、仓库狭小、商品检验能力差的海关进口，延长商品过关时间。也有的海关，对有淡旺季的进口商品进行旷日持久的检查，故意拖延其销售季节。对于鲜活商品，该措施更是起到了限制进口的作用。

第二节　新贸易保护

新贸易保护主义来自于两种不同发展水平的国家和各种不同的目的。对于发展中国家来讲，新贸易保护主义是为了使其能在面临众多的已形成强大差距的工业化国家面前形成自己的工业力量，从而实现平等的交换。它并不排斥对外贸易，但赞成有限的贸易保护。对于发达国家来讲，新贸易保护主义侧重于国内经济的需要和发展战略性产业的需要。这种保护是建立在维护自由贸易的基本利益基础上的，政策的措施也更隐蔽。

一、新贸易保护主义产生的背景

不管是自由贸易政策，还是保护贸易政策，其共同目标都是为了国内的经济发展和国民生活水平的提高。当国内外环境发生变化时，适应这一目标，一个国家从自身利益考虑，理所当然地会调整自己的外贸政策。20 世纪 70 年代中期以后，随着西欧和日本经济迅速赶超美国，发达国家经济发展不平衡加剧，而两次石油危机使发达国家经济陷入滞胀和衰退，更使它们对世界市场的争夺日益激烈，市场矛盾日益突出。在此情况下，以美国为首所推动的贸易自由化到 70 年代中期逐渐停顿下来，国际贸易中非贸易自由化倾向日趋加强。特别是随着外贸逆差的不断加强，美国国内贸易保护的呼声增加，以美国为代表的新贸易保护主义因此兴起。

1. 20 世纪 80 年代以来，主要工业国家处于低速发展状态，失业率一直比较高，贸易发展不平衡。同时，国际货币关系以及汇率的长期失调影响了国际贸易的正常发展，给这些国家带来了巨大的贸易压力。发达国家为了转嫁危机，纷纷加强了对贸易的保护。

2. 新贸易保护主义的措施趋向于采用处于 GATT（或 WTO）法律原则和规定的边缘或之外的歧视性贸易措施，从而成为"灰色区域措施"，可以绕开 GATT（或 WTO）的直接约束，而不会有打破 GATT（或 WTO）规则之嫌。

3. 新贸易保护主义措施在政治上更易于实施。传统的关税或配额措施的实施，需要通过立法过程或高度透明的行政程序，而新贸易保护主义措施的实施，可以通过高度保密的协商过程来实现（例如自愿限制出口）。

4. 游说政府的一些利益集团，寻求不需要立法程序或透明度较低的行政程序的新贸易保护主义措施的保护，比传统的保护主义措施更为便利。

二、新贸易保护主义的特点

（一）对国际贸易政策影响的不同

传统贸易保护主义是经济较落后国家为了发展本国民族经济、实现工业化目标，通过对某部门或行业实行保护措施来促进这些部门或行业迅速成长的理论或思潮。这种保护的最后趋势是走上自由贸易之路。新贸易保护主义是经济发达国家为了保住昔日的经济优势地位，通过广泛实行保护措施来维持其政治与经济利益的理论或思潮。前者在贸易政策上不改变国际贸易政策总趋向，而后者则可能影响到国际贸易政策总趋向。

（二）被保护的商品范围不断扩大

传统贸易保护主义主要在商品贸易与资本贸易领域实行保护，而新贸易保护主义的保护领域扩展到了服务贸易和技术贸易领域。在服务贸易方面，很多发达国家在签证申请、投资条例、收入汇回等方面做出保护性限制，以培育和确保自己的优势。在工业品方面，从纺织品、鞋、陶瓷、胶合板等"敏感商品"直到钢铁、彩电、汽车、计算机、数控机床等皆被列入保护范围。

（三）限制进口的措施从关税壁垒转向以非关税壁垒为主

由于关贸总协定主持下的七轮多边贸易谈判使各国关税水平大幅度削减，发达国家的平均关税率从 1948 年的 36% 下降到 5% 左右，关税的保护作用日益减小。针对这一状况，20 世纪 70 年代以来发达国家竞相采用非关税壁垒来限制商品进口，并使之成为限制进口的主要措施。

（四）奖出限入的重点由限制进口转向鼓励出口

在国际分工加深、对国外市场依赖性加强的条件下，使用关税、非关税措施来限制进口，不仅满足不了本国企业扩大国外市场的要求，更容易招致别国的报复。因此，许多发达国家把奖出限入措施的重点转向鼓励出口，纷纷从经济、法律、组织等多方面促进商品输出。这些措施包括：实行出口补贴、出口信贷及出口信贷国家担保制，实施商品倾销和外汇倾销，设立出口加工区；国家设立各种促进出口的行政机构，协助本国出口商对国外市场的扩张。有的国家还设立各种评奖制度，奖励在出口方面做出成绩的出口商，等等。

（五）从贸易保护制度转向系统化的管理贸易制度

管理贸易是一种介于自由贸易与保护贸易之间、以协调为中心、以政府干预为主导、以磋商为手段，政府对对外贸易进行干预、协调和管理的贸易制度。有人称为"不完全的自由贸易"和"不断装饰的保护贸易"。20 世纪 70 年代中期以后，在世界各国各地区贸易保护主义色彩日益浓厚，而又没有谁公开声明反对自由贸易的情况下，管理贸易便在国际贸易中逐渐盛行。管理贸易具有如下基本特点：

1. 以立法形式使贸易管理法律化、制度化。为使国家对外贸的管理合法化，各发达国家加强贸易立法，使国家管理对外贸易的法律由过去的单行法律发展为以外贸法为中心、与其他国内法相配套的法律体系。如美国 1974 年贸易法案中的"301 条款"授权总统给对美国出口实施不公平待遇的国家进行报复。1988 年的"综合贸易法"更以反对一切不公平贸易为由，加强保护色彩。其中的"超级 301 条款"和"特别 301 条款"分别要求政府对公平贸易做的不好和对保护美国知识产权做的不好的国家进行谈判或报复。美国是使管理贸易合法化的代表，其涉及管理外贸的法律达 1 000 多种。

2. 在不放弃多边协调的同时，更多地采用单边管理、双边协调。由于世界经济区域化、集团化倾向的加强，国际多边贸易体制受到削弱。为此，主要发达国家，尤其是美国，更多地借助双边贸易谈判，必要时不惜采取单边贸易制裁，以达到"公平、互惠"的目的。如美国以 1988 年"综合贸易法"为依据，强调对等互惠条件，加强针对性的双边贸易谈判，使"自由与公平"方针成为美国对外贸易的基石。在美国的压力下，西欧、日本等对美国有贸易盈余的国家都在许多具体领域做出了大量让步，有限度地开放市场，扩大内需。

3. 管理措施以非关税措施为主，行政部门拥有越来越大的裁量权。这是因为非关税措施大多由行政机构实行，在非关税措施的使用日益广泛的情况下，行政机构对贸易政策的影响必然越来越大。

4. 新贸易保护主义使贸易上的歧视性有所增强

随着管理贸易体制逐步向双边和区域内多边体制过渡，一些发达国家蓄意背离关贸总协定的无歧视原则，寻找各种借口对政治上不友好的国家或集团实行歧视性待遇。例如，欧盟、北美自由贸易区及其他区域性贸易集团，对非成员经济体商品的进口都有明显的差别待遇，以限制集团外产品的进口，保护集团成员经济体的利益。

（六）区域性贸易壁垒增强

区域上，传统贸易保护主义以国家贸易壁垒为基础，而新贸易保护主义趋向区域性贸易壁垒，即由一国的贸易保护演变为区域性贸易保护。在区域范围内，国家之间仍实行自由贸易，而对区域外国家则实行共同的关税壁垒。

（七）跨国公司在管理贸易中的地位不断上升

随着经济实力的日渐壮大，跨国公司对发达国家的社会经济影响举足轻重。因此，各发达国家都通过跨国公司的跨国经营活动来贯彻其对外贸易政策，跨国公司日益成为各国实行管理贸易的主角。它体现在发达国家许多高技术、高层次、大规模的投资贸易活动都围绕跨国公司来进行，有时政府还直接参与到公司具体的贸易活动中。如1996年，美国政府就直接参与到美国柯达公司和日本富士公司的胶卷纠纷中，逼迫日本对柯达胶卷开放市场。

三、新贸易保护主义的主要措施

（一）技术壁垒及其经济学分析

1. 技术壁垒的定义及其分类

技术壁垒是指一国政府或非政府机构，以国家安全或保护人类健康和安全，保护动物或植物的生命和健康，保护环境，防止欺诈行为等为由，采取一些苛刻繁杂的技术法规、标准、包装、标签以及为确保符合这些要求和确定产品质量及适用性能而实施的认证和检验、检疫的规定和程序，成为其他国家商品自由进入该国市场的实实在在的障碍。

（1）技术法规

这是指必须强制性执行的有关的产品特征或其相关工艺和生产方法，许多强制性标准也是技术法规的组成部分。技术法规主要涉及劳动安全、环境保护、卫生与健康、交通规则、无线电干扰、节约能源与材料等，也有一些是审查程序上的要求。目前，工业发达国家颁布的技术法规种类繁多，尤其是近几十年来，为了保护消费者的合法权益，许多工业发达国家不遗余力地致力于消费者保护法规的制定。

随着贸易战的加剧，主要发达国家愈来愈多地打着本国消费者安全和健康的旗号，制定许多有关安全卫生方面的法律来限制商品的进口。例如，日本有《劳动安全卫生法》、《消费法》、《蔬菜水果进口检验法》、《肉类制品进口检验法》等，德国有《化妆品管理法》、《仪器与日用消费管理法》等，美国有《联邦食品、药品和化妆品法》、《联邦进口牛奶法》、《茶叶进口法》、《消费产品安全法》等。随着这些法律的建立，要求卫生检疫的商品愈来愈多，卫生检疫的规定也愈来愈严，对进口商品的限制也就越来越大。

（2）技术标准

技术标准是指经公认机构批准的、非强制执行的、供通用或重复使用的产品或相关工艺和生产方法的规则、指南。有关专门术语、符号、包装、标志或标签的要求也是标准的组成部分。目前存在大量的技术标准，有国家标准、行业标准，也有许多国际标准。

随着竞争的加剧，发达国家有意识地利用标准作为竞争的手段，对制成品的进口规定极为严格、繁琐的技术标准，有些标准的规定甚至是经过精心策划的、专门用以针对某个国家的出口产品，而且涉及的商品的范围越来越广，进口商品必须符合这些标准才能进口。这些标准中既有生产标准，也有试验、检验方法标准和安全卫生标准；既有工业品标准，也有农产品标准。例如，法国严禁含有红霉素的糖果进口，从而把英国糖果拒于门外；美国则对进口的儿童玩具规定了严格的标准等。

有些技术标准不仅在条文本身上限制了商品进口，而且在实施过程中也为国外产品的销售设置了重重障碍。如日本曾规定，英国输往日本的小汽车运到日本后，必须由日本人进行检查，如不符合规定，则要由日本雇员进行检修。这样就费时费工，加上日本有关技术标准公布迟缓，使英国汽车输往日本更加困难。

（3）质量认证和合格评定程序

质量认证是根据技术规则和标准对生产、产品、质量、安全、环境等环节以及整个保障体系的全面监督、审查和检验，合格后由国家或外国权威机构授予合格证书或合格标志来证明某项产品或服务是符合规定的规则和标准的活动。目前在国际上影响比较大的质量认证体系有 ISO9000 系列标准、ISO14000 环保系列标准、美国的产品安全认证体系 UL、欧盟的 CE 标志、日本的 JIS 标准（日本工业标准标志）等。

质量认证既能促进国际贸易的发展，也能成为国际贸易发展的障碍。如果一种质量认证体系能被各国所接受，并能相互承认对方的检验结果，就将促进国际贸易的发展。然而，各国实行的质量认证是多种多样的，即使各国所采用的产品标准和检验方法相同，各国认证体系之间的差异、依据的标准水平不同、质量认证体系的内容不同、认证机构的地位不同、检验机构的水平不同、强制性认证与自愿性认证的不同，仍然会成为贸易中的技术壁垒。实际上质量认证和合格评定程序也越来越成为各国用来保护国内市场的合法武器以及提高国际竞争力的工具。

（4）卫生检疫标准

卫生检疫标准主要适用于农副产品及其制成品、食品、药品、化妆品等。现在各国要求卫生检疫的商品越来越多，规定也越来越严。如美国规定其他国家或地区输入美国的食品、饮料、药品及化妆品，必须符合美国《联邦食品、药品及化妆品法》(*The Federal, Drug and Cosmetic Art*) 的规定。其条文还规定，进口货物通过海关时，均需要经食品药物管理署（FDA）检验，如发现与规定不符，海关将予以扣留，有权销毁，或按规定日期装运再出口。

（5）商品包装和标签的规定

商品包装和标签的规定适用范围很广。许多国家对在本国市场销售的商品订立了种种包装和标签的条例，这些规定内容繁杂，手续麻烦，出口商品必须符合这些规定，否则不准进口或禁止在市场销售。进口国对进口商品包装和标签的要求主要用于防止包装材料所形成的对环境和消费者的负面影响，当然这其中也有很多仅仅只是为国外出口商制造出口障碍。出口商为了符合这些规定，不得不按规定重新包装和改换标签，费时费工，增加了商品的成本，削弱了商品的竞争力或直接禁止其进口，从而保护了进口国国内市场。例如，德国和法国禁止进口外形尺寸与本国不同的食品罐头。美国等国禁止使用草、谷、糠等为包装材料。这些材料只有在提供消毒证明的条件下，才允许使用。

（6）绿色壁垒

绿色壁垒指那些为了保护环境，直接或间接采取的限制甚至禁止贸易的措施。人类社会进入20世纪90年代以来，工业经济与生态环境相协调的可持续发展模式正成为国际社会、各国政府以及环境保护界共同关注的迫切问题。在贸易增长的同时，理应对人类赖以生存的环境进行保护。

但由于各国经济发展处在不同阶段上，在对环保标准的要求和环保资金的投入方面存在很大差距。发达国家的环保标准高，而发展中国家的环保标准较低，因此，各国环保标准的不一致也造成了实际上的"贸易障碍"。目前，主要发达国家先后分别在空气、噪音、电磁波、废弃物等污染防治，化学品和农药管理，自然资源和动植物保护等方面制定了多项法律法规、产品的环境标准等。这些严格的法律、法规和要求阻碍了发展中国家的出口产品进入发达国家的市场。绿色壁垒主要有以下几种：

①绿色关税和市场准入。发达国家以保护环境为名，对一些污染环境和影响生态环境的进口产品课以进口附加税或限制，禁止其进口，甚至对其进行贸易制裁。

②绿色技术标准。发达国家的科技水平较高，处于技术垄断地位。它们在保护环境的名义下，通过立法手段，制定严格的、强制性的环保技术标准，以及在测试或验证上设置障碍，限制国外商品进口。这些标准都是根据发达国家的生产和技术水平制定的，对于发达国家来说，是可以达到的，因而势必导致发展中国家的产品被排斥在发达国家之外。

③绿色环境标志。它是用于那些与同类产品相比更符合保护环境要求的一种象征符号。它表明该产品不但质量符合标准，而且在生产、使用、消费处理过程中符合环保要求，对生态环境和人类健康均无损害。发展中国家产品为了进入发达国家市场，必须提出申请，经批准才能得到绿色通行证，即绿色环境标志。

④绿色包装制度。绿色包装指能节约资源，减少废弃物，用后易于回收再用或再生，易于自然分解，不污染环境的包装。它在发达国家市场上广泛流行。发达国家为推动绿色包装的进一步发展，纷纷制定有关法规。它们借口其他国家尤其是发展中国家产品包装不符合其要求而限制进口，由此引起的贸易摩擦不断。

⑤绿色卫生检疫制度。各国海关的卫生检疫制度一直存在，特别是发达国家对农副产品和食品制定了严格的安全卫生标准和检疫措施，尤其对农药残留、反射性残留、重金属含量的要求日趋严格，并以此作为控制从发展中国家进口的重要

工具。

⑥"绿色补贴"。为了保护环境和资源，有必要将环境和资源费用计算在成本之内，使环境和资源成本内在化。发达国家将严重污染环境的产业转移到发展中国家，以降低环境成本。发展中国家的环境成本却因此提高。更为严重的是，发展中国家绝大部分企业本身无力承担治理环境污染的费用，政府为此有时给予一定的环境补贴。发达国家认为发展中国家的"补贴"违反关贸总协定和世界贸易组织的规定，因而以此限制其产品进口。

⑦信息技术壁垒。EDI 和电子商务将是 21 世纪全球商务的主导模式，而电子商务的主导技术是信息技术。目前，发达国家在电子商务技术水平和应用程度上都明显超过发展中国家，并获得了战略性竞争优势。发展中国家尤其是不发达国家在出口时因信息基础设施落后、信息技术水平低、企业信息化程度低、市场不完善和相关的政策法规不健全等而受到影响，在电子商务时代处于明显劣势，导致信息不透明，如合格认定程序；信息传递不及时，如技术标准更改；信息传递途径不畅通等，这样，新的技术壁垒——信息技术壁垒在发达国家与发展中国家、不发达国家之间形成了。

2. 技术壁垒的经济效应分析

技术壁垒对于价格的影响是间接的，但对进口国的经济效应与进口配额以及关税等却是一致的。可参照图 6-1 分析。诸多的商品标准及规定构建的技术壁垒从各个方面对进口商品进行限制，这使得进口商品的数量减少。由于此时国内市场需求大于供给，从而这种商品的国内价格从 P 上涨到 P_1。进口国消费者由于价格上涨，损失了面积为 $(a+b+c+d)$ 的消费者剩余。面积 a 是由于国内采取技术壁垒之后，刺激了国内生产商的生产，从而带来的生产者剩余的增加。面积 b 是国内低效率生产所带来的损失，面积 d 是技术壁垒使得国内价格上涨后造成的消费数量的减少，从而带来的国民损失。通常说来，国内价格与国际价格的数学关系是 $P=P^*(1+T)$，其中 $T>0$，P 为国内价格，P^* 为国际价格。如果将这个式子与征收关税后的国内市场价格相比（$P=P^*(1+t)$，t 为关税税率，P^* 为国际市场价格，P 为国内市场价格），我们可以发现技术贸易壁垒所引起的效果相当于对进口商品征收了技术贸易壁垒税，其中 T 为技术壁垒税税率。征收技术壁垒税，会导致对进口国国内市场某种程度的垄断，因此面积 c 的归属就取决于这种产品的国内市场是被谁垄断。

技术壁垒规定进口商品必须满足诸多条件。一方面限制了国外的商品进入本国市场，导致了国内厂商对于国内市场某种程度的垄断，阻碍了市场的完全竞争，而完全竞争是有效率的，即可以达到帕累托最优效率，因此技术壁垒阻碍了国内市场达到帕累托最优效率；另一方面，国内的生产商，尤其是发展中国家的生产商，会提高商品的质量，使其商品达到技术标准，从而提高效率。不过实际情况往往是前者，即技术壁垒阻碍一国国内市场达到帕累托最优。因为在自由贸易条件下，国内市场即使只有一个垄断者，它为了避免提高商品价格而吸引国外的竞争者进入，往往选择多生产，而不是提高价格，这样使国内市场保持与充分竞争时一样的产量和价格，实现了帕累托最优效率。在存在技术壁垒的条件下生产者则将采取不同的策略。因为技术壁垒往往是针对某一种商品而制定的，国外生产厂商往往难以达到其标准，或者为了达到其标准需要付出较大的成本，这就直接减少了国内厂商的竞争压力，使得它们可以通过减少产量，提高价格来实现垄断利益的最大化，而这在另一方面就使得市场缺乏效率。

（二）"自动"出口限制（Voluntary Restriction of Export）

"自动"出口限制又称"自动"出口配额限制（Voluntary Export Quota），指出口国在进口国的要求或压力下，"自动"规定在某一时期内（一般是 3 至 5 年）某种商品对该进口国的出口配额，超过配额即禁止出口。

与进口配额制相比，二者从实质上来说都是通过数量限制来限制出口，但在形式上却有所不同，表现在：第一，从配额的控制方面看，进口配额由进口国直接控制配额来限制商品进口；而"自动"出口配额则是由出口国直接控制配额，限制某些商品对指定进口国的出口，因此是一种由出口国实施的为保护进口国生产者而设计的贸易政策。第二，从配额的表现形式看，"自动"出口配额表面上好像是自愿采取措施控制出口，而实际上是在进口国的强大压力下采取的措施，并非出于出口国的自愿。进口国往往以某些商品的大量进口威胁到其国内某些工业，即所谓的"市场混乱"（Market Disruption）为借口，要求出口国实行"有秩序增长"（Orderly Growth），自动限制出口数量，否则将采取报复性贸易措施。第三，从配额的影响范围看，进口配额通常应用于一国大多数供给者的进口，而"自动"出口配额仅应用于几个甚至是一个特定的出口者，有明显的针对性。那些没有被"自动"出口配额协定包括进去的出口者，可以向该国继续增加出口。第四，从配额的适用年限看，进口配额制往往为 1 年，而自动出口配额制较长，往往为 3 至 5 年。

自动出口限制主要有以下两种形式：

1. 非协定自动出口限制

这是指出口国并未受到国际协定的约束，而是迫于进口国的压力，自行单方面规定对有关国家的出口配额。这种出口配额有的是由政府有关机构规定，并予以公布，出口商必须向有关机构申请，领取出口授权书或出口许可证后才能出口，有的是由出口商或协会"自动"控制出口。

2. 协定的自动出口限制

这是指双方通过谈判签订"自动出口限制协定"（Self-Marketing Agreement）或"有秩序销售协定"（Orderly Marketing Agreement），规定一定时期内某些商品的出口配额。所谓"有秩序的销售安排"是 20 世纪 70 年代在发达国家的国际贸易应由"自由贸易"转变到"有秩序的进行"的思想指导下，由发达国家提出来的一种非关税壁垒措施。它是通过政府正式的干预，通常先由各进口国与出口国进行多边谈判，商定若干原则，然后再按此原则逐个分别进行谈判，达成双边的自动限制协议，即出口国"自愿"限制其商品在一定时期内对进口国的出口量，以避免在进口国市场上引起扰乱，进口国则根据海关统计进行监督检查。如1977年美国与日本谈判"有秩序的销售安排"，由政府首脑出面，要求日本减少彩色电视机、收音机、电炉、铁路设备、自行车外胎、软管、钢、锌等的出口，其中规定日本到1980年对美出口彩色电视机175万台，比1976年减少40％。欧共体也曾与日本等20多个国家谈判，要求这些国家在1978年对欧共体的钢材出口维持在1976年的水平。

目前的"自动"出口限制大多属于协定的自动出口限制。各种"自动出口限制协定"或"有秩序销售协定"的内容不尽相同，但一般都包括以下内容：

（1）配额水平。这是指协定有效期内各个年度"自动"出口配额。一般以协定缔结前一年的实际出口量或原协定最后一年的配额为基础，确定新协定第一年的配额，然后确定其他年的增长率。

（2）自限商品分类。自限商品是指协定限制的商品。随着自限商品的种类越来越多，分类也日益繁杂，每一类别的商品规定不同的配额。结果在实际履行过程中，出口商经常对一些热门货的配额感到不足，而一些冷门货的配额却往往有剩余。

（3）配额的融通。这是指协定各种自限商品限额间相互融通使用的权限，包括水平融通和垂直融通两种。前者指同一年度内组与组之间、项与项之间在一定百分率内互通使用的额度；后者指上下年度内组与组之间、项与项之间的留用额和预用额。留用额指当年未用完的配额拨入下一年度使用的额度或权限；预用额指当年配额不足而预先使用下年度的额度或权限。

（4）保护条款。这是指进口国有权通过一定的程序，限制或停止某些"扰乱"市场或使进口国生产者蒙受损失的商品。这就进一步扩大了进口国单方面限制进口的权限。这种条款对出口国极为不利，往往遭到出口国的反对。

（5）出口管理规定。协定中规定出口方对自限商品执行严格的出口管理，以保证不超过限额水平和尽量按季度均匀出口。为了确保自限协定顺利进行，协定还要求双方互相提供有关资料。在协定有效期内，双方至少每年举行一次会议，磋商解决有关问题。

（6）协定的有效期。有效期有长有短，各有利弊。目前自限协定有效期一般为3至5年，缔约国一方需终止协议的，必须提前60天通知对方，否则终止无效。

（三）"自愿"进口扩张协定

这是指进口国在出口国要求实现所谓"平等的自由贸易"的要求下，被迫"自愿"增加进口，特别是增加本国保护市场的进口，从而为出口国进一步开放市场。"自愿"进口扩张协定始于里根政府与日本签订的有关半导体元件方面的贸易协定。布什政府继承了里根时代的这种管理贸易措施，不光在半导体贸易上继续要求日本开放市场，而且迫使日本在汽车零部件上再与其签订新的"自愿进口协定"。克林顿政府又进一步发展与强化了这方面的措施。

就目前最盛行的三种管理贸易安排而言，"自愿"出口限制和"有秩序的销售安排"旨在通过限制出口国对本国的出口数量来保住现有出口市场份额，而"自愿进口扩张"旨在开辟新的进口市场。这种贸易壁垒实际上是以强迫的方式来使进口国"自愿"的让出一部分市场份额，阻碍潜在竞争者进入市场，从而达到增强本国商品的竞争力，削弱进口国商品及其他国同类商品的竞争力的目的。而且，"自愿"进口扩张协定很可能被某些厂商滥用，它们力图获取官方安排来压制竞争，以捞取更大的好处：可以利用官方批准的公司会晤，暗中签订附加协定而无需让政府知悉；进口竞争性厂商可以利用谋取官方安排的机会胁迫国外厂商就范，为各种形式的合谋留下余地；官方批准的安排所提供的监督机制，恰好有助于保留卡特尔的存在。这种利益的驱动将"自愿"进口扩张协定变成压制竞争的工具。

（四）国产化程度要求和混合性购买要求

国产化程度要求指在本国组织或生产的产品必须含有特定数量的本国增值，其形式包括对本国工人或由本国厂商生产的原材料和零配件的支付。国产化程度要求限制了本可以用于本国产品生产的外国原材料和零配件的进口。例如在汽车制造业，国产化程度要求可被用于迫使汽车制造商更多地采用本地生产的汽车组件或零配件。国产化程度要求如果制定得足够严格，它可以迫使发动机或变速箱等一些昂贵的部件在本国生产。

一种与国产化程度要求有密切关系的非关税壁垒为混合性购买要求，即要求进口者在进口的同时，必须购买一定比例的本地产品。例如哥伦比亚曾经允许自由进口外国优质钢材，但前提条件是进口者必须出示也曾从本国钢厂购买钢材的证据。这种混合性购买要求也被用于限制外国娱乐产品的进口。加拿大政府经常对广播电台实施"加拿大时间"要求，即迫使它们以特定比例的时间广播加拿大歌曲和影视节目。由法国领导的欧盟曾经对美国娱乐节目发动了持久的抵制活动，其措施之一便是要求至少要有一定比例的娱乐节目时间播放本国节目。

（五）国际卡特尔（International Cartel）

这是指一个由不同国家的某种商品供应商组成（或由一些政府组成）的组织，它们达成协议限制某种商品的产量和出口以使组织的总利润最大化或有所增加。尽管国际卡特尔在美国是违法的，在欧洲是受限制的，但国际卡特尔的能量却不能小视，因为它们不受任何一个国家法律的约束。早在 19 世纪 80 年代，一些大烟草贸易公司和铁路运输公司就开始组织国际卡特尔。第二次世界大战之后，政府间的垄断协议赋予了国际卡特尔以新的面目。

一般说来，对于没有相似替代品的基本商品，如果国际上只存在少数供应者，则卡特尔成功的机会颇大。今天最为知名的国际卡特尔是石油输出国组织，它们通过限制产量和出口，在 1973 年和 1974 年间成功地使石油价格上涨了 4 倍。另一个例子是国际航空运输组织，它是由主要的国际航空公司组成的卡特尔，每年开会决定航空运费和政策。然而，如果存在很多国际供应商，则很难把它们组织成为一个有效的卡特尔。同样的，当某种商品有了很好的替代品，则国际卡特尔想限制产量和出口以提高价格和利润的企图只会使购买者转向替代品。这就解释了为什么在除石油和锡之外的矿产以及除了糖、咖啡、可可和橡胶之外，农业组织卡特尔总是失败或无效的原因。

从动态意义上讲，随着时间的推移，国际卡特尔难以长久维持其垄断地位，即使是 20 世纪 70 年代风光一时的 OPEC，其面临的处境也大不如前。国际卡特尔控制产量和价格的能力趋于削弱，其原因在于：

1. 寻求替代品的可能性。卡特尔的垄断提价会促使进口国寻求避免购买卡特尔商品的途径，开辟替代品的供给来源。

2. 竞争性供给的扩大。商品价格的上升将刺激非卡特尔成员经济体增加其可出口供给，通过资源的调整，非卡特尔成员可充分挖掘生产和出口潜力。20 世纪 80 年代石油输出国组织有惨痛的教训。当时高石油价格大大刺激了非成员经济体（例如英国、挪威和墨西哥）的石油开发和生产。

3. 卡特尔市场份额的递减。卡特尔为了维持垄断价格，必须削弱它的产出和销售，同时非卡特尔成员经济体又努力增加产出和销售，因此，卡特尔市场占有率必然下降。

4. 卡特尔成员的背叛。卡特尔的成功依赖于各个成员遵守协议的程度，但在长期内，卡特尔协议中所占份额较小的成员随着其生产能力的扩大，将会产生足够的动力向卡特尔规则发起挑战，或要求重新瓜分市场，或采取欺诈行为，暗中竞争，通过比卡特尔协定价格稍低的价格无限制的销售来"欺骗"卡特尔，从而削弱卡特尔整体的力量，尤其当卡特尔的成员是主权国家时，几乎不可能对这种背叛行为实行强有力的约束。正如有关经济理论所预测的那样，卡特尔所具有的不稳定性导致其经常崩溃和失败。

（六）反倾销与反补贴

倾销和补贴在国际贸易中一般被视为不公平的竞争手段。为了避免外国商品倾销和受补贴商品进口对本国市场和生产造成重大损害，WTO 允许反倾销、反补贴、保障措施等这些贸易救济手段的合法存在，进口国可对实施倾销和得到补贴的进口商品采取反倾销和反补贴的措施，对本国受到损害的产业实行正当的保护。但是，如果实施国有关立法不符合 WTO 协议的规定或在实施过程中未能正确运用或对进口产品构成了不合理的歧视，就构成了贸易壁垒。这种贸易壁垒打着合法保护的幌子，行的却是保护贸易之实，隐蔽性更强，杀伤力更大。由于国际规则对各种非关税壁垒的使用越来越严格地限制，以反倾销反补贴这一名正言顺的手段来限制进口就变得尤其重要了。

很多国家在反倾销和反补贴的实际操作过程中针对的范围往往大大超出维护公平贸易的领域，因而对国外产品具有很强的歧视性，特别是对非市场经济国家歧视性更强。歧视性的反倾销政策主要基于一种所谓的"非市场经济国家"理论。关贸总协定第六条规定，当一国产品以低于正常价格的方法挤入另一国市场进行贸易时，若因此而对某一缔约国领土内已建立的某项工业造成重大损害或重大威胁，或者对某一国内工业的新建造成严重阻碍，这种倾销应受到谴责。但是，何谓正常价格，何为"重大损害或重大威胁"，量化上的困难极易引起贸易摩擦。西方国家在反倾销中都规定以市场经济第三国或进口国的价格来确定自"非市场经济国家"进口的受诉倾销产品的正常价格，又称为"替代国制度"或"类比国制度"。但在实践中，并不严格按经济发展水平相当性的原则来选择替代国，而往往以无法取得其他与该非市场经济国政治经济发展水平相近的市场经济国家的资料为由，选择经济发展水平高出该"非市场经济国家"经济发展水平若干倍的国家甚至是发达国家，并由此得出倾销幅度很大的结论，从而导致加征进口赋税，使出口商承担了本不应该承担的巨额成本，削弱了商品的竞争力。有时即使最终裁决倾销或补贴不成立，但仅反倾销和反补贴的立案和审理过程就足以拖延或阻止商品的进口，对进口商品形成实实在在的障碍。为此 GATT 和 WTO 就有关反倾销和反补贴达成协议，试图制止这种变相的保护主义措施，但这些协定的约束力是有限的，并且协定本身也仍然存在某些概念界定不明确的缺陷。

目前，我国已成为世界上最大的反倾销受害国。

（七）社会壁垒

社会壁垒是指以劳动者劳动环境和生存权利为借口采取的贸易保护措施。社会壁垒由社会条款而来，社会条款并不是一个单独的法律文件，而是对国际公约中有关社会保障、劳动者待遇、劳工权利、劳动标准等方面规定的总称，它与公民权利和政治权利相辅相成。国际上对此关注由来已久，相关的国际公约有 100 多个，包括《男女同工同酬公约》、《儿童权利公约》、《经济、社会与文化权利国际公约》等。国际劳工组织（ILO）及其制定的上百个国际公约，也详尽地规定了劳动者权利和劳动标准问题。为削弱发展中国家企业因低廉劳动报酬、简陋工作条件所带来的产品低成本竞争优势，1993 年，在新德里召开的第 13 届世界职业安全卫生大会上，欧盟国家代表德国外长金克尔明确提出把人权、环境保护和劳动条件纳入国际贸易范畴，对违反者予以贸易制裁，促使其改善工人的经济和社会权利。这就是当时颇为轰动的"社会条款"事件。此后，在北美和欧洲自由贸易区协议中也规定，只有采用同一劳动安全卫生标准的国家与地区才能参与贸易区的国际贸易活动。

目前，在社会壁垒方面颇为引人注目的标准是 SA8000。该标准是从 ISO9000 系统演绎而来，用以规范企业员工职业健康管理。通过认证的公司会获得证书，并有权在公司介绍手册和公司信笺抬头处印上 SGS-ICS 认证标志和 CEPAA 标志。此外，它们还可得到 SA8000 证书的副本用于促销。欧洲在推行 SA8000 上走在前列，美国紧随其后。欧美地区的采购商对该标准已相当熟悉。目前，全球大的采购集团非常青睐有 SA8000 认证企业的产品，这迫使很多企业投入巨额的人力、物力和财力去申请与维护这一认证体系，这无疑会大大增加成本。特别是发展中国家，劳工成本是其最大的比较优势，社会壁垒将大大削弱发展中国家在劳动力成本方面的比较优势，造成对其出口的障碍。

四、新贸易保护主义简评

总的来看，新贸易保护主义使贸易活动在政府的干预下，借助立法、磋商、双边和多边的协调等手段，一定程度上有利于缓解国际贸易矛盾，保护各国的新兴产业，但它也对全球经济和贸易带来诸多不利影响。首先，它削弱了国际多边贸易体系，不利于资源的合理配置。新贸易保护主义打着公平贸易的招牌，实则带有歧视性、排他性和不平等性。这些限制措施人为地阻止了低成本高质量产品的进入，保护了国内较落后的生产者。从世界范围来看，改变了国际贸易商品合理的地理流向，妨碍了资源最优配置，造成资源浪费。其次，它损害了消费者利益。因为新贸易保护主义有时限制国外低成本产品的进入，使本国厂商免遭国外竞争的压力，不利于国内生产成本的降低。如第二个多种纤维协定使英国服装零售价平均提高20%，英国消费者不得不为此付出额外的代价。再次，新贸易保护主义一方面限制发展中国家劳动密集型产品进入发达国家的市场，另一方面又通过保护使发展中国家为获得先进技术、设备而需支付越来越昂贵的费用，这加剧了南北差距的扩大。最后，使贸易摩擦增多。由于有的国家动辄运用反倾销、反补贴武器，所以20世纪90年代以来反倾销反补贴案件上升，不利于国际贸易秩序的稳定。因此，如何克服新贸易保护主义的不利影响，维护合理有序的国际贸易秩序，是当代国际贸易的一个重要课题。

☞ 习题

1. 简述非关税贸易壁垒的主要内容及其特点。
2. 什么是技术贸易壁垒？它有哪些主要手段？

3. 列举新贸易保护主义的主要措施。

4. 简述新贸易保护主义与传统贸易保护主义的异同。

5. 作图说明完全竞争条件下的进口配额效应。

6. 作图说明垄断条件下的进口配额效应。

7. 比较进口配额与进口关税经济效应的差别。

8. 什么是自愿进口扩张? 简述其基本内容。

☞ 网络链接

1. 美国贸易代表办公室 (OUSTR) 的报告和关于国外贸易壁垒估计报告的相关文章可以在下面的网站中找到: http: //www. ustr. gov/reports/index. html。

2. 美国贸易部出口管理局的网站提供了美国出口控制的信息, 包括对核武器和金融服务加密产品的出口管制, 请登录: http: //www. bxa. doc. gov。

3. 要了解有关欧盟的信息, 可以访问欧盟的主页: http: //europa. eu. int。

第七章　经济整合与国际经济新秩序

摘要： 第二次世界大战后，在经济全球化趋势不断加强的同时，经济一体化也于 20 世纪 50 年代开始发展起来，各国经济的发展都离不开外部的世界经济环境，国家间的依赖和合作也得到进一步发展。本章主要介绍经济一体化的理论和实践，详细阐述了作为评价区域经济一体化重要理论之一的关税同盟理论。在此基础上，本章将简要介绍国际经济新秩序构建的理论与实践。

重点与难点：
1. 经济一体化的形式
2. 关税同盟的效应
3. 关税同盟的次优理论
4. 拉美结构主义的南北模型

第一节　经济一体化的多种形式

一、经济一体化的定义

经济一体化是指原先相互独立的经济体通过某种形式结合成经济联合体的过程和状态。如果把一体化看做是一个动态的过程，世界经济一体化就是国与国之间产品和要素障碍的消除。关于一体化的价值取向，依照制度学派的观点，经济一体化是具有制度性目标的国际间的统一体，参加一体化的成员经济体之间有差别地实行减少或消除贸易壁垒的贸易政策。经济一体化依据其一体化的程度不同，可以有多种形式，主要有：自由贸易区、关税同盟、共同市场、经济联盟和完全的经济一体化等形式。

二、经济一体化的形式

（一）自由贸易区

自由贸易区是指两个或两个以上的国家或行政上独立的经济体之间通过达成协议，相互间取消进口关税和与关税具有同等效力的其他措施而形成的国际经济一体化组织。

自由贸易区的一个重要特征是：在自由贸易区组织参加者之间相互取消了商品贸易的障碍，成员经济体内的厂商可以将商品自由的输出和输入，真正实现了商品的自由贸易。这种贸易待遇仅在参加国或成员经济体间互相提供。

自由贸易区的另外一个重要特征是：成员经济体之间没有共同的对外关税。自由贸易区明确指出，各成员经济体之间的自由贸易，并不妨碍各成员经济体针对非自由贸易区成员采取其他的贸易政策，自由贸易区成员经济体之间没有共同的对外关税。

自由贸易区的成员经济体在执行自由贸易政策时很难分清某种产品究竟是来自伙伴经济体还是非伙伴经济体。可能出现的情况是，某种第三国的产品从对外关税较低的成员经济体运进自由贸易区市场后，再将其转运到对外关税水平较高的成员经济体，从而造成高关税成员经济体的对外贸易政策难以执行。解决这一问题的现实方法就是实行原产地原则。这一原则的基本内容是，只有产自成员经济体内的商品才享受自由贸易区免征进口关税的待遇。从理论上说，所谓的原产地产品是指成品价值的50%以上是自由贸易区内各成员经济体生产的产品。有的自由贸易区组织对某些敏感产品的原产地的规定更加严格，要求产品价值的60%，甚至75%以上产自成员经济体时才符合原产地原则的规定。

自由贸易区与下面将要介绍的关税同盟有两个本质的区别：一是自由贸易区对从世界其他地区的进口，成员经济体各自有权决定关税税率；二是自由贸易区使用原产地原则，只有原产于自由贸易区或主要在自由贸易区内生产的产品才能够进行自由贸易。

（二）关税同盟

关税同盟是指两个或两个以上的国家或经济体通过达成某种协议，相互取消关税和与关税具有同等效力的其他措施，并建立共同的对外关税或其他具有同等效力的限制措施的一体化组织。

关税同盟的特点是，成员经济体在相互取消进口关税的同时，建立了共同的对外关税，因此成员经济体之间的产品流动不再需要附加原产地原则。

关税同盟规定成员经济体之间的共同对外关税，实际上是将关税的制定权转让给关税同盟组织。它不像自由贸易区那样，只是相互之间取消关税，而不做权力转让。因此关税同盟对成员经济体的约束力比自由贸易区要大。

从经济一体化的角度看，关税同盟也具有某种局限性。随着成员经济体之间相互取消关税，各成员经济体的市场将完全暴露在其他成员经济体厂商的竞争之下。各成员经济体为保护自身的某些产业，需要采取更加隐蔽的措施，如非关税壁垒。尽管关税同盟成立之初，已经明确规定了取消非关税壁垒，然而非关税壁垒措施没有一个统一的判断标准，因此关税同盟也包含着鼓励成员经济体增加非关税壁垒的倾向。同时，关税同盟只解决了成员经济体之间边境上的商品流动自由化问题。当成员经济体商品进入另一个成员经济体境内后，各种限制措施仍然是自由贸易的重要障碍。因此国际经济一体化方面的专家认为，解决这一问题的最好办法是向"共同市场"迈进。

（三）共同市场

共同市场是指两个或两个以上的国家或经济体通过达成某种协议，不仅实现自由贸易，建立了共同对外关税，还实现了服务、资本和劳动力的自由流动的国际经济一体化组织。

共同市场的特点是，成员经济体之间不仅实现了商品的自由流动，还实现了生产要素和服务的自由流动。服务的自由贸易意味着，成员经济体之间在相互提供通讯、咨询、运输、信息、金融和其他服务方面实行自由贸易，没有人为的限制；资本的自由流动意味着，成员经济体内的各企业的资本可以在共同体内部自由流入和流出；劳动力的自由流动意味着，成员经济体的公民可以在共同体内的任何经济体自由寻找工作。为实现这些自由流动，各成员经济体之间要实施统一技术标准、统一的间接税制度，并且协调各成员经济体之间同一产品的征税率，协调金融市场管理的法规，以及相互承认成员经济体学历。

共同市场的建立需要成员经济体出让多方面的权力，主要包括进口关税的制定权、非关税壁垒、特别是技术标准的制定权、国内间接税率的调整权、干预资本流动权等。这些权力的出让表明，一国政府干预经济的权力在削弱，而经济一体化组织干预经济的权力在增强。然而由于各成员经济体经济有差别，统一的干预政策难以奏效，所以超国家的一体化组织的干预能力也是有限的。

（四）经济联盟

经济联盟是指两个或两个以上的国家或经济体，在实现商品、服务、资本和人员自由流动的基础上，在进一步协调成员经济体之间的经济政策的基础上建立起来的国际经济一体化组织。

经济联盟的特点是，成员经济体之间在形成共同市场的基础上，进一步协调它们之间的财政政策、货币政策和汇率政策。当汇率政策的协调达到一定程度，以致建立了成员经济体共同使用的货币或统一货币时，这种经济联盟为经济货币联盟。

经济联盟的特点是，各成员经济体不仅出让了建立共同市场所需要出让的权力，更重要的是成员经济体出让了使用宏观经济政策干预自身经济运行的权力。而且，成员经济体不仅丧失了干预内部经济的汇率和货币政策以保持内部平衡的权力，也丧失了干预外在规模经济的汇率政策以维持外部平衡的权力。这些政策制定权的出让对共同体内部形成自由的市场经济，发挥看不见的手的作用是非常有意义的。

（五）完全的经济一体化

完全的经济一体化是指两个或两个以上的国家或经济体通过达成某种协议，在实现了经济联盟目标的基础上，进一步实现经济制度、政治制度和法律制度等方面的协调，甚至形成统一的国际经济一体化组织。

完全的经济一体化的特点是，就其过程而言是逐步实现经济及其他方面制度的一体化。从结果上看，它是类似于一体化组织。从完全经济一体化的形式看，主要有两种：一是邦联制，其特点是各成员经济体的权力大于超国家的经济一体化组织的权力；二是联邦制，其特点是超国家的经济一体化组织的权力大于各成员经济体的权力。联邦制的国家经济一体化组织类似于一个联邦制的国家。

自由贸易区、关税同盟、共同市场、经济联盟和完全的经济一体化是处在不同层次上的国家经济一体化组织，根据它们让渡国家主权程度的不同，一体化组织也从低级向高级排列，但是这里不存在低一级的经济一体化组织向高一级经济一体化组织升级的必然性。它们可以根据成员经济体的具体情况决定，经过一段时期的发展是停留在原有的形式上，还是向高一级经济一体化组织过渡，其关键的问题是各成员经济体需要权衡自己的利弊得失。

三、经济一体化的当代实践

第二次世界大战结束后，全球涌现出许多的区域经济一体化组织。这种区域经济一体化的浪潮，在 20 世纪 90 年代达到了高潮。当代全球影响力比较大的区域经济一体化组织有：欧洲 27 国组成的欧洲联盟、北美 3 国组织起来的北美自由贸易协定、东南亚 10 国组成的东南亚联盟。此外在欧、美、非、亚都有各自的地区性经济合作组织。

（一）欧洲联盟

欧洲联盟（European Union）是当代发展水平最高的经济一体化组织，简称欧盟，由比利时、荷兰、卢森堡、法国、德国、意大利、英国、爱尔兰、丹麦、西班牙、葡萄牙、希腊、奥地利、芬兰、瑞典等 27 个国家组成。欧洲联盟的前身是欧洲共同体（EC）。1957 年，法国等西欧 6 国签署《罗马条约》，1958 年生效，宣布欧洲经济共同体正式成立，后又与欧洲原子能共同体和欧洲钢煤共同体合并，称为欧洲共同体。

从 20 世纪 80 年代开始，欧洲共同体加快了其一体化的进程。1985 年 12 月欧共体首脑会议通过了"欧洲一体化文件"，决定建成一个没有国界的内部统一市场；1988 年欧洲共同体首脑会议达成建立欧洲货币联盟和欧洲中央银行的协议；1991 年 12 月欧洲共同体首脑会议在荷兰签署了《欧洲经济与货币联盟和政治联盟条约》，简称《马约》，该条约生效于 1993 年 11 月 1 日。《马约》为欧盟今后的发展方向提出了全面的构想和目标，是欧洲实现政治、经济一体化的历史性的一步。1996 年 3 月欧盟成员经济体开始修改《马约》的谈判。1997 年 6 月欧盟首脑在荷兰的阿姆斯特丹拟定了建立欧洲货币联盟的一切法律程序。

单一欧洲货币——欧元的出台是欧盟推行经济一体化过程中的最重要部分。1971年2月的《维也纳报告》提出,欧洲货币联盟的进程应当包括三个阶段:成员经济体相互间货币实行永久固定的兑换率;建立单一的货币委员会和实施统一的货币政策;实施统一的财政政策。其后欧盟各成员经济体先后就汇率问题达成一致。1994年1月,欧洲货币机构(EMI)在法兰克福成立。1995年12月,马德里会议决定欧洲的单一货币名称为欧元(EURO)。2001年1月1日,欧元作为现金进入流通领域,从2001年7月1日开始,各欧元成员经济体的货币退出流通,欧元完全替代各成员经济体的货币。

欧盟作为一个成功的经济一体化组织,各成员经济体在走向经济一体化的过程中,经济上的合力大大增强。

(二)北美自由贸易协定

20世纪80年代中期,欧洲经济一体化已经成为不可逆转的趋势,欧盟的许多成绩使美国感到有必要联合北美其他两国组成区域经济一体化组织,以增强北美地区在国际经济事务中的影响力。美国先后与北美地区的另外两个国家——加拿大和墨西哥就建立一体化组织达成一致。

1986年5月开始,美国和加拿大开始协商建立美加自由贸易区的具体事宜,1987年协商的结果得到了两国议会的批准,美加自由贸易区1989年1月起生效。从1990年8月开始美国又同墨西哥开始一系列的协商,于1991年2月5日,美、加、墨三国首脑发表了推进北美自由贸易协定的决议。1994年1月1日北美自由贸易协定正式生效,北美自由贸易协定(NAFTA)正式成立。

(三)东盟

东盟是东南亚地区最有影响的自由贸易区。东盟的历史可以追溯到1961年7月由马来西亚、菲律宾和泰国建立的"东南亚联盟"。该联盟与任何大国集团不同,成立该组织的目的是为了加强非政治性的合作,为本区域的经济和文化领域的发展和繁荣而努力。

1992年1月在新加坡召开的东盟第四届首脑会议,为新东盟的发展确定了路线、方针和政策,规划了东盟未来发展的蓝图。1992年1月东盟成员签订《加强东盟经济合作框架决定》,决定用15年时间建成自由贸易区,到2008年平均关税降到5%以下。自由贸易区的实施,为东南亚的经济合作带来广阔的前景,它把过去由于政治原因而分裂成东盟、印支、缅甸的三个小市场合并为一个统一的区域大市场,从而使东盟能够与欧盟和北美自由贸易区相抗衡,进而提高本区域在世界经济中的竞争力和吸引力,推进东南亚经济一体化的进程。

近年来,中国致力于建设开放性的市场经济,积极参加区域经济合作,以负责的态度推进中国-东盟自由贸易区的建立和发展。

第二节　关税同盟理论

关税同盟理论是目前评价区域经济一体化的重要理论之一，也是区域经济一体化的重要形式之一。关税同盟的建立促使其各个成员经济体发生多方面的政策变化：一是成员经济体之间相互取消了关税和非关税贸易壁垒，实行完全自由化的贸易；二是成员经济体统一了对外关税政策和其他贸易政策；三是成员经济体依照一致同意的准则分配关税收入。政策的变化将普遍改变各成员经济体国内市场商品的相对价格，并影响贸易流向、生产和消费。关税同盟理论主要分析这些效应以及它们对资源配置、成员经济体福利、整个集团及全世界的影响。由于共同对外关税可以设定在任何理想的水平上，因此，关税同盟可以将联盟价格设定在使参加国的整体社会福利达到最高的水平上。

关税同盟可能产生的效果、收益和损失，受制于以下因素：

- 资源配置和国际生产专业化
- 规模经济的开发利用
- 贸易条件
- 要素生产率
- 利润率
- 经济增长率
- 收入分配

古典贸易理论的研究主要集中于关税同盟对前三个因素的影响，整个分析实质上是相对静态的。它假设：商品和要素市场是完全竞争的；要素只在各国国内而不在国家间自由流动；运输成本忽略不计；关税是贸易管制的唯一形式；价格能准确的反映生产的机会成本；贸易收支平衡；资源被充分利用。这些假设对分析问题的重要性不具备破坏性，但是人们同时注意到现代化生产和贸易的特征，特别是产品差异、产业内贸易和不完全竞争的重要性，建立关税同盟的后果与传统理论的"预期"存在明显的差异。这是我们在以后的学习中要注意的问题。

一、关税同盟的静态效应分析（Static Effects）

（一）贸易创造和贸易转移

贸易创造（Trade Creation）是指关税同盟的建立导致某成员经济体较高成本产品的消费向同盟国较低成本的产品转移所带来的福利的增加。这种转变包括两方面的内容：一是与同盟国相比具有较高生产成本的本国生产产品的减少或消失，转为从成员经济体进口低生产成本的相同产品，这相对于本国国内生产是一种成本的减少，带来了一种生产效应；二是从成员经济体进口的低生产成本的产品替代了本国原有的高生产成本的产品，本国对这种产品的消费需求增加，使得本国消费者剩余增加而带来的一种消费效应。这两种效应的总和构成了关税同盟的贸易创造效应。

贸易转移（Trade Diversion）是指关税同盟的建立导致成员经济体从同盟外部低成本的产品进口转变为从同盟国高成本的相同产品的进口所带来的福利损失。这种转变也包括两方面的内容：一是消费产品从同盟外部低成本的，转变为成员经济体高成本的，这就增加了成本；二是低成本的产品消费转变为对高成本的相同产品的消费，使得消费者剩余减少，这两方面的总和构成了关税同盟的贸易转移效应。

评价具体的关税同盟时，一般是以贸易创造和贸易转移的相对规模指标来进行的。贸易创造多于贸易转移的关税同盟被称为具有福利收益的关税同盟，相对的，如果贸易转移多于贸易创造，则称此关税同盟为福利不利的关税同盟。与贸易理论一般采用两个国家的模型分析不同，能够说明关税同盟理论基本观点的最简单的分析需要采用三国模型分析法。我们假设：

1. H、P 两个国家形成一个关税同盟，而代表世界其余地区的第三个国家用 E 表示。

2. 整个世界是三国世界，不存在规模收益递增。

3. 国内市场是完全竞争的，并且对外部世界贸易的供给价格是完全弹性的。

在这些假设条件下，我们用图 7-1 和图 7-2 对关税同盟建立后的福利变化进行分析。

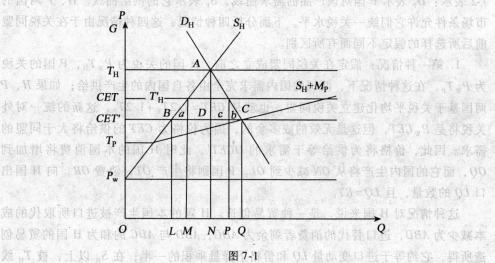

图 7-1

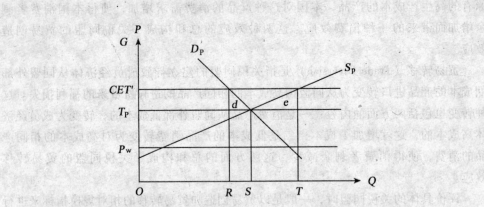

H、P 两国基于关税平均化建立关税同盟，对 H 国来说，是一种贸易创造，对 P 国来说更有利，对外部世界没有影响；H、P 两国基于低关税国的关税建立关税同盟，对 H 国来说，既有贸易创造，又有贸易转移，对 P 国来说更有利，两国从外部世界 E 进口减少；H、P 两国基于较高关税国的关税建立关税同盟，对 H 国来说，是纯贸易转移，对 P 国来说更有利，对外部世界的影响可以不计。

图 7-2

在图 7-1 中，D_H 表示 H 国对该产品的需求曲线，S_H 表示关税同盟成立前的供给曲线，S_H+M_P 表示关税同盟成立后 H 国的供给曲线，它是原供给曲线与从 P 国进口的供给曲线合并形成的。假设从 P 国进口的产品是免税的。P_w 表示外部世界 E 的商品在国家 H、P 的供给价格，假设这一价格为常数。国家 P 的市场情况用图 7-2 表示：D_P 表示 P 国对该产品的需求曲线，S_P 表示它的供给曲线。H、P 两国的市场条件允许它们统一关税水平。下面分析四种情况，这四种情况由于在关税同盟前后所选择的假定不同而有所区别。

1. 第一种情况：假定在关税同盟成立之前，H 国的关税为 P_wT_H，P 国的关税为 P_wT_P，在这种情况下，两国的国内需求完全由各自国内的生产供给；如果 H、P 两国基于关税平均化建立关税同盟，也就是 $CET=1/2T_H+1/2T_P$，这新的统一对外关税将是 P_wCET，但这是无效的或多余的，因为价格为 CET 的供给将大于同盟的需求。因此，价格将为供给等于需求的 $OCET'$，此时 H 国的本国消费将增加到 OQ，而它的国内生产将从 ON 减少到 OL。P 国则将生产 OT，消费 OR，向 H 国出口 LQ 的数量，且 $LQ=RT$。

这种情况对 H 国来说，是一种贸易创造。H 国的本国生产被进口所取代的成本减少为 ABD，进口替代的消费者剩余为 ADC，ABD 与 ADC 的和为 H 国的贸易创造所得，它约等于进口变动量 LQ 和价格下降量乘积的一半；在 S_H 以上，被 T_H 线和 CET 隔开的部分 H 表示从生产者剩余到消费者剩余在 H 国的一个内部转移，但对 H 国作为一个整体将抵消。对 P 国来说，开始它是自给自足的，在这种情况下，关税同盟的成立将使其价格提高，消费者的消费损失为 d，它也有一个生产效应，由 e 表示，这时增加的资源使得生产的产品增加 ST，但这时增加的成本将被向 H 国增加的出口的收入所得而大大超过，很明显，在这种情况下，P 国将更有利。对外部世界的 E 国来说，在这种情况下，它与关税同盟成员的贸易不会因关税同盟的成立而受影响，因为它在关税同盟成立的前后都为 0。这也就是说，在这种情况下，关税同盟所引起的资源配置的改善，只是使关税同盟成员与它们在关税同盟之前的状况相比有了改善，而对于非成员来说，则几乎没有影响。

2. 第二种情况：假定 P 国开始的关税为 P_wT_P，而 H 国的关税要比 P 国的低，为 P_wT_H'，而 $P_wT_H' = P_wCET$。此时，P 国的初始状态与前面相同，但 H 国在同盟成立前的价格水平 OT_H' 上的国内需求的一部分由国内生产满足，而另一部分则由进口满足，消费为 OP，其中本国的生产为 OM，从外部世界 E 国进口 MP，总的关税收入等于 MP 与 P_wT_H' 的乘积。

这种情况的关税同盟对 H 国的影响为：国内生产降到 OL，国内需求增加到 OQ，这导致生产成本的节约，由三角形 a 表示，又导致消费者剩余的增加，由三角形 b 表示，而 a 与 b 的和是关税同盟的贸易创造效应。以前从外部世界 E 国的进口将转向从成本较高的 P 国进口，支出的增加量为 MP 与 P_wCET' 的乘积，这是关税同盟的贸易转移效应。在这种情况下，关税同盟对于 H 国来说，既有贸易创造，又有贸易转移，为了确定关税同盟对国家 H 是有益还是有损，一定要对贸易创造和贸易转移的大小进行比较，在这种情况下，它明显是有损失的。对 P 国来说，在这种情况下，关税同盟的成立对它的影响与第一种情况的影响相同，是有益的。对于外部世界 E 国来说，在这种情况下，它与关税同盟的贸易是减少的，但是由于世界的供给曲线是假定为完全弹性的，因此这一对外部世界 E 国福利减少的影响可以不计，不过，表现在贸易平衡上，关税同盟从外部世界 E 国进口的减少表明它是贸易转向的。

3. 第三种情况：假定 H 国的初始关税为 P_wT_H'，$P_wT_H' = P_wCET$，产品征税后的价格为 $OCET$；P 国的初始关税为 P_wT_P，产品征税后的价格为 OT_P；现在假定 H、P 国结成关税同盟的对外统一关税是 P 国的关税调整到 H 国的关税，这意味着同盟平均保护水平的提高，它导致的结果又将是不同的。与第二种情况相比，H 国的生产和消费现在不发生变化，关税同盟的成立对 H 国唯一的影响是它从外部世界 E 国的进口被等量地由 P 国的进口所替代，而这对于 H 国来说，是纯贸易转移，其损失由关税收入的损失来代表，对于 P 国来说，这与前面两种情况相同，但是对 H、P 两同盟国的总的影响不同，是三种情况中最不利的。对外部世界 E 国来说，在这种情况下，它与关税同盟的贸易也是减少的，但由于世界的供给曲线是假定为完全弹性的，因此，这一对外部世界 E 国福利减少的影响可以不计。

　　以上分析了三种有代表性的特殊情况，目的主要是介绍这种分析的方法，这种方法可以用于其他类似情况的关税同盟的分析。

　　上面是对一个产品市场的关税同盟的局部均衡分析，对多产品的关税同盟这一重要情况又怎么进行分析呢？可以看出，前面所讲的维纳的模型是一个三个国家二个商品的 3×2 模型，其实质却是一个单一产品局部均衡分析的 3×1 模型。但是，对于关税同盟单一产品局部均衡的分析，存在贸易格局的不对称现象，就是说关税同盟的一个成员经济体不能同同盟外的国家进行贸易。

　　为了解决这一问题，将关税同盟的 3×2 模型扩展到 3×3 的模型进行分析。我们下面介绍比较有代表性的米德（Meade, 1955）3×3 模型，重要的是它所显示的一种方法论的意义。

　　4. 第四种情况：米德模型。假设 A 国和 B 国结成关税同盟，E 国为外部世界。假设关税同盟的成员经济体在国际市场上很小，是小国，国家间不存在一次性总转移支付。假设 A 国只生产 c 产品，B 国只生产 a 产品，E 国只生产 b 产品，每个国家生产一种产品，从其他国家进口另外两种产品，贸易格局是对称的。每一成员经济体从另一成员经济体进口一种产品，从外部世界的 E 国进口产品 b，这样关税同盟的成立对成员经济体的福利影响分析对两个成员经济体是相同的，因此，可以选择 A 国为代表进行分析，其情况如图 7-3、图 7-4 所示。

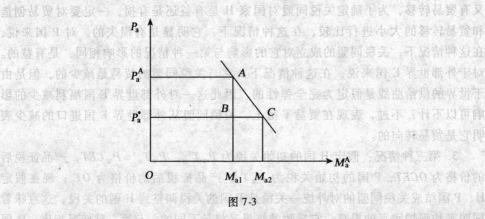

图 7-3

　　图 7-3 表示 A 国对 a 产品的需求，图 7-4 表示 A 国对 b 产品的需求。A 国开始对两种进口产品都征收相同的关税，这时 a、b 产品本国的价格分别为 P_a^A 和 P_b^A，进口量分别为 M_{a1} 和 M_{b1}，P_a^* 和 P_b^* 为世界价格。现在 A、B 成立关税同盟，相互间取消关税而对 b 产品征收统一的关税。在 A 国，a 产品的价格降至 P_a^*，而 b 产品价格仍为 P_b^A。如果 a、b 产品是可替代的，那么 b 产品的价格的下降使 A 国对 b

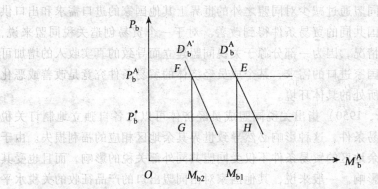

在米德模型中，AB 两国成立关税同盟后，A 国产生了贸易创造效应（图 7-3 中三角形 *ABC* 面积）和贸易转移效应（图 7-4 中的四边形 *EFGH* 面积），A 国净福利效果取决于两者面积的大小，B 国福利增加，外部世界福利减少。

图 7-4

产品的需求曲线由 D_b^A 向左移到 $D_b^{A'}$，A 国对 a、b 产品的进口分别变为 M_{a2} 和 M_{b2}，此时由 P_a^A 下降带来的消费者剩余的净增加部分三角形 *ABC* 的面积为关税同盟对 A 国的贸易创造效应，而四边形 *EFGH* 的面积为 a 和 b 产品可以替代时的贸易转移效应。关税同盟的实施对 A 国的净福利效果则要通过比较三角形 *ABC* 和四边形 *EFGH* 各自面积的大小来判断，在图中，明显的是贸易转移效应更大。因此，在图 7-4 所对应的情况中，关税同盟对 A 国是福利损失的；对于 B 国，仅从对 A 国的影响来看，福利是增加的，而 E 国的福利是减少的。

关税同盟的 3×3 模型是 3×2 和 M×N 模型之间的一种中间模型，它有许多种，在模型内容上要比 3×2 模型丰富得多，可以引入更多的可能影响贸易的变量，如不同的关税、消费的互补性以及中间产品等。从上一个模型不难发现 3×3 模型实质上是引入了一定意义上比 3×2 模型更为复杂的且更趋于实际的一体化贸易创造和贸易转移的机制，而 M×N 模型则是在这个意义上对 3×2 模型的"实质性"扩展。

（二）贸易条件效应

一国的贸易条件（Terms of Trade）是指一国出口商品价格和该国进口商品价格的比值，即一国出口商品价格指数与该国进口商品指数的比值。

如果关税同盟的建立不影响对世界其余地区的进口需求，同盟的贸易条件将不受影响，即便世界其余地区的供给并不是完全弹性的。否则，将出现同盟与世界其余地区的贸易条件改进的趋势。这种贸易条件效应将发挥作用，以减少贸易转向所带来的任何损失，而且如果进口产品的价格下降足够的幅度，该效应将足以完全消除这种损失。

贸易转移关税同盟通过减少对同盟之外的世界上其他国家的进口需求和出口供给，有可能使同盟国共同的贸易条件得到改善。对于一个贸易创造关税同盟来说，则可能发生相反的情况，因为一部分源于关税同盟建立而导致的真实收入的增加可能引发从世界其他国家进口的需求，某个成员经济体的贸易条件究竟是改善或恶化还是不变取决于其所处的具体环境。

瓦伊纳（Viner，1950）指出关税同盟成员经济体可以比各自独立地制订关税时更有效地影响贸易条件，这种影响必然导致世界其余地区相应的福利损失。由于关税同盟和世界其余地区的贸易条件不仅受同盟共同外部关税的影响，而且也受其他国家关税水平的影响。一般来说，其他国家对由同盟出口的产品征收的关税水平越高，则同盟与世界其余地区的贸易条件就越不利。由于关税协商可以在一定程度上改变国外关税水平，因此关税同盟越大，它讨价还价的筹码也越大。在其他条件相同的情况下，关税征收单位的经济区域越广，由关税引起的与世界其余地区贸易条件的改进的可能性就越大。

（三）关税同盟的其他静态效应

关税同盟的建立还产生了其他静态的福利效应。

1. 同盟带来的各成员经济体的海关人员、边界巡逻人员等的减少导致行政费用的节约，这种福利在贸易创造关税同盟和贸易转移关税同盟中都会出现。

2. 关税同盟在国际贸易谈判中以一个整体来行动，较之任何一个独立的国家来说，都可能具有更强大的讨价还价能力。欧盟就是一个很好的例子。

二、关税同盟的动态效应（Dynamic Effects）

关税同盟的建立除了产生如上所述的静态福利效应外，它还会带来一些重要的动态福利效应。依据一些比较可信的统计资料数据，关税同盟的建立所带来的动态效应约为其所带来的静态效应的 5~6 倍。所以，获得关税同盟的动态效应是关税同盟建立的重要原因和所追求的主要目标。关税同盟的动态效应主要指同盟所带来的竞争的加强、规模经济、刺激投资及资源在更大范围的优化配置。需要特别注意的是，这些动态效应之间相互作用会带来更大的福利效应，下面我们对这几种效应作较简略的叙述。

（一）关税同盟强化了同盟内部的竞争

关税同盟的建立，消除了成员经济体之间原来的贸易壁垒，提高了同盟内部市场的竞争性，动摇了各成员经济体原来存在的垄断和寡头企业的垄断地位，从而促使各企业创新技术，提高效率，以避免在同其他成员经济体企业的竞争中失去优势。

（二）关税同盟带来规模经济

关税同盟的建立，使各成员经济体狭小的国内市场统一成为整体的大市场，市场的扩大使专业化的规模生产成为可能，从而有利于企业实现规模效应。同时，市场的扩大也使各行业通过需求的联系相互促进，从而产生外在规模经济效应。鉴于规模经济在现代经济中的重要性，下面对同盟内部厂商的规模经济进行简要分析。

科登（Corden）考察了单个同质产品的情况。假定这种同质产品由世界其余地区生产，H 国和 P 国以相同的价格进口该产品，但是在平均成本下降时，该产品能够在 H 国和 P 国进行生产。假设 H 国和 P 国对该产品的成本曲线是同一的，并高于进口平均价格的幅度。因此，在建立同盟前，两国中任何一国都不向另一国出口该产品；假设国内市场价格由从世界其余地区的进口成本加关税所决定；并且假设建立同盟前关税率固定，包括关税的进口价格正好等于平均成本，并包含正常利润在内，因此可以避免生产者的超额利润。此时，如果没有国内生产，也就不存在关税。图 7-5 描述了两国国内市场上的需求和成本情况，H 指本国，P 指伙伴国。D_H 是本国的产品需求曲线，AC_H 是平均成本曲线。与此对应，D_P 和 AC_P 是伙伴国的需求与成本曲线。D_{H+P} 表示关税同盟总需求曲线，P_W 表示产品从世界其余地区进口的固定价格。在此不考虑贸易条件效应。

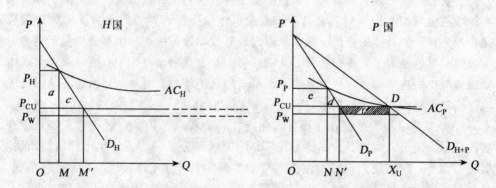

如果起初两国同时生产该产品，建立关税同盟后，P 国生产者供给整个同盟，两国消费者都从中获利，H 国获得传统的贸易创造效应，P 国获得非传统的贸易创造效应；如果起初仅在较高成本生产国进行生产，H 国将获得贸易创造效应，P 国遭受损失；如果起初仅在较低成本国进行生产，H 国出现贸易转移，P 国获利；如果起初两国都不生产，关税同盟的建立使 P 国产生贸易抑制效应，H 国则产生贸易转移效应。

图 7-5

建立同盟前，存在 3 种可互相替换的可能性：两国同时生产，只在一国生产或者任何一国都不生产，每一种情况都可以简要归纳如下：

1. 如果起初两国同时生产该产品，则最初的均衡将表示如下：建立关税同盟前，H 国生产并消费数量为 OM 的产品，并以价格 P_H 在国内市场销售。需要 $P_W P_H$ 的关税水平以保护本国工业。较具效率的伙伴国生产和消费的数量为 ON，

价格为 P_p，并存在较低的关税 P_wP_p。

如果两国建成关税同盟，而且生产完全由成本条件更具优势的生产者进行，P国生产者占据整个市场。当 P 国生产者供给整个同盟时，其平均成本将低于仅供给其本国市场时的成本，而且也低于 H 国生产者先前供给自己国内市场的成本。结果，共同外部关税低于起初的关税水平，两国消费者都将从同盟的建立中获利。此时市场的总需求 X_U 将由伙伴国以 P_{CU} 的价格进行生产。本国的消费增加到 M'，伙伴国则为 N'。关税同盟所带来的福利效应，可以针对国家具体分析。

H 国相对较昂贵的国内生产，被从成本较低的 P 国的进口所取代。因此，价格较低的资源以自由贸易的方式在 H 国和 P 国之间流动，并使 H 国获得传统的贸易创造效应。这种贸易创造效应由两部分组成：生产效应，来自于以 P 国价格较低的进口取代国内价格较高的生产；消费效应，来自于由较低的国内价格引起的消费增加。这两部分，分别由 a 和 c 两个区域来表示。

P 国以较低的生产成本供给国内市场。这被称为成本降低效应。尽管成本降低效应是与 H 国贸易创造的结果，但是它并非传统的贸易创造效应，因为它不仅来自低价资源从其他地区的流入，而且得益于国内现有资源供给价格的下降。降低成本的收益会增加 P 国消费者利益。该效应也包括生产和消费两个方面：生产效应是指原先销售的商品的生产，现在可以以较低成本进行生产；消费效应是指消费者可以以较低价格购买更多的产品，从而获得消费者剩余。在图中，区域 e 表示成本降低效应中的生产部分，区域 d 表示消费者剩余的增加。另外，P 国还将从以高于世界市场价格的产品价格向 H 国的产品销售中获利。这一部分由阴影区域 f 表示。

2. 如果建立同盟前仅在一国进行生产，会出现两种主要的可能性。如果生产者是两国中更具效率的，比如说 P 国，最可能的结果是它将占领整个同盟的市场。这种情况下，H 国建立同盟前的关税假设为零。如果 P 国试图占领 H 国的市场，这势必不可能通过同盟内的自由贸易来实现，而必须通过 H 国征税实现，也就是通过建立共同外部关税，以增加平均保护水平来实现。两国的效应如下：

H 国以从 P 国的进口替代从世界其余地区的进口。前者必然比从世界其余地区进口昂贵，因为否则 P 国就无须以建立同盟的方式，在 H 国市场竞争。结果，H 国出现贸易转向，较昂贵的进口来源取代了较便宜的来源。最终损失可被区分为生产和消费两部分。H 国消费者的产品消费数量减少，获得产品的成本增加。另外，由于消费价格上升而引起的消费量减少，消费者剩余遭受损失。

同上例一样，P 国以较低成本生产产品，因此存在成本下降效应，而且它还可以以高于世界市场价格的价格将产品销售到 H 国，并从中得利。

如果起初仅在一国进行生产，并且该国是较高成本生产者（H），最可能的结果是现存的生产者将被逐出市场，即出现生产逆转。此时，必须认识到仍然存在进一步的影响。H 国将获得贸易创造收益，因为它可以获得较低廉的供货来源，而 P

国却将遭受以国内成本相对较高的生产取代从世界其余地区低价进口而造成的损失。P 国新厂商供给整个同盟市场的成本，必然比从世界其余地区的进口成本高，因为如果不是这样，在同盟建立前该厂商就已确立其市场地位。此例中，从世界其余地区的进口被国内生产取代，这种效应被瓦伊纳称为"贸易抑制"效应（Trade Suppression Effect）。就以较昂贵的资源代替价格较低廉的资源这一方面来说，贸易抑制效应类似于贸易转向效应，但是它与后者的区别在于较昂贵的资源来自国内新厂商，而非来自伙伴国。

3. 如果起初两国都不生产，同盟的建立使得生产开始在一国进行，比如说在 P 国。该国生产成本必然高于从世界其余地区进口的成本（包括关税），因为否则在同盟建立前它就已经在 H 国市场上开始竞争了。此时，关税同盟的建立使 P 国产生贸易抑制效应，H 国则产生贸易转向效应。

在规模经济条件下，不可能基于比较静态分析而预测出关税同盟将达到哪些可能的均衡状态。例如，假如起初一种存在规模经济的产品生产在两国同时以同样的成本条件进行，并且假设产品是同质的，那么可以预计，关税同盟建立后，某一厂商将占领整个市场。然而，这里的分析并不能指出这家厂商究竟是谁。其结果取决于一些动态因素，包括反应的传导途径，是否在每个国家都存在着不止一家生产者以及垄断竞争的性质。

（三）关税同盟刺激了投资

关税同盟对投资的刺激包括两方面的内容，一是同盟内的各企业为了能在更加激烈的竞争中立于不败之地必然大量投资，形成技术优势和规模优势；二是同盟外的企业为了绕开关税同盟对非同盟成员的关税和其他贸易壁垒，与同盟内部的企业在同盟内部市场上展开平等竞争，就必须发展对同盟内的直接投资。

（四）关税同盟对资源配置的影响

关税同盟建立后，市场的统一必然促进生产要素在同盟内部的自由流动，从而使生产要素最优配置的范围超越了各成员经济体的限制。劳动力的自由流动，有利于人尽其才，增加就业机会，同时会促进知识、技术、企业家精神等在各成员经济体之间的交流和传播，从而有利于知识、技术和管理的发展。自然资源和资本的流动，有利于做到物尽其用、财尽其利，降低要素闲置和利用效率低下的可能性，有利于各种生产资源的最佳配置和最优利用。

三、关税同盟建立中的次优理论

次优理论（Theory of the Second Best）最早出现在瓦伊纳的著作中，后来米德使其充分发展，利普西和兰开斯特将其推广。次优理论认为：如果福利最大化或者帕累托最优所需要的条件不能全部满足，那么尽量满足尽可能多的条件是没有必要的，并且这样做通常会导致次优情况的发生。

在瓦伊纳关于关税同盟的著作出版之前，人们普遍认为任何使贸易更加自由化的行为都将增加福利，在关税同盟不增加对世界上其他国家贸易壁垒的限度内，成员经济体之间贸易壁垒的消除代表着贸易向更加自由化的方向发展，由此，关税同盟被认为既增加了成员经济体的福利，同时也增加了非成员经济体的福利。后来瓦伊纳依据次优理论认为关税同盟的建立既可能增加又可能减少成员经济体和世界其他国家的福利，而这取决于关税同盟的环境。

参照图 7-1，假设 H 国加入同盟前的关税为 $P_w T'_H$，如果它和 P 国加入一个关税同盟，并设定共同的对外关税 CET'，如前所述，这能产生（$a+c$）的贸易创造。然而，H 国也可以选择将其关税单方面削减至 $P_w CET'$ 的非歧视性关税水平。如果它这样做，它将和参加关税同盟的情况一样，达到相同水平的国内生产和消费。区别在于，在非歧视性关税削减的情况下，进口将来自于世界其余地区；这将给 H 国带来净收益，其数额相当于从两种不同来源进口商品所需成本之差。这里的净收益也等于如果 H 国接受较低的非歧视性关税而产生的关税收入。由此得出一个结论，即关税同盟并不会带来任何单个成员经济体相互单边削减关税时得不到的共同利益，所以相对于单边削减关税来说，它是次优的。如果单边削减关税是可行的，那么任何分析都不能提供建立关税同盟的经济理性。自由贸易仍是最佳的状态，任何关税或其他形式的干扰都是非理性的。

（一）用公共品分析关税同盟

如何说明相对于单方面非歧视性关税保护的最优政策而言，关税同盟可以使成员经济体的福利状况得到改进，即如何解释关税同盟的经济理性？这些问题首先由约翰逊（Johnson，1965）、库珀和马塞尔进行了系统的研究，他们提出一种关于关税同盟福利的分析方法，在社会福利功能以及评价指标中包括了公共产品。他们从两国或更多国家共同行动的角度，将关税同盟与理想的非歧视关税体系相比较，将其视为一种能使生产者和消费者同时收益的具有"公共性"的产品体制，进而探讨关税同盟在这方面的相对效率。

我们考虑两个预期伙伴国 H 国和 P 国，在关税同盟福利分析中引入公共产品。首先做几个假设：

1. 每个国家都在需要保护的产业部门内部生产至少两种产品；

2. 在公共产品方面，两国对这种产业（或其他任何产业）是无偏好的；

3. 关税同盟的成本和收益仅仅产生于贸易；

4. 国内需求水平决定销售水平。

如图 7-6 所示，曲线 AC_{H1} 和 AC_{H2} 表示 H 国在规模经济条件下生产两种产品的平均成本曲线，其相应的需求曲线分别为 D_{H1} 和 D_{H2}。为了表述的简便起见，假设 P 国产业 2 的成本曲线由 H 国产业 1 的成本曲线来表示，P 国产业 1 的成本曲线由 H 国产业 2 的成本曲线来表示。假设在每个国家，对每种产品的私人国内需求是相同的，则 $D_{H1} = D_{P2} = D_{H2} = D_{P1}$。

假设 H 国为了追求工业化或公共产品目标，在关税同盟建立前对两种产业的产品征收合适的关税。这将会产生相当于数量为产品 1 的 OM 和产品 2 的 ON 的工业保护，相应的关税是 P_wP_H 和 P_wP_P，与进口品相比，相当于因国内生产成本过高而造成的私人收入损失，在产品 1 中等于 $a+f$，在产品 2 中等于 $d+h$。与此类似，P 国在建立关税同盟前课征量体裁衣的关税，生产 OM 数量的产品 2 以及 ON 数量的产品 1，相应的关税为 P_wP_H 和 P_wP_P，其私人部门收入的损失与 H 国相同。

如果两国组成关税同盟，并对每种产品征收 P_wP_{CU} 的共同对外关税，分别在 H 国专业化生产产品 2，在 P 国专业化生产产品 1，出口各自国内生产超过国内消费的过剩产品至另一国，两国都能够以较低的、会降低国内收入的成本，满足各自国内对工业品的偏好。在这种情况下，图 7-6 的右半部分表示，每一种产品的生产数量达到 OX_U 以满足市场的总体需求时，每一种产品的生产成本。两国从关税同盟中所得利益是相同的，这一结论可以很简单地通过相关区域比较的方式得到。正如此例中的假设前提一样，如果受保护的产品是那些以最低的国内收入成本提供的一定数量的工业品，则关税可以被定义为一种"有效"的共同对外关税。

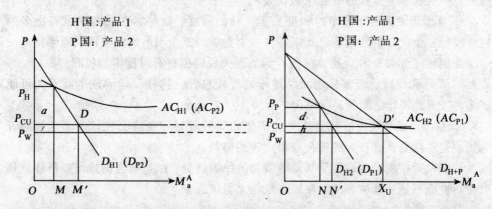

两国组成关税同盟，对每种产品征收共同关税，H 国专业化生产并出口产品 2，P 国专业化生产并出口产品 1，两国都能够以较低成本满足各自国内对工业品的偏好。

图 7-6

一种有效的对外关税至少可以使每个国家达到其初始工业生产水平，这种结果并不是唯一可能的。两国的工业成本结构可能使两种最低成本产业都坐落在 H 国。如果建立关税同盟以保护这两种产业，则 H 国将生产所有的这两种产品，而其成本及需求情况如图所示，P 国则不生产两种产品中的任何一种。这样一种结果将不被 P 国所接受，因为如果关税同盟中一国的工业产品偏好被满足的话，必然可以假设该国至少生产与加入关税同盟前同样多的工业品。如果选择一种关税能使每个国家都以最低成本生产关税同盟前或任何其他数量的工业产品，比如通过在伙伴国对在该国生产比在 H 国生产更为经济的第三产业进行保护，即便 H 国中该产业的生产成本可能比所论述的两种产业的任何一种都高，那么，可以带来共同利益的关税同盟也是可行的。这种关税可被称为"准效率"共同对外关税。

根据上面的分析，一国从关税同盟中所获收益取决于收入和工业产出的情况，在此例中也就是公共产品。这种分析并没有使贸易创造和贸易转移的传统区分丧失意义，但是它表明，就每个国家所获收益而言，贸易创造只是获得收益的必要条件，但不是充分条件。

（二）更有可能导致福利增加的条件

在下述条件下，关税同盟更有可能产生贸易创造，增加福利。

1. 成员经济体之间以前的贸易壁垒较高。这种情况下关税同盟的建立更可能在成员经济体之间创造贸易而不是将贸易从非成员经济体向成员经济体转移。

2. 关税同盟成员经济体与世界上其他国家的贸易壁垒较低。这种情况下关税同盟的建立就不太可能导致代价高昂的贸易转移。

3. 加入关税同盟的国家数量较多、规模较大。在这样的环境中，在同盟国范围内产生低成本生产者的可能性就较大。

4. 同盟国之间经济竞争的程度高于互补的程度。这样，在同盟中就有更多的机会实行专业化和贸易创造。所以，由两个竞争的工业国形成的关税同盟要比由一个工业国和一个农业国（互补性的）形成的关税同盟更有可能增加福利。

5. 关税同盟成员经济体之间的地理位置较靠近。这样，运输成本就不太可能成为各成员经济体之间贸易的障碍。

6. 成员经济体与潜在同盟成员经济体之间的贸易和经济交往较多。这样随着关税同盟的建立就有较大的机会取得大量的福利。

欧洲联盟比欧洲自由贸易联盟更成功的原因就是，欧洲联盟的成员经济体更具有竞争性而不是互补性，所以在地理位置上更接近。

第三节　国际经济秩序的南北模型

在世界经济纷纷呈现一体化趋势的今天，任何一个国家的发展都离不开外部条件，对于发展中国家来说，这就是国际经济秩序问题。研究国际经济秩序问题，从某种意义上讲就是研究在一体化的世界经济中发达与不发达的关系问题。

一、现存国际经济秩序

（一）国际经济秩序的建立

现存的国际经济秩序，基本上仍是第二次世界大战后以美国为首的资本主义大国建立的世界经济体系。尽管布雷顿森林体系早已崩溃，但美元的国际货币地位依然未动摇；尽管关贸总协定（GATT）为世界贸易组织（WTO）所取代，但国际贸易竞争的总体格局并未改变，在某种意义上甚至进一步得到加强。与战前相比，这无疑具有巨大的历史进步意义，对世界经济的发展做出了极大贡献。

（二）国际经济秩序的实质

然而，应当指出，就整个世界经济的运行机制来说，发展中国家的地位是相对不利的。这个运行机制本质上是一个竞争机制。在竞争中，除了北方国家的垄断导致不平等外，更重要的是，历史为南方国家确定的经济基础与世界经济中的地位，使它们的发展道路极为艰难，这就是现存国际经济秩序的基本特征。南方国家的经济基础的关键弱点在于本国经济结构落后，社会生产劳动率低下，市场机制尚未形成，发展道路困难重重，其国家地位依赖初级产品分工，在国际竞争中力量微弱，金融货币上依赖北方国家等。

当然，对于南方落后问题，必须具体分析。总体来看南北差距是不断扩大，其主要原因是占南方绝大多数的欠发达国家经济状况在恶化，但南方国家中的新兴工业国与石油出口国，其经济水平正在接近发达国家，成为制约南北差距进一步拉大的因素。而且 20 世纪 90 年代以来，由于亚洲发展中国家的经济增长惊人，南北经济相对差距还有缩小的迹象。但是，那些欠发达国家则不但与发达国家差距愈大，而且与新兴工业国差距也愈大。在一部分新兴工业国发展成为中等发达国家的同时，欠发达国家的经济发展状况仍然没有改善。现在所说的南北问题，主要是指这部分发展中国家和一些拉美债务国。

（三）国际经济秩序的新问题

具体地说，由现存国际经济秩序引发的南北问题，主要体现在贸易条件和贸易保护主义、利用外资和债务危机、跨国公司对发展中国家利益的损害等问题上。20 世纪 90 年代又增加了环境和发展问题。

1. 贸易条件与贸易保护主义

大多数发展中国家，贸易结构单一，初级产品出口收入是它们创汇的主要来源，但是初级产品价格不稳定，造成许多发展中国家贸易条件恶化。20 世纪 70 年代以来，由于资本主义国家经济变得更加不稳定，初级产品的价格变动就更为剧烈。对此问题国际社会已建立了补偿机制。其做法是提供贷款，贷款的来源一是国际货币基金组织提供的补偿贷款，二是欧盟对参加洛美协定的非亚太成员经济体提供稳定出口收入的贷款。但贷款并不考虑各国出口收入减少和国际收支逆差的实际情况，而是根据对各国规定的限额提供的，其数量远远不能满足发展中国家因初级产品出口收入下降而产生的需要。同时贸易条件也因初级产品比较优势受削弱而面临更不利的威胁。

发达国家为了使发展中国家继续处于出口原料和进口工业品的依附地位，长期以来对发展中国家的工业发展实行歧视的政策。目前最普遍的做法就是非关税壁垒，据统计发达国家实行的非关税壁垒多达 800 余种，如进口限额、征收国税、严格的卫生和质量标准等。由于发达国家大力推行保护主义，许多发展中国家贸易收支不断恶化。

随着世界格局的变化，军事"冷战"被经济"冷战"所代替，南北的贸易保护主义加剧。其突出表现是：北方国家买方保护和卖方保护兼用，即不仅对进口南方国家初级产品和一般工业制成品实行更加严厉的限制，而且对重要技术实行垄断和封锁。

乌拉圭回合谈判的成功，使世界贸易组织取代了关贸总协定，关税壁垒受到限制。从这个意义上讲，贸易组织自由化的趋势将强于贸易保护主义，但从非关税壁垒的发展趋势看，则不仅难以受到抑制，而且将进一步加强。北方国家的贸易自由化趋势将弱于以非关税壁垒为主要手段的新贸易保护主义。另外，乌拉圭回合也遗留了若干尚待解决的问题，如环境措施、贸易中的技术标准、劳动的社会条件等。虽然有关协议规定环保、技术标准应向国际标准靠拢或完全一致，但又规定各国仍有权制订有关标准和措施。因此，"绿色保护措施"、"技术保护壁垒"等将日益抬头。此外，欧盟等以北方国家为主导的"区域性贸易壁垒"趋于加强。这一切将使南方国家在国际贸易竞争中继续处于不利地位，从而导致南北贸易竞争和摩擦日益加剧，对当前走向一体化的世界经济产生不利影响。在世界经济整体走向一体化的进程中，由于发展差距的拉大，发达国家更多地考虑自身的利益，正使最不发达国家难以充分利用一体化的有利条件。

2. 利用外资的债务问题

利用外资发展民族经济是独立后的发展中国家必须考虑的重要战略之一。利用外资包括外国官方援助、外国私人贷款和外国直接投资等。在冷战格局下，部分发展中国家获得了外援。一些发达国家基于前殖民地密切的经济、政治、文化关系，将援助作为新的联系方式。发达国家还利用国际复兴开发银行等，对发展中受援国的货币财政政策、投资政策和国际经济政策进行干预。同一时期，国际金融市场资金过剩，对贷款也没有许多附加条件，因而私人借贷成为许多发展中国家利用外资的新形式，曾一度促进许多发展中国家的经济发展，甚至创造了巴西的"经济奇迹"，带来了韩国的经济起飞等。但到 20 世纪 80 年代初，许多发展中国家相继陷入债务危机，至今仍呈恶化趋势。其表现是：（1）债务规模不断增大。日益沉重的债务包袱严重地影响了这些国家的经济发展。（2）债务分布高度集中。目前，发展中国家的负债程度不平衡，最为严重的是拉美地区，其次是撒哈拉以南非洲地区。（3）偿债能力日益下降。与债务规模不断扩大形成鲜明对照的是，发展中国家的偿债能力在下降。

除了发展战略的失误外，发展中国家债务问题发展到如此严重地步，有其深刻的国际和国内经济与政治背景。从国际经济环境看，除前已提及的贸易条件恶化及发达国家贸易保护主义外，还因为国际利率普遍上浮，造成债务国负担加重。在1980—1989年间，平均实际利率高达5.85%，比20世纪70年代提高近6倍，现在发达国家的利率每升高1个百分点，发展中国家债务的利息负担就要增加50亿~60亿美元。

债务危机导致了外资流入的急剧下降甚至资金回流，对外资流入结构也产生了一定影响。具体地说就是官方资金尤其是官方援助有所上升，而私人银行贷款和外国直接投资呈下降趋势。据统计，官方开发援助成为最贫穷国家转移资金的主要形式，1989年它占低收入国家新的资金流入的2/3，占最贫穷国家资金流入的4/5。

3. 跨国公司对发展中国家利益的损害问题

跨国公司的直接投资确实是影响发展中国家经济、社会发展的重要因素。

跨国公司向发展中国家投资，是为了利用后者经济资源来实现自己的全球战略，而且跨国公司力量强大，它必然对发展中国家经济生活的某些方面造成垄断和控制。具体表现如下：

首先，跨国公司对发展中国家有关产业的生产实行垄断。

其次，跨国公司在国际贸易中利用限制性商业做法，也是其加强控制地位的重要手段之一。

再次，跨国公司还利用其垄断力量控制、操纵许多商品的世界市场价格。

最后，内部划拨价格也是跨国公司的惯常做法。跨国公司灵活运用内部价格逃避东道国和本国的税收，从而增加公司利润。

以上是跨国公司对发展中国家的消极作用，但另一方面其积极作用也不应忽视。跨国公司大大加强了各国经济的相互依存、相互渗透。跨国公司的投资和技术转让对东道国的好处也不少。因此，摆在发展中国家面前的问题不在于反对和阻止跨国公司的发展和渗透，而是应该防止它们滥用权力。要制订有效的法律和国际准则以防止跨国公司可能造成的危害，达到既控制和管理跨国公司的活动，同时又不会因此而妨碍与此相联系的投资、技术传播和国际贸易，只有这样才有助于发展中国家在世界经济一体化中获得更多的利益。

4. 环境与发展问题

进入20世纪90年代，环境与发展问题成为南北关系中的一个突出问题。尽管南北双方都认识到，地球只有一个，环境的日益恶化已严重威胁着人类的生存与发展，维护地球的生态环境，实现可持续发展，既是人类的共同利益，也是南北方国家的共同义务。但是，在如何实现这一目标的问题上，包括各自应负有的责任、应选择的途径等方面，却存在着巨大分歧。北方国家认为南方国家的工业化、人口过快增长与贫困的加深是对环境的现实威胁，强调环境优先，主张发展要以不破坏生态环境为前提；南方国家则认为北方国家只顾自己的利益。南方国家坚持，目前他们首先要解决的是生存问题，发展应占优先位置，同时在发展中保护环境。现有的环境恶化主要是由北方国家的工业化和高消费生活方式造成的，南方国家是主要受害者。北方国家理应对环境保护负有主要责任和义务，向南方国家提供援助、转让技术。对此，北方国家未作具体承诺。总之，同迄今的南北谈判一样，争论的最后结果，还是归结到资金的负担问题上来。看来，如何在全球范围内实现可持续发展目标，"南"、"北"途径之争在短期内难以见分晓。

二、国际经济新秩序的理论主张

第二次世界大战结束之后，在各发展中国家普遍把发展问题提上主要议事日程的同时，关于当代发展中国家发展理论的研究也引起理论界的高度重视，并先后产生了拉美结构主义思想、依附论、新结构主义和新自由主义。

（一）拉美结构主义的南北模型

拉美结构学派的代表人物普拉维什（Ranl Prebisch，1901—1986）是阿根廷当代著名经济学家。他一生在从事大量公务活动的同时，留下了相当丰富的理论著述，是当代发展经济学的重要代表人物之一。

拉美结构主义思想主要由三个部分组成：中心与外围体系论，贸易比价恶化论，外围工业化思想。

1. 中心与外围体系论

中心与外围体系论是拉美结构主义思想的基本内容。它将整个资本主义体系按其发展程度分为中心和外围两个部分，这在拉美结构主义之前早已有之。拉美结构主义主要是在中心—外围体系的框架下着重对外围国家的不发达现象做出解释。拉美结构主义学派认为，他们关于经济发展的思想与新古典学派及凯恩斯学派的增长理论是一致的，但在长期增长理论方面却和这两个学派有明显分歧，因为生产技术在中心和外围的扩散过程是不一样的。中心是资本主义生产技术率先进入的地区。外围经济的初始状态从技术和组织角度看都是落后的。除了这种初始状态的差异外，在外围地区，技术进步仅能渗入极少数为中心生产廉价食品和原料的部门。在外围经济处于出口食品、原料的所谓"外向发展"阶段时，外围的生产结构形成两个基本特点：专业化与混杂性，即大量的生产要素用于供出口的初级产品的专业化生产，而自身日益增加的商品与劳务需求主要靠进口来满足；与此同时，这些从事出口专门化生产，因而劳动生产率也很高的部门与大量使用落后技术、劳动生产率低下的部门并存着，从而形成生产结构的混杂性。传统的国际分工准则正是建立在这种结构差异的基础上，即外围的职能是生产和出口原料与食品，中心的职能是生产和出口制成品。

2. 中心与外围之间的不均衡发展

拉美结构主义学派认为，上面论及的中心与外围的结构差异只是中心—外围体系的一种静态含义。中心—外围体系还包含一种动态含义，这就是他们提出的关于这个体系所固有的不均衡发展的基本假设，即在世界经济体系的长期演变中，中心的发达与外围的不发达之间的差距会不断拉大。这种不均衡发展主要来自于劳动生产率和平均收入的不均衡变动。中心的技术进步快于外围，作为生产过程吸收技术进步的结果，中心与外围之间各自的平均劳动生产率以不同的速度提高，中心的平均实际收入便以高于外围的速度增长。拉美结构主义学派进一步指出，中心与外围之间劳动生产率的动态性差异和平均收入水平差异日益扩大，这二者又通过贸易比价的恶化而相互联系起来。贸易比价恶化现象是一种长期趋势，是中心出口的工业品与外围出口的初级产品相交换时所固有的现象。它意味着出口的每单位初级产品购买工业品的能力随时间的推移而下降。鉴于工业生产中劳动生产率的提高快于初级产品生产中劳动生产率的提高，贸易比价恶化的趋势就意味着平均实际收入差别越来越大，外围平均实际收入以低于劳动生产率的增长速度增长。

3. 贸易比价恶化论

拉美结构主义学派认为，贸易比价恶化的根本原因就在于外围不断地产生着过剩的劳动力。这种剩余劳动力的存在持续地对供出口的初级产品生产中支付的工资形成压力，并进而对其价格形成压力。贸易比价的恶化通过资本主义特有的周期波动表现出来。在繁荣期间，初级产品价格上涨大于工业产品；在衰退期间，初级产品价格下跌则远大于工业产品，外围因此遭受的损失要超过在繁荣期中的所得，因而贸易比价的恶化是一种长期趋势。在上述价格的变动中有两种主要因素发挥作用：一是中心的劳动力相对紧缺，且组织程度高，有能力保持或增加其工资；二是中心的企业家处于比外围的企业家更有利的地位，因为对初级产品的需求取决于对中心生产的最终产品的需求，中心的企业家因而可以向外围企业家施加压力，降低初级产品价格，以保证他们赢利。

4. 中心、外围之间的不均衡发展是由二者的结构差异所决定的

拉美结构主义学派指出，人们常常把中心—外围概念和发达与不发达概念加以区别，认为前者指的是以制成品和初级产品相交易为特点的世界贸易结构，后者指的是先进国家与落后国家之间经济结构的差异，而这种区分是片面的。因为中心和外围在世界经济中职能的不同，或者说分工的不同，正是由中心和外围生产结构的差异性决定的。生产结构的差异与劳动生产率及平均收入水平的差别不断拉大，这二者之间是相互作用、互相强化的关系。对外围而言，这种双重的不均衡性，即生产结构的不均衡性、劳动生产率和平均收入变动的不均衡性，不仅是初级产品出口阶段所固有的，即便在工业化已成为发展进程的轴心时，也依然是很难摆脱的。因此，不平衡发展正是中心—外围体系的活力所在。

5. 关于外围工业化的自发性和内向发展观

拉美结构主义学派认为，外围工业化的出现是与世界经济中发生的若干重要变

化联系在一起的。两次世界大战引起对外围出口的需求扩张，从而带动其内部需求的扩张，与此同时，战争对外围的进口却造成了严重限制。这些变化推动拉美国家发展工业生产，以缓解从处于战争中的中心国家进口制成品的困难。20世纪30年代的危机引起出口下降和价格下跌，形成外汇极度短缺的局面，因而不得不限制进口，并由国内的生产来代替原来的进口。另一个重要变化是20年代美国取代英国成为世界经济的中心。美国经济不同于英国经济，具有相对封闭和进口系数低的特点，不仅在世界经济衰退期中能取得收支顺差，而且在繁荣期中由于进口系数低，通过进口初级产品将经济扩张传播到外围的速度也慢，造成外围持续的收支赤字，从而也迫使外围实行进口替代。因此，拉美结构主义学派认为，外围的工业化是一种自发现象，它标志着外围由以出口扩张为基础的外向发展转入以扩大工业生产为基础的内向发展。"当世界经济体系达到某种发展程度，亦即当它的两个极都达到了一定的生产率和平均收入水平时，经济力量的自由作用就自发地推动着外围工业的扩张。于是，工业化就成为构成该体系外围一极的各经济体主要的和必须的增长方式。"

　　6. 关于外围工业化的若干矛盾的论述

　　拉美结构主义学派认为，在外围工业化阶段，外围国家面临的经济问题将具有某种共性。在国际经济关系领域，外围国家将面临两个共同的问题：一是外部失衡的趋势，二是贸易比价恶化的趋势。前一种趋势与世界经济的主要中心发生变化（如美国取代英国）及其引起的世界经济体系运行的变动相关。或者说，由于这种变动引起外围进口需求的急剧增加和中心对初级产品需求的下降，外部失衡的趋势就成为外围工业化过程所固有的趋势。贸易比价恶化的趋势之所以在工业化阶段继续存在，是因为外围的失业问题持续存在。外围国家是在劳动力大量富余的情况下开始其工业化进程的，而与此同时，又不能不利用已在中心形成的资本密集型技术。于是，劳动力的需求总是落后于劳动力的供给，而工业化进程还不断地把劳动力从技术落后的部门排挤出来，并加速了人口的增长。因此，在外围工业化进程中，如果不采取有效的政策加以解决，失业问题将持续存在。外围国家在工业化进程中面临的第三个共同性问题是，在自身收入水平和储蓄能力都很低的情况下，不能不采用先进的、高资本密度的技术。一方面，这类技术要求实行规模化生产，而低收入水平则形成市场不足，使设备得不到充分利用。另一方面，储蓄能力不足阻碍着生产力水平的迅速提高，使生产体系的效益得不到发挥。例如，在众多的瓶颈制约中，基础设施落后就是一个突出的问题。

　　拉美结构主义学派进一步指出，拉美地区工业化遇到的上述困难既与采用不适当的技术相关，也与农村不合理的土地占有结构有关。拉美地区大地产主与小地产主并存的局面引起两种趋势：一是农村失业不断增加，二是农产品的供给受到限制。土地占有过分集中妨碍对土地的充分利用，因为经营大片土地需要大量投资。

对大地产主而言，土地不投入经营还是对付通货膨胀的一种有效办法。凡是大农牧场都倾向于使用机器，以节约劳动成本，提高效率。小地产主则没有投资能力，从而也限制了农产品供给和农业就业的扩大。至于租佃及其他不稳定的土地使用形式，通常都导致土地使用者在投资上的短期行为。

总之，在外围工业化的过程中，贸易比价恶化、收支结构失衡、劳动力过剩、生产部门间失衡（如基础设施匮乏、农产品供不应求等）和资本积累不足等，都成为带普遍性的问题，只不过在不同的国家这些问题的严重程度不同而已。事实上，这些问题就是外围结构滞后的反映。尽管在工业化阶段外围的生产结构也逐步得到改造，但还不足以消除与中心之间的结构差异，这种差异又在新的水平上重复出现。

7. 南北模型的改革主张

拉美结构主义学派认为，上述列举的这些带普遍性的问题是自发的工业化过程所固有的，因为这些问题归根结底是外围在工业化过程中进行生产结构改造时所依赖的客观条件。为了通过工业化达到大大提高生产率水平和优化资源配置的效果，必须用一种深思熟虑的发展政策来引导工业化。同时，鉴于上述问题所具有的结构性质，还必须采用规划的手段来使发展政策变得有序和理性化。拉美结构主义学派强调指出，他们的这个建议具有学派的自身特色，因为这个建议的提出既不是基于资本主义及其运行方式的无序性，也不是基于资本主义引起生产活动周期波动的趋势，而是基于外围特殊的结构条件。当外围经济受制于市场力量自发作用的支配时，这些特殊的结构条件将限制外围的增长能力。它极力主张通过规划对进口替代工业化进程进行自觉的引导，认为这种自觉的引导是外围经济发展的一个不可或缺的前提条件。

拉美结构主义思想在20世纪五六十年代对于拉美国家经济发展模式及发展政策的选择都产生了很大的影响。这派经济学家在拉美经济发展的实践中发现许多新的问题，特别是社会的贫富分化问题，并对其进行了广泛的探索。在此问题上，普雷维什于70年代后期写了《外围资本主义——危机与改造》一书。在这部著作中，普雷维什指出：外国资本主义是依照过去的国际分工和比较优势格局所安排的世界体系的组成部分。这是附加的、附属的资本主义，是在先进国家的霸权和市场规律统治下从属于先进国家利益的资本主义。他在肯定拉美地区工业化所取得的成就的同时，明确指出，从社会观点来看发展已偏离方向，一极是繁荣以至富足，另一极则是持续的贫困。普雷维什认为，拉丁美洲的发展之所以陷入危机，主要源于两方面的矛盾。外部的矛盾在于发达的资本主义本质上是向心性的、吸收性的和统治性的。它的扩展是为了利用外围，而不是为了发展外围。内部的矛盾则表现为经济进程与民主进程之间的矛盾，即经济进程趋向于使发展的成果局限在社会的一个有限的范围之内，而民主化则趋向于将这些成果作社会性的扩散。也就是说，外围资本主义主要是建立在不平等的基础上，即那些集中了大部分生产资料的人们将经济剩余攫为己有。在以上论述的基础上，普雷维什提出要探索一种对外围资本主义进行改造的理论。他在书中对这种理论的轮廓作了如下表述："体系的改造必须建立在对剩余的社会使用的基础上。为此，我正在寻求社会主义与经济自由主义之间的一种综合，而这种综合迟迟没有到来。从总体上对积累和分配进行调节就意味着社会主义。让市场作为有效的机制，但不是作为发展的最高调节者，这就意味着自由主义。"这就是结构主义的南北模型主张。

（二）依附论的南北模型

依附论于 20 世纪 60 年代在拉丁美洲形成，比较有代表性的学者有多斯桑托斯、费尔南多、恩索等，其中多斯桑托斯对依附论作了比较完整的阐述。

依附论认为，依附并非单纯指一种与外界的关系或一种外部因素，而主要是指不发达国家某种内部结构的状态。依附是指一种状态，即一些国家的经济受制于它所依附的另一个国家经济的发展与扩张。两个或更多的国家的经济之间以及这些国家的经济与世界贸易之间存在着互相依赖的关系，但是统治国能扩展和加强自己，而依附国的扩展和加强则是前者的扩展对后者发展的影响的反映，这种相互依赖关系就是依附的形式。依附状态导致依附国落后和受统治国剥削这样一种局面。依附论者认为依附是一种限定性状况，它决定了落后国家可能的发展限度和方式。

依附论的另一个观点是关于依附的动态概念，即依附状况可以随着支配性结构和依附性结构本身的变化而改变，发生此种改变时可以打破原来的依附关系。

（三）新自由主义学派的南北模型

1. 时代背景

20 世纪 80 年代，新自由主义经济思想在拉丁美洲广为传播。1982 年债务危机爆发后，拉美各国朝野都急于寻求解决危机的出路。在这一背景下，古典主义思想通过多种渠道进入拉美地区。一是国际货币基金组织和世界银行等国际多边金融机构在援救拉美国家时提出新自由主义色彩的经济调整方案；二是美国政府施加影响，其中最具有代表性的是 1985 年的"贝克计划"中提出的紧缩财政、开放市场、放宽外资进入条件、向自由市场经济过渡、实行国有企业私有化、发挥私人企业积极性、允许资本自由流动等一系列附加条件；三是一批颇具影响力的新自由主义学派经济学家中最具代表性的"华盛顿共识"。

新自由主义学派的经济学家们认为，拉美地区经济之所以在 20 世纪 80 年代陷入危机，有其深层的原因，诸如长期实行内向发展模式、拉美各国货币不断升值、保护主义色彩日益严重、对国内储蓄缺乏刺激、对外资源缺少鼓励、资源不能有效配置、国家对经济干预过多和私营部门过于弱小等。因此，拉美国家面临的挑战是如何找到一种恢复经济持续增长的有效形式，以便能达到这样几个目的：一是保障日益增多的人口的生产性就业；二是能在保证偿还债务的情况下恢复外部金融市场的信任；三是能鼓励私人的积极；四是能带来积极的社会效应，恢复已降低的生活水平，以巩固刚刚出现的政治民主化进程。

2. 发展战略

基于上述判断，新古典学派的经济学家们为拉美地区设计了一种新的发展战略，主要包括以下四方面的内容：

（1）实行外向型经济策略。其中最主要的是扩大出口并实行有效的进口代替。具体办法是采取有竞争力的汇率政策，降低对进口的过度保护，并采用国际上可以接受的刺激出口的措施。

（2）增加内部储蓄，有效配置资源。为此必须在保持适当的放款效率的基础上，切实实行鼓励储蓄而不是刺激消费的财政政策；必须降低预算赤字，以减少其通货膨胀效应和削弱生产性投资的效应；必须在不增加债务的前提下鼓励外国私人资本的进入，这就要求对外国直接投资提供优惠待遇。

（3）改革国家在经济中的作用。大大减少对市场的调节，以发挥企业的活力；压缩国家作为商品和劳务生产者的职能，实行国有企业私有化；将国家行为集中于提供社会服务和制订规章制度，以便从宏观和微观方面为经济增长提供政策支持。

（4）在国际方面提供必要的支持。为推行这一战略，美国及其他发达国家应提供必要的支持，如承诺世界经济年增长率不低于3%；采取国际贸易自由化措施，不增加新的进口限制和出口补贴；调低债务国支付的利率；每年为拉美地区提供200亿美元的资金支持，等等。

3. 具体政策

（1）增加公共储蓄。必须大幅度压缩公共开支；通过扩大税基和加强税收征管增加财政收入；实行公共企业私有化或改善其经营状况；大幅度削减对中等阶层的物价和公用事业收费补贴，将国家分配行为集中面向极端贫困的社会阶层。

（2）扩大私人储蓄。这就要求整顿和强化国内金融机构，实行稳定的、可预见的经济政策。

（3）提高经济效益，改善私人投资环境。最根本的办法是消除微观经济领域的扭曲现象，诸如控制物价、外贸领域差别悬殊的刺激政策、贴息率、对信贷的调控、对劳工流动和工资调整的限制等。在一种受调控的经济中，资源配置与生产率的改善应通过取消物价控制和放开劳工市场来实现。取消对金融市场的调控则可改善信贷配置，改善投资的分布。

（4）改善公共投资的配置。公共投资应集中投向人力资源的开发和物资基础设施的建设。

（5）增加可交易产品的供给。这就要求采取两项重要措施：一是保持一种适当的实际汇率，二是实行一种"中性的"刺激政策。所谓"中性的"刺激政策，指的是刺激政策对面向国内市场和面向出口的生产应是中性的，意在消除普遍存在的"反出口倾斜"。与此同时，必须实行外贸体制自由化、理性化，包括取消数量限制、降低并逐步统一关税、逐步取消出口税。自由化将使得低效益的生产部门趋于萎缩，逐步被效益好的生产部门取代，从而形成一种更能适应国际竞争要求、更能应付外部动荡的新的生产结构。

除了上述具体政策，国际多边金融机构还提出了一系列操作意见：

①优先稳定宏观经济。

②放开劳工市场优先于其他改革。

③金融市场改革不能滞后。

④改革的速度应因国别而异。

⑤不断改善投资环境。

此外，国际货币基金组织和世界银行等还对拉美国家的结构改革提出了分三个阶段进行的建议：

①第一阶段的目标是取得最起码的宏观经济稳定。

②第二阶段是实行深刻的结构改革，以增加商品市场、生产资料市场和金融市场的内、外竞争力；同时要使整个规章制度体系理论化，并进行体制改革，以推动公共储蓄的持续增长。

③第三阶段是改革的巩固阶段，主要目标是持续地恢复投资水平。

综上所述，可以说，新自由主义学派为拉美经济改革提出了从战略、政策到具体措施的一整套完整的方案。

（四）新结构主义

1. 时代背景

新结构主义与结构主义有着直接的联系，新结构主义可以说是在新的历史条件下对结构主义思想的继承和发展。20 世纪 80 年代初国际环境发生重大变化，拉美地区因债务危机而陷入严重萧条，新自由主义经济思想开始大行其道，结构主义学派则失去其战后在拉美地区独领风骚的地位而陷入极大的被动。80 年代，结构主义学派不得不对其理论体系和政策主张进行反思，与此同时，针对新自由主义的调整政策和结构改革方案提出批评，和新自由主义展开了一场大论战。这个反思和论战的过程正是结构主义的自我扬弃与思想更新的过程。

2. 基本观点

（1）关于拉美经济问题的原因分析。按新结构主义的分析，拉美面临的经济问题及现存的不发达状态，主要不是由于经济政策造成的扭曲，而是有其历史的、内源的和结构性的原因。这种情况可从 20 世纪 80 年代末期拉美经济的三大主要特点中反映出来。其一，鉴于国际贸易和金融体系的固有趋势，拉美现行的对外参与模式导致一种走向贫困的专门化；其二，拉美的产业结构依然是内部相互脱节和极不均衡的，它使得技术进步集中于少数部门，没有能力对新增的劳动力进行生产性吸收；其三，拉美的收入分配始终具有高度的集中性与排斥性，表明这种制度不具备减少贫困的能力。上述分析说明，新结构主义虽然承认拉美现行发展模式的缺陷，但批驳了新自由主义把拉美经济问题完全归咎于政策失误的观点，仍然坚持结构主义学派对拉美不发达问题的解释。

（2）关于国家的作用。新结构主义认为，结构主义过分相信国家干预的作用，新自由主义则过分否定国家干预的作用，而事实上，市场必须有国家积极而富有活力的行动来加以补充和完善。国家除了其传统职能（提供公共产品、保持宏观经济平衡、实现社会公正）外，还应致力于培育和完善某些市场、克服或纠正某些结构性扭曲、消除或弥补市场的某些缺陷等。特别是对拉美国家面临的结构调整来说，其经济和社会效果如何，将在很大程度上取决于公共政策。有的学者对新结构主义关于国家的作用的观点作了如下概括："一种选择性的、战略性的、对市场起补充作用的新型国家干预模式；一个关注宏观经济平衡并对经济政策具有实际运筹能力的公共部门；一个把生产置于优先地位并创造动态比较优势的国家；一个从多种所有制形式出发，向技术落后地区、合作社和各部门提供资金便利出发，使供给民主化，从而促进竞争的国家；一个把分散化和发挥地方政府作用从言论变为日常实践的国家。"

（3）关于发展的概念。新结构主义提出："发展的中心目标是增长，改造产业结构，改善增长成果的分配，取得更大程度的自主，减少外部的脆弱性，向参与制的、民主的社会前进。"可以说，新结构主义在发展概念方面的突出之点是强调收入分配和社会公正，认为任何一个国家，不论其方针如何，都应把同时取得经济增长和社会公平作为长期发展的目标。"最近十年中，拉美地区没有任何一个国家同时达到了这两个目标。"

（4）关于"从内部发展"的方针。新结构主义强调，他们提出的"从内部发展"的方针与"内向发展"是截然不同的。"内向发展"把重心放在刺激需求，扩大国内市场，用当地产品取代进口产品等方面。这个进程在拉美是由极不平等的收入分配所造成的一种狭小的、倾斜的内部需求引导的，从而形成一种扩大国内消费，重复发达国家的消费模式、工业生产模式和技术模式的战略。"从内部发展"指的是"一种内部的创造性努力，争取建立一种同本国的具体缺陷和实际潜力相适应的生产结构"，要求先要建立一些支柱性产业，如钢铁、机电、金属加工、基础化工以及能源、交通等基础设施，并积极利用本国的自然资源，加强国内市场的统一与协调。有了这个基础，就要进一步强调大工业与中、小企业，科学技术基础设施，人才培训机构，大众传媒手段以及制定政策与标准的组织机构之间的积极参与和相互配合。这就意味着不是要把工业化再度引向"进口替代"，而是要把这种内源工业化引向某些特定的外部与内部市场。这些论述说明，新结构主义也主张"外向发展"，但并不认为"外向发展"只是简单地开放市场，而重点是要形成某种参与外部竞争的优势。

（5）关于经济调整政策。新结构主义批评新自由主义的经济调整政策是"纯衰退性"的，主要是利用各种短期政策手段限制总需求，不加区别地压缩投资，造成严重的经济衰退。拉美国家需要的是一种"扩张性调整"，应实行有选择的限制需求或有选择的扩大供给相结合的政策。调整进程的效益就在于增加生产，既包括替代进口的生产，也包括出口产品的生产。新结构主义还认为，调整政策和稳定政策是有区别的，特别是在高通货膨胀下这种区别尤其重要。调整政策要强调其渐进性，抑制高通货膨胀则要下猛药。国际货币基金组织等的建议恰恰反其道而行之，在调整问题上政策过于激烈，在稳定问题上政策又过于渐进。

（6）关于产业结构调整。新结构主义认为，经济既然要转入外向发展，调整产业结构就势在必行。产业结构调整必须坚持几条基本原则，即必须实行有选择的生产专业化；技术进步应是结构调整的主攻方向；应重视自然资源的加工出口和改造非正规经济；贸易开放必须有步骤地进行。

此外，新结构主义在一系列政策措施上与新自由主义存在分歧。例如，在税制改革方面，主张在加强税收征管和控制逃税的同时，应增加所得税与财产税；在私有化方面，反对盲目的私有化和不透明交易，认为私有化并不是改造国有企业的唯一途径；在金融改革方面，主张渐进性和配套改革，不能指望金融市场仅仅通过利率自由化来调节，等等。

新结构主义对结构主义也提出了诸多批评。例如，认为结构主义过于相信国家干预主义的好处；对外部市场持一种过分悲观的态度，而且这种悲观主义持续的时间过长；忽视短期经济政策的调整，尤其是忽视财政政策与货币政策的调整，等等。可以说，新结构主义是在对结构主义继承与扬弃的基础上，在理论思想和政策主张方面进行全面更新的产物。

☞ 习题

1. 什么是经济一体化？它有哪几种类型？
2. 作图说明关税同盟的静态效应。
3. 作图说明关税同盟的动态效应。
4. 阐述什么是关税同盟建立中的次优理论？
5. 国际经济秩序存在哪些主要问题？
6. 简述依附论的南北模型的主要观点。
7. 简述新自由学派的理论主张。
8. 简述新结构主义的基本观点。

☞ **网络链接**

1. 想浏览美洲自由贸易区的主页，你可以登录：http：//www. alca-ftaa. org。

2. 亚太经合组织的目标是推动自由贸易和经济合作，请登录：http：//www. apecsec. org. sg。

3. 东南亚国家 10 国联盟成立于 1967 年 8 月，请访问：http：//www. aseansec. org。

第八章　世界贸易组织

　　摘要： 随着国际贸易的发展，各国出于本国利益而实施着各种贸易保护政策，严重阻碍了国际贸易和经济的发展。加强国际间的磋商与协调，减少和解决各种纠纷成为世界经济发展必须面对的课题。于 1947 年签署、1948 年正式实施的《关税与贸易总协定》(GATT) 和 1995 年成立的世界贸易组织（WTO）正是适应这种需要而产生的。本章着重介绍了《关税与贸易总协定》和世界贸易组织的形成与发展及其基本原则。

　　重点与难点：

1. GATT 产生的背景

2. GATT 的八轮多边谈判

3. GATT/WTO 的基本原则

4. WTO 新议题

第一节　关税与贸易总协定概况

一、关贸总协定

　　关税与贸易总协定（General Agreement on Tariff and Trade，GATT）简称关贸总协定或总协定，是在美国的倡导下由 23 个国家于 1947 年 10 月 30 日在日内瓦签订并于 1948 年正式生效的关于调整缔约国对外贸易政策和国际贸易方面的相互权利与义务的国际多边协定。

　　（一）关贸总协定的产生

　　第二次世界大战期间，美国经济发展较快。战后初期美国在经济上处于领先地位。为了称霸世界，美国积极策划在战后世界经济、政治领域中建立霸权的地位，从国际金融、投资和贸易各个方面进行对外扩张，为此提出了"贸易自由化"口号，首先倡议建立一个以实现贸易自由化为目标的国际贸易组织，把它作为与国际货币基金组织、国际复兴与开发银行并重的、专门协调各国对外贸易政策和国际经济贸易关系的第三个国际性组织机构。1946 年 2 月联合国经社理事会做出决议，召开一次贸易与就业问题的国际会议，并为此成立了一个筹备委员会。筹备委员会于 1946 年和 1947 年分别在伦敦和日内瓦开会，并且起草了《国际贸易组织的公约》。1947 年 11 月至次年 3 月联合国贸易与就业委员会在古巴首都哈瓦那召开会议，通过了筹委会起草的《国际贸易组织宪章》，通称《哈瓦那宪章》，并设立了一个由 52 个成员经济体和一个秘书处组成的国际贸易组织委员会。由于《国际贸易组织宪章》没有被有关的国家国会批准，从而使组建国际贸易组织的计划中途夭折。

然而，早在《国际贸易组织宪章》起草期间，筹备委员会各成员经济体政府就达成了一项协议，在国际贸易组织成立之前，各国先就关税减让和减少其他贸易限制等事宜等举行谈判。因此，在《哈瓦那宪章》起草的同时，筹委会于 1947 年在日内瓦召开了关税谈判会议，在首轮关税减让谈判中，23 个参加国共达成了 123 项有关减让的双边协议。为了让关税减让的承诺尽快履行，参加国将拟议中的国际贸易组织宪章草案中有关贸易政策的条款摘出，汇编为一个单一协定，并将各国达成的关税减让协议列为各国关税减让表，成为该协定不可分割的组成部分。这个协定被取名为"关税与贸易总协定"，简称关贸总协定。1947 年 10 月 30 日，美国、法国、英国、比利时、荷兰、卢森堡、澳大利亚、加拿大 8 国签署了《关贸总协定临时适用议定书》，中国等 15 个国家也相继在临时议定书上签了字，成为关贸总协定的创始国，同意自 1948 年 1 月 1 日起有条件地适用关贸总协定。缔约方最初设想是把关贸总协定当做一项在国际贸易组织成立前的过渡性安排，但由于《哈瓦那宪章》没能如期生效，关贸总协定便单独成为战后调整国际贸易关系的最重要的国际法律文件。

虽然 GATT 作为一个临时性协定实行了 47 年之久，直到 1995 年 1 月 1 日才被世界贸易组织所取代，但它为协调 GATT 各缔约国之间的多边贸易与关税关系发挥了很大的作用。并且，它类似于一个安排缔约国之间旨在追求贸易自由化谈判的组织，因而它对形成比较自由的国际贸易环境做出了很大贡献。

（二）关贸总协定的条款

关贸总协定是由各项规则和规则的例外构成的，它是一系列多边贸易法律文件的总称。最初的关贸总协定文本包括序言和四大部分，共 38 条，另附若干附件和一份暂时适用的议定书。关贸总协定的附件主要是对条款作了一些注释、说明和补充规定。此外，在暂时适用议定书中，主要规定各缔约国应全面实施的第一部分和第三部分，并在各国现行法令许可的范围内实施第二部分。随着国际经济贸易形势的发展，原总协定的一些条款已不能适应新的形势变化。在乌拉圭回合多边贸易谈判中，对该协定的第 2 条、第 12 条、第 17 条、第 18 条、第 24 条、第 25 条和第 28 条等进行了修改，形成了《1994 年关贸总协定》（GATT 1994）。关贸总协定将继续以《1994 年关贸总协定》的形式存在，成为世界贸易组织的有关协定和协议的组成部分，继续作为国际货物贸易的重要法律准则。

二、GATT 主持的多边贸易谈判

关税与贸易总协定作为一个国际间贸易谈判的场所和解决争端的机构，一直致力于各国贸易政策的协调。它从 1947 年签署、1948 年 1 月 1 日正式实施到世界贸易组织（World Trade Organization，WTO）成立期间共主持了 8 轮全球性多边贸易谈判，就谈判所解决的主要问题而言，GATT 多边贸易谈判大致分为三个阶段，即以进口关税减让为主阶段、以非关税减让为主阶段和一揽子解决多边贸易体制根本性问题阶段。

（一）以进口关税减让为主阶段（第 1 轮到第 6 轮）

第 1 轮多边贸易谈判于 1947 年 4 ~ 10 月在瑞士日内瓦举行，关贸总协定的 23 个创始缔约方（包括中国）参加了谈判，并正式创立了关贸总协定。该轮谈判共达成双边减让协议 123 项，涉及商品 45 000 项，使占进口值约 54% 的商品的平均关税降低 35%，影响近 100 亿美元的世界贸易额。这轮谈判是有史以来最大规模的多边关税减让谈判，它促进了第二次世界大战后资本主义经济贸易的恢复和发展，创立了大规模多边关税减让的谈判的成功先例。

第 2 轮多边贸易谈判于 1949 年 4 月至 10 月在法国的安纳西举行。第 2 轮至第 5 轮多边贸易谈判一般称为补偿性谈判及新加入国的"入门费"谈判，即原提供或接受关税减让的国家变更或撤销其减让项目，做出补偿性调整，新加入国以关税减让或其他方式作为加入 GATT 入门费的谈判。这轮谈判的参加国除 23 个原始缔约方之外，又增加了瑞典、丹麦、芬兰、意大利等 10 个国家。该轮谈判的主要目的是给处于创始阶段的欧洲经济合作组织成员提供进入多边贸易体制的机会，促使这些国家为承担各成员之间的关税减让做出努力。在谈判期间，瑞典、丹麦等 9 个国家经过加入谈判后，加入关贸总协定。此轮谈判达成双边减让协议 147 项，增加关税减让商品项目 5 000 个，使应税值 5.6% 的商品平均降低关税 35%。

第 3 轮多边贸易谈判于 1950 年 10 月至 1951 年 4 月在英国的托奎举行，共有 39 个成员参加。这次谈判的一个重要议题是，讨论奥地利、原联邦德国、韩国、秘鲁、菲律宾和土耳其的加入问题。由于缔约方的增加，关税与贸易总协定缔约方之间的贸易额已超过当时世界贸易额的 80%。该轮谈判共达成关税减让协议 150 项，又增加了关税减让商品 8 700 项，使应税进口值 11.7% 的商品平均降低关税 6%。

第 4 轮多边贸易谈判于 1956 年 1 月至 5 月在瑞士日内瓦举行，共有 28 个缔约方，在这次谈判中日本加入关贸总协定。由于美国国会对美国政府的授权有限，使谈判受到严重影响。在这轮谈判中，美国对进口只给予了 9 亿美元的关税减让，而其所享受的关税减让约 4 亿美元。这轮谈判关税减让商品达 3 000 项，但所涉及的贸易额仅 25 亿美元，使应税进口值 16% 的商品平均降低税率 15%。

第 5 轮多边贸易谈判于 1960 年 9 月至 1961 年 7 月在日内瓦举行，共有 45 个缔约方参加。这一轮谈判是因欧洲共同市场的建立而发动，并以建议发动本轮谈判的美国副国务卿道格拉斯·狄龙的名字命名，故被称为"狄龙回合"。该轮谈判主要是美国与欧共体就相互减让关税进行谈判的过程。这一轮谈判共达成 4 400 多项商品的关税减让，涉及 49 亿美元的世界贸易额，使应税进口值 26% 的商品平均降低税率 20%。欧共体 6 国统一对外关税也达成减让，平均税率降低 6.5%，但农产品和某些政治敏感性商品却被排除在最后的协议之外。

第 6 轮多边贸易谈判于 1964 年 5 月至 1967 年 6 月在日内瓦举行，共 54 个成员参加，这轮谈判是由当时美国总统肯尼迪根据 1962 年美国的《贸易拓展法》提议举行的，故称"肯尼迪回合"。这轮谈判确定了削减关税采取"一刀切"的方法，在经合组织成员间分 5 年将大约 6 万项工业品一律平均削减 35% 的关税，涉及贸易额 400 亿美元。该轮谈判除了就所有商品的关税减让进行谈判外，还首次将非关税壁垒（反倾销税、政府采购、技术标准和卫生标准等议题）减让纳入谈判议题，通过了 GATT 有史以来的第一个《反倾销协议》，为发展中国家新增加了贸易与发展部分，开创了波兰作为"中央计划经济国家"参加关贸总协定多边贸易谈判的先例。

（二）以非关税减让为主阶段（第 7 轮谈判）

第 7 轮多边贸易谈判于 1973 年 4 月至 1979 年 4 月在日内瓦举行。这轮谈判是由美国总统尼克松和欧共体在日本多次协商后提议举行的，因此曾被称为"尼克松回合"，同时这轮谈判又是 1973 年 9 月在日本首都东京举行的部长会议上发动的，因此又称为"东京回合"。由于"东京回合"对非成员开放，参加谈判的成员有 99 个。这次谈判的主要议题有两项：一是采用最一般的原则指导关税谈判，二是减少和消除非关税壁垒。通过这次谈判，达成了一揽子关税减让协议，规定用 8 年时间使世界 9 个主要工业品市场上制成品的加权平均关税从 7% 降到 4.7%，减让总值相当于进口关税水平降低 35%，涉及 3 000 多亿美元的贸易额；达成了一系列非关税壁垒协议和守则，涉及补贴与反补贴措施、贸易的技术性壁垒（产品标准）、政府采购、海关估价、进口许可证程序、修订肯尼迪回合反倾销守则等。另外，还通过了给发展中国家优惠待遇的"授权条款"。

（三）一揽子解决多边贸易体制根本性问题阶段（第 8 轮谈判）

第 8 轮多边贸易谈判从 1986 年 9 月开始启动，到 1994 年 4 月签署最终协议，历时 8 年，这是关税与贸易总协定的最后一轮谈判。1986 年 9 月在乌拉圭举行了关贸总协定部长会议，决定进行一场旨在全面改革多边贸易体制的新一轮谈判，故命名为"乌拉圭回合"谈判。参加这轮谈判的国别范围广，从最初的 103 个国家和地区，增至谈判结束时的 125 个。参加谈判的各国部长们达成了整体的政治承诺，共有两大部分：（1）货物贸易谈判。其目标是促进国际贸易的进一步自由化，加强 GATT 的作用，改善多边贸易体制，增强 GATT 对不断变化的国际经济环境的适应性，以鼓励合作，促进世界经济增长，加强成员间的政策联系。（2）概述了服务贸易规则新框架的目标。这些具体谈判事宜包括市场准入、贸易竞争规则、新领域的议题和贸易体制程序的议题等四大类、15 项议题，即关税、非关税壁垒、热带产品、自然资源产品、纺织品和服装、农产品、保障条款、多边贸易谈判协议和安排、补贴和反补贴措施、争端解决、服务贸易、与贸易有关的投资措施、与贸易有关的知识产权等。通过这次谈判，达成了涉及 21 项内容的 45 个协议，减税商品涉及的贸易额高达 1.2 万亿美元，减税幅度近 40%，近 20 个产品部类实行了零关税；农产品的非关税措施全部关税化，并进行约束和减让，纺织品的歧视性配额在 10 年内取消；非关税壁垒受到严格规范；涉及服务贸易、与贸易有关的投资措施、与贸易有关的知识产权等 3 个新领域谈判成功；建立了世界贸易组织取代 GATT。

三、GATT 的基本原则

（一）非歧视原则（Non-Discrimination）

非歧视原则亦称无差别待遇，是针对歧视性待遇的一项缔约原则，它要求任何缔约方在实施某种优惠或限制措施时，不得对其他缔约方实施歧视待遇。非歧视原则是 GATT 的基本原则之一。根据非歧视原则，关贸总协定一缔约方对另一缔约方不采用对任何其他缔约方所不适用的优惠或限制措施。非歧视原则是通过关贸总协定中的最惠国待遇条款互惠待遇和国民待遇条款来体现的。

非歧视原则通过关贸总协定第 2 条"一般最惠国待遇原则"、第 3 条"关税减让表"及其"国内税与国内规章的国民待遇"条款体现。按照非歧视原则，各缔约方之间是在无歧视的基础上进行贸易，每个缔约方都必须平等地对待与其他缔约方的贸易。它的适用面较广，除了关税减让，还在数量限制、进口配额限制、贴补、国营贸易企业以及在国内税收方面给予进口产品不低于国内产品的待遇，另外在海关估价、原产地标记、规模、输出入手续、贸易条例的公布和实施等方面，非歧视原则也同样适用。但是，非歧视原则也有例外规定，主要有：反倾销税和反补贴税；一般安全例外；政府为支持发展经济对进口采取的措施；以及有关免除义务的规定等。

（二）最惠国待遇原则（Most Favored Nation Treatment，MFN）

最惠国待遇原则是 GATT 的基石，其基本含义是：一缔约国对来自或运往其他国家的产品所给予的利益、优待、特权和豁免，应当立即无条件地给予来自或运往所有其他缔约国的相同产品。GATT 中最惠国待遇原则是无条件的、互惠的、多边的最惠国待遇，它不同于基于双边贸易条约或协定下的双边的或有条件的最惠国待遇。

　　关贸总协定中最惠国待遇原则的适用范围非常广泛，包括进出口关税和其他税费的征收方式，对国际贸易支付征收的费用，对进出口产品征收的国内税费，对进口产品销售、运输、分配和使用过程中所适用的法律规章和要求，对产品征收的过境费用和适用的规章程序，进口许可程序，海关估价，政府采购以及进出口检验标准等方面。此外，总协定规定在特殊情况下如采取数量限制，也须在非歧视基础上同样实施于任何第三国的同类进口产品，即采取消极的最惠国待遇方式。但是，最惠国待遇原则也有例外，关贸总协定允许在一定的条件下可以不适用最惠国待遇原则，主要范围包括：GATT 第 20 条的一般例外规定；GATT 第 21 条的安全例外的规定；GATT 第 24 条"适用的领土范围—边境贸易—关税联盟和自由贸易区"中的规定；缔约国全体于 1929 年 11 月 28 日在"东京回合"谈判结束时通过的"授权条款"；GATT 第 25 条关于在特殊情况下，可以在一定时间内暂时免除缔约国在总协定所承担义务的规定；第 6 条和第 16 条允许征收反补贴税和反倾销税；第 12 条和第 18 条第 13 款允许缔约国为保持国际收支平衡而采取进口限制措施等。

　　（三）国民待遇原则（Nation Treatment）

　　关贸总协定中的国民待遇原则是指：在征收国内税和在有关国内销售、购买、运输、分配或使用的法令法规方面，对进口品和国产品应一视同仁，除征收关税以外，其他一切税费都应是一样的，不得对进口品实行歧视。这样可以防止有的缔约方利用国内税收和销售规章来抵消关税减让的效果而造成的保护主义。

　　关贸总协定中的国民待遇原则的适用主要体现于关贸总协定第 3 条的规定："一缔约国领土的产品输入到另一缔约国领土时，不应对它直接或间接征收高于对相同的国产品直接或间接征收的内地税或其他内地费用。"该条第 4 款还规定："一缔约国领土的产品输入到另一缔约国领土时，在关于产品的国内销售、购买、运输、分配或使用的全部法令、条例和规定方面，所享受的待遇应不低于相同的国产品所享受的待遇。"但这一规则仅适用于从外国进口的商品，不涉及外国商人在该进口国所进行的投资以及知识产权的保护等事宜。

　　总协定对国民待遇原则也作了例外规定，集中体现在第 20 条"一般例外条款"中。例如，缔约方可依据该条规定为维护公共道德、保障人民或动物的生命健康，为保证某些与本协定的规定并无抵触的法令或条例的贯彻执行；为了保护本国具有艺术、历史或考古价值的文物而采取的措施，可排除国民待遇原则的适用。总协定还规定了国民待遇原则不适用于政府采购方面。

　　（四）互惠原则（Reciprocity）

　　互惠原则也叫对等原则，指两个缔约主体在国际贸易中相互给予对方贸易上的优惠待遇。互惠原则是关贸总协定最为重要的原则之一，也是 GATT 关税减让谈判的基础。互惠原则与最惠国待遇原则的结合实施旨在避免缔约方有双方互惠而引起的差别待遇。该原则主要适用于关税减让。关贸总协定通过缔约方以对等减让及相互提供互惠的方式来保持贸易平衡，谋求贸易自由化。

互惠原则的适用体现在关贸总协定的前言中，它指出各缔约方政府"切望达成互惠互利协议"。关贸总协定在前几轮谈判中所确定的公约条款采用贸易规模来衡量其互惠程度，或通过主要供应国的谈判模式来安排互惠。"肯尼迪回合"和"东京回合"寻求扩大谈判的基础，但互惠仍是其谈判的主要成果。"乌拉圭回合"部长宣言明确提到将货物贸易、知识产权、农产品与服务贸易谈判等关税升级和服装谈判并行展开，谈判范围为各缔约方的扩大提供了实质性互惠。互惠原则也有例外，主要表现在：GATT 第 28 条关税减让和关税谈判的条款中，允许在某些特殊的情况下，缔约方可以撤回其已做出的关税减让。例如，如果有关产品的大量进口以及进口的条件会使该进口国的国内工业遭受严重损失时，该进口国即可修改或撤回它原先已做出的关税减让。另外，关贸总协定还规定：发展中国家为了保护国内工业和农业，如遇缔约方须谈判确定的固定税则对它的国际收支不利时须在进口数量限制或关税保护方面免除上述固定税则的适用。GATT 第 36 条第 8 款规定：发达的缔约国对它们在贸易谈判中对发展中的缔约国的贸易所承诺的减少或撤销关税和其他壁垒的义务，不能希望得到互惠。

（五）关税保护和关税减让原则 （Tariff Concession）

关税保护原则是指以关税作为唯一保护手段的原则。关贸总协定允许各国对国内工业进行一定的保护，但保护的手段只能通过关税的方式，不允许采用其他非关税壁垒的办法。在实行关税保护方面，关贸总协定要求缔约国之间应通过关税减让的谈判逐渐降低关税。关税减让的原则是各缔约国彼此作互惠与平等的让步，达成关税减让表协议。关税减让表达成的"固定"的税率，任何缔约国无权单方面予以改变，至少在一定时期内不得改变。在具体执行本原则时，规定了可不遵守这一原则的"免除条款"。例如，如果有关产品进口剧增，使缔约国的同类产品受到重大损害或重大威胁时，该进口国可与有关的缔约国重新谈判，给予对方适当的补偿，即可修改或撤销其原来的关税减让。

（六）取消数量限制原则 （Elimination of Quantitative Restrictions）

数量限制是指进出口国家通过对进出口产品规定一个额度加以限制的措施，这是一种简单易行、迅速有效的行政手段，经常被政府用来限制进出口。由于数量限制不仅妨碍贸易的公平竞争，而且造成对出口方的歧视待遇，对国际贸易产生不利影响，关贸总协定第 11 条第 1 款明确规定：任何缔约方除征收税捐或其他费用以外，不得设立或维持配额、进口许可证或其他措施以限制或禁止自其他缔约方领土的产品的输入，或向其他缔约方领土输出或销售出口产品。在具体实行这一原则时，存在三方面的例外：（1）为了稳定农产品市场；（2）为了改善国际收支平衡；（3）为了促进发展中国家的经济发展。在这三方面可在非歧视的基础上实行或维持数量限制。

（七）透明度原则（Transparency）

透明度原则是指各缔约方有效实施的有关关税及其他税费和有关进出口贸易措施的所有法令、条例和普遍采用的司法判例以及行政决定，缔约方之间签订的贸易协定，都必须公布。透明度是关贸总协定三个主要目标（贸易自由化、透明度和稳定性）之一。关贸总协定提倡透明度原则，目的在于防止缔约方之间进行不公平贸易。

关贸总协定的透明度原则适用于产品，关贸总协定第10条规定：缔约国有效实施的关于海关对产品的分类或估价，关于税捐或其他费用的征收率，关于对进出口货物及其支付转账的规定、限制和禁止，以及关于影响进出口货物的销售、分配、运输、保险、存仓、检验、展览、加工、混合或使用的法令、条例与一般援用的司法判决及行政决定，都应迅速公布，以使各国政府及贸易商对它们熟悉。一缔约国政府或政府机构与另一缔约国政府或政府机构之间缔结的影响国际贸易的政府现行规定，也必须公布。第2款规定：缔约国采取的按既定统一办法提高进口货物的关税或其他费用的征收率或者对进口货物及其支付转账实施新的更严的规定、限制或禁止的普遍适用的措施，非经正式公布不得实施。关贸总协定的透明度原则在乌拉圭回合谈判中，通过建立"贸易政策审议机制"使透明度原则得到加强，并将该原则扩大适用到服务贸易总协定中。但是，透明度原则也有例外。《1994年关贸总协定》第10条第1款规定：但本条款的规定并不要求缔约国公开那些会妨碍法令的贯彻执行，会违反公共利益，或会损害某一公私企业的正常商业利益的机密资料，也就是说，GATT允许各缔约方对于与国家利益关系密切的机密以及商业秘密不予公开。

第二节　世界贸易组织

一、WTO 的产生

WTO协议的形成是乌拉圭回合多边贸易谈判的一项重大意外成果。1947年GATT无论从组织结构还是从协调职能来看均显示出其"先天"不足性，因此有必要在其基础上创立一个正式的国际贸易组织来协调、监督和执行新一轮多边贸易谈判的成果。1990年初，时任欧洲联盟轮值主席国的意大利首先提出建立多边贸易组织（WTO）的倡议，同年7月欧洲联盟把这一倡议以其成员经济体的名义向乌拉圭回合体制职能谈判小组正式提出来，随后得到了美国、加拿大的支持。1990年12月乌拉圭回合布鲁塞尔部长会议正式做出决定，责成体制职能小组负责"多边贸易组织协议"的谈判。体制职能小组经过一年的紧张谈判，于1991年12月形成了一份《建立多边贸易组织的协定》草案，并成为同年底"邓克尔案文"整体的一个部分。后又经过两年的修改与完善，最终于 1993 年 11 月乌拉圭回合结束前形成了"建立多边贸易组织协议"，并根据美国的动议，把"多边贸易组织"改名为"世界贸易组织"。《建立世界贸易组织马拉喀什协定》，简称《建立 WTO 的协定》，于 1994 年 4 月 15 日在摩洛哥的马拉喀什部长会议上获得通过，并与其他各附件协议和部长宣言及决定共同构成了乌拉圭回合多边贸易谈判的一揽子成果，并采取"单一整体"义务和无保留例外接受的形式，被 104 个参加方政府代表签署。

二、WTO 协议的内容构架

WTO 的法律体系框架是在《1947 年关贸总协定》基础上，经过历次多边贸易谈判，修改、增加、补充了一系列协议、议定书，特别是所达成的"一揽子协议"而最终形成的。它主要是 1994 年 4 月 15 日在马拉喀什部长会议上形成的，并包括有关的一系列部长会议决议、决定、宣言和谅解，以及 WTO 成立后所达成的协议（如《信息技术产品协议》、《基础电信协议》、《金融服务协议》、《自然人流动服务协议》等）。WTO 的基本框架及其内容集中体现在《乌拉圭回合多边贸易谈判的最后文本》（以下简称《最后文本》）中。根据《建立 WTO 的协定》，WTO 的体系由以下几部分构成：

（一）WTO 的基本法

《建立 WTO 的协定》是 WTO 的基本法，该协定列为《最后文本》所列各项协定之首，主要规定了整个框架中各项协议、协定等的管辖、作用和组织问题。其主要条款只是规定了 WTO 的宗旨和原则、活动范围、组织结构、职能、成员制度、法律地位、决策机制、协定修改等，本身并未涉及规范和管理多边贸易关系的实质性原则，有关协调多边贸易关系和解决贸易争端以及规范国际贸易竞争规则的实质性规定，均体现在其四个附件中。

（二）WTO 的多边货物贸易法律制度

1. 《1994 年关贸总协定》及其附件

《1994 年关贸总协定》是指乌拉圭回合谈判结束后的 GATT，它是《最后文本》的附件一。1947 年 10 月 30 日签订的《1947 年关贸总协定》，以及 WTO 成立前对这些条款所作的修正，在"乌拉圭回合"一揽子协议中被称为《1994 年关贸总协定》。1995 年 1 月 1 日，WTO 在关贸总协定的基础上正式成立，WTO 与关贸总协定并行一年，《1947 年关贸总协定》的规则继续适用。1996 年 1 月 1 日，《1994 年关贸总协定》取代《1947 年关贸总协定》，与其 12 个配套协议一起规定了 WTO 成员在多边货物领域中的义务。

2. 《1994 年关贸总协定》的内容

《1994 年关贸总协定》由序言、正文、9 个附件及"乌拉圭回合"承诺减让表组成，它继承了《1994 年关贸总协定》的基本原则及这些原则的例外。《1994 年关贸总协定》主要由四部分构成：

（1）《联合国贸易就业会议筹备委员会第二次会议结束时通过的最后文件》所附 1947 年 10 月 30 日的《关税与贸易总协定》的各项条款（不包括《关贸总协定临时适用议定书》），《建立 WTO 的协定》生效之前已实施的法律文件的条款更正、修正或修改。

（2）在《建立 WTO 的协定》生效之前，根据《1947 年关贸总协定》生效的下列法律文件，计有：有关关税减让的议定书和证明书；加入议定书；在《建立 WTO 的协定》生效之日仍在生效的根据《1947 年关贸总协定》第 25 条授予的豁免义务的决定；《1947 年关贸总协定》缔约方全体做出的其他规定。

（3）《1994 年关贸总协定》做出的谅解。其中包括：关于解释第 2 条第 1 款（B）项的谅解；关于解释第 17 条的谅解；关于国际收支条款的谅解；关于解释第 24 条的谅解；关于豁免义务的谅解；关于解释第 28 条的谅解。

（4）《1994 年关贸总协定马拉喀什议定书》，即《1994 年关贸总协定》的减让表。

3. 其他有关货物贸易的多边协定

乌拉圭回合以单列的协定形式来强化过去多边贸易谈判达成的协议，或制定新的规则。它们是《1994 年关贸总协定》12 个配套协议，即：《反倾销协议》、《补贴与反补贴协议》、《保障措施协议》、《海关估价协议》、《原产地规则协议》、《装运前检验协议》、《技术性贸易壁垒协议》、《进口许可程序协议》、《实施动植物卫生检疫协议》、《与贸易有关的投资措施》、《农业协议》和《服装协议》。

4. 世界贸易组织的复边贸易协定

WTO 的上述法律规则称为一揽子协定，即 WTO 成员要么全部签署，要么全部不签，不允许有所选择；而复边贸易协定是指 WTO 成员可以选择签署，即签不签复边协定不影响其作为 WTO 成员资格。WTO 的复边贸易协定目前有 4 个，即《国际乳制品协定》、《政府采购协定》、《民用航空器协定》和《国际牛肉协定》。其中《国际奶制品协定》、《国际牛肉协定》两个协定已于 1997 年 12 月 31 日终止。

（三）WTO 的服务贸易法律制度

WTO 关于服务贸易领域的原则、规则和制度主要体现在《服务贸易总协定》（即《建立 WTO 的协定》的附件 1B）中。《服务贸易总协定》由协议文本、附件、部长会议决定以及各国的市场准入承诺单组成。协议文本包括序言及六个部分，共计 29 条。附件是对框架文本的补充，为服务贸易自由化谈判提供指导。《服务贸易总协定》共有 8 个附件，它们是：（1）《服务贸易总协定》本身的附件，即：《第 2 条豁免的附件》，它是关于最惠国待遇豁免的规定；（2）《服务贸易总协定》部门协议草案附件，它们分别是：《本协议下提供服务的自然人流动的附件》、《空运服务的附件》、《金融服务的附件》、《金融服务第 2 附件》、《海运服务的附件》、《电信服务的附件》、《基础电信谈判的附件》。

在乌拉圭回合结束后，各成员方就决议的内容继续在基础电信、海运、自然人流动和金融服务领域进行谈判，并先后达成了三项全球性协议，即《基础电信协议》、《金融服务协议》、《自然人流动服务协议》。此外，《关于服务贸易总协定中机构安排的决定》和《关于服务贸易总协定中某些争端处理的决定》也是 WTO 服务贸易法律制度的重要组成部分。

（四）WTO 与贸易有关的知识产权的法律制度

与贸易有关的知识产权的法律制度集中体现在《与贸易有关的知识产权协定》（即《建立 WTO 的协定》的附件 1C）中，它包括 7 个部分，共计 73 条。该协议规定了 7 类知识产权（即版权及相关权，专利，商标，工业品外观设计，集成电路布图设计，未公开的信息（包括商业机密，地域标志，包括原产地标准））保护的基本原则和国家标准，明确了知识产权的效力、范围、取得和保护的相关程序及争端的防止与解决。要求各成员方以这些标准制定程序和救济措施，并为解决成员间的争端规定了有效的方法。

（五）WTO 的争端解决机制的法律制度

《建立 WTO 的协定》的附件二即《关于争端解决规则和程序的谅解规定》中规定的规则和程序，是 WTO 争端解决机制的主要内容，其中的争端解决程序，也称为 WTO 争端解决机制中的普通程序。另外，《关于服务贸易总协定中某些争端处理程序的决定》是 WTO 关于服务贸易争端处理的特别程序。

（六）世界贸易组织关于贸易政策审议制度的法律制度

在乌拉圭回合谈判中产生的《贸易政策审议机制》（即《建立 WTO 的协定》的附件三）规定了贸易政策审议的目标、机构、审议范围、程序等方面的法律制度。

WTO 作为一个正式的、永久的国际组织，在 GATT 的基础上为处理和协调各成员间的多边贸易关系提供了一个重要的框架，它强化了多边贸易体系。WTO 的法律体系不仅将长期游离于自由贸易体制之外的农产品和纺织品贸易纳入了体系中，而且还将贸易体制的管辖范围延伸到服务贸易、与贸易有关的投资措施和知识产权等领域。

三、WTO 的新议题

WTO 具有一系列协议，其管辖的范围广泛，其中有的问题正在按已有的规定实施，有的问题有待进一步研究和谈判，在解决了旧的矛盾的同时又派生新的问题。目前 WTO 面临着贸易与环境、贸易与劳工标准、贸易与竞争政策、贸易与电子商务、贸易便利化等新议题。

（一）贸易与环境

随着世界经济的发展和全球范围内环境保护浪潮的兴起，可持续发展已成为国际社会的共识，贸易与环境已成为一个国际经济领域关注的问题。贸易与环境保护出现冲突的深层次原因是没有将产品的环境成本内在化，即产品或服务的价格没有包含或没有完全包含其环境成本。为了保护环境，国际社会签署了200多项环境协议，约有20项协议中含有与贸易有关的条款，这些多边环境协议已对国际贸易产生了一定的影响。虽然在WTO的内容中没有专门的"环境条款"，但贸易与环境问题在其所管辖的法律文件体系和组织机构中均有所反映，如《1994年关贸总协定》第20条"一般例外"中的（B）款和（G）款、《服务贸易总协定》的第14条、《补贴与反补贴》第8条第2款（C）项以及乌拉圭回合谈判最后文本中做出的《关于贸易与环境决议》等。1971年，GATT专门成立了"环境措施与国际贸易小组"；乌拉圭回合结束时成立了"贸易与环境委员会"，专门负责处理WTO内与贸易有关的环境问题。

1. WTO新一轮谈判中贸易与环境议题谈判的内容

2001年11月9—14日在卡塔尔首都多哈召开WTO第4次部长会议已就发动新一轮多边贸易谈判达成协议，在发达国家的强烈主张和发展中国家的妥协下，贸易与环境议题终于被纳入新一轮的议题中，谈判将不迟于2005年结束。多哈会议部长宣言中确定了贸易与环境议题谈判首先要谈判的内容。为了加强在贸易与环境方面的相互支持，部长们同意就下列事项进行谈判，而不预断其成果：一是就现存的WTO规则和多边环境协定中列明的具体贸易义务之间的关系进行谈判。二是就多边环境协议秘书处和相关WTO委员会之间正常的信息交换程序和给予观察员身份的标准进行谈判。三是对与环境保护有关的商品与服务的关税与非关税措施的削减以及合适的消除进行谈判，同时部长们指示贸易与环境委员会在致力于其现有权限内所有事项时，要特别关注：一是在市场准入方面采取的环境措施的效果，特别是对发展中成员，尤其是最不发达成员的效果，以及那些因贸易限制和扭曲的消除或减少而使贸易、环境和发展受益的情况；二是TRIPs协议中的相关规定；三是为环境保护目的列明的要求。这些方面的工作应当包括识别对说明相关WTO规则的任何要求。委员会将向WTO第5次部长会议报告，并且在适当的时候就关于进一步行动及谈判的必要性提出建议。工作结果和实际谈判应该与多边贸易体制的开放和非歧视性原则相一致，不应增加各成员在现行WTO协议，尤其是动植物卫生检疫措施项下的权利与义务，也不应改变权利与义务的平衡，并且还要考虑发展中成员和最不发达成员的需求。部长们认识到，在贸易与环境领域进行技术援助和能力建设对于发展中成员，尤其是最不发达成员的重要性。应将这些活动向WTO第5次部长会议提供一份报告。此外，部长宣言还规定，新一轮多边贸易谈判要到2003年第5次部长会议进行后各成员方进一步达成一致后才开始，贸易与环境议题的谈判当然也不例外。

2. 对贸易与环境议题的内容的评价

在西雅图会议上，有关各方对于是否在新一轮谈判中包括贸易与环境议题进行了激烈的争论，各方对此存在很大分歧。以欧美为代表的发达国家积极要求在新一轮谈判中包括贸易与环境议题，而发展中国家则强烈反对。在多哈会议上各方都做了一定让步，最终同意将环境与贸易议题纳入新一轮谈判的议程，而又对谈判的内容做了严格的限制。可见，将贸易与环境议题列入新一轮的议题是有关各方相互妥协的结果。

虽然环境与贸易议题已得到世界贸易组织的高度重视，但贸易与环境议题谈判的范围相当于"贸易与环境委员会"的授权和职责范围。相对于当前贸易与环境领域存在的主要问题而言，它是非常狭窄的，即它只就有关各方对贸易与环境问题所关注的一小部分进行谈判。尽管如此，随着与环境有关的贸易争端的增多，WTO对贸易与环境问题的重视程度会加大，纳入谈判范围的问题将会越来越多。对此，发展中国家应当积极主动的参加多边贸易体制内贸易与环境问题的谈判，了解世界环境保护发展的新动向及可能对国际贸易带来的潜在影响，表明立场，争取公平合理的谈判地位，同时各发展中国家要紧密合作，以集体的力量进行斗争，与发达国家一起共同制定真正顾及发展中国家现状与合理要求的多边环境贸易规则。

（二）贸易与劳工标准

随着社会生产国际化和国际分工继续向纵深发展及贸易自由化趋势下的劳工标准化现象的出现，特别是发展中国家的劳动比较优势对发达国家劳动密集型产业所带来的剧烈冲击，促使某些发达国家尤其是美国主张将劳工标准纳入WTO法律框架之中，从而引发WTO各成员对此问题的激烈争论。劳工标准是指在商品生产中，企业在雇用工人方面所必须达到的标准和要求，它的内容较为广泛，主要包括工资水平、是否使用童工、是否具有强制性劳动以及工会组织和举行罢工的权利等。在国际贸易中所谓的"劳工标准"，归纳西方的主张，即是在"世界贸易组织内对各成员实行统一的、最起码的劳工标准"，即要求在工资、工时、劳保、社会福利等方面制定一系列的国际标准，以让世界各国共同遵守，从而实现贸易的"公平竞争"。劳工标准与国际贸易关系问题之争的最根本的原因是各国经济发展不平衡与贸易自由化之间深刻而持久的矛盾。

1. 世界贸易组织关于劳工标准问题的谈判

在《建立WTO的协定》中并没有涉及劳工标准的条款，但自乌拉圭回合后此问题被多次提起过。在1996年新加坡部长会议筹备过程中，美国极力主张将劳工标准与国际贸易的问题列为讨论议题，而且得到法国、挪威等发达国家的响应。美国认为，劳工标准问题直接影响出口产品的生产成本，比如低工资条件下生产的产品成本必然低，因而销售价格也比较低，这样，如果成本低于进口方同类产品的生产成本，就有"倾销"之嫌，因而，应当将进口产品的劳工标准提高到"一般"水平。发展中成员坚决反对，国际上有专门处理劳工标准的组织，在WTO协议的框架里并没有涉及劳工标准的问题，而部分发达国家成员将之"生拉硬套"进来，是一种妄图实行贸易保护主义的障眼法而已。在新加坡部长会议上，发达国家与发展中成员在这一问题上最终达成了妥协，与会各方承认国际劳工标准问题的议事日程，而且低工资的发展中成员方的比较优势不应受到侵犯。但是，在美国等成员方的要求下，新加坡部长会议也指出以后应当加强WTO与国际劳工组织的合作。

2. 劳工标准与国际贸易问题的简要评析

新加坡宣言并不意味着国际贸易领域中的劳工标准之争已经结束，宣言中对劳工标准之争的妥协处理，既是发展中国家联合抵制的结果，同时，它又为发达国家继续将劳工标准与国际贸易问题联系起来，利用多边贸易体制限制发展中国家劳动密集型产品的出口和实行贸易保护政策留下了可乘之机。

3. 劳工标准与国际贸易的走向

尽管世贸组织成员在第一次部长会议上就会议宣言中是否列入劳工标准问题和怎样措辞达成了一致意见，但对如何理解其中的某些句子却并未达成一致。在1999年的西雅图会议上，美国政府提议在WTO成立劳工工作小组，欧盟则提出另建一个ILO与WTO的常设论坛。虽然西雅图会议未能达成任何具体决议，但从中我们可以看出劳工标准在WTO中受重视的程度，同时也可以看出是否允许将贸易制裁作为对严重违反核心劳工标准的国家施压的一种手段备受争议。因此，从发展方向来看，将劳工标准纳入多边贸易体制已是大势所趋，现在的问题恐怕只是实施时间和方式而已。对此，发展中国家应早做准备：（1）积极推动本国经济发展，提高科学技术水平和劳动生产率，扩大对外经济交流，增强国际竞争力，在此基础上，提高社会整体福利水平和劳工标准，从而从根本上解决劳工标准之争。（2）随时注意发达国家的动向，积极进行理论和对策研究，应对发达国家的提议，采取联合行动，以有效制止发达国家以劳工标准进行贸易制裁的企图，维护WTO的公平和公正，最大限度的平衡发达国家和发展中国家之间的贸易利益。（3）加强与联合国贸发会议、国际劳工组织等国际组织的交流与沟通，增强发展中国家的影响力，宣传发展中国家在劳工标准问题上的合理立场与观点，以争取这些组织的理解和支持。（4）发展中国家要在充分估计到劳工标准有可能被利用作为贸易保护手段的基础上，将重点放在防止劳工标准成为自由贸易的障碍上。

（三）贸易与竞争政策

竞争政策是为了保证市场机制有效运作和资源自由流动，一国所采取的控制和清除管制市场竞争行为的政策措施。竞争政策所针对的管制行为的核心为限制性商业惯例和补贴行为，其中前者主要包括协议订价、串通投票、联合抵制交易以及生产和销售的定额分配等。由于竞争政策的制定会从宏观和微观两个不同的层面影响一国产业或产品的市场竞争力,进而对该国的贸易产生巨大的影响,因而,贸易与竞争政策问题逐渐被越来越多的世界贸易成员所关注。

1. 世界贸易组织与竞争政策有关的协议和协定

到目前为止并没有专门关于竞争的协议和协定,有关竞争政策的条款只是分散的体现在几个协议和协定中。如《服务贸易总协定》第8条"垄断和专营服务提供者"和第9条"商业惯例"涉及市场竞争问题;《与贸易有关的知识产权协定》第8条"原则"和第40条规定有"对协议许可中限制行为的指控";《反倾销协议》、《补贴与反补贴措施协议》和《保障措施协议》都授予了成员在面临不公平贸易行为时采取一定措施维护正当贸易利益的权利;《与贸易有关的投资措施协议》第9条"货物贸易理事会的审议"规定:在不迟于《建立WTO的协定》生效后5年,货物贸易理事会应审议本协定的运用情况,在审议过程中,货物贸易理事会应考虑在本协定中是否需要补充有关投资政策与竞争政策的相关规定。

2. 竞争政策进入新回合谈判的历程

美国最早向世界贸易组织提出竞争政策问题。1996年12月9~13日,世界贸易组织在新加坡举行了第一次部长会议,在该会议上成立了"贸易与竞争政策互动工作组",开始就贸易与竞争政策的问题进行探讨和研究。工作组自1997年7月召开首次会议后,便多次举行会议,为新回合谈判中将竞争政策议题列入谈判议程作了大量的准备工作。2001年11月9~14日,世界贸易组织在卡塔尔首都多哈举行了第4次部长会议,贸易与竞争政策互动作为四个新议题之一列入谈判议题,在11月14日通过的《部长宣言》第23段指出:"意识到一个提高国际贸易与发展的竞争政策作用的多边框架的情况,以及在第24段所提的领域内更多技术援助和能力建设的必要性,我们同意在第5次部长会议之后举行谈判,谈判以在该次会议上就谈判方式达成一致为基础。"

3. 各成员方在竞争政策议题上的立场

由于日本和许多发展中成员倾向于将竞争政策议题谈判的重点限定于反倾销问题上,而美国又是最习惯使用反倾销措施的国家,因此美国对此议题的关心程度大为下降,它反对讨论反倾销问题,反对制定多边竞争协议;日本尽管属于发达国家,却同许多发展中国家一样深受反倾销等措施之害,因而日本主张以反倾销谈判为重点,主张建立多边竞争规则;欧盟持非常积极的态度,主张在世界贸易组织框架内建立一套规范各国竞争法及其执行方式的核心原则,最终形成一项多边竞争协议;韩国、加拿大、澳大利亚都支持建立多边竞争规则。

在竞争政策问题上,大多数发展成员处于犹豫不决的境地:一方面希望制定多边竞争规则,原因一是许多发展中成员深受反倾销等进口保护措施之害,希望通过制定新的多边规则对反倾销措施的滥用进行规范。二是由于深受跨国公司的限制性做法之害,而多边贸易体制只针对成员政府而不针对企业,使得WTO成员,尤其是发展中成员，无法对超出单个政府管辖范围的跨国公司行为进行约束，因此迫切希望制定多边竞争规则来规范跨国公司的行为。另一方面又对多边竞争规则顾虑重重，发展中成员因缺乏竞争法执法经验，甚至尚未立法以及考虑到本国经济、政治、社会发展的需要，惟恐国家主权受到限制、司法自主权受损、竞争政策与其他经济政策不平衡及无法获得与发达成员相同的均衡利益等。

4. 竞争政策议题谈判的前景

在如何启动竞争政策议题谈判的问题上，《部长宣言》做了如下阐述："我们同意在第 5 次部长会议之后举行谈判，谈判以在该次会议上就谈判方式达成一致为基础。"这表明，世界贸易组织成员方关于竞争政策议题的谈判必须以在第 5 次部长会议上就谈判方式达成一致为前提条件。如果不能就谈判方式达成一致，竞争政策议题的谈判将不能启动。因此，竞争政策议题的谈判能否启动，目前还是未知数。

在竞争政策议题上，各成员方争论的焦点有两个：一是制定多边竞争规则的问题，另一个是反倾销问题。在制定多边竞争规则的问题上，欧盟、日本、加拿大、韩国、澳大利亚均支持制定多边竞争规则，发展中成员对能否制定多边竞争规则的问题持观望态度，显然，发展中成员最终倒向哪一方将对谈判结果产生决定性的影响。在反倾销问题上，欧盟、韩国、加拿大、澳大利亚并没有明确表态；日本和发展中成员强调以反倾销作为重点，但前者主张制定多边竞争协议来替代现有的反倾销协议，而后者坚决反对以多边竞争协议来取代反倾销协议；美国坚持认为反倾销与竞争政策无关，反对讨论反倾销问题。显然在反倾销问题上形成了对立的两方：一方是美国，另一方是日本和发展中成员。日本是否坚持其多边竞争协议取代反倾销协议的主张将直接影响在反倾销问题上的结果。

（四）贸易与电子商务

电子商务并无全球通用的定义，在世界贸易组织电子商务工作项目中，"电子商务"被定义为"通过电子手段进行生产、分销、营销、销售或传递商品和服务"。随着互联网的日益普及，电子商务在全球范围内迅速发展，对各国传统商业交易方式提出严峻的挑战，给国际贸易的多边规则和各国经济发展带来了重大的政策影响，使 WTO 成员认识到建立电子商务全球性技术标准和贸易法规的重要性。

1. WTO 中有关电子商务贸易的谈判

1996 年在 WTO 的第一次部长会议上，电子商务被纳入多边贸易体制。1998 年在日内瓦举行的第二次部长会议上，各成员方就开始探讨 WTO 如何处理电子商务问题。1998 年 3 月 13 日，WTO 秘书处提交了第一份重要的文件——《电子商务与WTO 职能》的研究报告，该报告为 WTO 成员方制定电子商务发展政策提供了背景信息。在第二次部长会议上通过的《全球电子商务宣言》声称将由 WTO 总理事会负责建立一项全面检查全球电子商务中所有贸易争端的工作项目。总理事会将定于

1999 年在第三次部长会议上提交一份有关工作项目进程和行动方案的报告。同时，WTO 成员方还同意继续它们采取的不对电子传输征收关税的做法。在 WTO 的第三次部长会议上，由于各成员方对于应讨论哪些问题存在分歧，未就电子商务问题展开讨论。2001 年 11 月 9～14 日，WTO 在卡塔尔首都多哈举行第四次部长会议，参加大会的 142 个成员的部长通过的《部长宣言》第 34 段指出："我们注意到自1998 年 5 月 20 日《部长宣言》以来总理事会和其他相关机构完成的工作，同意继续推行《电子商务工作计划》。迄今为止的工作表明电子商务使各成员方各发展阶段的贸易面临新的挑战，也带来了新的机遇。我们也认识到孕育和维持一个有利于电子商务发展环境的重要性。我们指示总理事会为《电子商务工作计划》的运行考虑最适合的制度安排，并且就进一步进展向第五次部长会议报告。我们宣布各成员方将保持当前的做法，即在第五次部长会议前不对电子传输征收关税。"

2. 在 WTO 框架下建立电子商务全球技术标准和贸易法规中存在的问题

电子商务这一新型交易方式有待 WTO 做出的主要决定有：电子商务暂免税能否成为永久的规范？电子商务的国际贸易到底应该适用关贸总协定（GATT）还是服务贸易总协定（GATs），或者这一领域是否应该适用一套完全独立的规则？如果将电子商务定义成服务，它应该归类于哪种模式？即：模式 1（跨境消费）；模式 2（国外消费）；模式 3（商业存在）；模式 4（自然人流动）。

3. 电子商务的走向

WTO 面临的一个重要任务是建立一个电子商务可以生存和发展的可预测的环境，并使这一新的国际贸易形式的发展不仅给所有国家的消费者带来利益，而且有利于各成员和世界经济的增长。尽管 WTO 在电子商务方面已做出了许多工作，但从总体上看，WTO 需要做更多的工作。如果 WTO 在解决电子商务上有所进展，需要在以下几方面进行改进：（1）免税应成为一个永久的正式协议，电子商务适用于 GATT 还是 GATs，如果适用 GATs，则要明确属于哪一种服务模式。（2）贸易自由化。GATT 的信息技术要向 WTO 的成员及非成员开放，确定产品范围，取消分类术语和非关税壁垒。（3）对国内管制应采取行动，由于通过 GATs 模式（1）和模式（2）承诺市场开放度的增加，有必要对 GATs 第 6 条（国内管制）和第 7 条（资格的承认）作一个补充协议，以使技术贸易障碍最小化。（4）电子商务应该在总理事会内解决，而不能在 WTO 内部分割开来，这是由电子商务的综合性质决定的。（5）制定私人部门参与区域贸易论坛讨论电子商务的特点。私人部门参与有助于解决制定税收管理及隐私保护政策的问题。

（五）贸易便利化

为了促进国际贸易的发展，贸易各方需要一起努力降低国际贸易的交易费用，但从保护本国相关产业以及受到相关利益集团的压力的角度来讲，制度性交易费用难以下降，而技术性交易费用相对容易下降，于是，贸易便利化被提上议事日程。

贸易便利化是指消除产品从一方进口到另一方可能遇到的所有技术和行政障碍，同时应当使有关规定更加透明化。在产品进入另一成员时减少烦琐手续或程序，并使此类信息更容易获得是贸易便利化的两种方式。

在 WTO 的许多协议中，如《原产地规则协议》、《装船前检验协议》和《贸易技术性壁垒协议》等都与贸易便利化有关。WTO 于 1996 年 12 月 9～13 日在新加坡召开的第一届部长会议上要求货物贸易理事会研究贸易便利化问题。在西雅图召开第三次部长会议的会前，50 多个 WTO 成员方提交的提案中也涉及贸易便利化，由于有关各方在诸多问题上争议较大，分歧严重，本次会议未能启动"千年回合"谈判。2001 年 11 月，在 WTO 第四次部长会议上，贸易便利化作为四个新议题之一被列入谈判议题（其他三个分别为贸易与投资的关系、贸易与竞争政策互动和政府采购透明度）。但是，多哈部长会议并没有立即发起贸易便利化议题的谈判，《部长宣言》第 27 段指出："认识到进一步加速货物（包括运输中货物）的移动、发送和清关，以及有必要在该领域提高技术援助和建设能力，我们同意在第五次部长会议之后举行谈判……在第五次会议期间内，货物贸易理事会应当审查，适当时澄清和改进 GATT 第 5、8 和 10 条的相关方面，并确定各成员尤其是发展中国家和最不发达国家的贸易便利化和优先权。"

（六）发展中国家的贸易

WTO 为成员间发展贸易及其他商业关系提供了规则框架，从而为多边贸易体制做出了贡献。然而，近年来可以清醒的认识到：（1）许多发展中国家没有得到预期利益；（2）WTO 协议结构性不平衡和不足日益突出；（3）决策过程缺乏透明度，且全体成员方未能充分参与。

1. 农业和纺织品部门的预期利益没有实现

发展中国家最希望从乌拉圭回合中获得的利益是至少能够开放农业和纺织品这两个发达国家高度保护的部门，使发展中国家的产品获得更大的市场准入。但是，这两个部门在乌拉圭回合后的许多年里一直是关闭的。在农业部门，经合组织成员经济体内补贴非但没有下降，反而从 2 750 亿美元（1986 年至 1988 年的年平均数）增至 1999 年的 36 260 亿美元（见 OECD2000），许多对发展中国家很重要的农产品关税相当高（有的甚至超过 200%、300%）。由此可见，允许使用的补贴的增加远远抵消了根据《农业协议》规定而实现的补贴种类的减少。在纺织品和服装领域，虽然履行期已过去大半，但仅有非常少的几种发展中国家出口商品从配额限制清单中取消。根据国际纺织品服装局 2000 年 6 月提交的一份报告，仅有几项配额被取消，即美国 750 项中仅有 13 项，加拿大 295 项中仅有 29 项，欧盟 219 项中仅有 14 项。

2. WTO 协议的结构性不平衡和不足

WTO 协议自生效以来，其执行情况已经造成了许多不对称（权利和义务的不平等）。WTO 协议中实质性的和程序上的义务往往超过了发展中国家的能力，因而无法履行。这不仅是缺乏技术援助的问题，更重要的原因是协议本身的缺陷。如：《与贸易有关的知识产权协议》把专利权持有者的权利看得比义务高，它没有使生物资源或传统知识被利用的国家获得相应的权利，从而严重限制了这些国家形成自己的技术和制造能力，一个直接的附带结果就是提高了药品和化工制品的价格。同时，履行 WTO 协议项下的义务也给发展中国家带来诸多问题，例如，禁止采取投资措施和提供补贴，使其鼓励国内产业发展难上加难；农业进口自由化使本国农产品面临许多通过大量补贴而人为降低成本的廉价进口食品的竞争，威胁国内农民的生存等。因此，有必要解决这些问题来纠正乌拉圭回合协议中不对称利益所产生的缺陷。此外，发达国家没有履行特殊和差别待遇条款所规定的义务，故有必要审查和修改这些条款，并以"框架协议"的形式固定下来；允许发展中国家利用 WTO 其他成员不能采取的国内政策措施，对其国内生产商和出口商提供政策支持或限制其开放市场，应有更长的过渡期执行协议项下的义务。

3. WTO 协议的不平衡性与多哈—揽子协议谈判关系

在 1999 年西雅图部长会议和 2001 年多哈部长会议之前，发展中国家就将其履行协议遇到的问题和处理这些问题的意见罗列出来提交给 WTO，并要求 WTO 将上述执行情况作为 WTO 未来活动的首要问题来解决，但此要求在 WTO 成员间未达成一致，仅就极少问题取得进展，其余问题和其他议题列入以后多哈工作计划。发达国家认为，发展中国家已做出了具有法律约束力的承诺，就必须遵守；如果发生新的变化，还要继续减让。这意味着 WTO 协议的不平衡状态仍将继续，并且随着发展中国家的继续减让而越来越严重。2001 年多哈部长会议通过的《部长宣言》指出，在第五次部长会议之后举行新一轮谈判，发展中国家被告知发达国家关于履行协议的问题以及其市场准入问题将在以后多哈计划的一揽子协议中解决，这意味着发展中国家必须在 WTO 内对新议题进行谈判。新议题的引入可能会对发展中国家不利，使发展中国家失去更多的发展选择，获益和付出缺乏互惠性将加剧目前的不平衡状态。

为了确保发展中国家的利益能够在新回合的谈判中得到平衡、公正和明确的体现，发展中国家要加强合作，增强谈判的力量，积极倡导和推进 WTO 的民主规则和程序改革，促使 WTO 规则和体制朝着平衡方向发展。

☞ 习题

1. 简述 GATT 产生的背景及其主要框架内容。
2. 乌拉圭回合谈判取得了哪些成就？
3. GATT/WTO 的基本原则有哪些？

4. 简述 WTO 与 GATT 的区别。

5. 简述 WTO 新议题的内容。

6. 结合当前国际贸易形势，评价 WTO 新议题。

7. 试论述加入世界贸易组织对我国经济发展带来的机遇与挑战。

8. 我国今后在 WTO 大家庭中应该扮演怎样的角色？

☞ 网络链接

1. 全球化是不是环境恶化的一个原因？请浏览世界银行的《全球化评估》简报中的回答：http：//www. worldbank. org/html/extdr/pb/globalization/index. htm。

2. 要了解 WTO 的及时信息，请登录：http：//www. wto. org。

3. WTO 要做好与经济合作与发展组织（OECD）的协调工作，请登录 OECD 的网站：http：//www. oecd. org。

第九章　贸易战略与经济发展

摘要： 贸易战略的选择和制定，关系到国际贸易对一国经济发展的作用的发挥。本章首先介绍了贸易战略的内涵和分类，并着重介绍了进口替代战略和出口导向战略的理论绩效分析与其在实践中的应用；然后，本章运用比较静态的分析方法，讨论了一国生产要素的增长和技术进步对国际贸易的影响，对前几章静态国际贸易理论进行了补充。

重点与难点：
1. 贸易战略的类型
2. 要素增长与国际贸易的关系
3. 经济增长与国际贸易的关系
4. 技术进步与国际贸易的关系

第一节　贸易战略的分类及其与经济绩效的相关分析

一、贸易战略的分类

（一）贸易战略的内涵

贸易战略一般又称贸易发展战略，它隶属于发展战略或工业化战略范畴，是指一国或地区通过国际分工方式和程度的选择而影响国内资源配置和竞争效率的一整套贸易政策或制度。贸易战略体现造成各国经济增长方式和结构转变绩效差异的基本原因。制定一项正确的适合国情的贸易战略，将使一国通过对外贸易促进本国经济的迅速增长，否则，就会适得其反；贸易战略的选择又受到国际国内各种因素的影响。因而，对于贸易战略我们必须从不同角度加以全面把握。

1. 贸易战略与工业化战略的关系

贸易战略是发展中国家实现工业化的重要手段，贸易战略的本质是工业化战略。在发展经济学里，贸易战略常等同于工业化战略。许多经济发展文献中，工业化战略和贸易战略常常是一起讨论的。但大多数学者认为，工业化作为一种实现现代化，进而促进经济、社会全面进步的战略，自然与贸易战略有了区别。美国经济学家基思·格里芬在《可供选择的经济发展战略》一书中，把发展中国家实现工业化的途径分为三条：（1）主要为国内市场生产消费制成品，对外通常实行高关税壁垒；（2）在国家计划指导下，集中发展资本品工业；（3）精心指导制造业部门对外出口，通常在指导性计划和直接或间接补贴的结合下进行。钱纳里（1986）和巴拉萨（1982）也从贸易歧视或奖励的角度研究准工业化国家经济增长绩效差异的主要因素。第二次世界大战后，许多发展中国家面临着一系列经济、社会问题，如何实现经济的稳定增长和社会的全面进步，成为急需解决的问题。像西方国家一样实现现代化被认为是经济发展的重要标志，而工业化是现代化的核心内容，制定合适的贸易战略又是实现工业化的主要手段，因而各个发展中国家纷纷制定各自的贸易战略以促进工业化的早日实现。

2. 贸易战略体现了一国参与国际分工的立场和方式

20 世纪 50 年代，拉美一些国家从初级产品贸易条件恶化的认识出发，纷纷实施贸易保护政策，发展进口替代产业，限制从国外进口，拒绝或有限参与国际分工。这种政策虽然在一定时期起到积极作用，但由于其固有的局限性及其实施过程中遇到的各种问题，最终使这些国家的工业化陷入困境；而韩国从 20 世纪 60 年代初开始，迅速从严格保护国内市场的政策转向依据自身的比较优势参与国际分工，实行适度保护和出口促进相结合的政策，结果取得了长期高速增长。实践证明，贸易战略的制定必须在遵循贸易理论的前提下，对参与国际分工的原则、立场和方式作出正确的判断。

3. 贸易战略的制定必须考虑当时的国际环境和国内经济情况，并随着国内国际环境的改变而发生相应变化

20 世纪 50 年代进口替代战略的倡导者的立论是符合当时的国际经济环境的，因而使得实施进口替代的国家经济增长、人民生活水平提高。但是，进入 20 世纪 60 年代以来，国际贸易的增长，发展中国家出口结构的改善使进口替代战略成立的基础不再存在。此时，仍坚持进口替代战略无异于刻舟求剑，从而导致发展机遇的丧失。相反，韩国、中国台湾等东亚经济体根据内外经济环境的变化及时调整贸易战略，促进进口替代向出口导向的转换，最终取得了产业结构持续升级和经济增长相互促进的良性循环。

（二）贸易战略的类型

西方经济学家在对贸易战略进行归类时，提出了贸易奖励制度是否中性的标准。所谓奖励，是指政府为影响资源在各种经济活动之间的配置并影响资源的使用是面向国外市场还是面向国内市场而采取的种种措施。如果总体的贸易奖励制度偏向鼓励内销、歧视外销，就是内向型战略或进口替代战略；如果奖励制度对进口和出口、内销和外销没有歧视，或者各种政策作用的结果发生中和或抵消作用，则为外向型战略或出口导向战略。基于对内销和外销奖励制度是否为中性的共识，经济

学家和国际组织依据各自不同的研究目的和研究方法，对发展中国家实行的贸易战略进行了归类和总结。其中，比较有影响的分类方法主要有以下三种：

1. 钱纳里的分类

钱纳里在《工业化和经济增长的比较研究》一书中，为了考察准工业化国家经济发展绩效，将贸易战略划分为三种类型：内向型、外向型和中间型。在阐明各国发展战略对经济结构和发展实绩的影响时，又对实施外向型贸易战略的国家作了细分，分为外向型初级产品生产导向和外向型工业生产导向。书中列举了 20 世纪 60 年代中期到 70 年代中期实施不同发展战略的若干典型国家，并对它们的经济政策进行了具体描绘。实施外向型初级产品生产导向的 8 个国家都具有特别强烈的初级产品生产的比较优势，但它们对制造业的保护政策有所区别。其中马来西亚保持外向型发展是通过对不同部门实行较为中性的刺激政策，使得马来西亚在初级产品出口保持高水平的同时，制成品的出口也有显著增长。实施内向型发展战略的国家信奉强烈的贸易保护政策以利于为国内市场而生产，60 年代中期的墨西哥和土耳其是这类国家的典型代表。中间型国家实施中等的贸易保护，70 年代以后的哥伦比亚最接近典型的中间型经济。外向型工业生产导向的典型国家和地区是中国香港、新加坡、韩国和中国台湾。

2. 克鲁格的分类

克鲁格在考察发展中国家的贸易与就业问题时，根据统计数据对战后 10 个发展中国家制造业的有效保护率进行了测算，并归纳出发展中国家实际执行的贸易战略主要有三种类型，即出口促进战略、进口替代战略和温和的进口替代战略。克鲁格指出，在进口替代下一般存在相当高的有效保护率，而较高的平均有效保护率通常又伴随着范围很大的单个部门有效保护率。与此相对应的是，实施出口促进战略的国家平均有效保护率较低，单个产业和部门中有效保护率的范围也较窄。在所考察的 10 个国家中，象牙海岸（1973）和韩国（1968）总体上奉行出口促进战略，巴西（1967）和哥伦比亚（1969）正处在转向更加外向型政策的过程中，克鲁格称之为温和的进口替代战略。

3. 世界银行的分类

世界银行在《1987 年世界发展报告》中，认为贸易战略大体上可分为外向型和内向型两类。这种区分的主要依据是比较对于为内销生产和为外销生产所给予的实际保护。世界银行根据有效保护率、运用诸如限额和进口许可证等直接控制、采用对出口贸易奖励的办法和汇率定值过高的程度等四项指标，对 41 个发展中国家和地区 1963—1985 年的数据资料进行了分析，将贸易战略细分为四种：坚定的外向型战略、一般的外向型战略、一般的内向型战略和坚定的内向型战略。

（1）坚定的外向型战略。对出口的奖励在不同程度上抵消了进口壁垒对出口的限制，在对外贸易政策上，表现为中性的贸易政策，既不过分鼓励出口，也不严格限制进口，或者两种政策发生中和或抵消作用；不存在对贸易的控制，或者控制程度很轻微；不采用或很少采用直接控制和许可证办法；保持汇率的相对稳定，使之与进口和出口贸易的实际汇率大体相等，实行单一汇率。20 世纪 80 年代中期，采取这类贸易战略的国家和地区有中国香港、韩国、新加坡、中国台湾。

（2）一般的外向型战略。奖励制度总的结构偏向为内销生产，不重视为外销生产。采用该种贸易战略的国家偏重于进口替代，表现为对本国市场的实际平均保护率较低，对不同商品实际保护程度的差异较小，在某些商品上使用直接的贸易限制和许可证制度，但范围有限；虽然对出口贸易采取一些直接奖励措施，但不能抵消对进口的保护；进口贸易的实际汇率超过出口贸易的实际汇率，但差别不大。世界银行认为，属于这种类型的有巴西、泰国、土耳其、乌拉圭等国家。

（3）一般的内向型战略。奖励制度总的结构明显偏向为内销生产，带有明显的进口替代倾向。表现为对本国市场的平均实际保护率较高，对不同商品实际保护程度的差异较大；广泛实行对进口的直接控制和许可证办法；虽然对出口给予一定的直接奖励，但具有明显的反进口倾向；本国货币的对外定值过高。在考察的 41个国家中，有 16 个国家采取这种战略，占被考察国家数的 39%。

（4）坚定的内向型战略。奖励制度总的结构为强烈的鼓励为内销生产；对本国市场的平均实际保护率很高，受保护的商品范围很广，对不同商品实际保护的程度有很大差异；普遍实行直接的贸易限制和许可证制度；汇率定值高出很多。1973年至 1985 年，在所考察的国家和地区中，有 14 个实行坚定内向型发展战略，占被考察国家和地区总数的 34%。

除以上几种分类，也有学者将贸易战略分为内向型和外向型两类，每一类又分为初级和次级两种。它们各自具有以下特点，初级内向型：在经济上完全自给自足，并以农业生产为主，不与国外进行贸易。一般认为，中国在 1979 年以前所采取的贸易战略基本上属于这一类。次级内向型：通过采取贸易保护政策，发展国内消费品或制成品生产来取代原先需要进口的同类商品，满足国内需求。初级外向型：利用本国的优势资源，生产并出口农产品、原材料等初级产品，用出口换回的外汇购买国内生产所需的制成品和资本品。次级外向型：采用出口鼓励措施，发展以制成品为主的生产和出口。

以上各种分类是从不同的研究目的出发，采用不同的研究方法得出的结论，但这些分类实际上并无本质区别，根据它们对各类贸易战略的界定，大致可以认为贸易战略包含两种类型：进口替代战略和出口导向战略。其中，一般内向型和坚定内向型属于进口替代战略，出口导向战略和贸易自由化战略属于坚定的外向型战略，中间型战略等同于一般外向型战略，但更接近于克鲁格的温和进口替代战略。对于贸易战略的分类大体上可以用图 9-1 表示。

```
                         ┌ 内向型 ┌ 坚定的内向型 ┐
                         │        └ 一般的内向型 ┘ 进口替代
        贸易战略 ┤
                         │        ┌ 一般的外向型
                         └ 外向型 │              ┌ 出口导向
                                  └ 坚定的外向型 ┤
                                                 └ 贸易自由化
```

图 9-1　贸易战略的分类

（三）进口替代战略和出口导向战略

1. 进口替代战略

所谓进口替代战略，是指在保护本国工业的前提下，通过引进必需的技术和设备，在国内建立生产能力，发展本国的工业制成品以替代同类商品的进口，以期节约外汇，积累经济发展所需资金的战略。从 20 世纪 50 年代起，许多发展中国家都相继实施了进口替代战略，试图通过限制工业品进口促进本国制造业生产的方式，加速它们的发展。

（1）理论基础

进口替代战略的实施有一定的理论依据，其中最重要的有"保护幼稚工业论"、"中心-外围说"以及"二元经济结构论"。根据幼稚工业理论，发展中国家具有制造业的潜在比较优势，但发展中国家新建的制造工业，最初不能与发达国家已经成熟完善的制造业竞争，这时，如果对制造业不加以保护，任其参与国际竞争，就有被摧残的危险。为了使新成长的制造业具有竞争力，政府就必须采取进口保护措施，支持新建产业的发展，直到它们足够强大，能够有效的参与竞争为止。根据这一理论，在发展中国家工业化起步阶段，运用关税或进口配额支持国内工业的建立是有现实意义的。

"中心-外围说"的提出者是阿根廷经济学家劳尔·普雷维什。普雷维什将世界经济体系在结构上分为两部分：一部分是由发达工业国构成的"中心"，另一部分是广大发展中国家构成的"外围"。中心和外围在经济上是不平等的：中心是技术的创新者和传播者，外围则是技术的模仿者和接受者；中心在整个国际经济体系中居于主导地位，外围则处于附属地位并受中心控制和剥削；中心向外围出售工业制成品，外围则向中心出售农产品和初级产品。由于中心的技术水平高，生产率高，制成品的价格高，需求的收入弹性也高；外围的技术水平低，生产率低，初级产品价格低，需求的收入弹性也低。因此，经济剩余从发展中国家流向发达国家，产生中心国家剥削外围国家的现象。普雷维什对英国 1876—1938 年的进出口价格统计资料进行分析，推算出初级产品和制成品的价格指数之比，结果表明外围国家的贸易条件出现长期恶化的趋势。因此，普雷维什认为外围国家应改变过去将全部资源用于初级产品生产和出口的做法，充分利用本国资源，努力发展本国的工业部门，逐步实现工业化。

普雷维什在联合国拉美委员会任秘书长期间，积极宣传他的观点，拉美许多发展中国家接受了他的学说，纷纷采用进口替代战略发展民族经济。

除了以上两种理论，采用进口替代战略的另一个理由是某些国家存在二元经济结构。所谓二元经济是指在一个发展中国家内，相对现代的、资本密集的、高工资的工业部门与传统、落后的农业部门并存的经济结构。二元经济结构中存在两个发展水平显著不同的部门："现代化"部门与经济中的其他部门存在明显差别。主要表现在：①现代化部门工人的劳动生产率比其他部门高得多；②与工人的高效率对应的是更高的工资，"现代化"部门的工资率明显的高于其他部门；③尽管现代化部门的工资比较高，但其资本回报率相对较低；④现代化部门的资本密集度高于其他部门，其工业设施与发达国家相近；⑤城市中的高工资与大量失业并存。正因为工业化过程中二元经济现象的存在，许多发展中国家都采取关税保护措施，避免制造业部门受进口竞争的影响，它们希望通过保护政策使制造业能够成长起来并吸收、改造传统经济，从而实现国家的工业化。

（2）两个阶段

进口替代战略一般需要两个阶段。

①初级进口替代阶段。建立和发展非耐用消费品工业以替代这些工业制成品的进口。由于非耐用消费品的生产所需资金少，技术较为简单，且对劳动力的素质要求不高，易于发展中国家掌握并迅速发展壮大。此外，从比较优势上看，发展中国家劳动力相对丰富，因而可以以较低的成本生产这类产品以代替同类进口品。在这一阶段，发展中国家通过采取进口保护措施，一方面可以节约外汇，另一方面可以积累资金和经验，为工业化打下基础。属于这一类的工业有食品、纺织、服装、鞋帽等产业。

②高级进口替代阶段。建立和发展耐用消费品工业、资本品生产工业以代替进口品。当非耐用消费品工业发展到一定阶段，可以基本满足国内市场需求时，进口替代就从一般消费品的生产转向国内需要的耐用消费品和资本品的生产。同第一阶段相比，这一进口替代的难度增大了，它需要较多的资金投入、较为专业的技术人才并形成必要的经济规模。这类工业一般有家用电器业、机器制造业、炼钢业、造船业等。

（3）保护措施

进口替代无论是初级阶段还是高级阶段都需要实行保护政策以扶持进口替代工业。特别是在进口替代工业建立的初期，需要政府采取保护政策。具体措施主要有以下几种：

①实行保护关税。为确保进口替代消费品能充分占有国内消费市场，采取高关税限制最终消费品从国外进口，同时，对国内生产所必需的资本品、中间产品的进

口征收低关税或减免关税，以降低进口替代品的生产成本。

②实行进口配额。对实施保护的商品，严格限制进口以排斥外国同类商品的竞争，达到保护进口替代工业的目的。

③实行严格的外汇管制，高估本国货币对外价值。本国汇率高估一方面抑制了出口部门生产的积极性，有利于国内资源流向进口替代部门；另一方面使进口替代部门能以较低的成本从国外进口资本品和生产资料，有利于进口替代工业的发展。

④采取产业倾斜政策，实行优惠的投资政策。主要指国家在技术、价格、税收等方面给予进口替代工业特殊优惠政策，包括对进口替代部门实行税收减免、加速折旧；为进口替代部门提供低息贷款；完善进口替代部门发展所需的基础设施等。通过这些政策，使进口替代工业充分发展，避免被国外同类产品或国内其他产业所排挤。

2. 出口导向战略

所谓出口导向战略，是指一国或地区政府采取各种鼓励措施促进制成品出口工业的发展，用工业制成品的出口代替传统的初级产品的出口，以增加外汇收入，带动工业体系的建立和国民经济的持续发展。由于它是以制成品出口替代了初级产品出口，所以又称为出口替代战略。20世纪60年代中期，韩国、新加坡、中国的台湾和香港先后采用这一战略，后来拉美的部分国家如秘鲁、智利、巴西等也纷纷转向采用出口替代战略。出口替代战略的普遍实施与当时的历史条件的改变是分不开的。60年代中期，一些采用进口替代战略的发展中国家已经初步建立起现代工业，具备了一定的发展出口加工工业的物质基础和技术、人才条件。与此同时，发达资本主义国家经过重大经济关系调整进入了相对稳定的发展时期，贸易保护主义相对减弱，自由贸易有所加强；第三次科技革命的兴起推动了一批新兴产业的建立，带动了发达国家产业结构的升级，许多发达国家将已经丧失比较优势的劳动密集型产业逐步向发展中国家转移。正是在这种国际国内环境下，以"亚洲四小龙"为代表的东亚地区，抓住了这一历史机遇，发挥自身劳动力资源丰富的优势，发展劳动密集型产业，通过鼓励出口的措施，积极参与国际竞争，实现了经济增长。

（1）理论基础

出口导向战略的理论基础是"资源禀赋论"和自由贸易理论。它要求各国根据各自生产要素的丰裕程度，发挥比较优势，积极参与国际分工，并通过国际贸易，实现贸易利益，推动本国经济增长。

（2）两个阶段

出口导向战略一般也要经历两个阶段。

①初级阶段。以发展非耐用消费品出口加工工业为主，如食品、服装、纺织品、小家电、玩具等。这些工业技术相对简单，资本投入相对较小，多属于劳动密集型产业，可以发挥发展中国家劳动力方面的比较优势，又可以与初级进口替代工

业衔接，比较容易适应国际市场的竞争，风险也相对较小。

②高级阶段。发展耐用消费品和资本品加工工业的出口，如家用电器、电子产品、机器设备等。当初级出口替代产品发展到一定阶段，尤其是其中某些产品的市场容量日趋饱和或生产与外贸条件已变得不利时，就应及时转向高级阶段。

根据出口对发展中国家经济增长的重要性的不同，又可将出口替代战略大致分为两种类型：一种是出口鼓励与国内生产并举型的出口替代战略，即一方面鼓励出口，同时又大力发展与出口导向有关的工业，以形成规模经济并满足国内市场的需要。巴西、墨西哥等拉美国家属于这一类型。另一种是坚持出口扩张型的出口替代战略，即一切以扩大出口为主，出口贸易在该国或地区国民生产总值中占很大比例，甚至超过 GDP。日本、韩国、新加坡、中国的香港和台湾省属于这一类型。以 1990 年为例，根据世界银行对一些国家或地区出口占国民收入的比例的统计，日本为 11%，韩国为 32%，中国香港为 137%，新加坡为 190%，其中新加坡和中国香港的出口额超过了 GDP。对于不同的国家具体应采取何种类型的出口替代战略，要依据各国的具体情况而定，并主要以国家大小、资源多少、生产与技术条件、人力资源状况、地理位置等为依据。一般而言，一些自然资源匮乏、内部市场狭小的国家和地区，比较倾向于后种类型。

（3）保护措施

出口导向工业的发展也需要政府实施保护政策，但这一贸易政策与进口替代时期不同，需要实行双向保护政策。

①从出口方面看，放宽外贸管制，实行鼓励出口的贸易政策。主要包括：放松出口限制，一般取消出口税，并尽可能取消出口配额、许可证等数量限制；建立保税制度，对出口生产所需中间投入要素的进口，暂时免征进口税；政府提供出口保险，对出口可能遭受的各种风险予以承保，以增强企业的出口信心；政府为出口企业提供信息服务；设立自由贸易区、出口加工区等有利于扩大出口的经济特区；设立和完善商会等出口协调机构；通过国际协商，为本国商品出口疏通渠道等。

②从进口方面看，放松对进口的限制。包括：缩小进口配额、许可证管理范围，以便利出口生产过程中所需进口投入要素的获得；降低保护关税，适当减免必需的原材料、半成品或资本品进口的关税等。

③在产业政策上，给予出口企业一定政策倾斜。出口替代工业在起步阶段生产规模较小，风险大，竞争力不强，政府应予以扶持，表现在：对出口企业实行减免所得税、加速折旧、建立风险基金、免除印花税等财政优惠；提供低利率出口信贷，向出口企业提供政府贷款、外汇贷款等。

④放宽外汇管制，实行合理的汇率政策。使出口的实际汇率不低于进口的实际汇率，以鼓励出口，在存在较高的通胀率的情况下，发展中国家应实行适当的货币贬值或推动本币汇率下浮的措施。

二、贸易战略的经济绩效分析

(一) 进口替代战略的经济绩效分析

1. 积极作用

一般认为，进口替代对经济发展有以下积极作用。

(1) 有利于培育发展中国家的幼稚产业。进口替代战略采用贸易保护政策，为本国幼稚产业提供了一个有保护的、有利可图的市场，使其工业得以迅速成长，将潜在的比较优势转化为现实优势，有利于发展中国家建立独立的工业体系和国民经济体系。

(2) 有利于发展中国家获得工业化所带来的动态利益。一国的工业化可以促进管理、技术人才的培养，发明、创新的增加，人民收入水平的提高等，因而可以不断为发展中国家带来动态发展的利益。

(3) 具有国际收支效应。进口替代可以从多方面影响国际收支及相关的经济活动：①进口替代的采用节约了进口外汇支出。从国际收支角度看，它相当于扩大相同金额的出口，但在发达国家贸易保护壁垒加强的情况下，限制进口以节约外汇，比要求发达国家降低关税以扩大出口更加主动，也更有保证。②促使发达国家向实行进口替代的发展中国家投资。进口替代战略的实施，使发达国家向发展中国家出口制成品时面临强大的贸易壁垒，为绕过贸易壁垒的障碍，发达国家会选择向发展中国家直接投资。这有利于解决发展中国家资金短缺、技术落后的问题。③具有贸易条件效应。发达国家扩大出口的努力可能因主要进口国实行贸易保护受阻，而进口替代战略的实施则可以降低继续进口的外国产品的进口价格，并增强进口替代国在国际贸易中讨价还价的力量。

(4) 加强了一些发展中国家的经济自给程度，有利于缓和外部风险对本国的冲击。具体表现在：进口的制成品在国内总供给中的比重大大下降，一些国家的设备自给率大大提高。发展中国家的经济自给程度的提高有助于减少对外依赖，从而能够缓和他国经济危机与世界市场价格波动对本国经济的影响。

2. 消极作用

从20世纪50年代开始，很多发展中国家相继采用了进口替代战略，在经济建设上取得了一定的成就，但随着工业化进程的进一步发展，进口替代在实施中面临一系列严重问题。

(1) 进口替代战略的实施使发展中国家的工业缺乏国际竞争力。进口替代工业是在贸易保护政策的庇护下，在没有国外竞争的环境中成长起来的，企业家满足于国内市场的丰厚利润，缺乏进一步创新和提高效率的刺激，使其国际竞争力难以提高。保护政策本身并不能使本国工业具有竞争性。保护国内市场对缺乏经验的发展中国家的企业家来说是最容易接受的，但如果本国企业家满足于保护下获得的高额利润，而不是去搞创新、搞技术革新和提高效率，那必定会妨碍经济的进一步发展。而且，一旦有了过度保护，出于政治、经济、社会安定各方面的考虑就很难一下子撤掉。

（2）进口替代进一步发展会遇到国内市场狭小的限制。进口替代工业主要面向国内市场，而且由于效率低下，成本高，在国际上缺乏竞争力，致使扩大出口很难实现，无法利用规模经济优势。而且在简单的制成品被国内生产替代后，必须生产资本更密集、工艺更先进的进口替代品，难度亦会随之增大。

（3）进口替代政策可能导致发展中国家存在的二元经济结构得到进一步强化。实行进口替代战略的发展中国家，着眼于进口替代工业的发展，造成资源配置不合理，非进口替代部门和农业基础设施等的发展被忽视，使农业生产下降，农业更加落后，二元经济结构得到强化，这将阻碍整体经济发展和工业化进程。

（4）进口替代使消费者的利益受到很大损失。这主要表现在两个方面：①为了使国内替代工业得以发展，替代国采取高关税限制国外同类产品的进入。随着进口范围的扩大，关税保护的范围也相应扩大，国内消费者长期付出了巨大代价。②由于国内市场狭小，进口替代工业不能进行批量生产而取得规模经济效益，使进口替代品成本高，价格贵，损害了消费者的利益。

（5）进口替代战略难以实现改善发展中国家国际收支的目标。这是由于：①进口替代虽然在制成品方面节省了外汇，但建立进口替代工业，必须进口大量的机器设备、原材料和中间产品，这需要大量的外汇，所以进口替代战略的实施并未减少替代国的进口外汇支出，只不过是改变了进口商品的结构，从进口最终产品变为进口原材料和资本品。②进口替代过程中的进口限制、外汇高估和向进口替代部门的政策倾斜，都具有反出口倾向，这将使出口受阻，外汇短缺加剧。进口限制使出口产品所需进口投入要素的价格提高，从而可能会引起国内投入要素的价格也趋于上升，最终导致进口竞争产品和非贸易品成本增加，出口产品价格则因受到国际市场的抑制而相对较低，这一影响相当于对出口产品征税，而对进口替代工业的政策优惠将进一步强化这种反出口倾向。

（6）进口替代战略会造成替代国的经济效率低下。这种影响来自于多方面：①进口替代违背比较利益原则，发展本国不具有比较优势的产业，导致本国资本密集型工业膨胀，这将消耗发展中国家本来就缺乏的投资基金，并且仅能提供很少的就业机会，使失业问题更加严重。②进口替代采用贸易保护政策，使国内支柱产业寻求内向型发展，与出口产业脱离，不能充分利用国际分工和贸易带来的利得。③从非耐用品的替代过渡到耐用品及资本品的进口替代后，需要大量资本、技术投入和熟练劳动力的投入，而发展中国家大多缺乏资金、技术和熟练劳动力，这势必造成替代成本的上升，形成替代工业的高成本。④进口替代中采用大量行政手段，会造成经济的低效率。外汇管制、进口限制等不仅破坏公平竞争的环境，还需付出可观的管理费用。

(7) 进口替代会造成收入分配不均，扩大发展中国家贫富差距。这是因为：①发展中国家一般是落后的农业国，农业人口占全国人口的多数。农民是低收入阶层，要改善其收入状况，应当提高农产品的相对价格；而进口替代下的保护措施有利于本国的资本所有者，而不利于初级产品部门和农民收入的提高。②进口替代部门的投资者将享受政策优惠，增加盈利机会；配额、许可证的获得者也可以获得垄断利润；但是，工薪收入者、失业者、小业主却不能分享进口替代的政策优惠，反而要承受进口替代下可能出现的通货膨胀给他们带来的经济损失。③进口替代下大量的行政措施，可能会造成官商勾结、营私舞弊，从而加剧社会分配不公。

3. 进口替代的实证分析

进口替代是在批评外向型贸易政策基础上，一些学者向发展中国家提出的政策建议。实际上，许多发达国家都曾采用过这一战略，如德国在 19 世纪初期、日本在 19 世纪中期、加拿大在 19 世纪末期都实行过进口替代。第二次世界大战后，一些拉美国家为发展本国经济，摆脱发达国家的控制，纷纷设置高关税壁垒，保护本国制造业不受国外同类产品的冲击。后来，亚非许多国家为追求独立自主也走上了进口替代的道路。20 世纪 60 年代，进口替代成为发展中国家居主导地位的贸易政策和发展战略。从发展中国家实行进口替代的效果看，都取得了一定成就。表现在：

①国内供给比率明显提高了。从表 9-1 可以看出，进口替代战略实施后，各类商品的进口替代水平都有所提高。特别是 20 世纪 60 年代各国消费品的进口比率已经降得很低了。但是，中间品和资本品的进口比率仍然较高，尤其是资本品，除巴西外，仍停留在较高水平。

表 9-1　　　　　　　　进口替代的进展（进口占年度总供给比率%）

	巴基斯坦		菲律宾		巴　西		印　度		墨西哥	
	1951/1952	1964/1965	1948	1965	1949	1964	1951	1961	1950	1960
消费品	77.5	11.4	30.9	4.7	9.0	1.3	4.2	1.4	2.4	1.3
中间品	73.2	15.0	90.3	36.3	25.9	6.6	17.4	18.4	13.2	10.4
资本品	76.3	62.3	79.7	62.9	63.7	9.8	56.5	42.4	66.5	54.9

资料来源：《贸易与产业》1994 年 10 月号的第 48 页。

②制造业得到了迅速发展。1956—1960 年，亚非拉国家制造业年均增长率为6.9%，1960—1970 年为 8.1%。这个速度不仅超过了发展中国家的历史记录，也超过了同期西方发达国家制造业的增长速度。从地区和国家情况看，大多数实行进

口替代的国家，工业增长都比较快。例如，印度前三个五年计划期间（1951—1966年），是工业发展的黄金时期，工业年均增长率在三个五年计划里分别为 7.5%、6.6%、8.7%。巴西在第二次世界大战后进口替代时期，工业增长也较快，1948—1965 年工业年均增长率为 8.8%，其中 1957—1961 年为 10.7%。

③工业特别是制造业产值占国民生产总值的比重上升很快。如阿根廷、巴西、墨西哥、菲律宾于 1947—1949 年间，制造业占国民生产总值的比重分别为 22.6%、20.3%、17.9%、11.3%，而 1959—1961 年则分别为 32.3%、23.6%、26.3%、19.3%。

20 世纪 50 年代末期至 60 年代前期，进口替代工业化在许多发展中国家走到了尽头。这与进口替代第一阶段接近终了，非耐用消费品替代余地减少有关。印度、拉美各国转向了第二阶段的进口替代工业化，以耐用消费品、钢铁、石油化工等产品为替代对象。由于这些产品资本密集度高、适度生产规模大、技术水平高，并且要求高度的企业相关和产业相关，因而进口替代的进一步发展受到国内市场狭小的限制。即使是巴西、墨西哥等较大的国家，相对于替代工业的适度规模而言，其国内市场在很多情况下也显得过于狭小。这时，为了促进工业化的进一步发展，它们纷纷将贸易战略转向出口替代。实施进口替代的国家很多，下面简要考察几个典型国家进口替代的实施情况及效果。

（1）巴西的进口替代

巴西的工业化起步于 19 世纪 80 年代，一直到 20 世纪 30 年代，巴西的工业化进程相当缓慢，以轻工业为主，纺织业和食品加工业是主要的工业部门。20 世纪 30 年代以后，巴西真正开始工业化进程。1929—1933 年经济危机动摇了当时巴西的主要经济支柱——咖啡的生产和出口，迫使巴西转向进口替代工业化。从 20 世纪 30 年代初到 60 年代中期，巴西政府为实施进口替代工业化战略进行了不懈努力，采取了一系列政策措施，包括利用国内外资金、创建国有企业、发展基础工业和基础设施、保护和扩大国内市场等。这些措施使巴西进口替代工业化进程取得了显著成效。1932—1961 年间，巴西 GDP 年均增长率达 6.1%，人均国民收入年均增长率为 3.4%，超过了同一时期美、英等国的人均国民收入平均增长率。这一期间，巴西工业增长率为 8.9%，主要工业产品成倍增长，同时工业结构也逐渐发生变化。1920—1960 年间，传统工业的产值比重由 79.4% 下降到 42.8%，新兴工业产值比重从 12.2% 增至 47.7%。此外，消费工业也渐趋成熟，消费品进口比重由 1929 年的 18.7% 降为 1961 年的 7.4%，中间产品和资本品自给能力也有所提高。但是，随着进口替代工业化战略的进一步深化，其缺陷和弊病也逐渐显现出来，主要表现在：①进口替代内向性严重，进出口部门缺乏活力。进口替代片面强调国民经济的内向发展使巴西进出口能力萎缩，1965 年巴西进出口系数分别降到 4.1% 和 5.7%，达到历史最低水平。巴西的出口结构也未有重大改观，仍以出口初级产品为主。1960 年，咖啡、可可、棉花、蔗糖四种农产品出口值占巴西出口总值的72.1%，制成品仅占 2.9%。进口结构中虽减少对消费品的进口，但却增加中间品和资本品的进口。1960 年中间产品和机器设备的进口占总进口的 60% 以上。②劳动生产率提高缓慢，工业发展缺乏活力。由于进口替代工业化过分依赖进口技术和设备，而不是依靠自己的技术革命和资本更新，因而工业发展缺乏动力，劳动生产率提高缓慢。1939—1949 年的 10 年间，尽管巴西经济年增长率为 7.9%，但劳动生产率仅提高 4.4%。在工农业生产总值中，工业产值比重从 1939 年的 43% 到1960 年的 47.8%，20 年只提高了 4 个百分点。③过度保护国内市场，经济发展缺乏竞争力。为了扶持新兴的民族工业，巴西高筑贸易壁垒，对国内市场加以有效保护。20 世纪 60 年代中期，对非耐用消费品的实际保护率高达 50%—60%。巴西对国内市场的保护不仅持续时间长而且覆盖面广。为此，巴西付出了高昂的代价。据估计，60 年代前巴西为贸易保护付出的代价相当于 GNP 的 9.5%。由于国内市场长期受到保护，无法调动企业创新的积极性，企业产品因缺乏竞争力难以打入国际市场。到 60 年代中期，进口替代的这些弊病更加明显和严重，巴西不得不逐步转向出口导向的发展战略。

（2）墨西哥的进口替代

从 20 世纪 40 年代中期到 80 年代初期为墨西哥进口替代工业化时期。40 年代中期，墨西哥开始实施非耐用消费品进口替代战略，优先发展制造业，以推动整个国民经济的高速增长。1946—1956 年制造业的年均增长率达到 8.2%。50 年代后期至 60 年代末被称为墨西哥经济稳定发展时期。在这期间，国家工业化取得巨大进展，工业部门大量引进国外先进技术，一些新兴产业部门相继建立，工业品产量明显增长。70 年代实行"分享发展战略"，80 年代初实行"石油新战略"，对进口替代政策进行了部分调整，但仍以限入为主、奖出为辅，政策特征没有实质性的变化。长期实行进口替代发展战略，使墨西哥工业化取得巨大进展。到 70 年代末，墨西哥已经建立起比较齐全的工业体系。从 1949 年到 1980 年，制造业占 GDP 的比重由 17.8% 升至 24.6%，进口产品在国内工业品供应中的比重也日趋下降。在此期间，墨西哥经济也呈现较高的增长幅度。从 50 年代到 80 年代初，墨西哥 GDP年均增长 6%—7%，特别是 1978—1981 年间，国内生产总值年均增长率达到8.3%，高于同期拉美 19 国的平均增长率。

墨西哥进口替代政策在促进其经济高速发展的同时，也暴露出一些弊端，主要表现在资金短缺引起外债过度膨胀、财政赤字严重、经济结构失调等。此外，在政府的高保护政策下，国内工业企业的产品质量差，成本高，在国际市场上缺乏竞争力，而工业企业的设备和原材料大量依赖进口，导致外贸逆差日益扩大。1977—1981 年，墨西哥外贸赤字由 13.6 亿美元增加到 49.7 亿美元。出口产品结构中制成品的比重不断下降，而石油出口收入占出口总额的比重从 1978 年的 29.3% 猛增到 1982 年的 74%。1981 年，国际市场石油供过于求，油价下跌，而国际贷款利率大幅度上升，墨西哥经济陷入困境。

（二）出口导向战略的经济绩效分析

1. 积极作用

与进口替代相比，出口导向战略具有许多优势，它对推动一些发展中国家和地区的对外贸易和国民经济的发展，起到了积极作用。主要表现在以下几个方面。

（1）出口替代战略可以刺激经济效率的提高。由于出口替代工业是面向国际市场的，必然会给企业带来竞争的压力和提高效率的刺激。同时，由于进口限制放松，国内企业也面临进口商品的激烈竞争，这种竞争的环境，有助于企业改进技术，提高管理水平，促进资源的优化配置，进而从整体上提高工业经济的效率。

（2）出口导向战略有利于发展中国家发挥比较优势，充分利用国内、国际两个市场。出口导向战略面向国内和国外两个市场，突破了单一的国内市场的局限性，使发展中国家能够根据比较利益原则，把资源集中投入到更为有利的产业，并通过参与国际分工和国际贸易，提高要素生产率，改善经济结构和工业结构。

（3）出口导向战略有利于企业获得规模经济效益。企业面向国际市场进行生产，其规模不再受国内市场相对狭小的限制，因而可以按照不同行业生产的要求使企业的规模达到最优，获取规模经济效益，提高出口产品竞争力，促进出口替代工业进一步的发展壮大。

（4）出口导向战略有利于改善发展中国家的国际收支状况。这是因为：①尽管从理论上讲，由进口替代节约的单位外汇和由出口导向所赚取的单位外汇在量上是相等的，但由于出口的是优势产品，因此，赚取每单位外汇所消耗的国内资源成本将少于节约单位外汇所耗费的成本。如果将用于进口替代的资源转移到用于扩大出口，则可以赚取更多的外汇。②对初级产品进行加工后再出口，可以提高这些产品的附加值，创造更多的外汇。③出口导向下的本币贬值政策，有利于扩大出口，抑制进口。

（5）出口导向战略有利于增加就业，缓解发展中国家的就业压力。发展中国家一般有着众多的非熟练劳动力，在外向型经济中，劳动密集型产品就是其优势产品，有首先获得出口的机会。生产这些产品的行业会比其他行业发展更快，比在进口替代情况下吸收更多非熟练劳动力就业。这有助于发展中国家就业结构的改善，劳动力素质的提高。

（6）出口导向战略促进了一些发展中国家和地区，尤其是新兴工业化国家和地区的对外贸易和经济发展。主要表现在：实施出口导向战略后，发展中国家和地区制造业迅速发展，产业结构趋向合理，外贸增长快速且制成品占出口的比重提高，人均国民生产总值迅速增加，外汇储备不断增多，在世界经济和贸易中的地位日益提高。"亚洲四小龙"是实行出口导向战略成功发展经济的典型。

2. 局限性

出口导向战略在有力的促进经济发展的同时，也存在一定的局限性。

（1）出口导向战略的实施必须具备一定的条件：①出口导向国必须具备一定的工业基础。出口是国内产业向外扩张的结果，因而实施出口导向战略一般要求有进口替代的基础。②要求国内有一定数量和质量的生产要素，包括管理人员、技术人员和熟练工人。③需要比较有利的国际环境。出口的扩大在较大程度上取决于进口国的经济状况和经济环境，即依赖于顺利增长的世界经济和稳定扩大的国际市场。在世界经济处于萧条和衰退时，出口导向政策将面临较大困难。④出口导向战略的成功还需要一个富有成效的政府。发展中国家实施出口导向战略的最终目的是促进国民经济发展，实现国家的工业化。这就要求发展中国家政府能够实施正确的产业政策使国内经济遵循产业演进规律而发展，促进产业结构的升级。

（2）出口导向战略使发展中国家对国际市场的依赖性加强。出口替代工业主要面向国际市场，受国际市场需求和世界经济状况的影响较大。当发达国家发生经济危机，世界市场价格大幅度波动时，其影响会迅速波及国内，使出口受阻。

（3）出口导向战略容易造成国内经济发展不平衡。出口导向政策倾向于促进出口部门的快速发展，而一些面向国内市场的中小型工业和农业部门发展缓慢，处于落后的状态，这不利于整体国民经济的发展和产业结构的优化。

（4）出口导向战略有可能造成发展中国家的债务负担沉重。实施出口导向的国家，为了发展工业，引进大量外资。外资的流入在为发展中国家带来资金和技术的同时，使一些重要工业部门程度不同的为外商控制，造成大量资金外流，外债急剧增长。

（5）出口导向战略的实施使出口产业在国家扶持和保护下成长。如果保护时间过长，保护程度过高，不仅增加政府财政负担，影响其他产业的发展，而且会增强出口企业的依赖意识，阻碍其提高劳动生产率和降低产品成本，从而削弱出口企业的竞争力。

3. 出口导向战略的实证分析

（1）韩国的出口导向政策

韩国从进口替代转向出口导向战略大约开始于 1962 年。出口导向战略的实施使韩国经济实现了起飞，为其成为新兴工业化国家奠定了基础。韩国政府为鼓励出口所采取的措施主要有：①建立出口振兴机构，政府组建的有商工部的输出问题处理小组、大韩贸易振兴会、出口扩大振兴会等。②对出口企业实行补贴和税收减免政策。初期，政府对企业实行直接出口补贴。取消补贴后，对出口企业实行税收减免。1967 年以前只减让出口企业的所得税、法人税和营业税。1967 年扩大为对出口产品生产企业减少 50% 的所得税、法人税；对出口产品加工企业给予同样待遇并免征营业税。1969 年继续减免生产出口产品所需原材料的进口税，1973 年取消了对出口的直接税收减免，实行出口退税。1975 年以前实行预先减免的办法，1975 年以后主要采取退税的做法。③为出口部门提供优惠的信贷支持，对出口金融贷款实行优惠利率，设立出口特别基金，向出口企业提供长期低息贷款，并提供买方出口信贷。④实行奖出的汇率政策。从 1961 年到 1965 年，韩国政府为鼓励出口，对有关政策进行了重大调整，1961 年和 1964 年官方汇率各贬值 100%，1965 年确立了统一的浮动汇率体系，韩元不断贬值。1975 年以后实行钉住美元的固定汇率，但因国内通胀严重，实际汇率偏高，损害了出口。1980 年 1 月，韩元贬值 18% 并与美元脱钩，改为有管理的浮动。此后韩元汇率不断下滑。这使韩国在国内高通胀下保持了出口汇率的稳定，且出口汇率一直高于进口汇率，对扩大出口产生了明显的支持作用。

在鼓励出口的同时，韩国政府还放松了对进口的限制。1967 年韩国开始实行进口自由化，降低进口税。1979—1983 年，实行进口限制的商品由 30% 减少到 20%。1984—1988 年实行五年进口自由化方案，进口限制的商品进一步减少到 5% 以下，全部取消对机械、电子、纺织部门的进口限制。20 世纪 80 年代放宽了企业外汇持有制度，增加了允许企业无限期保留的外汇数额。

由于上述措施的实行，韩国成功地实现了出口导向的经济发展。1962—1985 年，韩国 GNP 增长了 34 倍（按美元计算）。出口也大幅度增长，1965—1975 年间出口保持了年均 40% 的增长率，远高于进口 23% 的增速。出口中制成品所占比重从 1962 年的 27% 升至 1985 年的 93.8%。韩国在实行出口导向政策的过程中，其产业政策起了非常重要的作用，支持了工业品出口的持续、快速增长。1967—1979 年，韩国实现了重化工业化，重化工业部门在全部工业产量中所占比重从 37.7% 上升为 56.7%。出口产品 1982 年也发生了重要的结构变化，重化工业品超过了轻工产品。韩国从轻工业到重工业的成功转变为发展中国家的工业化提供了重要的经验。

需要指出的是，韩国在出口导向工业化过程中，也出现了一些问题。主要有：①出口导向战略在促进韩国外向型经济迅速发展的同时，造成国内经济对国际市场的严重依赖，使其经济发展受外部因素影响较大。如两次石油危机中，韩国 GNP 增长率下降，外贸额减少，物价上涨，国际收支出现逆差。②农业发展停滞。粮食自给率从 20 世纪 60 年代的 90% 降至目前的 60%，大批劳动力从农村流向城市，造成农业生产萎缩。③收入分配不均。韩国出口企业一般为大型企业集团，政府在实施鼓励出口政策的过程中，大力扶持这些企业集团，使大量财富集中于少数企业主手中，造成贫富差距扩大。

（2）新加坡的出口导向战略

新加坡实施出口导向发展战略是从 1968 年开始的。1965 年新加坡退出了马来西亚，成为独立的共和国。由于新加坡国内市场狭小，采用进口替代的工业化发展战略会不可避免的走入困境，因而新加坡选择了面向国际市场，实行贸易自由化的外向型战略。从 1968 年至 1973 年，新加坡只用了 5 年的时间就完成了贸易自由化的进程。新加坡过去是一个没有任何贸易保护的自由港，主要依赖转口贸易，进口关税极低，1965 年平均关税保护率为 0.63%。在贸易自由化进程中，进口配额逐渐减少。1967 年受进口配额限制的商品品种有 217 种，到 1973 年底，所有进口配额都被取消。在取消进口限制的同时，新加坡政府采取了一系列促进出口的措施。主要有：①给予出口企业税收减免和津贴，为其提供优惠贷款。②对出口业绩显著的出口企业给予奖励。1967 年，新加坡政府对生产主要用于出口的商品的工业企业授予"先锋企业"的称号。根据规定，如果企业出口销售额达到 10 万新加坡元以上，且出口销售额占企业总销售额的 20% 以上，就可以获得长达 15—20 年的税收减免，减免后通常只征收 4% 的所得税，而其他未享受优惠待遇的企业则要征收 40% 的所得税。③加大基础设施投资力度，吸引外商投资以利用外国资本和技术。外国直接投资对新加坡经济增长起了重要的作用。20 世纪 60 年代末，新加坡政府采取了一系列吸引外资的政策措施。首先，新加坡政府通过对公共部门的大量投资，为外国资本创造了良好的投资环境。其次，新加坡政府为外国资本提供了一系列财政优惠，包括免税汇出利润和回收资本，免税进口设备，加速折旧提成，提供加倍的出口津贴等。此外，新加坡高效率的金融服务体系、货币自由兑换制度等，对吸引外资也起了重要作用。

新加坡政府在实施出口导向战略的过程中，也很注重产业结构的调整和优化。20 世纪 60 年代初，新加坡迅速从转口贸易向制造业，特别是劳动密集型产业发展。随后，又将重点转向高附加值的工业、面向出口的技术密集型产业及服务业。1965 年，新加坡的制造业占国内生产总值的比重为 15.1%，1980 年制造业的比重提高到 30%。服装制造、电子产品、石油加工业等迅速扩展。服务业特别是商业、旅游业、运输业和通讯、金融服务等在国内生产总值中的比重也大大提高。1990 年新加坡金融和商业服务业占国内生产总值的比重已达 32.4%。

（三）贸易战略的经济绩效对比

实行进口替代和出口导向的国家和地区，其工业化都取得了一定的成就，但一般认为，出口导向比进口替代更能促进经济的快速增长。

从表 9-2 中可以看出，外向型国家的 GDP 增长率几乎一直超过内向型国家，尤其是从 20 世纪 70 年代中期开始。唯一例外的是 1979—1982 年，外向型国家面对第二次石油危机冲击时进行了巨大的调整，后来又迅速恢复了高速增长。

表9-2　　　外向型和内向型发展中国家GDP增长率的比较（1963—1984年）（%）

时期（年）	外向型国家	内向型国家
1963—1973	6.6	5.8
1973—1976	5.5	5.3
1976—1979	8.1	4.6
1979—1982	2.4	2.6
1982—1984	5.3	1.7

资料来源：萨克斯，等．全球视角的宏观经济学．费方域等，译．上海三联书店，上海人民出版社，1997：825.

　　世界银行的资料分析也表明外向型战略的优越性。从表9-3可以看出，外向型国家经济增长率明显高于内向型国家，且外向程度越高的国家，经济增长越快，其工业化进程也越快。

表9-3　　　　　　　　不同发展战略的经济绩效比较（%）

经济绩效指标	时期（年）	外向型政策		内向型政策	
		坚定外向型	一般外向型	一般内向型	坚定内向型
实际国内生产总值年均增长率	1963—1973	9.5	7.6	7.1	4.1
	1973—1985	7.7	4.2	4.8	2.5
人均国民生产总值年均增长率	1963—1973	6.9	4.9	3.9	1.6
	1973—1985	5.9	1.6	1.7	-0.1
国内储蓄率	1963	13	20	21	15
	1985	31	21	24	18
资本产出年均增长率	1963—1973	2.5	2.5	3.3	5.2
	1973—1985	4.5	5.0	6.2	8.37
制造业实际增加值年均增长率	1963—1973	15.6	9.4	9.6	5.3
	1973—1985	10.0	4.0	5.1	3.1
工业化率	1963	17.1	20.5	10.4	17.6
	1985	26.3	21.9	15.8	15.9
制造业产品出口年均增长率	1963—1973	14.8	16.1	10.3	5.7
	1973—1985	14.2	14.5	8.5	3.7

资料来源：《1987年世界发展报告》。

实证研究还表明，在总的 GDP 增长和出口增长之间存在着高度相关性，实行出口替代的发展中国家保持了较高的经济增长率。安妮·克鲁格在研究外贸体制与经济发展的关系时，利用 10 个国家在 1953—1972 年间的资料对 GDP 增长和出口增长的时间趋势进行了回归分析，发现出口所得上升 1 个百分点，GDP 增长率提高 0.1 个百分点。从克鲁格的分析中可以看到，不同的贸易战略对一国的出口以及经济增长的作用有着显著的差异，实行出口导向贸易战略的国家的经济增长率明显高于实行进口替代的国家。这一点在同一国家的不同时期表现得尤为突出。巴西在 1955—1965 年实行进口替代战略时期，实际国内生产总值增长率为 5.5%，而 1965—1976 年实行出口导向贸易战略时期，出口收入年均增长率高达 26%，实际国内生产总值年均增长率也高达 9%。

此外，克鲁格在对发展中国家的贸易与就业进行实证分析的过程中，指出面向出口的贸易战略更利于提高发展中国家的就业水平。这是因为发展中国家的制造业出口的要素密集度呈现出与禀赋要素相一致的趋势；与外向型发展战略相比，内向型发展战略和市场扭曲会导致发展中国家高资本产出比率和低的劳动需求增长率；实际收入、就业、经济增长率和收入分配的巨大潜在收益，可通过外向型贸易战略实现。

钱纳里在考察贸易战略对一国生产结构转变的影响时，通过对实施不同贸易战略的各类工业化国家的统计资料进行分析，指出外向型贸易战略更有助于加速制成品出口的增长以及生产结构和就业结构的转变。

第二节 经济增长、发展与国际贸易

前面几章我们主要阐述了静态的国际贸易理论，即在一国的要素禀赋、技术水平和偏好给定的条件下，决定该国的比较优势和贸易利得。然而，实际上，各国的要素禀赋、技术水平、偏好都会随着时间的推移而发生变化。尽管这种变化不会改变贸易理论的基本结论，但是会使一国贸易的规模、结构和方向发生变化。同时，国际贸易的开展又会对经济增长产生影响，改变一国的生产要素供给条件，促进技术知识的积累和传播。这就要求我们从动态的角度来考察国际贸易与经济增长。由于动态模型中讨论国际贸易和经济增长的相互关系极为复杂，在这里，我们只运用比较静态的分析方法先讨论一国生产要素的增长、技术进步对国际贸易的影响，再从总体上讨论经济增长与国际贸易之间的关系。

一、生产要素的增长与国际贸易

通常认为，影响经济增长的因素包括要素增长、要素质量改进或技术进步、结构变化及制度创新等。其中结构变化通常是由资本积累和技术进步推动的，而制度创新则是通过影响资本积累和技术进步而对经济增长发生作用的。下面，我们先讨论生产要素的增长对国际贸易的影响。

（一）要素增长和生产可能性曲线

通常，一国人口和劳动力的数量会随时间推移而增长，通过利用部分资源来生产资本设备，一国的资本存量也将增加。因而，即使在不存在技术进步的情况下，一国的生产能力也会因为生产要素供给的增加而增强。具体表现为该国生产可能性曲线向外扩张。

由劳动和资本增长导致的生产可能性曲线向外扩张的形状和程度，取决于劳动和资本增长的比率。根据劳动和资本增长的比率，我们可以将生产要素的增长分为两种类型：平衡增长和不平衡增长。

平衡增长，又称为完全中性增长，它是指生产要素以相同速度增长。具体到劳动和资本的两要素模型中，它指劳动和资本增长的比率相同。这类增长将导致生产可能性曲线平行地向外移动。图9-2表明了A国生产要素平衡增长的情况。当A国劳动和资本要素都增长1倍时，在规模报酬不变的条件下，每一种产品的产量也增加1倍。X从140增加到280，Y从70增加到140，A国的生产可能性曲线以相同的比例向外平移。此时，从原点引出的任意射线与新旧生产可能性曲线相交于两点B'和B，过这两点分别作生产可能性曲线的切线，其斜率应相等。当劳动和资本以相同比率增长且商品生产的规模收益不变，要素生产率及要素报酬率在增长前后都不变时，如果该国劳动参与率（即劳动力占总人口的比重）也不变，则增长前后该国人均实际收入和福利水平也将保持不变。

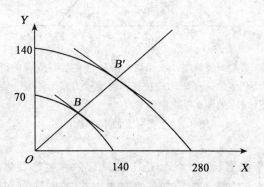

在规模报酬不变的条件下，A国劳动和资本要素都增长1倍时，A国的生产可能性曲线以相同的比例向外平移，这种增长被称为生产要素的平衡增长。

图9-2　生产要素的平衡增长

不平衡增长又称为偏向型增长，它是指劳动力和资本两种生产要素以不同的比率增长，它分为劳动力增长较快的不平衡增长和资本增长较快的不平衡增长。具体到一国的贸易模型中，可划分为偏向出口的要素增长和偏向进口的要素增长。为简单起见，我们讨论一种要素增长而另一种要素不变的情形（这实际上是一种特殊形式的不平衡增长）。如图 9-3，当资本要素不变，劳动力要素增长 1 倍时，由于劳动在一定程度上可替代资本，故两种商品产量都有可能增加，但由于 X 商品是劳动密集型的，Y 商品是资本密集型的，劳动力供给的增长将导致 X 商品的产量以更大的幅度增长，这时，生产可能性曲线表现为较多的向 X 轴方向扩张。当把资源全部用于生产 X 商品时，产量从 140 增长到 275，当把资源全部用于生产 Y 商品时，产量只从 70 增加到 80。同样，当劳动力供给不变，资本增长 1 倍时，生产可能性曲线将以较大幅度向 Y 轴扩张。此时，Y 商品的最大产量从 70 增加到 130，X 商品的最大产量只从 140 增加到 150。当劳动力增长（或劳动力增长快于资本增长）时，虽然总产量会有增加，但资本劳动比率会下降，劳动生产率也会因边际收益递减而下降，从而劳动报酬和人均收入将会下降。当仅有资本增长（或资本增长较快）时，资本劳动比率会上升，劳动生产率将上升，从而劳动报酬和人均收入都会提高。

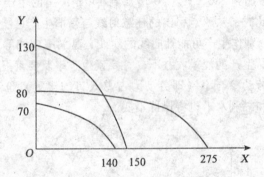

当资本要素不变，劳动力要素增长 1 倍时，劳动密集型商品 X 的产量以更大幅度增长，生产可能性曲线表现为较多的向 X 轴方向扩张；当劳动力供给不变，资本要素增长 1 倍时，生产可能性曲线表现为较多的向 Y 轴方向扩张。

图 9-3　生产要素的不平衡增长

当生产要素不平衡增长时，特别是出现只有一种生产要素增长的情况时，在H-O 模型框架下，有雷布津斯基定理。雷布津斯基定理是指在商品价格不变时，一种生产要素增长而其他生产要素数量不变，将会使密集使用这种要素的商品的产量以更大比例增加，同时，另一种商品的产量减少。对于雷布津斯基定理的证明在前面章节已经涉及过，这里就不再赘述。需要指出的是，雷布津斯基定理说明了一国生产要素供给的变化将导致该国生产格局发生改变，进而会对该国的对外贸易产生影响。下面我们将以小国和大国为例，分别讨论生产要素的增长对国际贸易的影响。

（二）小国情形下的要素增长

这里所谓的小国，是指其贸易量变化不足以影响商品国际价格的小型经济，即是世界市场价格的接受者。小国情形下的要素增长不会产生贸易条件效应。在这一前提下，我们讨论不同的要素增长模式对小国对外贸易的影响。

1. 生产要素的平衡增长

生产要素的平衡增长表现为该国劳动和资本等比例增加，生产可能性曲线向外移动。在小国模型下，由于国际市场价格不发生变化，其生产结构将保持不变，但生产大规模扩张。如图 9-4，假设 A 国为小国，其资本和劳动力都增长 1 倍，生产可能性曲线从 PPF_1 平移到 PPF_2。在要素增长前，X 商品的相对价格 P_1 等于 1，该国的生产点为 S_1（130X, 20Y），消费点为 E_1（70X, 80Y），A 国出口 60X，进口 60Y，贸易三角为 $S_1B_1E_1$；在要素增长后，在 X 商品的相对价格不变的条件下（$P_2=1$），该国的生产点移至 S_2（260X, 40Y），消费点移至更高的无差异曲线上的 E_2（140X, 160Y），A 国出口由 60X 增加到 120X，进口由 60Y 增加到 120Y，贸易三角为 $S_2B_2E_2$，面积扩大。要素增长前后，生产点 S_1 和 S_2 处于同一由原点出发的射线上，表示生产结构相同，消费点 E_1 和 E_2 位于同一射线上，表示消费结构不变，但消费水平增长 1 倍，人均消费量不变。可见，要素平衡增长不改变小国的分工格局和贸易模式，但会扩大其贸易规模。

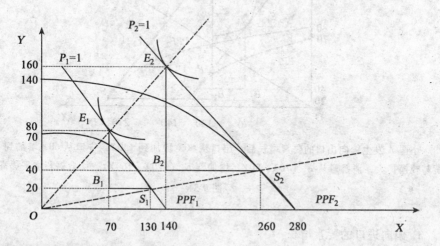

小国 A 发生生产要素的平衡增长后，出口由 60X 增加到 120X，进口由 60Y 增加到 120Y，贸易规模扩大，但生产点 S_1 和 S_2 位于同一射线上，消费点 E_2E_2 位于同一射线上，表示分工格局和贸易模式不变。

图 9-4

2. 偏向出口的要素增长

偏向出口的要素增长，又可称为出口密集使用的要素增长，小国情形下的这类要素增长倾向于扩大贸易规模。如图 9-5，假设 X 为劳动密集型商品，Y 为资本密集型商品，且 X 是 A 国的比较优势商品。当 A 国劳动力增长 1 倍时，生产可能性曲线从 PPF_1 扩张到 PPF_2。在要素增长前，X 商品的相对价格 P_1 等于 1，A 国的生产点为 S_1（$130X$，$20Y$），消费点为 E_1（$70X$，$80Y$），A 国出口 $60X$，进口 $60Y$，如贸易三角 $S_1B_1E_1$ 所示。在要素增长，且 X 商品相对价格保持不变时，斜率为 1 的直线与 PPF_2 相切于 S_2（$270X$，$10Y$），S_2 为 A 国新的生产点。正如雷布津斯基定理所示，X 商品数量以大于 1 倍的比例增加，而 Y 商品的产量减少，同时价格线与更高的无差异曲线相切于 E_2，E_2（$120X$，$160Y$）为新的消费点，贸易三角为 $S_2B_2E_2$。这时，出口从 $60X$ 增加到 $150X$，进口从 $60Y$ 增加到 $150Y$，该国贸易规模扩大，而且贸易量的扩张比例高于 X 产出增加的比例。在劳动力增长 1 倍后，消费量从 $70X$ 增加到 $120X$，从 $80Y$ 增加到 $160Y$，社会福利水平提高，但人均消费量反而下降。

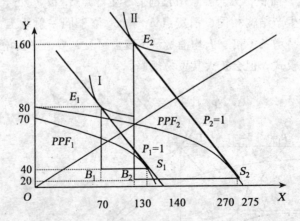

小国 A 发生偏向出口的要素增长后，出口从 $60X$ 增加到 $150X$，进口从 $60Y$ 增加到 $150Y$，贸易规模扩大，消费量从 E_2（$70X$，$80Y$）增加到 E_2（$120X$，$160Y$），社会福利水平提高。

图 9-5

3. 偏向进口的要素增长

偏向进口的要素增长，又称为进口竞争密集使用的要素增长。这类要素增长会使进口竞争产品的产量增加，进而替代一部分进口，同时出口产品的生产量减少，出口商品数量减少，从而倾向于使贸易规模缩小。如图 9-6，如果 A 国进口商品 Y 密集使用的资本增长，会使生产可能性曲线由 PPF_1 扩张到 PPF_2，在既定的国际价格下，A 国生产点由 S_1 变为 S_2，消费点由 E_1 变为 E_2，贸易三角由 $S_1E_1B_1$ 变为

$S_2E_2B_2$，面积减小。在极端情况下，如果 A 国资本大幅度增长，国内生产不仅替代进口，而且有可能导致比较优势发生逆转，从而使 A 国由 Y 商品的进口国转变为出口国。对于这种类型的具体数据分析，可以参照偏向出口的要素增长的情况，这里就不再赘述。

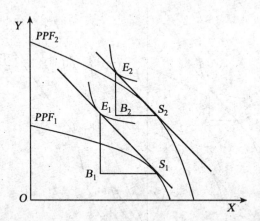

　　小国 A 发生偏向进口的要素增长后，生产点由 S_1 变为 S_2，消费点由 E_1 变为 E_2，贸易三角的缩小表示贸易规模的缩小。

图 9-6

（三）大国情形下的要素增长

　　与小国情形下的要素增长不同，大国的要素增长会使其贸易量发生变化，进而对国际市场价格产生影响，因而大国所面临的国际价格不是固定不变的。在下面的分析中将以提供曲线作为分析工具，讨论大国模型下的要素增长对国际贸易的影响。

　　1. 要素增长和提供曲线

　　提供曲线表示在不同的贸易条件下，一国为换取一定数量的进口商品而愿意提供的出口商品的数量的各种可能组合。提供曲线上的某一点，表示在一定的贸易条件下，该国对其出口商品的供给数量和对其进口商品的需求数量。一国生产要素增长时，其提供曲线通常会发生移动。在需求结构不变的条件下，提供曲线移动的方向取决于要素增长的类型。

　　以生产要素平衡增长为例分析提供曲线的变化。如图 9-7，在要素平衡增长时，左象限生产可能性曲线从 AB 平行移至 A'B'。针对某一价格水平 T_1，要素增长前后的生产均衡点分别为 S_1 和 S_2，消费均衡点分别为 E_1 和 E_2。贸易三角 E_1CS_1 对应右象限 T_1 线上的进出口组合点 M_1，E_2DS_2 对应 T_1 上的点 M_1'。同样，在另一价格水平 T_2 下，也可以导出要素增长前后对应的进出口组合点 N_1 和 N_2。连接 M_1N_1、M_2N_2，得到要素增长前后的提供曲线。如图所示，要素平衡增长引起提供曲线向外移动。利用同样的方法可以推出：出口密集使用的要素增长导致提供曲线外移，进口竞争密集使用的要素增长导致提供曲线内移。

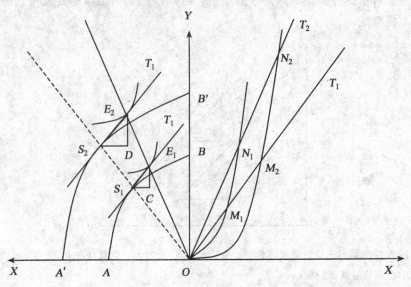

大国发生的要素平衡增长引起提供曲线向外移动。

图 9-7

2. 要素增长的贸易条件效应

由于大国的贸易量占世界贸易总量的较大比重，当要素增长导致大国贸易数量变化而贸易伙伴国条件不变时，会使商品国际价格变动，进而引起大国的贸易条件变化，这就是要素增长的贸易条件效应。在大国情形下，要素增长的贸易条件效应可分为两种情况：

（1）出口密集使用的要素增长

大国出口密集使用的要素增长，会使出口商品数量增加，而在其他国家对该出口商品需求不变的条件下，出口商品价格会下跌，从而使该国贸易条件恶化。如图 9-8 所示，OA、OB 分别是 A、B 两国的提供曲线，X 是劳动密集型且为 A 国的比较优势商品，假设 B 国的提供曲线保持不变。要素增长前，贸易均衡于 E，A 国用 x 数量的 X 商品交换 y 数量的 Y 商品，贸易条件以 T 表示。现假设 A 国劳动力增长而资本不变，则其提供曲线外移到 A_1，在 M 点达到新的均衡。M 位于 E 的右上方，表明贸易规模扩大；贸易条件变为 T_1，同量进口需要更多出口，贸易条件恶化。

（2）进口竞争密集使用的要素增长

大国进口竞争密集使用的要素增长，会使其进口竞争产品生产数量增加，对进口商品的需求减少，在其贸易伙伴国条件不变的情况下，进口商品的价格会下跌，从而使该国贸易条件改善。如图 9-8 所示，假设 A 国进口竞争商品 Y 密集使用的资本增长，而劳动力数量不变，这时，A 国的提供曲线会内移至 OA_2，新的贸易均衡点为 N。N 处于 E 的左下方，表示贸易量下降；贸易条件变为 T_2，同量的进口只需较少的出口，该国贸易条件改善。

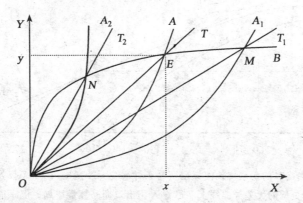

大国 A 发生偏向出品的要素增长使该国贸易条件恶化。A 国的提供曲线外移，贸易规模扩大。大国 A 发生偏向进口的要素增长使该国贸易条件改善。A 国的提供曲线内移，贸易规模缩小。

图 9-8

对于生产要素平衡增长时的情况，与出口密集使用的要素增长大体相似。此外，我们注意到，出口密集使用的要素增长，在扩大大国出口规模、增加国民收入的同时，使该国贸易条件恶化，国民福利减少。其最终效应取决于贸易条件效应和福利效应的对比。如果两者之和为正，则该国净福利增加；反之，如果贸易条件恶化所导致的福利减少幅度大于出口扩大带给国民收入增加的幅度，就会发生所谓的"贫困化增长"。

3. 贫困化增长

贫困化增长又称为不幸的增长，指大国经济增长引起贸易条件严重恶化，以致社会福利下降程度远远高于人均产量增加对社会福利的改善程度，从而使得社会福利水平绝对下降的现象。贫困化增长可能由一国生产要素的增长引起，也可能由于技术进步引起，这里仅讨论由于出口密集使用的要素增长所导致的贫困化增长。

如图 9-9，假设 X 是劳动密集型商品，也是 A 国的比较优势商品。要素增长前，生产点为 S_1，消费点为 E_1，贸易条件为 $T_1=1$。现假定 A 国劳动力要素增加 1 倍，生产可能性曲线大幅度向 X 轴方向移动，因为 A 国是大国，故其贸易条件恶化，从 $T_1=1$ 降至 $T_2=1/5$。此时，A 国的生产点变为 S_2，出口 100X 仅换来 20Y，消费点变为 E_2，E_2 位于较 U_1 低的无差异曲线 U_2 上。因此，尽管 A 国出口商品数量增加，但净福利水平下降。

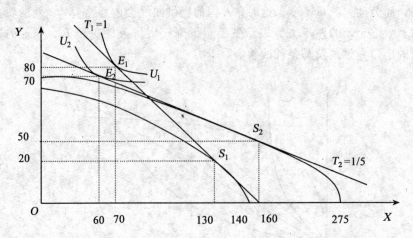

图 9-9

大国发生偏向出口的要素增长使该国贸易条件恶化。A 国出口 100X 仅换来 20Y，消费点变为 E_2，E_2 位于更低的无差异曲线上。尽管 A 国出口商品数量增加，但净福利水平下降，这就是贫困化增长。

可以看出，贫困化增长更有可能在 A 国的下述条件下发生：（1）A 国是大国，且仅因出口密集使用的要素增长引起经济总量的增长；（2）增长使 A 国的出口在贸易条件不变时大大增加，从而倾向于使 A 国的贸易条件下降；（3）世界其他国家对 A 国出口商品的需求收入弹性非常低，或因其他原因减弱了对 A 国出口商品的需求，使得 A 国的贸易条件大大的恶化；（4）A 国经济的出口依存度很高，以致贸易条件恶化时极易造成国家净福利下降。

（四）两国情形下的要素增长

以上分析均假设生产要素增长只在一个国家发生，现在我们将增长扩展到两国的情形，通过观察两国提供曲线的相对运动了解增长与贸易的关系。

如图 9-10，假定 A、B 两国均为大国且两国需求偏好稳定，增长前两国的提供曲线分别是 OA 和 OB，均衡贸易条件为 T，X 劳动密集而 Y 资本密集，X 是 A 国的比较优势商品，Y 是 B 国的比较优势商品。考虑以下情形：

1. A 国劳动力增长，B 国资本增长

两国提供曲线同时向外移动，贸易均衡点落入 E 点的右上方，贸易规模扩大。此时，贸易条件的变化取决于两国要素增长的相对比率。如图所示，OA 移至 OA_1，OB 移至 OB_1，均衡点 E_1 恰好落到 T 上，这时，A、B 两国贸易量增加，但贸易条件不变。

2. A 国资本增长，B 国劳动力增长

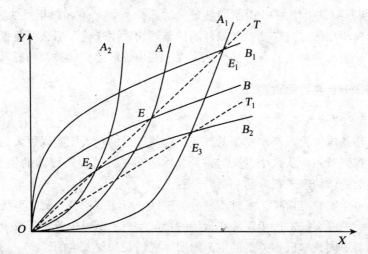

大国 A、B 均发生偏向出口的要素增长，使贸易规模扩大，提供曲线从 OA 移至 OA_1，从 OB 移至 OB_1，贸易条件的变化取决于两国要素增长的相对比率；大国 A、B 均发生偏向进口的增长使贸易规模缩小，提供曲线从 OA 移至 OA_2，从 OB 移至 OB_2；大国 A 发生偏向出口的要素增长且大国 B 发生偏向进口的要素增长使贸易条件由 T 变为 T_1，A 国贸易条件恶化，B 国贸易条件改善，贸易规模变化不确定。

图 9-10

两国提供曲线内移，如图各自移动到 OA_2 和 OB_2。贸易均衡点 E_2 落入 E 的左下方并恰好位于 T 上，A、B 两国贸易量减少，但贸易条件不变。

3. A、B 两国都发生劳动力增长

两国提供曲线朝相反方向移动，图中 OA 外移到 OA_1，OB 内移到 OB_2，在 E_3 点贸易均衡。贸易条件由 T 变为 T_1，A 国贸易条件恶化，B 国贸易条件改善，此时贸易量由两国劳动力的相对增长比率决定。

4. A、B 两国都发生资本增长

与第 3 种情形相反，这时，A 国贸易条件改善，B 国贸易条件恶化，贸易量视两国资本的相对增长比率而定。

需要指出的是，随着时间的推移，不仅要素会增长，一国的偏好也会发生变化。正如要素增长通过影响生产可能性曲线而影响提供曲线一样，偏好的变化会通过影响无差异曲线图而影响提供曲线。如果由于偏好的改变，A 国要增加 Y 商品（B 国的出口商品）的消费，A 国将愿意为每单位进口的 Y 提供更多的 X 商品（A 国的出口商品）。也就是说，A 国对任意给定的 X 出口量愿意接受更少的 Y。这就造成了 A 国的提供曲线由 OA 外移至 OA_1，从而引起贸易量的增加和 A 国贸易条件的恶化。另一方面，如果 B 国对商品 X 的偏好增加，其提供曲线会由 OB 外移至

OB_1，从而引起贸易量增加和 B 国贸易条件的恶化。如果偏好向相反的方向改变，提供曲线会向相反的方向变动。如果两国的偏好均发生变化，那么两条提供曲线均会发生移动。贸易量和贸易条件的变化取决于两国偏好的变化类型和程度。

二、技术进步与国际贸易

（一）技术进步及其类型

技术进步意味着投入产出模型的改变，它使等量的投入能实现更大的产出，生产要素由此得到节约。从这个意义上讲，技术进步扩大了生产要素的供给。当然，这种要素供给的增加表现在内涵上而非外延上。

英国经济学家希克斯将技术进步划分为中性、劳动节约型、资本节约型三种类型，并指出无论哪类技术进步都能在给定的产量水平上既减少劳动又减少资本的使用。希克斯对不同技术进步类型的定义阐明了它们是如何发生的。

中性的技术进步是指，在资本劳动比率不变的条件下，资本的边际生产率和劳动的边际生产率按相同的比率增长。或者说，在要素相对价格不变的条件下，中性的技术进步使得生产中要素使用的最优比率保持不变，即不发生劳动和资本的相互替代，但生产原来的产量现在只需要较少的劳动和较少的资本。

资本节约型的技术进步，又称为劳动使用型的技术进步。它是指在资本劳动比率不变的条件下，劳动的边际生产率增长超过了资本的边际生产率增长。或者说，在要素相对价格不变的条件下，资本节约型（劳动使用型）的技术进步使得生产中使用的最优资本劳动比率下降，即发生劳动对资本的替代。对于每单位劳动来说，现在使用更少的资本。这样，达到原来的产量现在可以使用较少单位的劳动和资本。

劳动节约型的技术进步，又称为资本使用型的技术进步。它是指在资本劳动比率不变的条件下，资本的边际生产率增长超过了劳动的边际生产率增长。或者说，在要素相对价格不变的条件下，劳动节约型（资本使用型）的技术进步使得生产中使用的最优资本劳动比率上升，即发生资本对劳动的替代。对于每单位资本来说，现在使用更少的劳动。这样，达到原来的产量只需使用较少单位的劳动和资本。

（二）技术进步与生产可能性曲线

像生产要素的增长一样，技术进步提高了要素的生产率，使得一定数量的生产要素能够生产出更多的产品，扩大了一国的生产可能性，使一国的生产可能性曲线向外扩张。生产可能性曲线外移的类型和程度取决于技术进步的类型和速度。由于涉及两类产品（劳动密集型产品和资本密集型产品）和三种类型的技术进步（中性的、劳动节约型、资本节约型）的各种不同组合，使得生产可能性曲线向外扩张的情况变得极为复杂。这里，我们仅以中性的技术进步为例，讨论技术进步与生产可能性曲线的关系。对于非中性的技术进步的情况，有兴趣的读者可以参阅更高级的教材。

当两种商品的生产中发生同等程度的中性技术进步时，一国生产可能性曲线将在各个方向上均匀地向外扩张，这与生产要素平衡增长的效果相同。从原点出发的射线与新旧生产可能性曲线相交时，过交点的切线的斜率相同。

当一国仅在 X 生产中或仅在 Y 生产中发生中性技术进步时，生产可能性曲线会发生偏向移动。如图 9-11，当仅是生产商品 X 的资本和劳动的生产力倍增时，生产可能性曲线仅向 X 轴方向移动，而 Y 轴上产出不变，这时，对于每一产出水平 Y，X 的产出都增加了 1 倍。对于在 Y 的生产中发生同样程度的中性技术进步的情况，与之类似，在图中用虚线表示。

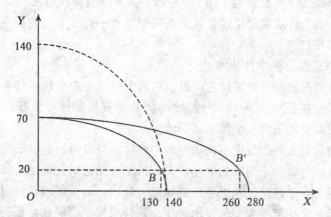

当一国仅在 X 生产中发生中性技术进步时，生产可能性曲线仅向 X 轴方向移动，Y 轴上产出不变。图中虚线表示仅在 Y 生产中发生中性技术进步时的情形。

图 9-11

因为技术进步等同于要素供给内涵性的扩大，所以，通过要素增长的贸易效应即可了解技术进步对国际贸易的影响。例如，在要素充分利用时，一国发生劳动节约型技术进步，其贸易效应可视为这个国家劳动要素供给增加所产生的贸易效应。与要素增长类型不同对贸易的影响不同相类似，技术进步对贸易的效应取决于技术进步使哪一类生产要素得到节约以及哪一个部门密集使用这种要素。下面分别以小国和大国为例，考察技术进步对国际贸易的影响。

（三）小国的技术进步与国际贸易

1. 两种商品均发生同等程度的中性技术进步

在两种商品都发生同等程度的技术进步时，会使两种商品的生产在相对价格不变的条件下以相同的比率增长。这时，如果每种商品的消费也成比率增长，那么贸易量会在不变的贸易条件下同比增长；若可进口商品消费增加的比例超过可出口商品消费增加的比例，则贸易量增加的比率会比生产增长的比率更高，因为可进口商品消费的较快增加促进了贸易；反之，若可进口商品消费增加的比例小于可出口商品消费增加的比例，则贸易量增长的比率会低于生产增长的比率。但是，不论贸易量如何变化，在人口数量和贸易条件不变的情况下，该国福利水平会提高，因为生产和消费都较以前增加。

2. 可出口商品发生中性技术进步

如果仅在可出口商品的生产中发生了中性技术进步，会促进贸易量的增加。例如，若 A 国仅在商品 X 的生产中发生中性技术进步，生产可能性曲线会仅沿 X 轴扩张（如图 9-11 所示）。在贸易条件不变的情况下，A 国 X 的产量将比要素增长的情形下（参见图 9-5）增加更多，同时商品 Y 的产量下降。A 国将达到比 II 更高水平的无差异曲线，贸易量也比图 9-5 中增长更多。值得注意的是，在劳动力数量不变的情况下，人均消费量增加，该国人民福利水平提高了（与图 9-5 中仅劳动力增加的情况相反）。

3. 可进口商品发生中性技术进步

与第 2 种情况相反，如果仅在可进口商品 Y 中发生中性技术进步，生产可能性曲线会仅沿 Y 轴扩张（图 9-11 中的虚线）。如果贸易条件、偏好、劳动力数量都保持不变，贸易量将下降，但国家福利增加。

当两种商品的生产中发生不同程度的中性技术进步时，会引起贸易量的上升或下降，其最终结果取决于两者的对比情况。但是，无论贸易量变化如何，福利却总是增加的。通常非中性的技术进步也是如此。总之，对小国而言，由于贸易条件不发生变化，无论发生何种类型的技术进步总是会增加小国的社会福利。

（四）大国的技术进步与国际贸易

在技术进步引起经济总量增长的情况下，劳动的边际生产率将提高，大国的人均产出（或人均收入）将上升，从而该国的福利增加。但同时，大国的技术进步会使其贸易条件发生变化，使国民福利受到影响，最终的净福利是否增加取决于大国贸易条件的变化及其程度。一般而言，技术进步对贸易条件的影响有以下几点：

1. 劳动节约型技术进步会导致劳动密集型产品产量增加。如果劳动密集型产品为出口产品，那就会因增加出口导致价格下降，贸易条件恶化；如果劳动密集型产品为进口竞争产品，则劳动节约型技术进步会导致该国进口减少，进口产品价格下跌，贸易条件改善。

2. 资本节约型技术进步会导致资本密集型产品产量的增加。如果资本密集型产品为出口产品，那就会导致出口增加，出口价格下跌，贸易条件恶化；如果资本密集型产品是进口竞争产品，那就会导致进口减少，进口产品价格下跌，贸易条件改善。

3. 某一部门产品发生中性的技术进步会引起该部门产品相对价格下降。如果该部门产品是出口产品，这种价格下降会导致贸易条件恶化；如果该部门产品是进口竞争产品，这种价格下降将导致贸易条件改善。

4. 劳动密集型部门的资本节约型技术进步，以及资本密集型部门的劳动节约型技术进步，具有不确定的影响，它可能导致创新部门的商品的相对价格上升或下降，从而它对贸易条件的影响也是不确定的。

三、经济增长与国际贸易

经济增长与国际贸易的关系包括相互联系的两个方面：一是经济增长对国际贸易的影响，包括进出口贸易量、贸易条件、社会福利与国民收入变动等；二是国际贸易对经济增长的作用，包括各种有关经济增长的理论。关于经济增长对一国对外贸易的影响，前面已经有所分析，这里只是从总体上作简要阐述，具体讨论国际贸易对经济增长影响的有关理论。

（一）经济增长对国际贸易的影响

1. 生产增长的贸易效应

在相对价格不变的条件下，如果经济增长使一国可出口商品产出的增长率高于可进口商品产出的增长率，则增长会带来贸易规模更大比例的扩张，这被称为产出的贸易促进效应，这种增长称为顺贸易偏向型生产增长。在极端情况下，若出现可进口商品的生产量绝对减少，即为超顺贸易偏向型增长。如果经济增长使可出口商品和可进口商品的产量同比例增长，会使贸易规模以相同比例扩张，这称为产出的贸易中性效应，这种增长称为中性生产增长。若经济增长使可出口商品的产出增长率低于可进口商品的产出增长率，贸易规模会以较小的比例扩张，这被称为产出的反贸易效应，这种增长称为逆贸易偏向型生产增长。在极端情况下，若出现可出口商品的产量绝对下降，即为超逆贸易偏向型生产增长。图 9-12 表示了产出增长的各种贸易效应。如图所示，某国在 A 点生产，生产可能性曲线为 TT，现发生经济增长，TT 线向外移至 $T'T'$（如虚线所示）。如果增长后，新的生产点 A' 落在 OA 射线上，那么这种产出增长是贸易中性的；如果 A' 落在区域Ⅰ，那么产出是贸易促进型（顺贸易偏向型）的；如果落在区域Ⅱ，则是极端贸易促进型（超顺贸易偏向型）的；如果 A' 落在区域Ⅲ，则是反贸易型（逆贸易偏向型）的；落在区域Ⅳ则是极端反贸易型（超逆贸易偏向型）的。

2. 消费增长的贸易效应

同样的，如果经济增长使一国可进口商品消费的增长快于可出口商品消费的增长，则消费增长会带来更大比例的贸易扩张，这就是消费的贸易促进效应，这种类型的消费增长被称为顺贸易偏向型消费增长。否则，就是逆贸易偏向型（反贸易型）或中性消费增长。图 9-13 说明了消费增长的贸易效应。如图所示，某国生产点为 A 点，消费点为 B 点。该经济增长后，实际收入的增加导致消费水平的提

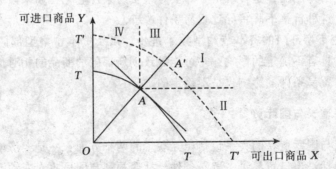

某国发生经济增长，新生产点为 A'，A' 落在不同区域产生不同类型的贸易效应。

图 9-12

高。若新的消费点 B' 落在 OB 射线上，则消费增长的效应是贸易中性的；如果 B' 落在区域 I，则是反贸易型（逆贸易偏向）的；如果落在区域 II，则是极端反贸易型（超逆贸易偏向型）的；如果 B' 落在区域 III，则是贸易促进型（顺贸易偏向型）的；若落在区域 IV，则是极端贸易促进型（超顺贸易偏向型）的。

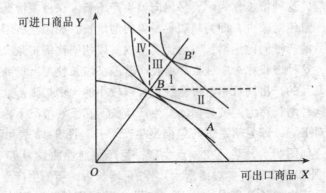

某国经济增长后，实际收入增加导致消费水平的提高，新消费点落在不同区域产生不同类型的贸易效应。

图 9-13

由此看来，生产和消费可以是贸易促进的、反贸易的或中性的。对一国而言，贸易量的实际增长取决于生产和消费的纯效应。如果生产和消费都是贸易促进型的，贸易量的扩张比例要大于产出增长的比例。如果生产和消费都是反贸易的，则贸易量的扩张比例要小于产量的增长比例，甚至有可能出现贸易量的下降。如果生产是贸易促进型的，而消费是反贸易型的（或者两者正好相反），这时，贸易量取决于两种相反效应的对比。如果生产和消费都是中性的，贸易和生产会同比例扩张。

对于各种具体类型的经济增长对不同国家（小国和大国）对外贸易的影响，前面已经分析过，这里就不再论述。下面主要讨论国际贸易的开展对经济增长的作用。

（二）国际贸易在经济增长中的作用

1. 马克思主义经典作家的论述

按照马克思主义的观点，对外贸易与经济发展的关系，归根到底是交换与生产的关系。生产决定交换，而交换作为再生产过程的一个阶段，又能对生产的发展产生巨大的推动或阻碍作用。生产的发展，需要不断扩大的市场。反过来，不断扩大的市场又能促进生产的不断发展。马克思经典作家一向重视对外贸易在资本主义经济发展中的作用。马克思指出："对外贸易的扩大，虽然在资本主义生产方式的幼年时期是这种生产方式的基础，但在资本主义生产方式的发展中，由于这种生产方式的内在必然性，由于这种生产方式要求不断扩大的市场，它成为这种方式本身的产物。"马克思运用辩证唯物主义和历史唯物主义方法，指出了对外贸易在资本主义原始积累和生产发展中的重要作用。列宁在其经典著作中，在论及资本主义需要世界市场时曾指出："资本主义生产的规律，是生产方式的经常改造和生产规模的无限扩大……资本主义企业必然超出村社、地方市场、地区和国家的界限。因为国家的孤立和闭关自守的状态已被商品流通所破坏，所以每个资本主义部门的自然趋向使它需要寻求国外市场。""没有对外贸易的资本主义国家是不可设想的，而且的确没有这样的国家。"这些都说明国际贸易对资本主义生产发展的重要性。

2. 西方古典经济学家的有关理论

（1）亚当·斯密的观点

西方经济学家中最早涉及国际贸易与经济增长相互关系问题的是英国古典经济学家亚当·斯密。他提出了动态生产率理论和"剩余产品出口"模型。斯密的动态生产率理论认为，分工的发展是促进生产率增长的主要因素，分工的程度受到市场范围的强烈制约，而对外贸易意味着市场范围的扩展，因而必将促进分工的深化和劳动生产率的提高，从而加速一国经济的增长。"剩余产品论"首先假定一国在开展国际贸易之前，存在闲置的资源，这些资源可以用来生产产品以供出口。对外贸易使这些闲置资源得到充分利用，为该国剩余产品提供了出路，同时可以利用出口带来的收入换回本国需要的产品，以促进该国的经济增长。

（2）大卫·李嘉图的论述

李嘉图创立的比较成本理论，论证了贸易静态利益的基础。他认为，经济增长的基本动力是资本积累。随着人口的增加，在土地收益递减规律的作用下，生活必需品的价格会上涨，工资（劳动力的价格）也将随之上涨。在商品价格不变的条件下，工资上涨将使利润下降，从而妨碍资本积累。通过对外贸易，从他国进口比较便宜的生活必需品及原料，就会阻止土地收益递减、工资上涨和利润下降的倾向，进而保证资本积累和经济增长。

（3）约翰·穆勒的论述

斯密和李嘉图主要阐述了贸易带给经济增长的静态利益，而穆勒认为，贸易对于经济的影响除静态的增加福利外，还应该强调它的动态影响。他认为，从动态的观点来看，各国根据比较优势原则发展国际贸易，其结果是更有效地利用世界的生产力。他指出，市场的每一次扩大，都会推动生产过程的改进。一个国家为比自己国内市场更大的市场提供产品，可以引起更大范围的劳动分工，使机器更加有效的利用，可以更好地发明创造和改进生产过程。他将贸易对于经济增长的动态影响概括为三个方面：第一，扩大了市场范围，使劳动分工在更大的范围内进行，提高了劳动生产率；第二，引进了外国的技术，提高了资本的收益率，加速了资本积累；第三，通过产品进口造成新的需求，给国内人民灌输了新的思想和新的消费偏好，促进经济"知识率"的提高。总之，对外贸易的开展克服了国内市场狭小可能造成的规模不经济，改变了一国现存的生产能力，推动了该国生产发展和经济增长。

3. 现代西方经济学家的有关理论

在国际贸易对经济增长的作用这一问题上，后来许多不同流派的经济学家从各自角度出发作了分析，得出了不同的结论。其中比较有影响的是"对外贸易是经济增长的发动机"学说。

（1）理论的基本内容

1937 年罗伯特逊发表了"国际贸易的未来"这一文章，提出了对外贸易是经济增长发动机的命题。20 世纪 50 年代纳克斯通过对 19 世纪英国与新移民地区经济发展的原因的研究，进一步发展了这一命题。他指出，根据比较利益原则参与国际分工与贸易，不仅可以获得贸易的静态利益，更为重要的是对外贸易所产生的动态利益。即对外贸易的开展可以通过一系列的传导机制，把经济增长传递到其他国家的经济部门，从而带动其他国家国民经济的增长。他在 1961 年出版的《世界经济中的均衡与发展》一书中指出，19 世纪的国际贸易具有这样的性质：欧洲中心国家经济上的迅速增长，通过国际贸易传递到外围的新国家，即中心国家的经济迅速增长，引起对外围国家食品、原材料等初级产品的需求增加，从而推动了外围国家的生产发展和经济增长。所以，纳克斯认为"19 世纪的贸易不仅是简单地把一定数量的资源加以最恰当的配置的手段，它尤其是经济增长的发动机"。该理论认为，较高的出口增长率是通过以下几个途径来带动经济增长的：

第一，出口的扩大可以增强进口能力。进口中包括资本货物的进口，而资本货物对促进落后国家的经济增长具有重要意义。资本货物的进口可以使该国取得国际分工的利益，节约生产要素的投入，有助于提高工业的效益，加速落后国家的工业化进程。

　　第二，出口的增长有助于改善投资结构，提高投资效率。出口的不断增加，将使越来越多的本国资本流向国民经济中最具效率和比较优势的部门。同时，进口增长会对国内一些低效率的部门造成冲击，使国内的投资结构趋向合理，投资效率不断提高。

　　第三，出口的扩大可以克服国内市场狭小的限制，取得规模经济效益。一国国内市场总是有限的，通过开拓国际市场，扩大出口，使企业可以在最优的规模下从事生产，降低企业生产成本，并加快整个生产过程的革新。

　　第四，对外贸易可以产生广泛的前后向连锁效应。在对外贸易的作用下，一个工业部门的发展可以带动一系列与之相关的部门的发展，出口部门的形成和发展，必然要求为之提供原料和设备的部门以及各种基础设施部门也相应扩大。这有助于新型产业结构的形成，推动经济的全面增长。

　　第五，出口的扩大可以吸引外国资本的流入。当一国出口部门利润增加，前景看好时，会刺激国外资本大量涌入，扩大对该国的投资。对于落后国家而言，外资的进入不仅可以在一定程度上缓解其资本短缺困难，而且可以带进先进的技术和管理经验。

　　第六，通过对外贸易引进国外竞争，可以增强企业竞争意识，促使其不断改进生产技术，降低生产成本，提高产品质量，推动国内产业的发展。

　　由于各种条件发生了变化，中心国家并未通过对初级产品强烈的进口需求而将经济增长传递给外围国家，对外贸易作为经济增长发动机的作用出现弱化趋势。连纳克斯自己也认为"对外贸易是经济增长的发动机"的学说仅仅适用于19世纪自然资源丰富的发展中国家，发展中国家要寻求发展不能再依靠国外对初级产品的需求了。这是因为：①发达国家工业结构由轻纺工业转向重化工业，减少了对原材料的需求；②在发达国家，第三产业在国民生产总值中所占比重日益扩大，因而对原材料的需求落后于生产的增长；③农产品自身需求收入弹性很低，因而即使在国民收入出现明显增长时，对农产品的需求却增长缓慢甚至出现负增长；④发达国家对农产品进口的保护主义倾向明显加强；⑤发达国家实施了一系列节约工业原材料使用的措施，减少了原材料的需求；⑥发达国家技术进步使合成原料和人造原料越来越多的取代天然原料。正是以上原因，使发达国家对原材料等初级产品的进口需求大大减少，发展中国家很难通过增加对这些产品的出口来刺激本国经济的增长。

　　（2）简要评论

　　该学说根据19世纪英国和新移民地区的相互贸易和发展情况，充分肯定了对外贸易在这些国家经济发展中的关键作用，这是基本符合实际的。19世纪由于工业革命的开展，英国等中心国家对原材料、食品等初级产品的进口需求迅速增长，这为外围国家初级产品的出口创造了极为有利的外部条件。通过相互贸易，无论是中心国家还是外围国家，都从中获得了巨大的贸易利益。从 1815 年到 1913 年，英国人口增长了 3 倍，真实国民生产总值增加了 10 倍，进口增加了 20 倍。这一增长通过乘数—加速原理传播到新移民地区的经济中，促进了这些地区经济的迅速增长。该学说通过对历史资料的分析，从动态的角度考虑对外贸易在一国经济增长中的作用，这与仅从静态角度分析对外贸易，把对外贸易看做优化资源配置的手段的新古典贸易学说相比，无疑是一种进步。

同时，"经济发动机"的学说有一定的局限性，纳克斯通过对 19 世纪英国与新移民地区之间贸易开展促进了后者经济增长的事实的考察，得出对外贸易是"经济增长的发动机"的结论，忽视当时的社会经济和政治条件。新移民地区能迅速满足英国对食品和原材料的需求并取得经济快速增长，除了贸易的因素外，还因为这些国家存在一些有利条件。首先，这些国家资源丰富，有肥沃的可耕地、森林、矿产资源。其次，大量技术工人和巨额资本从欧洲涌入这些空旷地区，使建筑铁路、开垦运河、发展各种基础设施成为可能。最后，海上运输得到很大改进，使这些地区能以较低的成本满足英国对食品与原材料不断增长的需求。当今大多数发展中国家自然资源较为贫乏（石油输出国除外），而且许多发展中国家出现人口过剩，食物和原材料的增加多被国内自身吸收而难以出口。此外，流入发展中国家的国际资本相对于 19 世纪来说也大为减少，再加上发达国家对初级产品需求的增长缓慢，所以今天发展中国家的增长与发展对贸易的依赖程度已大大减少。"对外贸易是经济增长的发动机"这一学说对当今发展中国家并不适用。

应该指出的是，尽管现在国际贸易一般不能称为"经济增长的发动机"，但它也能从多个方面对发展中国家和地区的经济作出贡献，"亚洲四小龙"经济的腾飞与其迅速增长的对外贸易就有着不可分割的因果关系。哈伯勒和其他经济学家指出，国际贸易可以对经济发展产生以下重要的有益影响：①贸易可以充分利用国内剩余的资源。这就是说，通过贸易，发展中国家能够把由于不充分的国内需求造成的未被利用的资源转到贸易上，使生产点由生产可能性曲线之内外移到生产可能性曲线之上，提高资源的使用效率。②通过市场规模的扩大，贸易产生规模经济效应。③国际贸易是新观念、新技术、新管理和其他技能的传播媒介。④贸易便利刺激了国际资本由发达国家向发展中国家的流动，在国外直接投资的情况下，具有操作资本技能的个人经验很可能连同外国资本一同进入发展中国家。⑤在如巴西、印度等几个大的发展中国家，新工业产品的进口已刺激了国内需求并带动国内这类产品生产的发展。⑥国际贸易是反垄断的有效武器，它能刺激国内生产者提高效益以迎接竞争。

以上均是对国际贸易持肯定态度的一些观点。除此以外，也有一些经济学家从不同的角度出发，认为国际贸易有害，对它持批评态度。这也就是为什么一些国家采用出口导向贸易战略，积极发展对外贸易，而另一些国家采用进口替代战略，实施贸易保护的重要原因。事实证明，出口导向政策比进口替代政策更能推动经济增长，虽然这并非指任何国家任何时候都应采用出口导向战略，但它也充分说明各国只要自愿参与贸易，必然会从贸易中有所利得。

☞ **习题**

1. 什么是贸易战略？它有哪几种类型？
2. 什么是进口替代战略？其理论基础是什么？
3. 什么是出口导向战略？其理论基础是什么？
4. 作图说明小国情形下不同类型要素增长的影响。
5. 作图说明大国情形下不同类型要素增长的影响。
6. 什么是贫困化增长？试作图说明。
7. 简述经济增长与国际贸易的关系。
8. 试评述"对外贸易是经济增长的发动机"。

☞ **网络链接**

1. 要了解一些国家和地区的有用信息，请登录：http：//www. odci. gov。
2. 浏览美国国会对各国贸易战略的报道，请登录：http：//www. state. gov。
3. 要了解美国对亚太国家的对外政策和国际关系，可以登录亚太事务局的网站 http：//www. state. gov/www/regions/eap/index. html。

第十章　GATs、TRIMs 与 TRIPs

摘要：随着服务贸易的比重和重要性的日益加强，多边贸易的谈判重点正从货物贸易转向服务贸易。在 GATT 第八轮谈判中，谈判各方签订的《服务贸易总协定》(GATs)、《与贸易有关的投资措施协议》(TRIMs) 和《与贸易有关的知识产权保护协定》(TRIPs)，在各自领域发挥了重要作用。GATs、TRIMs 和 TRIPs 对我国经济的影响是一把双刃剑，它们给我国经济带来了机遇和挑战。

重点与难点：

1. GATs、TRIMs 与 TRIPs 产生的背景
2. GATs、TRIMs 与 TRIPs 的基本框架内容
3. GATs、TRIMs 与 TRIPs 的基本原则
4. GATs、TRIMs 与 TRIPs 对我国的影响

第一节　服务贸易

一、国际服务贸易相关理论简述

（一）配第-克拉克定理

早在 17 世纪英国古典经济学家威廉·配第（William Petty）发现，随着经济的不断发展，产业重心逐渐由有形商品生产向无形服务生产倾斜。1940 年，英国的经济学家克拉克在其著作《经济进步的条件》中也有相关论述，即就业结构的中心将依次是第一产业、第二产业和第三产业，这就是所谓的"配第-克拉克定理"。

（二）传统比较优势理论适用性的争论

随着服务贸易地位的上升，经济学界试图用传统的比较成本学说来解释这一现象，于是就出现了关于传统商品贸易比较优势理论适用性问题的探讨。

以美国经济学家 G. 菲科特克蒂（G. Feketekuty）为代表的一派认为，比较优势理论不适用于服务贸易，因为同商品相比，服务有不同的特点：国际服务贸易是劳动活动与货币的交换；服务的产生和消费大多同时发生，劳动活动不可储藏；服

务贸易的统计只在各国国际收支平衡表中显示，在海关进出口上没有显示。以哈佛大学国际经济学家理查德·库伯（Richard Kunpe）为代表的另一派则认为，比较优势理论是普遍有效的，因为它基于一个简单的命题——每个团体都专注的共同利益正是自身效率更高的那项活动所带来的，所以肯定也适用于服务贸易。经济学家们基本都认同库伯的观点。

（三）迪尔道夫模型（A. Deardoff）

迪尔道夫率先利用传统的"2×2×2" H-O 模型（两个国家，两种要素，一种商品和一种服务）从三个方面对服务贸易的比较优势进行了分析。

1. 商品贸易和服务贸易的互补性，即许多服务贸易是伴随着商品贸易的发展而发展起来的，如运输和保险。

基本假设：（1）存在完全竞争，利润极大化和平衡贸易；（2）商品和服务的世界市场同时出清；（3）商品和服务的世界价格相同，但其国内价格无需相同。

迪尔道夫以这三个假设为基础，从完全封闭状态（无商品和服务贸易发生）、自由贸易状态（商品和服务都实现自由贸易）和半封闭状态（只有商品可自由贸易）三种情形论证了比较优势理论在服务贸易分析中的适用性。

2. 要素移动的服务贸易。比如由于比较优势而带来的服务的生产要素的国际化移动。

3. 含有缺席要素的服务贸易。这里假定 A、B 两国都生产两种产品（贸易品 X，非贸易品 Y），两国对两种产品的需求一致，两种产品的生产都只需要两种要素（劳动 L 和管理 M）。M 即使在不可移动的情况下，也能促成国际贸易，因为一个经理完全可以借助现代化的通讯工具管理千里之外的生产活动。

迪尔道夫从要素价格出发，在比较优势理论的适用性上取得了突破性进展。他对比较优势理论的另一贡献是进一步证明了商品与服务贸易的不可分性。

（四）伯格斯模型（D. F. Burgess）

伯格斯认为，通过简单修正标准 H-O 模型，就能获得描述服务贸易的一般模型，从而说明不同国家服务提供技术的差异是怎么形成比较优势和商品贸易模式的。模型假设：市场完全竞争；规模报酬不变；用资本 K 和劳动 L 两种要素生产两种产品和一种服务。伯格斯认为一个厂商是选择合约经营还是选择自身进行服务，取决于服务和要素的市场价格比较。如果存在技术、政策贸易壁垒阻碍服务贸易，各国在服务供给上的技术差别就成为商品生产比较优势的重要决定因素。如果服务部门和两类商品的要素密集程度相反，并且只在服务技术上存在差别，则具有服务优势的部门要素报酬更高，并且这种要素报酬的更高支出可能会抵消技术优势带来的收益，所以技术优势国家的服务相对昂贵。即使技术优势国家服务相对低廉，但密集使用服务的部门也不一定存在比较优势。

（五）萨格瑞模型

萨格瑞将服务和技术差异因素纳入 H-O-S 理论框架之中，分析国际金融服务贸易。这在一定程度上克服了以前理论假设技术要素无差异且相对不变带来的局限性，使修正后的模型更加符合国际服务贸易的基本特征。而且，1989 年他用最小二乘法分析了 1977 年世界 44 个国家的相关数据，进一步证明了技术差异和熟练劳动是各国金融服务贸易比较优势的来源这一命题。

（六）服务价格国际差异模型

服务价格国际差异主要是指，在相对价格状况下，一个典型的穷国比富国的服务价格更低。欧文·克拉维斯（Owen Lavis）用一个标准的李嘉图理论假设试图解释这个问题。他认为，不同国家贸易品的价格相同，但各国生产这些贸易品的行业工资却因生产率的差别而不尽相同。由于各国贸易行业的工资率决定非贸易品的工资率，而服务业的国际生产率差异较小，所以穷国的低生产率贸易品行业的低工资运用于生产率相对于富国并不低的服务和非贸易品行业，结果导致了低收入国家或地区的服务和其他非贸易品的低价格。

巴格瓦蒂用假定各生产部门的生产率无差异来修订了克拉维斯关于服务价格国际差异的理论。他认为，在服务部门为劳动密集型部门的情况下，由于穷国劳动力富裕，所以穷国服务部门的劳动生产率比商品部门高；而且为了交换贸易品，穷国付出的非贸易品比富国多，因此穷国的服务价格比富国低。

另外，现实经济大量存在的是不完全竞争和规模经济，这就给服务贸易的分析也带来了一些困难，琼斯（R. Jones）和克尔茨考斯基（H. Kierzkowski, 1989）的生产区段和服务链理论，由马库森（J. Markusen, 1989）和弗兰科斯（J. Francois, 1990）等建立的服务贸易不完全竞争理论对关于规模经济和不完全竞争条件下的服务贸易的理论研究做出了一定的贡献。

二、服务贸易的含义和内容

（一）服务贸易的含义

据文献记载，"服务贸易"（Trade in Service）这个概念最早出现在 1972 年经合组织（OECD）提出的《高级专家对贸易和有关问题的报告》中。关于国际服务贸易，迄今为止各国统计和各种经济贸易文献并无统一的、公认的、确切的定义。目前理论界有以下几种代表性的观点。

1. 国际收支统计对服务贸易的定义

从统计学或传统的进出口角度来分析，以国境为界进行划分，以国民收入、国际收支平衡为出发点，各国的服务进出口活动总和便构成了国际服务贸易。服务出口就是将服务出售给其他国家的居民；服务进口则是本国居民从其他国家购买服务。其中，"居民"是指按所在国法律，基于居住期、居所、总机构或管理机构所在地等负有纳税义务的自然人、法人和其他在税收上视同法人的团体，统计学上一般是指在某国生活 3 个月以上的人（也有的国家认为至少生活 1 年以上）。"服务"是任何不直接生产制成品的经济活动，可定义为一系列产业、职业、行政机关的产出。

政府进行国际贸易统计的目的在于对国民经济运行及宏观政策管理的一系列问题提供数据证明和揭示该国某一领域的竞争地位，并提供相应的信息和数据以供与外国竞争对手进行比较。

2. 《美国和加拿大自由贸易协定》（FTA）对服务贸易的定义

FTA 是世界上第一个在国家间贸易协定上正式定义服务贸易的法律文件。

服务贸易是指由代表其他缔约方的一个人，在其境内或进入一缔约方提供所指定的一定服务。"指定的一定服务"包括：生产、分销、销售、营销及传递一项所指定的服务及其进行的采购活动；以商业存在形式分销、营销、传递或促进一项指定的服务；遵照投资规定，任何为提供指定服务的投资，以及任何为提供服务的相关活动——包括公司、分公司、代理机构、代表处和其他商业经营机构的组织、管理、保养和转让活动，各类财产的接受、使用、保护及转让，以及资金的借贷。

3. 联合国贸易与发展会议（UNCTAD）对服务贸易的定义

联合国贸发会议用实际过境现象来定义服务贸易：货物的加工、装配、维修以及货币、人员、信息等生产要素为非本国居民提供服务并取得收入的活动，是一国与他国进行服务交换的行为。这里所指的国际服务贸易既包括有形的服务输入和输出，也包括在服务提供者与使用者在没有实体接触的情况下发生的无形的国际服务交换。包括四种过境方式：（1）商品贸易中服务的过境，如货物的加工、装配等；（2）货币（资本）的过境，如银行和金融服务；（3）人员的过境，如咨询人员、工程师、医生等到国外提供服务；（4）信息的过境，如通过电信系统或以文件报告的形式提供信息服务。

4. 《服务贸易总协定》（GATs）对服务贸易的定义

1994 年 4 月乌拉圭回合谈判签订的《服务贸易总协定》第 1 条第 2 款将服务贸易定义为：

（1）从一缔约方境内向任何其他缔约方境内提供服务；

（2）在一缔约方境内向任何其他缔约方的服务消费者提供服务；

（3）一缔约方在其他任何缔约方境内通过提供服务的实体的介入而提供服务；

（4）一缔约方的自然人在其他任何缔约方境内提供服务。

这里的"服务"包括任何部门的任何服务，实施政府职能活动所需的服务提供除外。根据这个定义，国际贸易服务涉及以下范围的交易活动：

（1）过境交付，是指一国向另一国提供服务，没有人员和物资的流动，而是通过电讯、邮电、计算机网络实现的。如视听和国际金融中的清算与支付。

（2）境外消费，是指一国消费者到另一国消费，而受到服务提供者提供的服务。如外国人到本国旅游，本国学生到外国留学。

（3）商业存在，它是服务贸易活动中最主要的形式，是指允许外国的企业和经济实体到本国开业、提供服务，包括投资设立合资、合作或独资企业。如跨国公司到中国投资办厂。

（4）自然人流动，是指允许单独的个人入境来本国提供服务。如外籍教师、医生来本国从事个体服务。

一般来讲，目前国际上 GATs 的定义比较有权威性，被各国普遍接受。

（二）服务贸易的内容及分类

由于国际服务贸易的多样性和复杂性，目前尚未形成一个统一的分类标准。许多经济学家和国际经济组织为了分析方便和研究的需要，从各自选择的角度对国际服务贸易进行划分，下面对有代表性和有影响的分类加以扼要评述。

1. 民间分类

（1）以"移动"为标准，即服务的供求者是否发生位置变化。

①独立服务。它的特征是不要求服务的提供者过境移动，如运输服务。对应 GATs 定义中的过境交付。

②需求地服务。它的特征是要求服务提供者接近服务需求者，才能提供服务，如银行、金融和保险服务。对应于 GATs 定义中的商业存在。

③供给地服务。它的特征是要求服务的需求者发生移动（即到供给地），才能够买到服务，如国际旅游、教育和医疗。对应于 GATs 定义中的消费者移动。

④自由与连带服务。它的特征是要求双方都要移动，才能实现服务贸易。对应于 GATs 定义中的人员流动和商业存在中的部分服务。

（2）以行业为标准。

①银行和金融服务。

②保险服务。保险服务贸易既包括非确定的保险者，也包括常设保险公司的国际交换。

③国际旅游和旅行服务。旅游贸易包括个人和企业的旅游活动。其范围涉及旅行社和各种旅游设施及客运、餐饮供应等。

④空运和港口运输服务。

⑤建筑和工程服务。这类服务包括基础研究、工程项目建设、维修和运营过程的服务。

⑥专业（职业）服务。这类服务主要包括律师、医生、会计师、艺术家等自由职业的从业人员提供的服务，以及在工程、咨询和广告业中的专业技术服务，国际专业服务贸易的层次性较强，在不同层次交易水平不同。

⑦信息、计算机与通信服务。

（3）以要素密集度为标准。按照服务贸易中对资本、技术、劳动力投入要求的密集程度，将服务贸易分为：

①资本密集型服务。这类服务包括空运、通信、工程建设服务等。

②技术与知识密集型服务。这类服务包括银行、金融，法律、会计、审计、信息服务等。

③劳动密集型服务。这类服务包括旅游、建筑、维修、消费服务等。

（4）按是否伴随有形商品贸易为标准。

①国际追加服务。国际追加服务指服务是伴随商品实体出口而进行的贸易。

②国际核心服务。国际核心服务指与有形商品的生产和贸易无关，消费者单独购买的、能为消费者提供核心效用的一种服务。它包括面对面型国际核心服务（服务供给者与消费者双方实际接触才能实现的服务）和远距离国际核心服务（它不需要服务供给者与消费者实际接触，一般需要通过一定的载体方可实现跨国界服务）。

2. 国际货币基金组织（IMF）的分类

根据 IMF 1995 年修订的第五版《国际收支手册》，将服务贸易分为 11 大类：运输；旅游；通讯服务；建筑服务；保险服务；金融服务；计算机和信息服务；专有权使用费和特许费；其他商业服务；个人、文化和娱乐服务；其他未提及的政府服务。

3. 世界贸易组织（WTO）统计与信息系统局（SISD）的分类

根据 WTO 各成员方送交的材料所列项目，并结合各缔约国提出的四个参照基准——跨越国界的流动、服务目的的具体性、交易的连续性、服务时间的有限性，可将国际服务贸易划分为 12 个大类 150 个服务项目。

三、国际服务贸易的发展概况、原因和特点分析

（一）国际服务贸易的发展概况

1. 国际服务贸易的产生和发展现状

国际服务贸易是随着商品经济的出现而产生，在一个国家内的服务经济基础上，通过服务业的国际化和国际分工而发展起来的。在相当长的一段时间内，由于服务贸易商品的特殊性，服务贸易发展的速度很慢，贸易额在世界贸易总额中所占的比重很小。

初期的服务贸易起源于原始社会末期、奴隶社会早期，具有一定规模的国际服务交换始于 15 世纪世界航运事业的兴起和新大陆的发现。但是，从服务贸易的产生到 20 世纪中叶，在当时的社会经济条件下，有形商品的贸易一直占据国际贸易的主导地位，国际服务贸易由于规模太小而未引起世人的关注。

第二次世界大战以后，世界服务市场逐渐从世界商品市场与金融市场中分离出来，世界经济也开始从萧条中走出，开始出现复苏和振兴的迹象。特别是自 20 世

纪60年代以来,随着高科技迅猛发展和国际经济联系的加强,国际服务贸易在国际经济领域中越来越占据令人瞩目的地位,这主要表现为它在国民收入中所占比重越来越大,在服务业中就业的人数超过农业和工业,教育、通信、信息、金融和运输向具有统一的服务基础设施方向发展。

进入20世纪90年代,信息高速公路(Information Highway)、电子商务(Electronic Business)和多媒体技术(Multi-Media)出现在信息服务领域,使得信息处理和长距离的电信服务成本大幅度降低,从而带来了服务业的革命,极大地促进了服务贸易的发展。随着多边框架体系《服务贸易总协定》的签署,国际服务贸易进入了一个在规范中向自由化方向发展的新时期,并出现了服务贸易略高于货物贸易增长速度的局面。据统计,1999年服务贸易的增长率为4.31%,货物贸易的增长率为3.27%。这种以信息为基础的经济发展状况,国际上有一种较为普遍接受的理论,即世界经济已发展成为"后工业经济"(Post-Industrial Economy)或"信息经济"。这种经济的特点是:经济由以产品为基础向以服务为基础转变,服务业与服务贸易已成为国际经济活动中最具活力的领域。

2. 国际服务贸易的格局和地区分布

纵观服务业的发展,各国水平参差不齐,发达国家服务业发达,在国际服务贸易中占据绝对优势地位,17个西方发达国家占国际贸易进出口总额的74.3%;而发展中国家服务业较落后,只占国际服务贸易的较小部分,特别是在现代服务方面,绝大多数国家都处于逆差地位。但是近年来,新兴工业化国家和地区由于经济的腾飞而带动了服务业的较快发展,已成为国际服务贸易中一股不可忽视的力量。

同时世界服务贸易的地区分布也相当不平衡。据WTO互联网站文章提供的1996年统计材料(如表10-1所示),在商业服务贸易出口中,西欧所占份额最大,达47.9%;亚洲(在WTO统计中包括澳洲)其次,占22.7%;北美第三,占17.9%;拉美第四,占3.7%;非洲最末,占2%。其中1996年服务贸易出口增长最快的是亚洲和拉美,均为8%,北美增长7%,西欧和非洲增长都低于世界5%的增长率。亚洲对贸易增长的贡献最大,占18.2个百分点,由此可见亚洲是服务贸易十分活跃的地区。

(二)国际服务贸易迅速发展的原因

1. 科学技术推动服务业和服务贸易的迅速发展。第二次世界大战后,在新技术革命的推动下,各国普遍在产业结构调整中大力发展服务业,从而为服务贸易提供了坚实的物质基础。如今,科技本身就是服务贸易的主要内容之一;科技的发展使众多的新型服务部门应运而生,如电子商务是因国际互联网(Internet)电子数据和交换技术(EDI)的发展而兴起的;科技的进步缩小了时空,加速了劳务和科技人员的国际流动;科技的发展使以前服务不可贸易成为了可贸易,如光盘中存储的知识和教育服务等。

表 10-1　　　　　　　　　　世界服务贸易分布情况

世界部分地区商业性服务贸易额的增长

出口					进口			
金额（10 亿美元）	份额（%）	年度变化（%）	贡献度（百分点）		金额（10 亿美元）	份额（%）	年度变化（%）	贡献度（百分点）
1996 年		1995 年	1996 年	1996 年	1996 年		1995 年	1996 年	1996 年
1 260	100.0	14.0	5.0	5.00	世界	1 265	100.0	15.0	5.0	5.00
225	17.9	8.0	7.0	1.25	北美	167	13.2	7.0	6.0	0.79
47	3.7	8.0	8.0	0.30	拉丁美洲	57	4.5	3.0	10.0	0.45
603	47.9	14.0	3.0	1.44	西欧	573	45.3	16.0	2.0	0.91
25	2.0	10.0	—	0.00	非洲	35	2.8	6.0	—	0.00
286	22.7	19.0	8.0	1.82	亚洲	354	28.0	21.0	8.0	2.24

2. 跨国公司的迅猛发展，加速了服务的国际化。以跨国公司为依托的直接投资是当今世界的主流之一，它们的快速发展，带动了资本、技术和人才的国际性流动，从而推动了服务贸易的国际化步伐。

①通过跨越国境的数据资料的流动和世界信息网的建立，跨国公司有能力提供越过其他部门的各种服务。

②跨国公司在国际服务市场上提供继续服务，如银行、保险、法律以及咨询等服务。

③大型跨国公司的发展，带动了资本、技术、人才的国际性流动，从而推进了服务贸易的国际化。

3. 世界商品贸易的增长和贸易自由化促进了世界服务贸易的发展。

4. 国际旅游业的兴起也带动了服务业的兴旺。第二次世界大战后，旅游业异军突起，超过了世界经济中许多其他部门的发展，1970 年以来国际旅游业成为仅次于石油和钢铁业的第三大产业。

5. 世界经济中的地区经济一体化，促进了国际服务贸易的发展。欧盟、北美自由贸易区、亚太经合组织（APEC）、海湾合作理事会（GCC）、东盟（ASEAN）等区域性组织，以经济贸易合作为基本目标，或多或少地都在章程或协定上把投资自由化、服务自由化作为一项内容来表述，以加强合作。

除上述几点原因之外，还有诸如各国政府对服务贸易的支持，发展中国家的积极参与和改善，国际服务合作的扩大，由于个人需求满足、对环境和可持续发展的关注、解决失业和平衡国际收支的需要而引起的对各种服务需求的增长等，都对国际服务贸易的增长起到了推动作用。

（三）第二次世界大战后国际服务贸易发展的特点

1. 国际服务贸易赶上并超过商品贸易的增长速度

服务贸易在世界贸易中的比重逐渐上升，在 20 世纪 70 年代就是这样，到 80 年代后期乃至现在表现得都很明显。服务贸易已成为国际贸易中一股不可或缺的强大势力，它也是增加国民收入、改善国际收支平衡的重要途径，与货物贸易一样同样重要。

2. 发达国家间双向流动的服务贸易发展大大快于发达国家与发展中国家间单向流动的服务贸易

3. 国际服务贸易的地理分布极不平衡，发达国家与发展中国家的服务贸易结构存在较大的差异

服务贸易地理分布不平衡主要表现在发达国家和新兴工业化国家与地区的服务贸易发展迅速并占据明显的优势，发达国家占了国际服务出口的 70% ~ 80%，拥有数以千亿计的贸易顺差。发展中国家作为一个整体在国际服务贸易中所占的份额相当低，大部分国家长期处于逆差的境况。而且当前服务贸易的发展趋势是以资本密集型和知识、技术密集型为主，技术进步所带来的新型国际服务贸易的发展远远快于传统形式的服务贸易，如通讯服务中传真、光导纤维的信息快递服务与传统电话、电报服务，发达国家在这方面占有绝对的优势，就是发展中国家占有比较优势的劳动密集型服务项目也难以同发达国家抗衡，比如欧洲旅游业收入占了国际旅游总收入的 2/3。

在贸易结构上，发展中国家主要依靠旅游运输等传统服务业，尽管在新型服务业"其他民间服务"（主要包括银行、保险、通讯、数据处理、技术服务、咨询、广告等服务中与现今科技和物质生产结合最紧密的部分，它们是国际服务市场上有广阔发展前景的行业）方面有所上升，但发展中国家对"其他民间服务"进口的依赖程度在增加。这也是发展中国家与发达国家在服务贸易中差距最大的领域。

4. 世界服务市场呈多元化趋势发展

20 世纪 70 年代以前，西方发达国家是最主要的世界服务贸易市场；70 年代以后，西方经济陷入滞胀局面，而中东几个主要产油国依靠其资源优势，大量吸收投资，成为当时劳务输入的主要市场；80 年代以来随着亚太经济的崛起，东南亚服务输入十分活跃；90 年代，随着跨国公司的迅速发展，服务贸易市场已不再限于一两个区域，市场呈现多元化的格局。

5. 国际服务贸易竞争激烈，保护主义抬头

由于服务市场的多元化、国际化趋势的加强，而且随着服务贸易在各国国民经

济中的重要性日益提高，服务贸易市场的竞争就显得尤为激烈。而且在实践中，出于对本国经济的保护，有些国家在服务贸易方面设置壁垒。服务贸易方面的壁垒主要是指 WTO 成员方未能履行其在服务贸易减让表中的具体承诺，以及不符合 GATs 有关规定的各种做法或措施。实践中，造成阻碍国外服务或服务供应商进入本国市场的壁垒措施可能有：（1）准入条件过于严格或缺乏透明度。例如，某国规定，通常情况下不允许外国建筑公司承建公共工程项目，除非本国公司不能承担。（2）冗长的审批程序。例如，某国制定了极为繁杂的审批条件和程序，要求国外服务供应商提供过于复杂的资质证明和其他文件，并以其他各种理由拖延审批时间。（3）对服务供应商施加各种形式的限制，或增加其经营负担。例如，根据某国规定，在申请各种电信设施的使用许可时，外资电信运营商的申请条件比国内电信运营商更加严格。（4）外国服务供应商所面临的不公平竞争。如某国禁止外国旅游服务经营商在该国做境外旅游的广告。

6. 服务行业垄断现象比较严重

不论是国家垄断（如邮政、电讯、民航等关系到国家主权与安全的行业）还是私人垄断，服务行业的这种现象都比较突出。其中以美、日等国的"垂直集中"和"水平集中"最为明显。垂直集中是指某一服务项目集中在少数几家私人垄断公司的现象。如六大会计师事务所掌管了全球的会计事务，国际影视服务被"美国动画片协会卡特尔"独家垄断。水平集中主要是指服务企业日益扩大其经营范围至关联行业，以获取市场垄断地位。如电讯公司将业务范围扩展到数据处理等方面。

四、《服务贸易总协定》（GATs）

（一）GATs 的产生和基本框架

1. GATs 的产生

随着服务贸易的比重和重要性的日益加强，以美国为代表的发达国家积极倡导服务贸易自由化，一些新兴的发展中国家和地区在某些服务业已取得相当的优势，而大部分发展中国家一方面迫于来自发达国家的压力，另一方面也认识到如果不积极地参与服务贸易的谈判，将会形成由发达国家制定服务贸易的规则，而自己只能成为被动的接受者的局面，其利益将会受到更大的损害。于是多边贸易的谈判重点也正从货物贸易转向服务贸易。

GATs 是《关贸总协定》（GATT）第八轮谈判的成果之一，关于 GATs 的谈判主要经历了三个阶段。

第一阶段（1986 年 10 月 27 日—1988 年 1 月），主要是讨论服务贸易的定义、范围、相关国际规则或协议等。

第二阶段（1988 年 12 月—1990 年 6 月），重点讨论透明度、逐步自由化、国民待遇、最惠国待遇、市场准入、发展中国家的更多参与、例外和保障条款以及国家规章等原则在服务部门的运用。

第三阶段（1990 年 7—12 月），主要是调和各方立场和观点，拟出了《服务贸易多边框架协议草案》。1990 年 12 月 3—7 日，乌拉圭回合部长会议将之更名为《服务贸易总协定》(GATs)，由于美、欧在农产品补贴问题上的立场不同，直到 1994 年 4 月 15 日，谈判各方才正式签订了 GATs。

服务贸易自由化的后续谈判成果是在金融服务、基础电信和信息技术三方面实现了历史性突破，取得了重要成果，尽管这三项协议目前仅对签约方有约束力，但由于签约方所控制的有关贸易额在全球的相关贸易额中占绝大多数，因此，这三项协议所确定的内容在不久的将来也会成为世贸组织全体成员的义务和承诺。

GATs 的目的在于制定处理服务贸易的多边原则和规则的框架，包括对各个服务部门制定可能需要的守则，以便在透明度和逐步自由化的条件下扩大服务贸易，并以此作为促进所有贸易伙伴的经济增长和发展中国家经济增长的一种手段。

GATs 适用于基于商业目的所提供服务的政府措施，包括私有企业和政府所有/控制的公司。政府机构或部门为实施职能的服务（包括驻外使领馆员的服务）不在此协定范围之内。

2. 基本框架

1995 年 1 月 1 日正式生效的《服务贸易总协定》由以下三部分组成：

（1）协议条款。协议条款本身共有 6 个部分，共 29 条。

第一部分（第 1 条）为"范围与定义"。

第二部分（第 2 条至第 15 条）为"一般义务和纪律"。包括最惠国待遇、透明度、发展中国家的更多参与、经济一体化、国内法规、承认、垄断和专营服务提供者、商业惯例、紧急保障措施、支付和转移、保障国际收支的限制、政府采购、一般例外、补贴等。

第三部分（第 16 条至第 18 条）为"具体承诺"。包括市场准入、国民待遇、附加承诺。

第四部分（第 19 条至第 21 条）为"逐步自由化"。包括具体承诺的谈判、具体承诺表、承诺表的修改。

第五部分（第 22 条至第 26 条）为"制度条款"。包括磋商、争端解决和实施、服务贸易理事会、技术合作、与其他国际组织的关系。

第六部分（第 27 条至第 29 条）为"最后条款"。包括利益的拒给、定义、附件。

（2）附件。总共有 8 个附件：关于第 2 条豁免的附件、关于空运服务的附件、关于本协议下提供服务的自然人流动附件、关于金融服务的附件一、关于金融服务的附件二、关于海运服务谈判的附件、关于电信服务的附件、关于基础电信谈判的附件。

（3）各国的具体承诺表。根据《服务贸易总协定》的规定应附在《服务贸易总协定》之后。

其他有关文件是：关于体制安排和某些争端解决程序的部长决定、关于普遍例外、关于基础电讯、金融服务和专业服务的谈判、关于人员流动和海运服务的谈判以及金融服务承诺谅解书。

（二）GATs 的基本原则和规则

1. 最惠国（MFN）待遇原则

GATs 第 2 条第 1 款规定：关于本协定涵盖的任何措施，每一成员对于任何其他成员的服务和服务提供者，应立即和无条件地给予不低于其给予任何其他国家同类服务和服务提供者的待遇。GATs 也列出了最惠国待遇原则的例外，（1）一成员可维持与第 1 款不一致的措施，只要该措施已列入《关于第 2 条豁免的附件》，并符合该附件中的条件；（2）本协定的规定不得解释为阻止任何成员对相邻国家授予或给予优惠，以便利仅限于毗连边境地区的当地生产和消费的服务的交换。

2. 透明度原则

GATs 第 3 条要求各缔约方必须将其影响国际服务贸易的所有有关法律和行政命令，所有其他的决定、规则以及习惯做法，参加的所有有关的或影响服务贸易的其他国际条约，在其生效前予以公布。GATs 规定至少每年应将新的规定通知各成员方，但不要求任何成员方提供那些一旦公布就会妨碍其法律实施或公共利益或损害某一企业正当合法的商业利益的机密资料。

3. 发展中国家的更多参与原则

由于发展中国家的服务业比较落后，不仅影响自己国家经济的发展步伐，也影响了世界经济的进程。GATs 第 4 条达成以下几种方式，以便发展中国家成员更多地参与世界贸易：（1）增强其国内服务能力、效率和竞争力，特别是通过在商业基础上获得技术；（2）改善其进入分销渠道和利用信息网络的机会；（3）在对其有出口利益的部门和服务提供方式上实现市场准入自由化。

此外 GATs 还规定，发达国家成员和在可能的限度内的其他成员，应在《建立 WTO 的协定》生效之日起 2 年内设立联络点，以便利发展中国家成员的服务提供者获得与其各自市场有关的市场准入资料：服务提供的商业和技术方面的内容；专业资格的登记、认可和获得；服务技术的可获性；对最不发达的国家在接受谈判达成的具体承诺方面存在的严重困难应予特殊考虑。

4. 市场准入原则

GATs 第 16 条规定，每一成员方给予任何其他成员的服务和服务提供者的待遇应不低于其承诺表中所同意和规定的条款、限制和条件。在作出市场准入承诺的部门，除非在其减让表中另有列明，否则一成员不得在其一地区或在其全部领土内维持或采取按如下定义的措施：

（1）无论以数量配额、垄断、专营服务提供者的形式，还是以经济需求测试要求的形式，限制服务提供者的数量；

（2）以数量配额或经济需求测试要求的形式限制服务交易或资产总值；

（3）以配额或经济需求测试要求的形式，限制服务业务总数或以指定数量单位表示的服务产出总量；

（4）以数量配额或经济需求测试要求的形式，限制特定服务部门或服务提供者可雇用的、提供具体服务所必需且直接有关的自然人总数；

（5）限制或要求服务提供者通过特定类型法律实体或合营企业提供服务的措施；以及

（6）以限制外国股权最高百分比或限制单个或总体外国投资总额的方式限制外国资本的参与。

5. 国民待遇原则

GATs 第 17 条国民待遇共 3 款，第 1 款规定各成员方在其提交的具体承诺部门内应依照承诺表中的条件和资格给予其他成员方的服务和服务提供者的待遇；第 2 款规定"一成员方给予其他成员的服务或服务提供者的待遇，与给予本国相同服务或服务提供者的待遇不论存在形式上相同或形式上不同，都可满足第 1 款"。第 3 款规定如果一方修改其服务和服务提供者的竞争条件，以有利于己方的服务和服务提供者，则形式上相同或不同的待遇应被认为对其他成员方的同类服务或服务提供者不利。

6. 逐步自由化原则

GATs 第四部分规定了扩大服务贸易自由化的谈判原则、适用范围、具体承诺减让表和承诺表的修改等。但是，服务贸易的一些重要领域涉及一国的主权、机密和安全，所以服务贸易自由化是一个渐进的过程。

GATs 规定，对发展中国家在少开放一些市场部门、较少类型交易的放宽和根据其发展情况逐步扩大市场准入的程度等方面应给予适当的灵活性，并当其有可能向外国服务提供者做出市场准入时，应把重点放在旨在达到发展中国家更多的参与上。

（三）一些特殊规定

1. 紧急保障措施与保障收支平衡的限制

GATs 第 10 条第 1 款规定，应就紧急保障措施问题在非歧视原则基础上进行多边谈判。此类谈判的结果应在不迟于《建立 WTO 的协定》生效之日起 3 年内的某一日期生效。

第 2 款规定，在第 1 款所指的谈判结果生效之前的时间内，尽管有第 21 条第 1 款的规定，但是任何成员仍可在其一具体承诺生效 1 年后，向服务贸易理事会通知其修改或撤销该承诺的意向；只要该成员向理事会说明该修改或撤销不能等待第21条第1款规定的3年期限期满的理由。

第3款规定，第2款的规定应在《建立 WTO 的协定》生效之日起3年后停止适用。

上述规定表明，各成员经济体有关服务贸易的各种紧急保障措施应属临时性的，而非歧视基础上的多边安排将是世界贸易组织努力的目标。

2. 一般例外与安全例外

GATs 第14条规定，在此类措施的实施不在情形类似的国家之间构成任意或不合理歧视的手段或构成对服务贸易的变相限制的前提下，应采取以下措施：

（1）为保护公共道德或维护公共秩序所必需的措施；

（2）为保护人类、动物或植物的生命或健康所必需的措施；

（3）为使与本协定的规定不相抵触的法律或法规得到遵守所必需的措施，比如，防止欺骗和欺诈行为或处理服务合同违约而产生的影响；保护与个人信息处理和传播有关的个人隐私及保护个人记录和账户的机密性等安全问题；

（4）与第17条不一致的措施，只要待遇差别是为了保证对其他成员的服务或服务提供者平等和有效地课征或收取直接税；

（5）与第2条不一致的措施，只要待遇方面的差别是约束该成员避免双重征税的协定或任何其他国际协定或安排中关于避免双重征税的规定的结果。

第14条的附加条款对安全例外做出了规定：（1）不得要求任何成员提供其认为如披露则会违背其根本安全利益的任何信息；（2）不得阻止任何成员采取其认为对保护其根本安全利益所必需的任何行动，如与直接或间接为军事机关提供给养的服务有关的行动、与裂变和聚变物质或衍生此类物质有关的行动、在战时或国际关系中的其他紧急情况下采取的行动等；（3）不得阻止任何成员为履行其在《联合国宪章》项下的维护国际和平与安全的义务而采取的任何行动；（4）根据（2）（3）两项规定所采取的措施及其终止，应尽可能充分通知服务贸易理事会；（5）与第2条不一致的，只要这种待遇差别是源于避免双重征税协议或该成员受其约束的任何其他避免双重征税的国际协议或安排的规定。

五、GATs 与中国服务贸易

（一）我国的服务业发展现状

改革开放以来，中国的服务业发展十分迅速，2001年，中国服务贸易进出口总额为674亿美元。其中，服务贸易出口额为310亿美元，约占世界服务贸易出口总额的2.2%，较上年度增长3%；进口额为364亿美元，约占世界总额的2.5%，较上年度增长2%。第三产业发展的速度明显快于第一产业和第二产业，其占国民经济的比重从1980年的20.6%上升至1998年的32.8%。至今，我国服务业尚处于以个人和家庭服务和劳动密集型传统服务为主的阶段，这种产业结构相对于世界上大部分国家来说是比较落后的。虽然我国的服务业自改革开放以来取得了很大成绩，但与世界许多国家相比，差距仍很明显。据世界银行统计，世界高收入国家和地区的服务业，在其 GNP 中的比重高达 70%，而我国目前的比重仅为 30% 左右，只与世界低收入国家 20 世纪 80 年代末的平均水平相当。我国不仅服务业落后，服务贸易的发展水平也很低。当前服务贸易额仅占世界服务贸易额的 1%，并且处于逆差地位。就连我国经济最为发达、服务业发展相对领先的上海，也未能实现服务贸易的顺差。

另外，我国服务业的结构也不合理，在我国服务部门中，旅游、建筑、交通和工程咨询业迅速发展，而其他服务业落后，尤其是新兴产业少，生产性服务不发达，服务业的技术含量很低，严重制约着国民经济其他领域的发展。服务业地区发展也极不平衡，从规模上看，人口密集的省市第三产业发达。整个服务业社会化和商品化的程度不够。跨国服务刚起步，同国际竞争水平有很大的差距，在目前各缔约方向总协定提供的 150 多种服务贸易部门中，我国能够提供的仅有 40 多个部门的服务。

在这种情况下，我国的服务贸易尽管已经开始发展，但仍然显得比较落后。1998 年，我国服务出口的排名为第 15 位，服务进口排名为第 11 位。2001 年，中国在服务贸易出口方面排名第 12 位，进口则排名第 10 位，相比而言，服务贸易的发展已经取得了巨大的进步。总体来讲我国服务贸易的发展程度还低于货物贸易的发展，2001 年在货物贸易的进出口方面，中国均排名第 6 位。

与 2000 年的货物进出口贸易额相比，2001 年大部分国家出现负增长。货物贸易出口额增加的国家仅为德国、中国和意大利，其中中国的出口增加幅度最高，达到 7%。与上年度相比，2001 年各国的服务贸易进出口额也出现了不同程度的负增长，出口额增加的国家和地区有意大利、西班牙、中国香港和中国，中国的增长幅度为 3%；进口额增加的国家有 7 个，中国的增幅为 2%。世贸组织经济研究员迈克·芬格指出，如果对 2001 年度世界各国货物贸易和服务贸易进出口总和进行综合统计，中国将首次成为世界第四大贸易体，仅次于欧盟、美国和日本，超过了加拿大。芬格说，尽管受到主要出口市场疲软的影响，但由于加入了世贸组织，中国的对外贸易仍取得显著增长。可见我国服务贸易的发展还有很大的潜力。

（二）加入 WTO 中国在服务贸易领域的承诺

中国从 1991 年 7 月开始，先后两次向关贸总协定秘书处提交了初步承诺开价单，共涉及中国国内 14 个服务领域的市场开放和国民待遇的条件和资格。这 14 个领域是：专业服务、计算机及有关服务、广告、近海石油服务、陆上石油服务、建筑工程、房地产、城市规划、银行、保险、旅游服务、远洋运输、航运、陆地运输。

（三）GATs 对我国服务业发展的影响

GATs 作为 WTO 的三大协定之一，对中国经济的影响，尤其是对服务业的影响也是一把双刃剑，它给我国服务业发展带来的机遇表现为以下几点：

1. 促进我国服务业和服务贸易的发展。外来的竞争一方面带来竞争的压力，另一方面带来现代服务业的经营管理经验和先进的技术。这都可以促进中国原有的服务行业的发展。在服务业中，许多技术的渗透作用和示范效应要大于制造业。在服务业中，国内原有企业迎头赶上的可能性要大于制造业。

2. 促进中国的产业结构优化。中国目前第三产业在国民经济中的比重很低。中国加入世界贸易组织以后，《服务贸易总协定》有助于推动中国大力发展服务业。

3. 有利于利用外资。一方面是"引鸟筑巢"，创造了更好的投资环境，另一方面也增加了利用外资的渠道，例如外资银行等。

4. 增加就业。许多研究证明，服务行业即使在技术含量很高的情况下，其吸收就业的能力仍然远远高于制造业，而且不大会随着技术进步而减少就业吸收能力。

5. 促进解决国民经济发展中的许多瓶颈问题，促进整个国民经济的发展。一般来说，发展中的瓶颈问题大多出现在服务行业，以运输、通讯、银行、社会保障等领域尤为典型。

6. 以改善市场结构的方式，推进竞争体系的建设，从而推动新一轮的改革，促进社会主义市场经济体系的建设。这在电信和金融两个领域体现得尤其明显。

7. 有利于利用多边争端解决机制，解决我国服务贸易中的涉外争端。

与此同时，GATs 给我国服务业带来的挑战也是明显的。

1. 体制适应的挑战。GATs 是以市场经济为基础的，逐步实现服务贸易自由化必然要求按照市场经济规律运作。然而长期以来，我国采取的是与其相悖的做法，如用政府补贴保护某些出口服务，用指令性计划规定进口限额和市场准入等。所以经济体制的改革是势在必行的，也是艰巨的。

2. 竞争差距的挑战。我国服务业不仅数量少，结构不合理，而且竞争力相当弱，许多服务业尚处于空缺或起步阶段，无国际竞争力可言。即使是旅游、对外工程承包等具有相对优势的行业，也多以粗放经营为主，与发达国家有相当大的差距。

3. 开放国内市场的挑战。服务贸易自由化必然要求开放国内市场，这又主要通过接受国外服务业直接投资来实现。大量服务业直接投资的进入，尤其是影响国家主权和安全的金融、电讯和技术服务等直接投资的进入，有可能使我国形成对外资的依赖。

总之，我们应该综合利弊，勇于迎接挑战，抓住机遇，深化改革，尽快提高我国服务业的国际竞争力。

第二节　与贸易有关的投资措施

一、投资措施协议产生的背景

第二次世界大战后，尤其是 20 世纪 70 年代以来，国际直接投资日趋频繁，特别是跨国公司的直接投资取得了长足的发展。国际直接投资对各国经济和国际贸易的发展产生了重要影响。与此同时，投资国与东道国之间以及东道国与投资者之间围绕着直接投资方面的矛盾和纠纷也在不断增加。为了促进国际投资活动的健康发展，国际社会在近几年间曾做过多方面的努力，起草或制定了许多规则与协议。这些规则和协议有的在一定范围内得到实施，但绝大部分并未付诸实施。从 70 年代开始，联合国经社理事会所属的原跨国公司委员会开始起草《联合国跨国公司行为守则》，80 年代初提出草案。在 1992 年 4 月跨国公司委员会召开的最后一次年会上，该守则文本仍未能定案，以后经过非正式磋商得出结论；现阶段不可能达成一致意见，从而该守则成为悬案，谈判彻底搁浅。

乌拉圭回合谈判开始之前，在《关贸总协定》的框架之内，贸易与投资的关系没有受到多少关注。在 1948 年制定的《国际贸易组织宪章》经济发展一章中，包含了一些有关外资待遇的条款。但是，这部宪章没有被批准生效，只有宪章中的一些有关商业政策的条款被《关贸总协定》吸收和继承。1955 年，《关贸总协定》缔约方通过了一项国际投资与经济发展的决议，决议要求各国通过缔结双边协议为外国投资提供安全和保护。

与贸易有关的投资措施协议由 9 个条款和 1 个附件组成，它是限制东道国政府，通过政策法令直接或间接实施对与货物（商品）贸易有关的投资产生限制和扭曲作用的措施。

二、投资措施协议的主要内容

（一）对东道国引进外资的限制做出规定

1. 东道国政府引进外资中的投资措施

通常，各国在引进外资的投资中，采取的附加要求措施如下：

（1）当地含量：要求在生产中使用一定价值的当地投入。

（2）贸易平衡要求：进口要与一定比例的出口相当。

（3）外汇平衡要求：规定进口需要的外汇应来自公司出口及其他来源的外汇收入的一定比例。

（4）外汇管制：限制使用外汇，从而限制进口。

（5）国内销售：要求公司在当地销售一定比例的产品，其价值相当于出口限制的水平。

（6）生产要求：要求某些产品在当地生产。

（7）出口实绩要求：规定应出口一定比例的产品。

（8）产品授权要求：要求投资者以规定的方式生产指定的产品供应特定的市场。

（9）生产限制：不允许公司在东道国生产特定产品。

（10）技术转让要求：要求非商业性地转让规定的技术和/或在当地进行一定水平和类似的研究与开发活动。

（11）许可要求：要求投资者取得与其在本国使用的类似或无关技术的许可证。

（12）汇款限制：限制外国投资者将投资所得汇回本国的权利。

（13）当地股份要求：规定公司股份的一定百分比由当地投资者持有。

2. 协议规定禁止使用的投资措施与理由

（1）不符合《1994 年关贸总协定》第 3 条国民待遇原则的投资措施，包括那些国内法律或行政条例规定的强制性实施的投资措施，或者为了获得一项利益必须与之相符合的投资措施。

①当地成分（含量）要求。要求外商投资企业生产的最终产品中必须有一定比例的零部件是从东道国当地购买或者是当地生产的，这种要求可以任何方式表达出来。

②贸易（外汇）平衡要求。规定外商投资企业为进口而支出的外汇，不得超过该企业出口额的一定比例。

（2）不符合《1994 年关贸总协定》第 11 条取消进口数量限制原则的投资措施，包括国内法律或行政条例规定的强制性执行的措施，或者为了获得一项利益必须与之相符合的投资措施。

①贸易（外汇）平衡要求。对外商投资企业的进口作出一般的限定，或规定不得超过该企业出口量或出口值的一定比例。

②进口用汇限制。规定外商投资企业用于生产所需的进口额应限制在该企业所占有的外汇的一定比例内。

③国内销售要求。规定外商投资企业要有一定数量的产品在东道国销售，而不论采取何种形式表示这种要求。二者相结合，协议中属于禁止使用的投资措施主要有 4 项，即当地成分要求、贸易平衡要求、进口用汇限制和国内销售要求。

（二）例外条款和发展中国家成员

《1994 年关贸总协定》中的所有例外都可以视具体情况适用于该协议；发展中国家成员可以享受特殊优惠。考虑到发展中国家在贸易和投资方面的实际情况和特殊要求，它们可以暂时自由地背离国民待遇和取消数量限制原则，但这种自由地背离应符合《1994 年关贸总协定》第 18 条的规定，即主要是为了平衡外汇收支和扶持国内幼稚产业的发展等目的。

（三）通知和过渡安排

世界贸易组织成员经济体应在《建立世界贸易组织的协定》生效后 90 天内向该组织的货物贸易理事会通告它们正在实施的与该协议不相符的所有与贸易有关的投资措施，不仅包括其基本特征，还包括其一般的和具体的实施情况。上述措施要限期取消，这个期限（即过渡期）是：发达国家成员 2 年，发展中国家成员 5 年，最不发达国家成员 7 年。货物贸易理事会应发展中国家成员的要求，可以延长其过渡期，但要求方必须证明在执行该协议时的特殊困难。在《建立世界贸易组织的协定》生效前 180 天内开始实施且与之不符的投资措施不享受过渡期，应立即予以取消。在过渡期内，为了不对已建立的外商投资企业造成不利影响，成员经济体可以在两种情况下将那些已用于这些已建企业的具体的投资措施用于新建的外商投资企业。这两种情况是指：（1）新建企业生产的产品与已建企业生产的产品相同；（2）有必要避免在新建企业与已建企业间造成扭曲的竞争条件。在以上两种情况下采用的投资措施，应当向货物贸易理事会通报，并且要同对已建企业实施的投资措施一起取消。

（四）透明度要求

除必须遵守《1994 年关贸总协定》第 10 条"贸易条例的公布和实施"以及分别于 1979 年和 1994 年通过的《关于通知、磋商、争端解决与监督》和《关于通知程序的部长决定》以外，每个成员方都应向世界贸易组织秘书处通告可以找到与贸易有关的投资措施的出版物，包括中央和地方各级政府所使用的相关出版物，但成员可以不公开有碍法律实施或对公共利益及特定企业的合法商业利益造成损害的信息。

（五）建立与贸易有关的投资措施委员会

该委员会向世贸组织所有成员经济体开放。委员会应选举主席和副主席，每年至少召开一次会议。应任何成员方的请求，可随时开会。该委员会的职责是：执行货物贸易理事会分配的任务，并向成员方提供与贸易有关的投资措施的运行和执行有关的任何问题的咨询服务；同时，还负责监督与贸易有关的投资措施的运行和执行情况，并每年向货物贸易理事会报告这方面的情况。

（六）磋商与争端解决

《1994 年关贸总协定》第 22 条和第 23 条争议解决的程序与规则适用于与贸易有关的投资措施项下的协商与争议解决。

（七）货物贸易理事会检查

在《建立世界贸易组织的协定》生效 5 年内，货物贸易理事会将对该协议的实施情况进行检查，并视具体情况提出修改建议，同时，考虑该协议是否需要补充有关投资政策和竞争政策方面的规定。

三、与贸易有关的投资措施协议的作用

1. 协议限制的投资措施范围有限，它仅指出 5 种与《1994 年关贸总协定》原则不符的与贸易有关的投资措施，并给成员方过渡期来消除。协议至少并不阻止成员适用其他一些投资措施。例如，不阻止成员方实行出口实绩要求作为投资的条件，也不坚持禁止当地投资者应持有一定百分比的股份，不禁止要求外国投资者必须带来最新的技术或必须在当地进行一定水准或类型的研究与开发活动。

2. 协议有限的范围使得各成员方决定在其生效后 5 年内（即 2000 年 1 月 1 日前）对协议的执行情况进行审议，审议时应考虑是否对协议进行补充，增加投资和竞争政策的条款。这表明将来有可能就谈判制定外国直接投资领域的多边规则提出新建议。

第三节　与贸易有关的知识产权保护

美国于 1987 年 10 月在乌拉圭回合谈判中提出，有关知识产权规范的谈判，不能把世界知识产权组织的各项协定和世界版权协定作为唯一的基础，还应通过乌拉圭回合谈判在确立更有效而统一的原则方面达成一致。美国的这一立场得到了欧共体成员经济体、加拿大、日本、澳大利亚和新西兰等发达国家的支持。多数发展中国家表示不能接受美国提出的原则立场，但出于政治上的考虑，以及从发展本国经济，从利用外资、引进技术、改善本国对外经济技术合作的长期利益目标出发，许多发展中国家最终转向支持。1989 年 4 月关贸总协定成员方部长们就知识产权谈判达成下列原则协议：

（1）关贸总协定基本原则和有关的国际知识产权方面的协议或条约的适用性。

（2）为与贸易有关的知识产权的适用性、范围及使用确定标准和原则性条款。

（3）拟定关于知识产权保护措施的有效执行细则时，应考虑到各国的法律制度。

（4）关于迅速而有效地防止和解决政府间争端的程序及有关条款（包括关贸总协定程序的适用性）。

（5）为在最大范围内落实谈判成果而做的过渡安排。

各国还同意谈判应考虑各国基于知识产权保护的政策目标（发展目标和技术目标）所提出的意见，并强调通过多边程序解决知识产权争端，谈判须有助于加强关贸总协定与世界知识产权组织及其他有关国际组织的相互支持的关系。1991 年 12 月，各国的谈判代表在日内瓦达成了"与贸易（包括冒牌商品贸易在内的）有关的知识产权协定"（TRIPs）草案。该草案修改后于 1994 年 4 月在摩洛哥召开的乌拉圭回合部长会议上草签，成为乌拉圭回合谈判最后文件的一部分，并于

1995 年 7 月 1 日正式生效。该协议共有七个部分，73 个条款。第一部分：总条款与基本原则；第二部分：有关知识产权的效力、范围及标准；第三部分：知识产权执法；第四部分：知识产权的获得与维持及有关程序；第五部分：争端的防止与解决；第六部分：过渡协议；第七部分：机构安排最后条款。

一、协议的宗旨

1. 需要加强对知识产权实行有效和充分的保护，并确保实施知识产权的措施和程序不会成为贸易障碍；

2. 建立多边框架和规则，处理国际假冒产品贸易问题；

3. 知识产权是私有权利，未经权利人许可的使用，一般构成侵权；

4. 承认各国保护知识产权的公共政策的目标，包括发展目标和技术上的目标；

5. 对最不发达国家成员其国内实施法律和规章方面特别需要最大的灵活性；

6. 通过多边程序解决与贸易有关的知识产权争端。

二、协议的基本原则

1. 成员应履行巴黎公约、伯尔尼公约、罗马公约和《关于集成电路的知识产权条约》。

2. 国民待遇。在知识产权保护方面，每个成员给其他成员国民的待遇不应低于它给本国国民的待遇，除非巴黎公约、伯尔尼公约、罗马公约中已分别有例外规定。TRIPs 第 1 条第 3 款专门对该协定有关"国民"的特指含义加以注释。该注释指出，本协定中所称"国民"一词，在世贸组织成员是一个单独关税区的情况下，应被认为是在那里有住所或有实际和有效的工业或商业营业所的自然人或法人。当世贸组织成员是主权国家政府时，TRIPs 规定"就相关知识产权而言，其他成员的国民应理解为符合《巴黎公约》（1967 年）、《伯尔尼公约》（1971 年）、《罗马公约》和《关于集成电路的知识产权条约》所列明的保护标准项下的自然人或法人，是那些条约成员经济体与世贸组织所有成员的国民。"

3. 最惠国待遇。在知识产权保护上，某一成员提供给其他国国民的任何利益、优惠、特权或豁免，均应立即无条件地适用于全体其他成员国民。这与《1994 年关贸总协定》最惠国待遇一样，是无条件的、多边的、永久性的。但司法协助协议、伯尔尼公约或罗马公约所允许的不按国民待遇，而按互惠原则，以及本协议未规定的表演者权、录音制品制作者权及广播组织权等除外。

4. 权利用尽原则。协议规定根据本协定进行争端解决时，在符合国民待遇和最惠国待遇规定的前提下，不得借助本协定的任何条款去涉及知识产权用尽问题。关于知识产权的权利"用尽"问题是争议较多的知识产权尚需进一步探讨的问题之一。

三、协议的目标

协议的目标在于通过知识产权的保护与权利的行使，促进技术的革新、技术的转让与技术的传播；以有利于社会及经济福利的方式，促进生产者与技术知识使用者间互利互惠，并促进世贸组织成员间权利与义务的平衡。

四、协议中关于知识产权的效力、范围及利用标准

1. 版权与临接权。协议要求成员必须遵守伯尔尼公约的规定，伯尔尼公约是目前世界上保护版权水平最高的国际公约。该公约规定了国民待遇原则、自动保护原则和版权独立性原则。版权保护期限为作者有生之年加 50 年。

2. 商标。协议规定：任何能够将一企业的商品或服务与其他企业的商品或服务区分开的标记或标记组合，均应能够构成商标。商标的获得必须经过法定的注册程序。各成员可将"使用"作为可注册的依据，但不得将商标的实际使用作为提交注册的条件。商标首期注册及各次续展注册的保护期，均不得少于 7 年，可无限次续展。

如果将使用作为保持注册的前提，则只有至少 3 年连续不使用，商标所有人又未出示妨碍使用的有效理由，方可撤销其注册。协议还规定了对地理标志的保护，如某商品的特定质量、信誉或其他特征主要与该地理来源相关联。

3. 专利。协议规定对具有新颖性、创造性和实用性的一切技术领域产品或方法的发明可以授予专利，但为保护公共秩序或公德，各成员均可排除某些发明不授予专利。但成员应对植物新品种给以保护，并在世界贸易组织协议生效 4 年之后进行检查。专利保护期为自提交申请之日起 20 年以上。专利权包括：制止第三方未经许可制造、使用、提供销售，或为上述目的进口该专利产品或由该专利方法所直接获得的产品。此外，协议还规定对独立创作的、具有新颖性或原创性的工业品外观设计予以保护，保护期不少于 10 年。

4. 对集成电路的布图设计的保护。其专利人享有进口权和销售权。如果使用人在获得该物时，不知也无合理根据应知有关物品中含有非法复制的布图设计，则不视为非法，但使用人被通知后，应有责任向权利人支付报酬。布图设计保护期为首次付诸商业利用起至少 10 年，或自布图设计完成之日起 15 年。

5. 对未披露过的信息的保护。该信息属于商业秘密，未被公开过；因为保密才具有商业价值；合法控制该信息的人，已采取了合理措施保密。各成员在反不正当竞争中，对此提供有效保护。目前世界上没有一个国家制定了综合性的保护商业秘密法。以契约方式保护商业秘密仍是主要做法。

6. 对限制性竞争行为的控制。协议指出与知识产权有关的某些妨碍竞争的许可证贸易活动或条件，可能对贸易产生消极影响，并可能阻碍技术的转让与传播。

成员方可采取适当措施防止或控制对知识产权滥用的问题，诸如独占性返授条件，或强迫性的一揽子许可证。

五、过渡安排

所有缔约成员可暂缓 1 年执行协议。除国民待遇、最惠国待遇外，发展中国家可以推迟 4 年执行协议。发展中国家将产品专利扩大到不受保护的技术领域，则可再延迟 5 年。最不发达国家有 10 年过渡期。发达国家应鼓励其企业对最不发达国家进行技术转让。协议第 70 条提出对已有客体的保护。协议对有关成员适用本协议之日前发生的行为，不产生任何义务。版权按伯尔尼公约第 18 条给予追溯保护。在《建立世界贸易组织的协定》生效之日某成员尚未保护药品、化工产品专利，一产品已在另一成员提交专利申请，且获产品专利及获准投放市场，且向该成员提出申请，则按本协议从其专利的批准之日起，对尚未届满保护期的剩余时间提供专利保护。

TRIPs 是到目前为止世界上对知识产权保护最严格的国际条约。从长远看，它是当今世界上一部重要的公平竞争法，对人类社会物质文明和公共道德的进步有十分重要的意义。

☞ 习题

1. 简述第二次世界大战后国际服务贸易发展的特点。
2. 简述 GATs 的基本框架。
3. GATs 对我国服务业发展有哪些影响？
4. 简述 TRIMs 的主要内容。
5. TRIMs 的作用有哪些？
6. TRIPs 的基本原则有哪些？
7. 试论述我国应该如何利用 GATs、TRIMs 与 TRIPs，以及如何应对它们带来的负面影响。

☞ 网络链接

1. 国际经济协会是一个致力于国际经济问题研究的私立研究机构。在它的网站上，你可发现很多有用的信息：http：//www. iie. com。
2. 如果你要了解更多有关 GATs、TRIMs 与 TRIPs 的知识，请登录我们的精品课程网：http：//jpkc. znufe. edu. cn/2005/gjmy。
3. 浏览 GATs、TRIMs 与 TRIPs 的文件，请登录：http：//www. wto. org。

第十一章 要素流动与跨国公司

摘要： 生产要素在全球范围内的加速流动使国际证券投资和对外直接投资得到空前发展，深刻影响着世界经济。跨国公司作为世界市场的投资主体，在生产国际化、贸易投资自由化、商品世界化、资本国际化和市场全球化的大趋势下，成为影响世界经济发展的重要因素。国际资本和劳动力流动在新时期表现出很多新的特点，对我国经济也产生了巨大的影响。

重点与难点：

1. 国际资本流动的影响
2. 对外直接投资理论
3. 跨国公司发展的新特点
4. 国际劳动力流动的影响

第一节 概 述

以跨国公司为载体的国际投资是当今世界经济发展的主流之一，而国际投资（国际资本流动）主要有两种：外国证券投资（Foreign Portfolio Investment，FPI）和外国直接投资（Foreign Direct Investment，FDI）。FPI 是指用一国货币计量的纯金融资本，或者是指个人、企业或公共团体（如中央和地方政府）投资于外国金融证券（如政府债券、外国股票）。它不涉及在国外的商务活动中拥有相当数量的资本金。投资于债券是投资者借出他的资本以便持续、间隔地获得固定报酬及在一个预定的时期收回债券的面值。第一次世界大战以前，许多外国投资者都采用这种方式投资，如英国人将钱投资到它的殖民地，让别人去修建铁路、开垦土地和开发原材料资源。股票是投资者购买的权益，或者说是投资者对公司净资产的一份所有权。证券和金融投资开始是通过一些金融机构（比如银行和投资基金）来完成的。FDI 则是对工厂、资本货物、土地和存货的直接投资，资本和管理都由投资者一手安排，投资者保留对已投资资本使用的控制权。美国商务部是这样定义的：当一个美国的公民，或组织，或附属机构从其国外的商务活动中获得了 10% 或更多的利润时，就意味着对外直接投资的发生。根据国际货币基金组织的定义，国际直接投资形成的直接投资企业是"直接投资者投资的公司型或非公司型企业，直接投资者是其他经济体的居民，拥有（公司型企业）百分之十或百分之十以上的变通股或投票权，或拥有（非公司型企业）相应的股权或投票权"。FDI 通常以一家公司成立分公司或接管另一家公司的形式出现（比如购买了另一家公司绝大多数股权），在当今国际环境中，FDI 常被一些跨国公司用来介入制造、原材料提取、服务等行业，而且 FDI 也是当前国际私人资本流动的主要渠道；而跨国公司的直接投资又是 FDI 的主要形式，如伊莱克斯公司在中国投资成立合资企业生产产品，在俄罗斯、波兰以及捷克共和国投资成立全新的全资控股生产单位。

第二次世界大战以后，随着经济的发展，国际资本市场十分活跃，国际证券投资和对外直接投资得到空前的发展，资本流动涉及范围广、数量大且形式多样。1997 年国际银行贷款达到 53 000 亿美元，国际债券发行量每季度超过 2 500 亿美元，国际股票发行量接近 1 000 亿美元的水平，全球境外投资总额在 1997 年达到创纪录的 1.86 万亿美元，1999 年达 3.63 万亿美元，超过 1990—1995 年的总和。随着经济全球化的深入，国际资本的发展将会呈现出另一番新的局面。见表 11-1。

表 11-1   **21 世纪初全球 FDI 流动情况**   单位：10 亿美元

年代 地区	1995—2000 （平均）	2003	2004	2005	2006	2007	2008
发达国家	1 161.2	868.5	1 209.3	1 355.1	2 130.7	3 168.1	2 468.8
发展中国家	262.8	229.5	410.8	452	649.1	814.8	913.4
东南欧独联体	9.3	30.6	44.4	45.2	78.2	142.4	172.9
全球总额	1 433.3	1 128.6	1 664.5	1 852.3	2 858	4 125.3	3 555.1

资料来源：《2009 年世界投资报告》。

第二节 国际资本流动

这里我们主要分析国际证券投资（FPI），对外直接投资（FDI）将在后面进行论述。

一、国际资本流动的动因分析

FPI 的基本动机是追求更高的资本报酬。正如企业进行经营是为了追求利润最大化，投资者进行国际证券投资的目的是为了在国外可以有更高的报酬。也就是说，如果一国债券的报酬率高于其他国家的债券报酬率，那么别的国家居民就会购买该国的债券；如果一个国家的居民预期另一国的公司未来获利能力比国内公司要大，他们也会购买这个外国公司的股票（假定交易成本和其他费用为零）。

另外 FPI 也可以分散投资风险。证券投资总是伴随着风险的，其风险主要有债券的风险，如银行的破产、市场价值的变动不定等；股票的风险，如银行破产、市值更大的波动、收益低于预期收益率等。

国际证券投资中的风险分散主要表现为双向国际资本流动问题，也就是说资本会从报酬率低的国家流向报酬率高的国家，也会从报酬率高的国家流向报酬率低的国家。这种双向流动主要是基于资产组合理论（Portfolio Theory），通过该理论可以知道（假定投资者能够准确知道股票的平均收益及其风险程度），通过投资收益负相关的数种证券，在给定收益水平时有较小的风险，在给定风险水平时，可以获得更大的收益。由于国外证券的收益率（基本上基于国外不同的经济环境）很可能与国内证券的收益率负相关，因此建立一个既包括国内证券又包括国外证券的资产组合比只包含国内证券的资产组合能获得更高的平均收益率或更低的风险水平。举例来说，如果可以在 X 国得到股票 A（与股票 B 有相同收益率但风险较低），在 Y 国得到股票 B（与股票 A 负相关），X 国的投资者肯定购买股票 B，Y 国的投资者也一定会购买股票 A，这样他们就都获得了平衡的资产组合，也就是降低了投资风险。

投资者一般是根据自己对市场的了解和直觉来判断他们所要买的股票的平均收益和风险，由于不同的人可能对同一种股票有不同的预期，因此也就很可能每个国家里都有一些投资者会觉得另一国家的股票要更好些，这也解释了国际证券的双向流动。

二、国际资本流动的影响

（一）从理论上看国际资本流动的作用

这里我们只考虑只有 A 国和 B 国两国的情况，如图 11-1。总资本存量为 OO'，A 国拥有 OA，其总产出为 $OFGA$，$O'A$ 属于 B 国，它的总产出为 $O'JMA$。$VMPK_1$ 和 $VMPK_2$ 是根据不同水平的投资分别给出的 A 国与 B 国的资本边际产值。在竞争条件下，资本边际产值代表了资本的报酬或收益。下面我们从两个方面进行分析比较。

在资本不能自由流动时，A、B 两国将把全部资本投资于本国，A 国可获得收益 OC（可由其边际产量曲线下的区域得到）即 $OFGA$。其中 $OCGA$ 是由 A 国资本所有者的投资带来的，CFG 是由其他要素（如劳动和土地）带来的。同理，B 国可获得收益 $O'H$ 即 $O'JMA$，其中 $O'HMA$ 是 B 国资本所有者带来的，HJM 则归因于

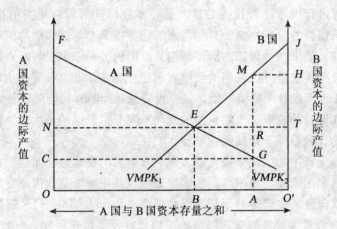

由于 B 国的资本报酬高于 A 国，资本自由流动后，将有资本 *AB* 从 A 国流入 B 国使两国的资本收益均为 *BE*，总产品增加，国际资本流动增加了国际间资源分配的效率。

图 11-1　国际资本转移的产出与经济效应

其他要素。

在资本可以自由流动时，因为 B 国的资本报酬率（$O'H$）高于 A 国（OC），于是将有资本 *AB* 从 A 国流入 B 国，使两国的资本收益均为 *BE*（ $= ON = O'T$）。此时，在 A 国，收益率由 OC 上升到 ON，得到的总收益为 *OFERA*，其中 *OFEB* 为国内现在的产出，*ABER* 为对外投资的总报酬，*ERG* 是比隔离时多出的部分；同时资本的总报酬增加到 *ONRA*，其他要素的总报酬下降到 *NFE*。在 B 国，它的资本收益率由 $O'H$ 减少到 $O'T$，国内总产出增长到 *O'JEB*，其中，*ABER* 归因于外国投资者，*ERM* 是该国总产出的净增长部分，国内资本拥有者的总报酬降为 *O'TRA*，其他要素的总报酬上升到 *TJE*。

综上所述，总产品从 *OFGA + O'JMA* 增加到 *OFEB + O'JEB*，增加了 *ERG + ERM = EGM*，可以说，国际资本流动增加了国际间资源分配的效率，从而增加了世界的产出和福利。而且，*VMPK₁* 和 *VMPK₂* 两条线中谁越陡，谁就从国际资本流动中获利越大。

（二）其他影响

1. 国际资本流动对宏观经济的影响。国际资本的流动对一国经济的影响是一个很复杂的问题。从正面效应看，国际资本的大量流入，会弥补一国建设资金的不足，带动其投资和消费的扩大，与此同时，还能带来先进的生产技术和管理经验，进而促进其经济的增长、技术的进步和经营管理水平的提高。从负面效应来看，国际资本的大量涌入，使得该国的投资规模扩大，并因此带动对本币需求的扩大，可能由此引发基础货币的过度投放，从而产生通货膨胀；特别是对那些非自由兑换货币的发展中国家而言，这一问题更加突出。因为大量的国外资本并不一定都用来从国外进口货物或劳务，而有相当一部分是兑换成当地货币用于国内资金需求，这样一来，势必要扩大基础货币的投放量，并因此增加了通货膨胀的压力。

2. 国际资本流动对货币政策的影响。在开放经济条件下，一国的货币供应量等于该国的外汇储备和本国银行体系的国内信贷的总和。外汇储备和国内信贷的变化都是影响该国货币供应和货币政策的因素。在浮动汇率制下，外资的流入会增加外汇市场上的外汇供给，使外汇相应升值；外资流出则会减少外汇市场上的外汇供应，使外汇相应贬值。只要国内信贷总量不发生变化，则货币供应也会不发生变化，外资流入并不影响国内货币供应。在固定汇率制下，若允许资本自由流动，中央银行就有维持固定汇率的义务。外资流入，本币相应有升值趋势，为阻止本币升值，中央银行需增加基础货币的投入买入外汇，会导致货币市场上银根放松，并导致国内信贷的扩张，货币供应增加；当外资流出时，本币就有贬值的压力，为保持本币币值的稳定，中央银行往往要抛出外汇储备，吃进基础货币，这时银根就会收紧，国内信贷也随之收紧，并因此而导致货币供应的减少。在此条件下，货币供应量受外资流入流出的影响较大，中央银行货币政策的自主性也受到相当大的影响。特别是当有大量外资流入时，往往会导致国内货币供应量的迅速增加，由此而引发通货膨胀；而当有大量短期资本出逃时，货币供应量急剧减少，可能导致经济的衰退。这两种极端情况都会给中央银行利用货币政策进行宏观调控带来很大困难。

3. 国际资本流动对国际收支的影响。国际资本流动与一国的国际收支平衡之间有着密切的关系。国际收支平衡表包括经常项目、资本项目和官方储备等几项内容。很明显，由贸易收支和非贸易收支严重逆差导致的一国经常项目逆差，可以用相应的资本项目盈余来弥补。反之，当一国出现经常项目顺差时，也可以通过扩大海外投资或政府开发援助等方式使资本流出，减少盈余，恢复其国际收支平衡。当然，这是在国际收支的不平衡是短期性不平衡的前提下才适合。当一国的国际收支是结构性不平衡时，就必须采取调整经济结构的方法。

4. 由于不同国家有着不同的税率和投资收益，结果资本输出使资本输出国的税基与所纳税额都减少了，而资本输入使资本输入国的税基与所纳税额都相应提高了。比如，美国的公司税为 48%，而瑞士只有 40%，美国公司肯定会投资于瑞士或利用那里的分支机构来进行它的对外销售，以利用那里较低的税率。

第三节　对外直接投资和跨国公司

一、与 FDI 有关的理论概述

第二次世界大战后，尤其是进入 20 世纪 60 年代以后，以跨国公司为主体的国际直接投资迅速增长，成为国际资本流动的主要形式，有关 FDI 和跨国公司的理论也随着经济的发展而迅速发展。

第一阶段（20 世纪初—50 年代末）：FDI 理论的研究主要在概念层次上进行，没有形成完善的理论结构。

第二阶段（20 世纪 60 年代初—70 年代末）：海默（Stephen H. Hymer）、金德尔伯格（Charles P. Kindleberger）、弗农（R. Vernon）等学者发展了关于 FDI 的系统理论，探讨跨国公司的性质、作用以及 FDI 对资本输入国经济发展的影响。

第三阶段（20 世纪 80 年代到现在）：由于地区性经济组织如欧盟、北美自由贸易区、亚太经合组织等纷纷建立以及全球经济一体化的发展，FDI 的发展也进入新的高潮，这一时期有以巴克莱（P. J. Buckley）和卡森（M. Casson）为代表的市场内部化理论，邓宁（John H. Dunning）的国际生产折中理论，迈克尔·波特（Porter）的竞争优势理论以及投资诱发要素组合理论等。

（一）垄断优势理论

该理论是由美国经济学者海默于 1960 年在他的博士论文中首次提出，以后又得到其导师金德尔伯格以及约翰逊（H. G. Johnson）、凯夫士（R. E. Caves）等学者补充发展成为完整的理论。这是在研究美国跨国公司对外直接投资行为基础上产生的理论，也是最早研究对外直接投资的理论。

海默认为要解释第二次世界大战后的对外直接投资，必须放弃国际资本流动传统理论中关于完全竞争的假定，应从不完全竞争的角度进行研究。他认为厂商之所以对外直接投资，是因为具有比东道国同类厂商更强的垄断优势，比如对某种专门技术的控制、对某些原材料来源的垄断、规模经济优势、对分销渠道的控制、产品开发和更新能力等。凭借这些优势可以使厂商抵消在海外经营中的不利因素，从而压倒竞争对手，获得更多的利润。垄断优势理论的突破在于它以垄断和不完全竞争为基本命题，用垄断和不完全竞争代替了完全竞争，并将国际直接投资同国际证券投资区别开来研究，从而成为后继各种国际直接投资理论发展的基础。但是，这一理论的局限性是它不足以解释为什么一些中小厂商也能到国外去投资，而且无法解释发展中国家以及 20 世纪六七十年代日本厂商对外直接投资的行为。

（二）比较优势论

20 世纪 70 年代中期，日本一桥大学教授小岛清（Kiy-oohiKojima）在其代表作《对外直接投资》一书中，从国际分工原则出发，系统阐述了他的对外直接投资理论——比较优势理论或称边际产业扩张论。

小岛清认为，以美国跨国公司为对象，得出的国际直接投资理论不能解释日本对外直接投资的情况。他认为，对外直接投资应从本国已经处于或即将处于比较劣势的产业依次进行，而这些产业是东道国具有明显或潜在比较优势的部门，但如果没有外来资金、技术和管理经验，东道国的这些比较优势则不能被利用。因此，投资国通过对外直接投资就可以充分利用东道国的比较优势。日本的传统工业部门之所以能够比较容易地在国外找到有利的投资场所，是因为它们向具有比较优势的国家和地区进行投资。

按照小岛清的理论，日本对外直接投资的动因与欧美等国不同，它仍是遵循比较利益原则进行的。这样，进行直接投资的垄断优势就不是直接投资的必要条件了。与此相反，进行直接投资的企业大多是中小企业，因其更适合东道国的生产条件，更能为东道国所接受。小岛清的理论反映了当时日本对外直接投资的特点。但事实上，随着企业垄断优势的增强，日本对外直接投资的方式，越来越与美国方式趋同。因此，该理论也存在缺陷。

（三）内部化理论

内部化理论的基本思想是科斯（R. H. Coase）在 1937 年提出的，但一直未引起注意。1976 年英国里丁大学经济学家巴克莱、卡森把这一原理用于跨国公司的内部贸易问题研究。加拿大学者拉格曼（A. M. Rugman）也对内部化问题进行了研究，形成了市场内部化理论。内部化是指在公司内部建立市场的过程，以公司内部市场代替外部市场，从而解决市场不完善而带来的不能保证正常供需交换进行的问题。内部化理论认为：由于市场尤其是中间产品（技术、管理、专利、信息等）市场不完善，公司通过外部市场交易成本很高，因此将交易改在公司所属子公司之间进行，把相互信赖的生产经营活动置于统一控制之下，从而形成公司内部市场，就能克服外部市场交易障碍和市场不完善造成的风险和损失。当内部化过程超越了国界，便是跨国公司的产生。正是内部化动机，促使企业进行国际直接投资。

内部化理论从中间产品的性质与市场机制的矛盾中来论证内部化的必要性。在一定程度上解释了企业通过直接投资可以取得内部优势，使交易成本最小化，从而保证跨国经营的优势。该理论不足之处是不能解释对外直接投资的区域布局。

（四）国际生产折中理论

国际生产折中理论是英国里丁大学著名国际投资与国际企业专家约翰·邓宁教授于 1976 年提出来的。1981 年邓宁在其出版的《国际生产与跨国企业》专著中对该理论进行了系统详尽的阐述。

邓宁认为，一国对外经济活动是由商品贸易、许可证贸易和国际直接投资有机结合而成的。要阐明国际直接投资的动因，就应该与对外经济活动其他形式结合起来研究。以往国际直接投资理论只是孤立地研究国际直接投资，并对其某一方面做出解释。邓宁广采各家之长，用折中的方法，综合考察了商品贸易、许可证贸易和国际直接投资的各种因素。因此，邓宁的国际生产折中理论也被称为国际生产综合理论。目前该理论已成为对外直接投资及跨国企业研究领域中最有影响的理论，并广泛地被用来解释和分析跨国公司对外直接投资的动机和行为。

邓宁把静态分析和动态分析用于国际生产理论中，特别强调了所有权优势

（指一国厂商能获得或拥有外国厂商没有或在同等成本条件下无法获得的资产及其所有权方面的优势）、内部化优势（指厂商将其资产或所有权在内部使用而带来的优势）和区位优势（指厂商在进行投资区位要素选择上所具有的优势）在对外直接投资中的作用。该理论对于分析发展中国家对外直接投资动机及优势有一定的借鉴作用。但是，它还不能完全解释发展中国家对外直接投资的诱因要素和发展状况，仍具有一定的局限性。

（五）投资诱发要素组合理论

这一理论是近年来西方学者提出的，主要指任何类型的对外直接投资都是由投资的直接诱发要素和间接诱发要素的诱发产生的。直接诱发要素主要是指各类生产要素，包括劳动力、资本、技术管理及信息等。由于对外直接投资本身就是上述生产要素的流动，因此直接诱发要素是对外直接投资的主要诱发要素。间接诱发要素是指除直接诱发要素之外的其他非要素因素，主要包括投资国政府的诱发如鼓励性投资政策和法规、政府与东道国的协议与合作关系；东道国的诱发如投资硬环境和软环境的改善等；世界性诱发要素如经济生活国际化以及经济一体化、集团化、区域化的发展，国际金融市场利率和汇率的波动情况等。

对外直接投资就是建立在直接诱发要素和间接诱发要素的组合之上的，一般发达国家的对外直接投资是直接诱发要素在起作用，而发展中国家在很大程度上是间接诱发要素在起作用。

此外，产品生命周期理论和竞争优势理论都可以在一定程度上解释要素流动。

二、对外直接投资的动机简析

获得更高的收益和分散风险能够解释国际证券投资的动机，但这两个原因不能解释为什么一国的居民不从其他国家借钱并由自己来对本国进行实际投资，而是接受国外的直接投资。其重要原因是横向一体化问题（Horizontal Integration），即由于许多对市场具有垄断和寡头垄断能力的公司能够凭借其他国家所没有的一些独特的生产知识和管理技能在国外经营获利，而且这些公司希望保留对优势的直接控制权，所以它们选择在国外投资。比如可口可乐凭借其神秘配方在全球各地投资设厂并成为全球性的跨国公司。

另外一个重要原因是纵向一体化问题（Vertical Integration），即为了获得对所需原材料的控制权，以保证按尽可能低的成本得到不间断的供给，而在发展中国家和一些矿产丰富的发达国家直接投资。

对外直接投资还有一些其他的原因，比如避开关税和国家对进口商品的其他限制，20世纪80年代与90年代初日本汽车公司在美国的投资就是由减少日本的出口，从而缓和两国间的贸易紧张关系的意愿所驱使的；或是为了得到政府的各种鼓励对外直接投资的补贴；或者是因为进入国外一个寡头市场以求分享利润、购买一个有前景的外国公司以避免未来的竞争及在出口市场上可能的损失；或仅仅是因为只有大型跨国公司才能获得进入市场所必需的融资。同时，对外直接投资的地区分布也取决于地理上的接近或已建立的贸易关系。

三、跨国公司

第二次世界大战以来，随着各国对外开放度的提高，企业作为市场主体，日益走向全球化的发展道路。进入 20 世纪 90 年代以来，在生产跨国化、贸易投资自由化、商品世界化、资本国际化和市场全球化的大趋势下，跨国公司成为影响世界经济发展的重要因素。

（一）以跨国公司为主体的全球化生产与销售规模不断扩大

据联合国《2009 年世界投资报告》，自 2002 年以来，国际资本流动一直保持快速增长态势。2007 年，全球对外直接投资总额达到 18 330 亿美元的历史高点。其中，发达国家的对外直接投资总额达到 12 480 亿美元，发展中国家的对外直接投资流入量也创下了历史新高，达 5 000 亿美元。然而随着金融危机逐步扩大，国际直接投资规模迅速萎缩。2008 年，全球对外直接投资总额为 14 491 亿美元，同比下降 21%。不过，FDI 流量有望从 2010 年开始缓慢复苏，上升至 1.4 万亿美元，在 2011 年获得发展的动力，届时其流量有望达到 1.8 万亿美元，基本达到 2008 年的水平。美国以及中国、印度、巴西和俄罗斯等新兴国家有可能成为未来 FDI 复苏的领头羊。跨国公司的数量达到 8.2 万家公司。其国外分支机构达 8 万家，对东道国经济的影响越来越突出。1999 年，所有跨国公司附属公司的资产是对外直接投资存量的 3.5 倍，达 17.68 万亿美元，销售额为 14 万亿美元。1999 年，跨国公司海外附属企业货物和服务的销售额为 135 640 亿美元，超过同年世界货物和非要素服务出口规模（68 920 亿美元），几乎是它的两倍。跨国公司海外附属企业货物和服务出口为 31 670 亿美元，占世界货物与非要素服务出口的 46%。在 2004 年跨国公司国外子公司销售额和出口额分别达到 20.986 万亿美元和 3.733 万亿美元，而到 2005 年则进一步达到 22.171 万亿美元和 4.214 万亿美元。

（二）跨国公司的投资主要来自世界上的三大投资中心

美国仍是当今世界吸收和对外投资的第一大国。近年美国跨国公司在对外投资中，一半以上属于利润再投资。这说明，由于美国经济的复苏，跨国公司国内经营的利润率提高，母公司要求境外分支机构汇回利润的需求降低。欧盟的情况与美国不同，欧美之间的投资以及欧盟内部各成员经济体之间的相互投资是欧盟国际投资的重要来源和去向，欧盟内部各国间的投资占其吸收投资的一半以上。就日本而言，20 世纪 90 年代以来，由于跨国公司对外投资战略的调整和国内"泡沫经济"破灭带来的影响，其对外投资长期不太景气。因此，未来几年，日本跨国公司的发展将主要采取收缩和调整战略，对外投资将会变得更加谨慎。

但 2008 年 FDI 模式的急剧变化导致世界最大的 FDI 东道国和来源地的排名发生了变化。一方面，美国仍然是 2008 年世界最大的 FDI 东道国和来源地；另一方面，许多发展中经济体和转型经济体纷纷跻身世界最大的目的地和来源地排名：2008 年它们吸收的 FDI 和对外投资分别占全球 FDI 流入和流出量的 43% 和 19%。一些欧洲国家在 FDI 流入和流出量上的排名有所下降。英国不再是欧洲最大的 FDI 来源。

（三）跨国公司间的合并、收购及战略联盟成为 20 世纪后期生产全球化的重要特征

1987 年，跨国公司间世界范围内的合并、收购交易规模为 1 000 亿美元，1997 年达到 3 420 亿美元，1999 年达到 7 200 亿美元。2002 年全球跨国并购总额为 3 700 亿美元，占当年 FDI 总额的 56.8%，此后这一比例逐年增长。2007 年，全球跨国并购达到创纪录的 1.63 万亿美元，占当年 FDI 总额的比重更是达到 89.3%。然而，金融危机爆发以来，由于市场风险加大，跨国并购交易失败或取消的案例屡屡发生。Dealogic 数据显示，2008 年共有 1 309 宗并购交易被取消，价值 9 110 亿美元，而 2007 年被取消的交易只有 870 宗。据联合国贸易和发展会议（UNCTAD）（简称联合国贸发会议）初步统计，2008 年全球跨国并购规模下降为 1.18 万亿美元，占当年 FDI 总额的比重滑落至 81.3%。在绿地投资方面，2008 年前 9 月绿地投资的项目数量已经达到 11 500 个，超过了 2007 年全年登记的数量。随着经济自由化、国际化及一体化的深入发展，跨国公司间合并、收购及战略联盟的交易规模也不断扩大。跨国公司这么做有以下几点好处：（1）可以迅速扩大资产规模。如美国的微软公司，在短短的 20 年时间里就拥有了 1.6 万名员工，近 400 亿美元的总资产，成为美国 50 家最大企业之一。（2）可以不断扩大发展空间。据美国麦道飞机公司权威研究机构提供的调查报告，美国著名的 100 家跨国公司共有 20 300 多家子公司，分布于全球 160 多个国家和地区。（3）可以不断延伸产业门类。美国、日本和西欧的一些著名跨国公司不仅制造产业门类较多，而且非制造业也相当发达，这些跨国公司还办有分布世界各地的金融、运输和商业、房地产业，形成一个生产、销售、运输、融资和服务于一体的超级集团公司。但是，目前跨国并购正在降温。不仅主要发达国家间的跨国并购及其带动的直接投资先后下降，流向发展中国家的并购外资总额也出现明显的下滑趋势。观察跨国并购的重要指标国际辛迪加贷款从 2001 年起也逐季下降，这是 1998 年以来的第一次。这显示在当前的国际金融环境下，跨国并购正在步入调整期。

（四）跨国公司已经成为重要的经济体，在世界经济贸易中的地位日益突出

跨国公司在世界范围内的经济扩展，特别是 20 世纪 90 年代以来的跨国投资与兼并，不断改变着国际经济分工协作关系，推动生产向全球一体化发展。跨国公司

生产经营所到之处，努力与本土政治制度、经济制度和文化习俗融合，从本土化出发进行企业制度创新，在使企业适应地区市场竞争需要的同时，将新的竞争规则带到了本土文化中，逐渐把世界上每一个国家或地区纳入全球经济竞争中来，促进了全球市场的一体化。而且，跨国公司越来越独立于某个确定的国家，与多国经济竞争与合作，在一定程度上改变了传统意义上市场与国家之间的关系，从而对国家与市场、国家与国家之间的博弈产生了重要影响，并通过企业制度创新、革新市场竞争规则，不断推进世界经济的全球化和市场化。

（五）共同投资、联合开发、共担风险、共享成果的技术及经济联姻已成为跨国公司发展的重要模式

现代高新技术产业投资额巨大，投资回收期长，而技术生命周期则越来越短，即使是实力雄厚、规模庞大的跨国公司也难以单独承担技术创新所需要的巨额资金以及由此所带来的巨大风险。于是，共同投资、联合开发、共担风险、共享成果的技术及经营联姻便越来越成为跨国公司的发展模式。美国的 IBM 公司是计算机行业的龙头，Lotus 公司也是软件生产大户，1987 年以前一直居美国个人计算机软件公司之首，市场份额曾高达 85%，但 20 世纪 90 年代以后这两家公司却受到微软公司的严峻挑战，市场份额被步步蚕食，目前微软公司软件的市场份额高达 90%。迫于形势，1995 年 IBM 与 Lotus 实行合并。这一合并反映了跨国公司联合起来争夺高新技术领先地位的大趋势，并追求 1+1>2 的投资效应。

（六）跨国公司的经济影响主要表现在对东道国和母国经济竞争的影响力上

1. 跨国公司投资有助于东道国的资本形成。对东道国来说，跨国公司的直接投资带来了新的设施，增加了东道国的资本存量，扩大了生产和就业；通过购买和私营化而进行的国际直接投资对东道国企业的资产重组及产业结构的调整也起到了间接的推动作用。

2. 跨国公司的对外投资有利于其母国扩大市场，增强企业竞争力。跨国公司对外投资不仅可以通过跨国贸易，还可以通过国外分支机构的销售来增强跨国公司扩大国际市场的能力。

3. 跨国公司有利于东道国企业增强竞争力，加快结构调整。

4. 跨国公司能够促进东道国的技术进步。跨国公司的技术溢出效应和外在效应会对东道国技术进步产生间接影响。

5. 跨国公司给东道国带来有利影响的同时，也带来许多消极影响。这种消极影响包括政治、经济、文化等方面的制度冲突，尤其是借助于技术控制的经济控制，有可能对东道国的经济安全和国家安全构成一种威胁。对此，东道国应制定正确的应对措施，积极化解风险，扬长避短，趋利避害。

第四节　国际资本流动的趋势判断及其对我国经济的影响

一、国际资本流动的趋势

从当前整个世界经济发展的趋势来看，今后一段时间的国际资本流动可能会出现以下动向：

(一) 欧元启动对国际资本流动的影响

根据大多数预测，由于欧洲内部银行币值稳定的货币政策目标、欧元区强大的经济实力、欧洲经济的基本面尚好，以及国际市场对欧元的需求，欧元的走势将逐步趋向稳定。在这种预测下，欧元对国际资本流动将有四个影响：(1) 货币转换将造成欧洲与国际市场巨大的资本对流。据估计，世界上将有 4 000 亿 ~ 6 000 亿美元的有价证券和 6 000 ~ 8 000 亿美元的金融资产转换为欧元。(2) 币值稳定和低利率的政策将使到欧洲资本市场的筹资、融资者增加，使欧洲资本向外流动。(3) 欧元区统一的内部市场和资本大市场将使欧元区内的企业资产和金融资产合并重组，欧元区的资本流动将趋向内部化，并将大量国际资本吸引到欧洲资本市场。(4) 欧元区内企业并购重组之后，释放出的过剩生产能力和企业资产将向外转移，欧洲中小企业为避免前所未有的激烈竞争也可能选择向新兴市场投资、转移，以求自下而上的发展，这两个因素将使欧洲对外直接投资出现增长。欧元启动也有一段时日，实践证明欧元的影响是很大的。

(二) 新兴市场经济国家的情况

金融危机对新兴市场经济国家产生很大影响，2008 年流入南亚、东亚和东南亚地区的 FDI 继续保持强劲增长，上升 17%，达到 3 000 亿美元的新高。但是 2009 年的数据显示，其流入量大幅度下滑，从而给其短期的 FDI 发展前景蒙上了阴影。流入该地区主要经济体的 FDI 也有巨大差异：流入印度和韩国的 FDI 大幅度飙升；中国香港的 FDI 继续增长；马来西亚和泰国略有下降；新加坡和中国台湾则大幅度下滑。2008 年，联合国贸发会议调查表明：印度、俄罗斯、巴西等国的投资吸引力相对增强。初步判断，危机之后这些国家吸收的外国直接投资将主要以资产兼并收购的形式实现，因为在经济前景较好的投资地，对外国投资者最具有吸引力的因素是货币贬值后大幅度降低的企业资产和进入成本。

(三) 美国及日本之间国际资本流动的趋势

2008 年的经济危机使 FDI 模式急剧变化，导致世界最大的 FDI 东道国和来源地的排名发生了变化。但美国仍然是 2008 年世界最大的 FDI 东道国和来源地，2008 年接受外国直接投资最多的 10 个国家和地区中，美国 3 161.1 亿美元比 2007 年的 2 711.8 亿美元增加了近 450 亿美元，增长近 17%。2008 年对外直接投资最多的 10 个国家和地区中，美国为 3 118 亿美元，2007 年为 3 783.6 亿美元，下降 17.6%；日本在最大的 FDI 来源地中的排名有所上升。

（四）国际投资政策进一步自由化

从单边层面看，1992—2005 年期间，累计涉及 964 个国家对其国内的外资政策进行了调整，变革的政策有 2 267 项，其中，有利于吸引 FDI 的政策有 2 078 项，占 91.3%，不利于吸引外资的有 189 项，占 8.7%。许多国家不仅取消了准入限制，还采取了积极促进措施，提供高标准待遇、法律保护和担保。由于 FDI 管理规制通常既适用于新建投资，也适用于跨国并购，所以世界各国 FDI 政策的自由化变革也促进了跨国并购的发展。与并购有关的变化包括取消了强制性的合资要求、多数股权限制和审批要求。

在双边层面上，全世界有 5 500 多个国际投资协定构成了国际投资规则的基础，签订协定的宗旨是为国际投资提供稳定的、有规律的、透明的环境。截至 2006 年底，全球已签署的双边投资协定和避免双重征税协定的总数分别达 2 573 项和 2 651 项。此外，越来越多的自由贸易区协定、区域一体化协定、双边合作协定也包含与投资有关的内容，此类协定已达 241 项。区域自由贸易区的形成推动了新建投资和跨国并购的发展，区域贸易协定扩大了企业可以直接进入的市场规模，从而吸引外国投资者利用建立的新机构服务于区域市场，自由贸易协定能够提高市场透明度，降低跨国交易成本，有利于跨国并购的实施。多边协定例如 WTO 中的 TRIMs，取消了跨国公司的当地成分要求、业绩要求和出口比例要求，世界银行和 IMF 的计划，鼓励各国对外国投资者采取更加开放、透明和友好的管理体制。多边投资协定，强化了国际管制框架的作用，也有助于跨国交购的发展。另外，各国推行的私有化运动，特别是电信、运输、电力、金融服务、公共基础设施等服务部门的私有化，为跨国并购提供了机遇和刺激因素。在激励政策提供方面，越来越多的国家已经或者正在降低公司所得税。例如，新加坡已经批准把公司所得税从 20% 降低到 18%，以与我国香港 17.5% 的低税率竞争。越南宣布把公司所得税从 28% 降低到 25%，与中国持平。近年来，OECD 成员经济体的平均税率已经降至 26.5% 左右。随着越来越多的国家朝这个方向努力，这股趋势可能还会持续下去。例如，法国总统已经建议把公司所得税从 34.4% 降低至 25%。提高国家对外商投资的吸引力是推动这些减税政策的主要动力。

（五）发达国家为全球直接投资的主体

自 2002 年以来，国际资本流动一直保持快速增长态势。2007 年，全球对外直接投资总额达到 18 330 亿美元的历史高点。其中，发达国家的对外直接投资总额达到 12 480 亿美元，发展中国家的对外直接投资流入量也创下了历史新高，达 5 000亿美元。然而随着金融危机逐步扩大，国际直接投资规模迅速萎缩。2008 年，全球对外直接投资总额为 14 491 亿美元，同比下降 21%。其中，发达国家为 8 401

亿美元，下降32.7%；发展中国家为 5 177 亿美元，仅小幅度增长 3.6%。而且，这种形势在短期内难见好转。据联合国贸易和发展会议初步统计，2009 年一季度全球对外直接投资同比下降了 54%，其中发达国家下降 60%，发展中国家和转型经济体也下降 25% 到 40%，预计全球经济和金融危机以及不断加快的经济衰退严重影响了世界上所有主要经济体，流入发达国家的 FDI 在 2007 年达到历史最高点之后，于 2008 年急剧下滑。FDI 流入量减少了 29%，达到 9 620 亿美元，而且这种下滑趋势出现在了除美国之外的所有主要东道国。由于金融危机和经济衰退造成流入大部分欧盟成员的 FDI 下滑，因此 2008 年流入欧盟 27 国的 FDI 下降了 40%，达到 5 030 亿美元。然而，流入美国的 FDI（主要来自欧洲投资者）却增长了 17%，达到 3 160 亿美元的空前规模。

（六）投资形式以跨国并购为主

从 20 世纪 90 年代中期起，全球掀起跨国并购浪潮，并成为国际直接投资的主要方式。2002 年全球跨国并购总额为 3 700 亿美元，占当年 FDI 总额的 56.8%，此后这一比例逐年增长。2007 年，全球跨国并购达到创纪录的 1.63 万亿美元，占当年 FDI 总额的比重更是达到 89.3%。然而，金融危机爆发以来，由于市场风险加大，跨国并购交易失败或取消的案例屡屡发生。Dealogic 数据显示，2008 年共有 1 309 宗并购交易被取消，价值 9 110 亿美元，而 2007 年被取消的交易只有 870 宗。据联合国贸易和发展会议初步统计，2008 年全球跨国并购规模下降为 1.18 万亿美元，占当年 FDI 总额的比重滑落至 81.3%。而在绿地投资方面，2008 年前 9 月绿地投资的项目数量已经达到 11 500 个，超过了 2007 年全年登记的数量。

金融危机导致持续近 5 年的全球并购交易额增长态势宣告结束。金融危机对并购活动的负面影响主要表现在两方面：一是各金融机构收缩信用导致企业资金筹集告急，难以保证并购所需巨额资金；二是由于市场状况恶化，并购双方就并购条件无法达成妥协的情况增多。毕马威会计师事务所报告显示，2008 年全球企业并购活动下跌 30%，其中，加拿大企业并购交易金额下跌 50%。以金融全球化为背景的企业并购浪潮正面临重大转折，提高竞争力所必需的重组或将陷入停滞状态，而且这种形势在 2009 年中期前难见好转。

（七）国际直接投资结构趋于高级化

在国际直接投资急剧增长的同时，出现了投资从初级产业和资源加工型产业向服务业和技术密集型产业投资的转移，投资结构表现出明显的高级化特征。20 世纪 90 年代以后，随着资本、技术、知识等要素在经济增长中作用的增强，以寻求知识创新为导向的高级形式，即高资本、高技术、高知识型投资成为国际直接投资的主导。据联合国贸发会统计，跨国并购主要发生在服务行业，以并购出售额计算，1991—2005 年，第一产业年均占 7.5%，第二产业为 37.5%，服务业占 55.0%。

二、国际资本流动对我国经济的影响及相关对策

（一）影响

国际资本流动对一国经济的影响并不只是利用外资一个方面，它还会直接影响流入国的金融市场、资本管制、货币政策的独立性以及汇率政策。在我国，FDI 的影响显得更为明显。2002 年以来，国际资本流动一直保持快速增长态势。2007 年，全球对外直接投资总额达到 18 330 亿美元的历史高点。其中，发达国家的对外直接投资总额达到 12 480 亿美元，发展中国家的对外直接投资流入量也创下了历史新高，达 5 000 亿美元。然而随着金融危机逐步扩大，国际直接投资规模迅速萎缩。2008 年，全球对外直接投资总额为 14 491 亿美元，同比下降 21%。其中，发达国家为 8 401 亿美元，下降 32.7%；发展中国家为 5 177 亿美元，仅小幅增长3.6%。2009 年上半年中国吸收外资金额同比下降，但在全球 FDI 总量中的占比没有下降，中国仍是全球外商直接投资首选地。如今，2001 年我国吸收外国直接投资达到 470 亿美元，比 2000 年增加 15%；（2007 年，中国实际使用外资（含银行、证券类）826.58 亿美元，同比增长 13.8%）2002 年吸收外资仍保持高速增长，1—7 月合同利用外资金额达 543.5 亿美元，增长 31.8%；实际吸收外资金额 295.4亿美元，增长 22%。（2008 年全国实际吸收外资 1 083 亿美元，同比增长 29.7%。2008 年 1—8 月，实际使用外资金额 677.32 亿美元，同比增长 41.60%）FDI 对我国的影响有利也有弊。

有利方面：（1）外国直接投资特别是跨国公司投资在我国国民经济中正在发挥重要作用。目前，跨国公司在华分支机构占我国工业增加值总量的 23%，税收的 18% 和出口额的 48%，外资存量在 5 000 亿美元左右，大约占 GDP 的 40%。（2）尽管世界经济增长放慢，2001 年全球跨国直接投资比上年略减，周边国家也受到影响而大幅度放慢，但亚太地区仍是世界经济中的亮点，这些地区是我国外资的最主要来源地，从而部分消除了一些不利因素。（3）中国的"入世"将为外商提供更广阔的投资领域和投资机会。（4）跨国公司对中国投资信心上升，据 2001年 2 月的调查显示，中国已取代英国成为继美国之后的第二投资目的地。中国连续 17 年成为吸收外资最多的发展中国家，现仍稳居世界最具吸引力投资目的地首位。

不利方面：（1）在全球经济发展中，跨国并购已成为外国直接投资的主要形式，而我国由于体制、政策等方面的限制，如国有企业、重要的领域方面的吸引外资有一定的限制，使以跨国并购方式吸收外国直接投资所占比重微乎其微。（2）从外国直接投资来源地看，发达国家，尤其是欧洲，占绝对优势，而我国 FDI 主要来自于我国香港等周边地区，从发展趋势看，发达国家增长快于发展中国家，因此我国的引进外资地区结构限制了引进外资规模的进一步扩大。（3）全球吸引外国

直接投资的竞争趋于激烈，1993 年以来，每年均有 50 个以上的国家实行更为优惠的政策措施，而只有极少数国家对外来直接投资采取更加严格措施。（4）我国地方政府在引资工作中存在一定程度的竞相优惠的恶性竞争现象，还有一些做法缺乏透明度，地方合作者的效率有待提高，一些文化传统等交流方面的障碍也降低了外商投资的信心。（5）尽管我国加大惩治腐败的力度，并取得显著成效，但由于媒体宣传等方面的原因，造成中国腐败现象泛滥的假象，使一些外商望而却步。

（二）相关对策

面对当今的国际资本流动趋势以及结合本国现实状况，我们应该统筹考虑。

1. 由于全球跨国并购降温，中国引资空间扩大，选择余地增加。虽然跨国并购在发达国家和一些发展中国家的增势减缓，但我国近年来对跨国并购的积极态度却不应该逆转。我国以跨国并购方式吸引外资，严格地说，还没有真正起步。全球跨国并购趋缓，为我国扩大利用外资提供了双重机遇。一是中国的并购市场将更有吸引力，二是其他国家并购机会的减少，将腾出更多的国际"闲置"资本，从而为我国扩大利用外资提供更为有利的条件。当然，在以跨国并购方式吸引外资时，也要注意采取必要的措施维护我国重要产业的安全和经济独立。

2. 应该坚持把外商直接投资作为最重要的外资来源。20 世纪 80 年代以后的三次大的金融危机（1982 年拉美债务危机、1994 年墨西哥金融危机和 1997 年亚洲金融危机）无一例外地说明，直接投资比证券投资和其他投资更稳定。1982 年之后一段时间，尽管流入拉美的直接投资也有所下降，但下降幅度远低于证券投资及其他投资；1994 年墨西哥金融危机后直接投资不仅没有像证券投资和其他投资那样变成净流出，而且很快恢复到危机前的高水平；而亚洲金融危机之后的 1998 年流入的直接投资净额没有下降，并在 1999 年就恢复到危机前的最高顶峰，而证券投资及其他投资则一蹶不振，变为净流出。外国直接投资不仅仅是资本的流动，对于发展中国家而言，它同时也是促动经济变革的重要力量，是国际市场对其经济政策与经济前景预期的晴雨表。目前，各新兴市场国家都越来越强调直接投资的重要性，因此，我国更应稳住这一最重要的外资来源。

3. 从国际经验看，应特别关注建立一个稳健的金融体系，特别是银行体系。可以考虑利用中国入世的机遇，加快中国银行业改革步伐。重视跨国银行在引入外资方面所发挥的活跃作用，积极引入经营稳健的国际性大银行，这一方面可以促进拓展中国吸引外资的渠道，同时也可以促进中国银行市场的竞争和效率的提高。另外，也有必要着手设计一个符合本国国情的、灵活的汇率制度。

4. 鉴于国际利率水平趋降，我国可以考虑更积极地进入国际债券市场，发行适当数量的债券。据多家国际金融机构称，在国际资本市场上，新兴市场债券已属最好的资产类别，去年总体收益水平为 15.7%。1999 年和 2000 年，新发行的新兴市场债券总额连创纪录，分别为 575 亿美元和 644 亿美元。（Thomson Reuters）的数据显示，2009 年迄今为止，新兴市场的债券总量已升至 3 520 亿美元，较金融危机前 2007 年同期的水平增加了 45%；7 月份的新债发行量增至 600 亿美元，创下月度水平第二高。预计今后几年，新兴市场债券仍将被投资者看好。我国可利用这个机会发行一定数量的政府债券。

5. 我国应该积极稳妥地利用国际股票投资。近年来，资本市场的作用日益提高，与 1990 年相比，2000 年以债券和股票形式流入新兴市场的外资增加 3 倍多，其中通过股市流入的资本增加近 9 倍。新兴市场净吸收的 1 533 亿美元外资几乎全属私人资本，且有 1 505 亿美元是通过股市进入的。全球新兴市场股票基金 2009 年共吸收了 568 亿美元资金，超越了 2007 年创纪录的 500 亿美元，去年同期该市场已有 400 亿美元资金流出，包括月度报告的基金在内，新兴市场股票基金今年以来净流入 710 亿美元。中国强劲的经济数据刺激股票基金吸收 5.42 亿美元。国际资本市场的这种重要变革，要求各新兴市场国家必须加紧发展股票市场，完善监管机制及对投资者的保护制度，以增加对外国长期投资的吸引力。从国际资本流动的趋势看，我国的当务之急是加强国内资本市场尤其是股市的建设。

我国利用国际股票投资有两个方面：一是到国外或境外证券市场发行股票；二是开放我国的资本市场，允许境外居民在我国资本市场上购买我国的股票。我国资本市场完全开放应该慎重，我国利用国际股票投资的主渠道可能是到境外上市。从长期看，由于我国经济增长的光明前景，加上为了分散风险，在国际资本的资产组合中，我国的股票必定会占一定的比例，我国企业在海外上市前景看好。但在目前全球股市动荡不定的市场状况下，则不宜在境外上市筹资。因为在二级市场萎缩不振时，新上市公司的股票在需求和定价上均会遭到人为压制。

另外，我国应该加快国内股票市场制度建设，完善监管机制，健全对投资者的保护制度，积极创造条件稳步而审慎地推进资本市场开放，包括条件成熟时开放 A 股市场，合并 A、B 股市场，以增加对国际资本的吸引力。

6. 应采取切实措施，控制国内资本的非法外流。据伦敦国际金融研究所报告，我国的资本外流情况最为严重，1999 年为 400 亿美元，2000 年达 520 亿美元，比净吸收的外资还多出 100 多亿美元，这其中很大一部分是以非正常渠道流出的。资本净流出对国内金融系统和金融市场危害甚大，应尽快设法控制。在综合考虑汇率重估、准备金率调整等因素之后，2008 年第四季度中国资本外流累计达到约 1 600 亿美元。自 2003 年人民币承受升值压力以来，中国外汇储备数据一直表现为资本流入，而 2008 年第四季度出现了根本性的方向转变。

7. 应继续争取国际金融机构和外国政府贷款。国际商业贷款虽然使用方向比较自由，目前利率水平也相对较低，但信贷条件严格，还款期限较短，风险较大，且与国际经济周期波动关联性很强。加之我国目前银行信贷资金尚未得到充分利用，也不缺少外汇，因此仍应严格控制借用国际商业贷款。国际金融组织和外国政府贷款虽然在用途上有一定限制，但信贷条件比较优惠，对回报率也不太敏感，因此仍应是我们争取的重点。

第五节　国际劳动力流动

一、概述

与资本的国际流动相比较，劳动力的国际流动不是很普遍，但仍然十分重要。众所周知，劳动力是生产力中最活跃的因素，而影响劳动力供给的既有生物学上的因素，也有社会学和经济学上的因素，如人口的增长率、年龄分布、健康和教育状况以及社会的就业制度安排等都制约着劳动力的存量和结构。于是人力资本投资就越来越成为人们关注的问题，它主要包括正规教育、在职培训、健康照顾、劳动力迁徙等。

劳动力的自由流动作为人力资本投资的一个方面，可以改变劳动力的分布，进而改善劳动与其他生产要素的组合状况，结构性地提高要素的生产率。所以在开放经济条件下，劳动力的跨国流动可以起到优化世界资源配置的功能。同时劳动力跨国流动是以人口国际迁移的方式进行的，人口国际迁移有广义和狭义之分，广义的泛指超越国界、流向国外的人口运动，狭义的仅指由于经济上的原因，受经济环境推动，非宗教或政治强制性的劳动人口的国际转移。迄今为止，世界上出现过三次大规模的人口国际迁移：第一次是15世纪中叶至19世纪以贩奴为主要形式的国际迁移；第二次高潮出现于19世纪中期至20世纪初；第二次世界大战以后，人口国际迁移进入一个新时期，人口流动规模继续保持在一个较高的水平上。

科学技术是第一生产力，而劳动往往是知识和技能的结合体，所以当今世界各国的竞争在一定程度上也是争夺人才的竞争，并有加强的趋势。虽然劳动力跨国性的自由流动能够优化资源的全球配置，其不公平性也是显而易见的。当前发展中国家的优秀人才大规模向发达国家移居即人才流失十分严重，这也极大地影响了发展中国家人口素质的提高和整个国家经济进步的步伐，进而进一步拉大了发展中国家与发达国家之间的差距。

二、国际劳动力流动的动机分析

国际劳动力的流动既有经济的因素，也有非经济的因素。19世纪及以前的国际移民，多数是为了逃避当时欧洲政治和宗教的迫害；第二次世界大战以后，大多数的国际劳动力流动则是受到国外高收入的美好前景等吸引的结果。

现代国际移民大多以经济因素为主导，非经济因素大大减少。移民如同任何其他投资一样，都涉及成本和收益。其成本因素主要包括：（1）交通费用的支出。（2）在新到国家中安置与重新寻找工作所花时间的工资损失。（3）其他一些难以量化的成本，比如与亲戚、朋友、熟悉环境的分离。要熟悉新的风俗习惯以及学习一门新的语言所需的花费，在新的土地上寻找住房以及其他的东西所涉及的风险。（4）非经济因素成本。由于移民往往呈波浪状和链状出现，许多移民都共同流动，或移到一个已有一定数量来自同一地方的早期移民聚居的区域，因而许多非经济因素的成本可以大大地减少。

移民的经济收益则是通过他们在剩余工作寿命内从国外所能获得的，比他（她）在国内所得要高的工资和收入来衡量。此外还包括子女可能享有比较好的教育与工作机会等。如果移民的收入按某一贴现率进行折算的现值超过移民所发生的成本的现值，该劳动力就会发生国际流动。另外，年轻的劳工比年老的劳工更坚持移民，除了其他原因，还因为他们有更长的剩余劳动寿命来从国外的高收入中获利。

三、国际劳动力流动的经济影响

（一）国际劳动力流动的静态经济效应模型

1. 劳动力能够完全自由流动（不存在工资率的差别）

国际劳动力流动的影响同国际资本一样，可用图表技术来分析，也同样采用两部门要素模型。

如图 11-2，$VMPL_1$ 和 $VMPL_2$ 分别表示 A 国和 B 国劳动的边际产品收益，在竞争条件下，$VMPL$ 代表了劳动的真实工资。移民前，在 A 国，工资率为 OC，总产出为 $OFGA$；在 B 国，工资率为 $O'H$，总产出为 $O'JMA$。

现在假定有自由的国际劳动力流动，即由于 $O'H > OC$，AB 段的劳动会从 A 国流向 B 国，此时要注意几点：

（1）它将导致实际工资率的趋同。本国实际工资上升，外国实际工资下降，如图，$OC < ON = O'T < O'H$。

（2）它增加了世界的总产出。A 国的总产出从 $OFGA$ 下降到 $OFEB$，而 B 国的则从 $O'JMA$ 升到 $O'JEB$，世界产出净增加了 EGM，从图可知，外国的收益要大于本国的损失。

（3）尽管有上述的净收益，仍有一些人由于这一变化而受到伤害。那些原先在本国工作的工人获取更高的实际工资，而那些原先在外国工作的工人的工资却下降了；外国业主由于更充足的劳动供给而获利，但本国业主的境况却趋向恶化。

（4）对于 A 国（迁出国）的劳动资源与 B 国（迁入国）的非劳动资源都存在国民收入的再分配，A 国可能会收到移民汇回的侨汇。

（5）如果 AB 区间的劳工移民前在 A 国已处于失业状态，那么在 A 国无论是

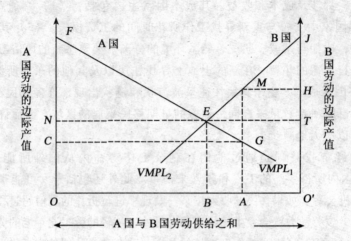

由于 B 国的工资率高于 A 国的工资率，国际劳动力自由流动后，*AB* 段劳动从 A 国流向 B 国，使两国工资率趋同。A 国总产出从 *OFGA* 下降到 *OFEB*，B 国总产出则上升，世界总产出增加，劳动力自由流动使流出国受损，流入国受益，世界净福利增加。

图 11-2　无工资率差别的劳动力流动的静态经济效应

否有劳工移民，其工资率均为 *ON*，总产出均为 *OFEB*。移民后，世界产出的净增额将为 *ABEM*（所有的产出增加均发生在 B 国）。

由以上的分析得出，劳动力的跨国流动，不仅促进世界福利的增长，而且具有收入再分配的效果。

2. 存在工资率差别

劳动力的绝对自由流动在实践中是不可能存在的，即劳动力流入国与流出国的工资率不可能完全趋于一致。下面我们就讨论在工资率不同的情况下，国际劳动力流动的静态经济效应。

如图 11-3 所示，A 国为劳动力流出国，B 国为劳动力流入国，横轴 L 表示劳动力数量，纵轴 W 表示工资率。$\Delta L = L_1 - L_2 = L'_2 - L'_1$，表示移民的人数，$\Delta c = W'_b - W'_a$ 表示移居成本（它抵消了移居者所获得的一部分工资增量）。在 A 国，流动前劳动力市场在 E_a (L_0, W_a) 处达到均衡，当 ΔL 的劳动力流往 B 国时，随着国内劳动力供给的减少，劳动力供给曲线上移至 S'_a，于是劳动力市场在 E'_a (L_2, W'_a) 处达到新的均衡。同理，在 B 国，流动前的劳动力市场均衡于 E_b (L'_0, W_b)，由于外来劳动力（ΔL）的进入，劳动供给曲线外移至 S'_b，工资率下降到 W'_b，劳动力市场在 E'_b (L'_2, W'_b) 处达到新的均衡。

下面我们将以图 11-3 来说明劳动力跨国流动所引起的福利得失。见表 11-2。

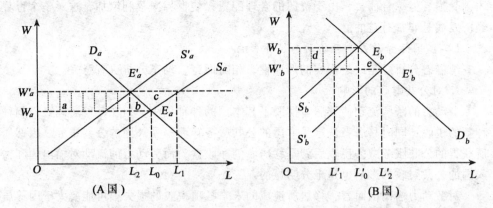

（A国） （B国）

　　劳动力跨国流动使移居者利益增加（$a+b$），留在流出国的劳动力利益增加 a，流出国雇主损失（$a+b$），流入国劳动力损失 d，流入国雇主利益增加（$d+e$），世界净福利增加（$c+e$）。

图 11-3

表 11-2

集团	利益（+）或损失（-）
1. 移居者	+ （$a+b$）
2. 留在 A 国的劳动力	+a
3. A 国的雇主	- （$a+b$）
4. A （2+3）	-b
5. B 国本国的劳动力	-d
6. B 国的雇主	+ （$d+e$）
7. B （5+6）	+e
8. 世界（1+4+7）	+ （$c+e$）

　　如图 11-3 所示，扣除移居所付出的成本 Δc，移居者在 B 国可赚得的工资实际只相当于他们在本国内挣的 W'_a，所以他们所获得的福利就可以用曲线 S_a、S'_a 和 W_a、W'_a 之间的面积（$b+c$）来衡量；留在 A 国的工人因为就业机会竞争的减少，工资率上升，其净利益为面积 a（图 11-3 中的阴影部分，它是"生产者剩余"的增量）；而原来在 B 国的工人由于工资下降而损失面积 d（图 11-3 中的阴影部分）。同时，A 国的雇主由于不得不提高工资而净损失利润面积（$a+b$）（它为"消费者剩余"减少的面积）；而 B 国的雇主因为劳动力供给的额外增加而带来面积（$d+e$）的净利润的增加。由此可见，劳动力的国际流动中，一些社会集团获益，而其他集

团则受损，但综合而言，由于资源的合理配置，使世界净福利增加，这对整个世界经济发展是非常有益的。

（二）国际劳动力流动的动态经济影响

纯静态分析总是缺乏现实的严谨性，相对而言，动态分析更有意义。

1. 对公共财政的影响

劳动力的跨国流动使移居者摆脱了其本国的种种税收，但在其移居国又面临种种新的税收；同时移居者从享受本国的公共服务转而享受外国的公共服务。因移居所获得的公共服务减去税收后就是移居者的净收益，而劳动力的流动对输出国和输入国的公共财政的影响也是十分明显的。

对劳动力输出国而言，移居所造成的未来各项税收的损失很可能要大于因移居而减轻的公共服务方面的负担。（1）许多公共支出项目具有"公共性"，即不论人数多少，每个人都可以同样享用。因此，虽然移居使享用者的人数减少了，但其他享用者享受这类公共服务的程度并未有所提高。（2）人是有生命周期的，而移居者一般集中于年轻力壮的成年期，也就意味着移居者受过本国纳税人支付的某种程度的公共教育后，却不会以其成年后所挣的收入向本国缴纳税收。针对这种不公正性，贾格迪什·巴格瓦蒂等经济学家提出征收"人才外流税"，即向移居外国的人征税，其税额大致相当于本国在公共教育及其他方面为他们耗费的净费用，但这种费用的计算是个值得探讨的问题。

相反对劳动力输入国而言，劳动力的流入可能会通过财政途径给其带来净收益。入境移民从表面上看似乎是一种财政负担：他们使享受公共支出和社会福利的人员名单扩大，占有公立学校的教育补贴，使社会治安费用增加等，但有关资料表明，入境移民所支付的税款一般大于因其入境而使其他纳税人增加的负担。这是因为集中于年轻力壮的成年期的移居者正进入一生中的纳税高峰期，而且年轻移居者对各种社会福利项目并不构成额外负担。

2. 对就业市场的影响

劳动力的跨国流动在某种意义上，特别是对小国而言本身就是对就业市场的一种国际调配。对输入国来说，如果国内就业充分，劳动力的流入可起到缓解劳动力短缺，改善劳动力市场竞争过度，提高其他资源利用率的作用；但如果国内本身就存在失业，劳动力的流入无疑会加重就业市场的负担，加大社会福利体系的压力。对输出国而言，特别是在经济衰退时期，劳动力的流出能够减轻本国严重失业和就业不足的局面，而且对人口及劳动力增长的压力起着一种"安全阀"的作用。

3. 对资本积累的影响

资本积累源于收入水平和储蓄水平的提高以及各项消费性支出的节约，而国际劳动力流动是通过其收入再分配效应及收入的转移影响有关国家的资本存量的。

就输入国而言，劳动力的流入可以促进本国的资本积累，因为：（1）劳动力的流入能够压低本国工人的工资，提高资本所有者的利润率，资本家增加的利润可能成为资本的重要来源。（2）劳动力的流入满足了生产规模扩张的需要，规模经济利益可进一步保证资本积累的能力。（3）本国不必为其所追加使用的劳动力支付培养费用，特别是专业人才的流入。

就输出国而言，一方面人才外流造成了输出国的重大损失，另一方面，伴随着劳动力的国际流动出现了一个从劳动力流入国到流出国的收入流，即外流劳动力源源不断地给国内亲友汇款，这也成为国内资本积累的一个重要途径，因为海外汇款收入在不同程度上都促进了劳动输出国的国内储蓄和投资。比如印度的劳务汇款在20世纪80年代中期占全部国内资本积累的7%。同时这种相反的货币流也有利于实现国际收支的平衡。

4. 外部性利益和成本

（1）知识和技能的传播所带来的利益。移民的入境往往能带来许多具有经济价值的知识和技能，当他们在移入国传播开来的时候，人们都获得利益，但移居者本人并未由此获得同等大小的利益，这种利益是外在的。

（2）社会摩擦带来的成本。移民的入境也带来了偏见、歧视、文化冲突和就业竞争，以及因人口扩大引起的拥挤和犯罪增加了社会的不安定及居民的痛苦。这种成本是没有人对它进行支付的，只能由社会全部承担，因此，这种成本具有外部性。因此，各国决策者在制定移民政策时肯定会充分考虑这种外部利益或成本。

四、我国的人才流失问题

在我国历史上曾经有过几次出国留学高潮。他们当中的大多数是抱着知识救国、科技救国的志向远涉重洋到海外留学，学成返回祖国，为国家的经济发展和科技进步做出了很大的贡献。然而，自20世纪70年代末期的留学潮最显著的特征是多数人"黄鹤一去不复返"。据估计，在中国官方派出的留学人员中，大约有60%以上的人员不能按期返回，至于那些自费留学人员学成回国的比例则更低。发达国家和地区出于自身发展需要，都极力在国际上争夺人才。美国引进高科技人才的名额从每年的11.5万人增加到19.5万人，还有可能发展为上不封顶；德国建立"中国在线"网页以实施其在中国挖信息技术人才的计划。这是国内人才流向国外的现象。

改革开放以来，随着中国社会主义市场经济建设步伐的加快、经济实力的加强以及外资引入力度的加大，很多跨国公司纷纷在我国安家落户，特别是中国加入WTO后，外国企业的数量将会进一步扩大，从而也出现了"国内人才国内外流"的现象。据国家人事部的统计，自金融风暴起，海归人数创下历年新高，达69 300人，不仅比预期的5万人大大多出近2万人，且仅仅一年的回国人数，就相当于中国1978年开放留学30年来，总海归人数32万人的五分之一，让海归总人数直上

40 万。从 1978 年以来，加上 2009 年预估数字，中国出国总留学人数已有 160 万人左右。其中，中国教育部统计，约 50 万人仍在求学深造。因此，若扣除海归与在学者，留在海外的中国学人是越来越少。目前已经回到国内工作的"海归"，除少部分进入国家科教文化机构工作外，更多的则以各种身份在外企里扮演着高级打工者的角色。中国人事科学研究院最新统计数据显示，目前在国内人才市场中，三资企业成为人才流入的主体，占人才流入总量的 51.2%；国有企业成为人才流出的主体，目前在人才市场的应聘者中有 64% 来自国有企业，尤其是中国的大中型国有企业。比如英特尔、微软、摩托罗拉等跨国公司，近两年相继在中国设立研发机构，其中仅朗讯公司所属的贝尔实验室就在中国招了 300 人。

人才外流对我国造成的损失是巨大的，对国家科研及经济建设的影响也是非常明显的。在一些科研教学单位已出现了人才断层的现象，有的还十分危险，另外人才流失还导致了国家教育资源的流失。人才外流究其原因不外乎两点：高薪和较好的生活及工作条件的吸引。

除人才流失形势严峻外，中国专业技术人才队伍建设还存在不少问题，包括专业技术人才占中国人口比例明显偏低、专业结构不尽合理、地区分布不平衡、人才管理运行机制还不够灵活等。因此我们要改进和做好吸引留学人员的工作；通过继续教育，提高现有专业技术人员素质；进一步营造有利于专业技术人才健康成长、发挥积极性的良好环境；重视发挥老科技人员的作用。我们承认相对国外或者外企而言，我们自身有很多的不足，但随着我们融入世界步伐的加快，我们相信我们能够营造出留住人才的好环境。

☞ 习题

1. 从理论上分析国际资本流动的作用和影响。
2. 评价各个对外直接投资理论的优缺点。
3. 国际资本流动对我国的影响及对策。
4. 作图分析国际资本流动的影响。
5. 简述国际资本流动的新趋势。
6. 跨国公司的发展有哪些新的特点？
7. 国际劳动力流动有哪些影响？
8. 试论述我国该如何解决人才流失的问题。

☞ 网络链接

1. 关于美国移民的宽泛统计可以浏览移民和自然化服务（Immigration and Naturalization Services）的网页：http://www.ins.usdoj.gov。

2. 要了解当前跨国公司的特点，请登录：http：//www. fortune. com/fortune。

3. 查看对发展中国家资本和劳动力问题的讨论，请访问：http：//www. unctad. org。

主要参考文献

1. 克鲁格曼，等. 国际经济学：理论与政策. 第6版，海闻译. 北京：中国人民大学出版社，2006.

2. 萨尔瓦多. 国际经济学. 第8版. 北京：清华大学出版社，2004.

3. 大卫·格林纳伟. 国际贸易前沿问题. 冯雷译. 北京：中国税务出版社，北京图腾电子出版社，2000.

4. 佟家栋，等. 国际贸易学——理论与政策. 第2版，北京：高等教育出版社，2007.

5. 张二震. 国际贸易学. 第3版. 北京：人民出版社，南京：南京大学出版社，2007.

6. 薛荣久. 国际贸易. 第5版. 北京：对外经济贸易大学出版社，2008.

7. 许斌. 国际贸易. 北京：北京大学出版社，2009.

8. 海闻，等. 国际贸易. 上海：上海人民出版社，2003.

9. 赵伟. 国际贸易：理论政策与现实问题. 大连：东北财经大学出版社，2004.

10. 刘恩专. 利用外商直接投资成本—效益分析. 天津：天津人民出版社，2000.

21世纪经济学管理学系列教材

- 政治经济学概论
- 政治经济学（社会主义部分）
- 技术经济学
- 财政学
- 计量经济学
- 中国对外贸易（修订版）
- 国际贸易学
- 国际经济学
- 管理信息系统
- 国际投资学

- 统计学
- 经济预测与决策技术
- 会计学
- 人力资源管理
- 物流管理学
- 管理运筹学
- 经济法
- 消费者行为学
- 管理学
- 生产与运营管理
- 战略管理
- 国际企业管理

图书在版编目(CIP)数据

国际贸易学/张相文,曹亮主编.—2 版.—武汉:武汉大学出版社,
2010.7(2015.1 重印)
21 世纪经济学管理学系列教材
 ISBN 978-7-307-07679-2

 Ⅰ.国… Ⅱ.①张… ②曹… Ⅲ.国际贸易—高等学校—教材
Ⅳ.F74

中国版本图书馆 CIP 数据核字(2010)第 051620 号

责任编辑:范绪泉   责任校对:王 建   版式设计:支 笛

出版发行:**武汉大学出版社** (430072 武昌 珞珈山)
   (电子邮件:cbs22@whu.edu.cn 网址:www.wdp.com.cn)
印刷:湖北民政印刷厂
开本:720×1000 1/16 印张:21.5 字数:426 千字
版次:2004 年 3 月第 1 版 2010 年 7 月第 2 版
   2015 年 1 月第 2 版第 2 次印刷
ISBN 978-7-307-07679-2/F·1354 定价:28.00 元